T5-COB-803

Die Ritterkreuzträger der Deutschen Wehrmacht
1939–1945
Teil I: Sturmartillerie

Die Ritterkreuzträger der Deutschen Wehrmacht 1939—1945

Teil I: Sturmartillerie

von
Franz Thomas
und Günter Wegmann

BIBLIO VERLAG · OSNABRÜCK 1985

CIP-Kurztitelaufnahme der Deutschen Bibliothek

Thomas, Franz:
Die Ritterkreuzträger der deutschen Wehrmacht 1939—1945 /
von Franz Thomas u. Günter Wegmann. —
Osnabrück: Biblio-Verlag

NE: Wegmann, Günter:

Teil 1. Sturmartillerie. — 1985
ISBN 3-7648-1447-0

Copyright by Biblio Verlag, Osnabrück 1985
Printed in W-Germany
by Kölle Druck, Pr. Oldendorf

INHALTSVERZEICHNIS

Zum Geleit
von Brigadegeneral Hansgeorg Model VII

Vorwort
von Franz Thomas VIII

Vorwort
von Günter Wegmann IX

Abkürzungsverzeichnis X

Verzeichnis der Primärquellen XI

Erlaß über die Neustiftung des Eisernen Kreuzes XII

Alphabetisches Verzeichnis
der Ritterkreuzträger der Sturmartillerie XIV

Hinweise XV

Die Ritterkreuzträger der Sturmartillerie 1

Kommandeur-Stellenbesetzung 311

ZUM GELEIT
von Brigadegeneral Hansgeorg Model

Es ist ein langer Weg von den Anfängen der Sturmartillerie vor nunmehr 50 Jahren, symbolisiert durch die Namen ihrer Gründer – der späteren Feldmarschälle Erich von Manstein und Walter Model und des Generals Hans Röttiger –, über den Einsatz der Sturmgeschütze als Schwerpunktwaffe des Heeres im Zweiten Weltkrieg bis hin zu den jungen Soldaten der Panzerjägertruppe der Bundeswehr, denen es aufgegeben ist, die Tradition der Sturmartillerie weiterzutragen. Da ist es gut und verdienstvoll, wenn mit dem vorliegenden Buch der Versuch gemacht wird, die Erinnerung an die Leistungen der Sturmartillerie durch die Darstellung von Leben und Taten ihrer Ritterkreuz- und Eichenlaubträger aufrechtzuerhalten.

Für die aus dem Kriege heimgekehrten Sturmartilleristen wird dabei die Erinnerung an harte Einsätze und an stolze Erfolge wachwerden, und dem kriegsgeschichtlich interessierten jungen Leser, der diese Ereignisse nicht selbst miterlebt hat, wird bewußt werden, welche große Bedeutung die Sturmgeschütze im Zweiten Weltkrieg gehabt haben und daß sie in vielen Krisenlagen oft das einzige Mittel gewesen sind, die sowjet-russischen Panzermassen zu stoppen.

Die Lebensgeschichte der am höchsten ausgezeichneten Sturmartilleristen ist darüber hinaus ein Stück Zeitgeschichte. Aus den einzelnen Lebensdaten wird der aufmerksame Leser viel Schicksalhaftes herauslesen, und sein Blick wird gelenkt werden auf zeitlose soldatische Tugenden wie Tapferkeit, Treue und Kameradschaft. So ist das Buch gut geeignet, die Brücke zu schlagen zwischen der Kriegsgeneration und den jungen Soldaten der Bundeswehr.

Brigadegeneral, Amtschef des Amtes für Nachrichtenwesen
in der Bundeswehr
und ehem. Angehöriger der Sturmgeschütz-Brigade „GD"

VORWORT
von Franz Thomas

Das hier im ersten Band vorliegende Werk ist gedacht als dokumentarisch belegte Darstellung der militärischen Leistungen deutschen Soldatentums, wie sie in der Verleihung des Ritterkreuzes und seiner höheren Stufen ihre Würdigung gefunden haben.

Der Verfasser bedankt sich bei all denen, die seine Arbeit mit Sympathie begleitet und unterstützt haben.

Zu besonderem Dank fühlt er sich verpflichtet gegenüber den im „Quellenverzeichnis" namentlich aufgeführten Personen und den folgenden Institutionen: Bundesarchiv in Kornelimünster, vertreten durch seinen Leiter Herrn Dr. Ernst Ritter und seine Mitarbeiter Herrn Meentz, Herrn Baldes, Frau Hafers, Frau Hausen, Frau Hunds und Frau Pohln; Bundesarchiv/Militärarchiv in Freiburg/Br., vertreten durch seinen Direktor Herrn Dr. Kehrig und seinen Mitarbeiter Herrn Dr. Giesler; Gemeinschaft der Sturmartillerie, vertreten durch Herrn Oberstleutnant a. D. Anton Wickelmaier in München, sowie den Herren Leo Hartmann und Harold Unger.

Daß Herr Brigadegeneral Hansgeorg Model mein Buch mit einem Geleitwort versehen hat, betrachte ich als eine Ehrung für die mit dem Ritterkreuz ausgezeichneten Soldaten und bedanke mich in ihrem Namen.

Die Herren Zeller sen. und jun. vom Biblio Verlag haben meine Arbeit stets in großzügiger Weise gefördert, so daß ich nicht versäumen möchte, auch ihnen an dieser Stelle zu danken, ebenso wie dem Verlagslektor Herrn Günter Wegmann, der es mit großer Sachkenntnis unternommen hat, mein Manuskript für den Druck aufzubereiten.

Franz Thomas

VORWORT
von Günter Wegmann

Als ich mich von dem Verlag mit dem Plan eines Sammelwerkes über die Ritterkreuzträger konfrontiert sah, gingen meine Gedanken in zwei Richtungen.
Erstens fragte ich mich, in welch optimaler Form konnten die notwendigen Unterlagen wie Verleihungsvorschläge und Verleihungsurkunden, Soldbücher, persönliche Dokumente der Ritterkreuzträger oder ihrer Angehörigen sowie Fotos – waren sie erst einmal zusammengetragen – dargeboten werden. Zweitens erschien es mir wichtig, daß das geplante Sammelwerk über die seither erschienene Ritterkreuzliteratur hinausgehen sollte.
Um zunächst bei dem zweiten Problem zu bleiben: Alle bisherigen Veröffentlichungen behandelten entweder nur einzelne Wehrmachtsteile oder beschränkten sich auf die Träger des Eichenlaubs und anderer höherer Stufen des Ritterkreuzes. Sie gaben außerdem meist nur die Daten der Verleihung und die Truppenzugehörigkeit an. Insofern erschien eine ausführliche Gesamtübersicht, die zugleich ein Nachschlagewerk darstellte, in der Tat als ein wünschenswertes Unternehmen.
Schwieriger war das erste Problem zu lösen. Der Autor Franz Thomas hatte schon vor Jahren begonnen, die oben genannten Unterlagen für alle Ritterkreuzträger zu sammeln und die hierher gehörige Literatur auszuwerten. Aus seinen Erfahrungen ergaben sich folgende Richtlinien:
1. Unter welcher Waffengattung ein Ritterkreuzträger aufgeführt werden sollte, ergab sich aus seiner Truppenzugehörigkeit bei seiner Ehrung. Erhielt er z. B. das Ritterkreuz als Angehöriger der Sturmartillerie, so war nicht danach zu fragen, ob er ein gelernter Sturmartillerist war oder nicht. In Zweifelsfällen müßten Fußnoten die Gründe für die Zuweisung zu einer Waffengattung darlegen oder darauf hinweisen, daß letzte Erkenntnisse fehlen.
2. Auch umstrittene Verleihungen bei Kriegsende sollten aufgenommen werden, wenn dies anhand der Unterlagen vertretbar war. In solchen Fällen wären wir allerdings für klärende Hinweise aufgrund von Unterlagen dankbar.
3. Daß politische Wertungen und eine Verteilung von Lob und Tadel in unserem Werk keinen Platz haben durften, liegt auf der Hand. Nur nüchterne Fakten sollten ein Bild von der Person des Geehrten und von seiner Kampfsituation vermitteln.

Verlagslektor

ABKÜRZUNGEN

AK.	Armee-Korps
A.O.K.	Armee-Ober-Kommando
Arko	Artilleriekommandeur
B- und Bttr.-Offizier	Beobachtungs- und Batterie-Offizier
E	Eisenbahn
Fla	Flugabwehr der Infanterie des Heeres
Flak	Flugabwehr aller anderen Wehrmachtsteile
FS	Fernschreiben
GD	Großdeutschland
GrR	Grenadier-Regiment
H.Gr.	Heeres-Gruppe (Heeresgruppe)
HKF	Haupt-Kampf-Feld (Hauptkampffeld)
HKL	Haupt-Kampf-Linie (Hauptkampflinie)
HPA	Heeres-Personal-Amt
H.V.P.	Haupt-Verbands-Platz (Hauptverbandsplatz)
ID	Infanterie-Division
IR	Infanterie-Regiment
Ia	1. Generalstabsoffizier (Führungsabteilung)
Ib	2. Generalstabsoffizier (Quartiermeister-Abteilung)
Ic	3. Generalstabsoffizier (Feindaufklärung und Abwehr, geistige Betreuung)
KD	Kavallerie-Division
LAH	Leibstandarte „Adolf Hitler"
le.MG	leichtes Maschinengewehr
m.d.F.b.	mit der Führung beauftragt
MG	Maschinengewehr
MPi.	Maschinenpistole
OB	Oberbefehlshaber
O 3	Ordonnanzoffizier 3 (in Stäben Gehilfe des Ic)
OKH/PA Ag P 1	Oberkommando des Heeres, Personalamt, Amtsgruppe Personal 1
O.K.W.	Oberkommando der Wehrmacht
PA	Personalamt
Pak	Panzerabwehrkanone
Pz.A.O.K.	Panzer-Armee-Oberkommando
R II	Richtschütze II
Stoart	Stabsoffizier für Artillerie
s.IG, s.JG	schweres Infanterie-Geschütz
s.MG	schweres Maschinengewehr
s.Pak	schwere Panzerabwehrkanone
SPW	Schützen-Panzer-Wagen
SS-V-T	SS-Verfügungs-Truppe (SS-Verfügungstruppe)
TV	Territorialverteidigung
(W)	z. B. Hauptmann (W) = Waffenoffizier
WBK	Wehrbezirkskommando (Wehrmacht), Wehrbereichskommando (Bundeswehr)
*	geboren
✠	gefallen, vermißt, an Verwundung gestorben
†	nach dem Kriege gestorben

VERZEICHNIS DER PRIMÄRQUELLEN ZU BD. 1

Die Unterlagen des Bundesarchivs/Personenstandsarchivs Kornelimünster

Die Unterlagen des Bundesarchivs/Militärarchivs Freiburg i.Br.

Zeitungsartikel aus der Kriegszeit

Die Verbandszeitung „Der Sturmartillerist"

Kröhne-Wersig-Peitz, Geschichte der Sturmgeschütz-Abteilung/Brigade 190, Düsseldorf 1955.

Bork, Geschichte der Sturmgeschütz-Abteilung/Brigade 191, Iserlohn 1977.

Kurowski, F., und G. Tornau, Sturmartillerie 1939–1945, Stuttgart 1977.

Berichte, Aufzeichnungen, Daten und Fotos, die von folgenden Personen zur Verfügung gestellt wurden:

Gerda Amann, Otto Angel, Heinz Angelmaier, Friedrich Arnold, Dietrich Ascher, Heinz Baurmann, Else Behnke, Ludwig Bertram, Bruno Bork, Georg Bose, Wolfgang von Bostell, Sepp Brandner, Konrad Brettschneider, Günter Carsten, Friedrich Dath, Heinz Deutsch, Diddo S. Diddens, Manfred Dörr, Heinrich Feldkamp, Rudolf Fetzer, Peter Frantz, Herbert Friedel, Gottfried Geißler, Erich Geppert, Hans Haas, Friedrich Henke, Ahrend Höper, Hede Jaschke, Wolfgang Kapp, Heinrich Knaup, Hans Kochanowski, Heinrich Köhler, Richard Krämer, Ludwig Laubmeier, Jakob Lobmeyer, Trudel Lutz, Alfred Montag, Alfred Müller, Lieselotte Müller-Reinders, Horst Naumann, Kurt Negele, Ernst Obermaier, Hugo Primozic, Alfred Regeniter, Konrad Sauer, Johann Schmitt, Helmuth Spaeter, Karl-Heinz Stahmann, Michael Schwarzenbacher, Julius Serck, Hans Spielmann, Bodo Spranz, Hans Sturm, Heinrich Timpe, Gottfried Tornau, Karin Truxa, Hans-Joachim Wagner, Wilhelm Wegner, Albert Witte, Erich Zillmann, Kurt Zitzen.

Alle seither über die Ritterkreuzträger erschienene Literatur wurde kritisch verwertet, ohne daß sie hier im einzelnen aufzuführen ist.

NEUSTIFTUNG DES EISERNEN KREUZES AM 1. 9. 1939

Der Führer und Oberste Befehlshaber der Wehrmacht hat eingedenk der heldenmütigen Kämpfe, die Deutschlands Söhne in den früheren großen Kriegen zum Schutz der Heimat bestanden haben, und im Hinblick auf den gegenwärtigen Abwehrkampf den Orden des Eisernen Kreuzes erneuert.

Das Eiserne Kreuz wird ausschließlich für besondere Tapferkeit vor dem Feinde und für hervorragende Verdienste in der Truppenführung in vier Stufen verliehen. Eine Verleihung für sonstige Verdienste oder nach Art des früheren Eisernen Kreuzes am weiß-schwarzen Band erfolgt nicht.

Neben dem Eisernen Kreuz 1. und 2. Klasse und dem Großkreuz, dessen Verleihung sich der Führer und Oberste Befehlshaber für überragende Taten vorbehalten hat, ist neu das Ritterkreuz des Eisernen Kreuzes geschaffen. Es wird als Halsorden getragen und ist etwa dem früheren Orden Pour le mérite zu vergleichen. Das Band des Eisernen Kreuzes zeigt die Farben Schwarz-Weiß-Rot.

Entsprechend der nationalsozialistischen Grundhaltung der neuen Wehrmacht erfolgt die Verleihung aller Stufen ohne Unterschied des Dienstgrades. Auch der einfache Schütze kann das Ritterkreuz, also den Halsorden, erhalten.

Ist der Ausgezeichnete schon im Besitz einer oder beider Klassen des Eisernen Kreuzes des Weltkrieges, so erhält er an Stelle eines zweiten Kreuzes eine silberne Spange.

Die Verordnung über die Erneuerung des Eisernen Kreuzes hat folgenden Wortlaut:

Artikel 1

Das Eiserne Kreuz wird in folgender Abstufung und Reihenfolge verliehen:

Eisernes Kreuz 2. Klasse,
Eisernes Kreuz 1. Klasse,
Ritterkreuz des Eisernen Kreuzes,
Großkreuz des Eisernen Kreuzes.

Artikel 2

Das Eiserne Kreuz wird ausschließlich für besondere Tapferkeit vor dem Feinde und für hervorragende Verdienste in der Truppenführung verliehen.

Artikel 3

Die Verleihung einer höheren Klasse setzt den Besitz der vorangehenden Klasse voraus.

Die Verleihung des Großkreuzes behalte ich mir vor für überragende Taten, die den Verlauf der Kampfhandlungen entscheidend beeinflussen.

Artikel 4

Die 2. Klasse und die 1. Klasse des Eisernen Kreuzes gleichen in Größe und Ausführung den bisherigen mit der Maßgabe, daß auf der Vorderseite das Hakenkreuz und die Jahreszahl 1939 angebracht sind.

Die 2. Klasse wird an einem schwarz-weiß-roten Bande im Knopfloch oder an der Schnalle, die 1. Klasse ohne Band auf der linken Brustseite getragen.

Das Ritterkreuz ist größer als das Eiserne Kreuz 1. Klasse und wird am Halse mit schwarz-weiß-rotem Bande getragen.

Das Großkreuz ist etwa doppelt so groß wie das Eiserne Kreuz 1. Klasse, hat an Stelle der silbernen eine goldene Einfassung und wird am Halse an einem breiteren schwarz-weiß-roten Bande getragen.

Artikel 5

Ist der Beliehene schon im Besitz einer oder beider Klassen des Eisernen Kreuzes des Weltkrieges, so erhält er an Stelle eines zweiten Kreuzes eine silberne Spange mit dem Hoheitszeichen und der Jahreszahl 1939 zu dem Eisernen Kreuz des Weltkrieges verliehen; die Spange wird beim Eisernen Kreuz 2. Klasse auf dem Bande getragen, beim Eisernen Kreuz 1. Klasse über dem Kreuz angesteckt.

Artikel 6

Der Beliehene erhält eine Besitzurkunde.

Artikel 7

Das Eiserne Kreuz verbleibt nach Ableben des Beliehenen als Erinnerungsstück den Hinterbliebenen.

Artikel 8

Die Durchführungsbestimmungen erläßt der Chef des Oberkommandos der Wehrmacht im Einverständnis mit dem Staatsminister und Chef der Präsidialkanzlei.

Berlin, den 1. September 1939.

Der Führer
Adolf Hitler.

Der Chef des Oberkommandos der Wehrmacht
Keitel.

Der Reichsminister des Innern
Dr. Frick.

Der Staatsminister und Chef der Präsidialkanzlei des Führers und Reichskanzlers
Dr. Meißner.

ZUSÄTZLICHE STIFTUNGEN WÄHREND DES ZWEITEN WELTKRIEGES

---

3. 6. 1940   Eichenlaub zum Ritterkreuz des Eisernen Kreuzes.
Verliehen 910mal, davon 7mal an Ausländer

28. 9. 1941   Eichenlaub mit Schwertern zum Ritterkreuz des Eisernen Kreuzes.
Verliehen 160mal, davon 1mal an Ausländer.

28. 9. 1941   Eichenlaub mit Schwertern und Brillanten zum Ritterkreuz des Eisernen Kreuzes.
Verliehen 27mal.

29. 12. 1944   Goldenes Eichenlaub mit Schwertern und Brillanten zum Ritterkreuz des Eisernen Kreuzes.
Verliehen 1mal.

ALPHABETISCHES VERZEICHNIS DER RITTERKREUZTRÄGER DER STURMARTILLERIE

Adam, Helmut 2
Adamowitsch, Felix 4
Alex, Ernst 8
Amann, Herbert 8
Amling, Fritz 10
Angel, Otto 12
Angelmaier, Heinz 14
Arnold, Friedrich 16
Ascher, Dietrich 18

Banze, Karl Heinrich 20
Barths, Karl Ludwig 22
Baurmann, Heinz 24
Bausch, Dr. Albert 26
Behnke, Gerhard 28
Berg, Karl Erich 32
Bertram, Ludwig 34
Beutler, Walter 36
Bittner, Herwig 38
Bose, Georg 40
Bostell, von, Wolfgang 46
Brandner, Josef 46
Brandt, Gerhard 50
Brettschneider, Konrad 52
Buckel, Karl 54
Buhr, Martin 56

Chrzonsz (Carsten), Günter 58

Dahms, Paul 60
Dath, Friedrich 62
Dehmel, Ernst 64
Deutsch, Heinz 66
Diddens, Diddo Siebels 68
Dratwa, Hans 72

Egghardt, Alfred 74
Engel, Heinrich 76
Engelhardt, Kurt 78
Engelmann, Richard 80
Ertel, Reinhold 82

Feldkamp, Heinrich 84
Flachs, Bernhard 86
Frantz, Peter 90
Friedel, Herbert 94

Galle, Josef 96
Gattermann, Helmut 98
Geißler, Gottfried 100
Geppert, Erich 102
Gersteuer, Günther
 (s. Hinw. S. XV)
Glander, Erwin 104
Gloger, Dr. Paul 106
Großkreutz, Friedrich 108
Gruber, Rupert 110
Grünert, Anton 112

Grünewald, Georg
 (s. Hinw. S. XV)
Günther, Alfred 114

Haas, Robert 116
Hartmann, Leo 118
Heimann, Heinrich 120
Hellmich, Günther 122
Hengstler, Richard
 (s. Hinw. S. XV)
Henke, Friedrich 124
Höper, Ahrend 126
Höring, Johann 128
Hoffmann, Otto 130
Hoffmann-Schoenborn,
 Günther 132
Hohenhausen, Richard 136
Hoppe, Gerhard 138
Huffmann, Heinz 140

Iden, Arthur (s. Hinw. S. XV)

Jaschke, Herbert 142
John, Wolfram 144

Kapp, Wolfgang 146
Kirchner, Kurt 148
Knaup, Ludwig 150
Kniep, Walter 152
Kochanowski, Johannes 154
Köhler, Heinrich 156
König, Heinz (s. Hinw. S. XV)
Krämer, Richard 158
Krafft, Horst 160
Kranz, Rudolf 162
Krieg, Gerhard 164
Kröhne, Wilhelm 166
Kühme, Kurt 168

Laubmeier, Ludwig 170
Liethmann, Günter 172
Lobmeyer, Friedrich 174
Lützow, Joachim 178
Lutz, Waldemar 180

Magold, Johann 182
Malachowski, von, Wilhelm 184
Mathes, Josef 188
Meierdress, Hubert 190
Meißner, Herbert 192
Metzger, Eugen 194
Milovan, von, Berndt Lubich 196
Möller, Günther 198
Montag, Alfred 200
Müller, Alfred 204
Müller, Edo 208

Naumann, Horst 210
Nebel, Peter 212

Nippes, Kurt 214
Oberloskamp, Walter 216

Pfreundtner, Karl 218
Primozic, Hubert Georg 220
Przedwojewski, Felix 224

Regeniter, Alfred 226
Rettlinger, Karl 228
Richter, Wilfried 230
Roehder, Dr. Wolfgang 232
Roestel, Erwin (s. Hinw. S. XV)
Rohrbacher, Josef 234

Sauer, Konrad 236
Scharf, Heinz 240
Scherer, Friedrich „Fritz" 242
Schließmann, Kurt 244
Schmidt, Hermann 246
Schmitt, Johann „Hans" 248
Scholz, Werner 250
Schramm, Richard 252
Schubert, Otto (s. Hinw. S. XV)
Schulz-Streek, Karlheinz
 (s. Hinw. S. XV)
Schwalb, Helmut 254
Schwarzenbacher, Josef 256
Serck, Julius 258
Sichelschmidt, Herbert 260
Sowada, Bernhard 262
Spielmann, Johann „Hans" 264
Spranz, Bodo 268
Stehle, Werner (s. Hinw. S. XV)
Stier, Gottwald 272
Stock, Hans Christian 274
Sturm, Hans Hermann 278

Tadje, Friedrich „Fritz" Wilhelm
 Ludwig 280
Timpe, Heinrich 282
Tornau, Gottfried 284
Trägner, Josef 286
Truxa, Rolf von Santa Truxa 288

Utgenannt, Richard
 (s. Hinw. S. XV)

Wagner, Hans-Joachim 290
Wagner, Klaus 292
Wegener, Paul 294
Wegner, Wilhelm 296
Wiesemann, Emil 298
Witte, Albert 300

Zettler, Rudolf 302
Zieger, Günter 304
Zillmann, Erich 306
Zitzen, Kurt 308

HINWEISE

Während der Durchsicht der Druckfahnen erreichten uns verschiedene Anrufe mit Anregungen und Verbesserungen, die wir leider nicht mehr in vollem Umfang berücksichtigen konnten. Deshalb nachstehend eine zusammenfassende Stellungnahme:

Es wurde gefragt, warum bei den Einheitsführern die zusätzliche Bezeichnung Geschützführer vorangestellt wurde. Es geschah dies, weil es von 1940–1943 eine stufenweise Entwicklung gab, die dazu führte, daß der Zugführer anstelle des gepanzerten Führerwagens ein eigenes Geschütz erhielt. Sodann wurden die Batterien noch um ein weiteres Geschütz für den Batteriechef verstärkt, der, ebenso wie der Zugführer, schon vorher anstelle eines Geschützführers alle Einsätze mitgefahren war. Schließlich erfolgte die Zuteilung eines eigenen Sturmgeschützes auch für den Kommandeur, der bis dahin nur wie die Chefs und Zugführer in ein Geschütz seiner Abteilung oder Brigade als Geschützführer einsteigen und in den Einsatz fahren konnte.

Nicht zu vermeiden war, daß wir bestimmte Daten einiger Ritterkreuzträger, speziell hinsichtlich ihrer späteren Laufbahn bei der Bundeswehr, auf ihren Wunsch nicht bringen konnten.

Ein für uns nicht ganz leichtes Problem war die Einordnung der RK-Träger in die richtige Waffengattung. Grundsätzlich wollten wir – wie schon zu Anfang des Bandes erwähnt – davon ausgehen, ob die Geehrten zum Zeitpunkt der Verleihung Angehörige einer Sturmgeschütz-Abteilung bzw. -Brigade waren.

In den Fällen Angel, von Bostell und Lobmeyer sind wir von diesem Prinzip aus bestimmten Gründen abgewichen, die wir in den jeweiligen Fußnoten dargelegt haben.

Die drei folgenden Ritterkreuzträger werden unter einer anderen Waffengattung genannt werden:

Iden, Arthur: Oberwachtmeister, Sturmgeschützführer beim Kommandanten der Festung Schneidemühl.
Koenig, Heinz: Leutnant, Führer 3./Fallschirm-Sturmgeschütz-Abteilung „Hermann Göring".
Utgenannt, Richard: SS-Hauptsturmführer, Chef 3./SS-Panzer-Abteilung 4.

Nach unserem obengenannten Grundsatz hätten wir zwar Michael Lechermann, Feldwebel und Zugführer in der Sturmgeschütz-Abteilung 1007, nennen müssen, aber hier handelte es sich um die 1. Kompanie der Panzerjäger-Abteilung 7, so daß Lechermann in den Band „Panzerjäger" aufgenommen wird.

Unsere Zusammenstellung der RK-Träger der Sturmartillerie sollte folgende Problematik nicht übergehen. In anderen Veröffentlichungen werden RK-Träger der Sturmartillerie genannt, die bei uns fehlen, weil der Nachweis der Verleihung an sie durch uns vorliegende Dokumente nicht belegt ist.

Gersteuer, Günther	Major, Kommandeur Fallschirm-Sturmgeschütz-Brigade 12
Grünewald, Georg	Oberfeldwebel, Zugführer in der 1./Fallschirm-Sturmgeschütz-Brigade 12
Hengstler, Richard	Hauptmann, Chef 1./Fallschirm-Sturmgeschütz-Brigade 12
Roestel, Erwin	SS-Obersturmbannführer der Reserve, Kommandeur SS-Sturmgeschütz-Abteilung 10 „Frundsberg"
Schubert, Otto	Oberleutnant der Reserve, Chef 1./Heeres-Sturmgeschütz-Brigade 912
Schulz-Streek, Karlheinz	SS-Sturmbannführer, Kommandeur SS-Sturmgeschütz-Abteilung 11 „Nordland"
Stehle, Werner	Leutnant, Zugführer in der 3./Fallschirm-Sturmgeschütz-Brigade 12

Wir möchten deshalb in diesem Zusammenhang darum bitten, wenn uns „Berichtigungen" zugeleitet werden, diese mit fotokopierten Dokumenten zu versehen. Denn unsere Daten beruhen ausschließlich auf solchen Dokumenten, die allerdings häufig, was den Tag der Ordensverleihung angeht, voneinander um einige Tage abweichen.

Straubing und Osnabrück, den 15. November 1984   Franz Thomas   Günter Wegmann

Die Ritterkreuzträger
der Sturmartillerie

Hauptmann

HELMUT ADAM

* 1.10.1916 Bobersberg / Kreis Crossen bei Zwickau / Sachsen
✠ 1.12.1942 im Großkampfraum bei Rshew an der Ostfront

Ritterkreuz (687) am 21. 11. 1941 als Oberleutnant Geschütz-Führer / Chef 3. Batterie / Sturmgeschütz-Abteilung 192 / XIII. Armee-Korps / 4. Armee / Heeresgruppe Mitte

Das XIII. AK. trat am 14. 10. 1941 befehlsgemäß zum weiteren Angriff an. Das Ziel waren die Oka-Übergänge von Aleksin, Tarussa und Serpuchow, um damit die Verbindung zwischen Moskau und Tula zu unterbrechen. Oberleutnant Adam eroberte am 21. 10. 1941 aus selbständigem Entschluß einen für die weitere Kampfführung wichtigen Flußübergang. Im Kriegstagebuch des OKW wurde dazu nüchtern am 21. 10. 1941 vermerkt: Das XIII. AK. hat den Brückenkopf Wysokinitschi erreicht.
Wenige Wochen später schoß der Oberleutnant mit seinen vier Sturmgeschützen 15 schwere Feindpanzer in Brand.

Wehrmacht:

01. 04. 1937 Eintritt in ein Artillerie-Regiment[1]), dann Kriegsschule
26. 08. 1939 Leutnant schwere Artillerie-Abteilung (mot.) 430, Westwalleinsatz (7. Armee - Dollmann), Frankreichfeldzug
10. 08. 1940 Chef der Stabs-Batterie in der Sturmgeschütz-Abteilung 184, Dorf Zinna bei Jüterbog
11. 11. 1940 Sturmgeschütz-Abteilung 192, Ostfronteinsatz als Batterie-Offizier und Batterie-Chef bei Gomel, Tschernigoff, Kiew, Smolensk, Kaluga und vor Moskau
12. 07. 1941 Chef der 3. Batterie/Sturmgeschütz-Abteilung 192
04. 04. 1942 Chef der 2. Batterie/Sturmgeschütz-Abteilung „Großdeutschland"
23. 05. 1942 Sturmgeschütz-Abteilung „Großdeutschland" rückt von Treuenbrietzen an die Ostfront ab, Einsatz bei Woronesh, dann bei Rshew
27. 05 1942 Führer Sturmgeschütz-Abteilung „Großdeutschland"

01.12.1942 an der Brücke von Bogorodizkoje – nordostwärts Bjeloje – im Feuerkampf mit sowjetischen Panzern tödlich verwundet

Orden und Ehrenzeichen:
20.05.1940 Eisernes Kreuz II. Klasse
17.08.1941 Eisernes Kreuz I. Klasse

Beförderungen:
01.01.1938 Leutnant mit Rangdienstalter vom 1. 1. 1938 –17–
01.06.1940 Oberleutnant mit Rangdienstalter vom 1. 6. 1940 –91–
22.04.1942 Hauptmann –3267– mit Wirkung vom 1. 4. 1942 und Rangdienstalter vom 1. 4. 1942 –436–

[1]) Laut „Das deutsche Heer, Stellenbesetzung des Heeres 1938" in der 6. Batterie/Artillerie-Regiment 60 oder in der 4. Batterie/Artillerie-Regiment 67.
Genaue Daten für Sturmabzeichen, Medaille Winterschlacht im Osten und Verwundetenabzeichen in Silber nicht bekannt.
Hinweis für alle Ritterkreuzträger: Verliehene Orden und Ehrenzeichen werden nur genannt, wenn das Verleihungsdatum zugänglich ist.

Bei der Ausbildung in Jüterbog 1940. Sturmartillerie-Abteilung 184.

Major Hammon (Mitte), Kommandeur Sturmgeschütz-Abteilung 192. Rechts neben ihm Oberleutnant Adam.

Hauptmann
FELIX EMANUEL ADAMOWITSCH
* 20. 11. 1919   Salzburg / Österreich

Ritterkreuz (3864) am 20. 10. 1944 als Hauptmann Chef 3. Batterie / Sturmgeschützbrigade 904 / 129. Infanterie-Division / Kavallerie-Korps / 2. Armee / Heeresgruppe Mitte

Am unteren Narew stand die 2. Armee in schweren Abwehrkämpfen. Dabei war die Sturmgeschütz-Brigade 904 im Brennpunkt eingesetzt. Die Nennung im Wehrmachtbericht war besonders der Batterie Adamowitsch zu verdanken. Vom 10. bis 13. 9. 1944 schlug der Hauptmann 6 Panzerangriffe – mit jeweils 20 bis 30 Panzern geführt – ab. Mit seinem Geschütz zerstörte er über 20 Feindpanzer, die anderen Geschütze schossen 37 sowjetische Panzer ab. Als dann auch noch die 129. ID mit Hilfe der Brigade aus einer Einschließung ausbrechen konnte, reichte diese noch einen weiteren Batteriechef der Brigade (Knaup) zum Ritterkreuz ein.
Adamowitsch zerstörte mit seinem Geschütz insgesamt über 50 Feindpanzer.

Wehrmacht:
02. 12. 1938   Eintritt Artillerie-Regiment 41 Ulm/Donau
17. 10. 1940   Artillerie-Lehr-Regiment Jüterbog
05. 03. 1941   Sturmgeschütz-Abteilung 185, Ostfront
10. 10. 1942   Sturmgeschütz-Abteilung 904, Ostfront
10. 07. 1944   Chef 1. Batterie/Sturmgeschütz-Brigade 904, Ostfront
01. 01. 1945   Führerreserve des OKH / Kommandierung zu einem Lehrgang
13. 09. 1944   im Wehrmachtbericht genannt: „In der Abwehrschlacht am unteren Narew haben sich die bayerische 7. Infanteriedivision unter Führung von Generalleutnant von Rappard und die Sturmgeschützbrigade 904 unter Führung von Major Türke durch vorbildlichen Kampfgeist hervorragend bewährt. Im Panzerabwehrkampf hat sich Hauptmann Adamowitsch besonders hervorgetan."

Bundeswehr:
1957–1976 Verschiedene Kommandos
zuletzt 1. 4. 1975 Kommandeur VBK 54 Tübingen und Oberst

Orden und Ehrenzeichen:
29.09.1941 Eisernes Kreuz II. Klasse
28.08.1943 Eisernes Kreuz I. Klasse
29.02.1944 Deutsches Kreuz in Gold

Beförderungen:
01.04.1940 Leutnant mit Rangdienstalter vom 1. 4. 1940 –1452–
01.04.1942 Oberleutnant mit Rangdienstalter vom 1. 4. 1942 –1484–
01.02.1944 Hauptmann mit Rangdienstalter vom 1. 2. 1944 –148–
20.08.1958 Major
19.07.1966 Oberstleutnant

Sturmgeschütz in der Ausbildungszeit 1940 in Frankreich.

Abgeschossenes Sturmgeschütz an der Nordostfront in Rußland 1941.

Oberleutnant

ERNST ALEX

* 1. 3.1915 Seifersdorf / Kreis Schweidnitz / Schlesien
† 25.10.1965 Kassel / Hessen

Ritterkreuz (339) am 1. 8. 1941 als Oberwachtmeister Geschütz-Führer / 1. Batterie / Sturmgeschütz-Abteilung 243 / nach 27 Panzerabschüssen / 1. Gebirgs-Division / XXXXIX. Gebirgs-Korps / 17. Armee / Heeresgruppe Süd

Die 1. Batterie der Sturmgeschütz-Abteilung 243 wurde beim Einmarsch in Rußland der 1. Gebirgs-Division unterstellt. Am 25. 6. 1941 wurde die Division von zahlreichen russischen Panzern aus dem Raum Jaworow–Jazow Stary angegriffen. Die Gebirgsjäger hielten ihre Stellungen. In der Nacht 27./28. 6. stieß das III./Gebirgsjäger-Regiment 99 mit zwei Sturmgeschützen unter Oberwachtmeister Alex und Leutnant Knüppel durch den Wald nach Janow durch. Dabei schoß Ernst Alex mit seinem Geschütz 10 Panzer ab. Damit wurde die Voraussetzung für einen schnellen Vorstoß der Division auf Lemberg geschaffen. Auf dem weiteren Vormarsch stieß Alex bei dem Bahnhof Kopysynac auf einen sowjetischen Panzerzug und zerstörte das 15-cm-Geschütz dieses Zuges. Am 23. 7. 1941 erzwang der Oberwachtmeister an der Spitze der Division bei Brazlaf den Übergang über den Bug. Dabei wurde er schwer verwundet.

Wehrmacht:
01.10.1935 Eintritt VI. Abteilung des Artillerie-Regiment (mot.) 29 Kassel
10.05.1941 in die neuaufgestellte Sturmgeschütz-Abteilung 243 und im Juli 1941 zeitweise auch Führer der 1. Batterie an der Ostfront
23.07.1941 schwerstverwundet
08.02.1943 Führerreserve des OKH / Offiziersausbildung, verschiedene Kommandos, später wegen Verlust beider Beine aus der Wehrmacht entlassen

Orden und Ehrenzeichen:
16.09.1939 Eisernes Kreuz II. Klasse
02.07.1941 Eisernes Kreuz I. Klasse

Beförderungen:
01.10.1938 Wachtmeister
01.10.1940 Oberwachtmeister
01.06.1943 Leutnant
01.04.1945 Oberleutnant

Bereitstellung in einem russischen Dorf.

Der Einsatzbefehl ist eingetroffen – Sturmgeschütze m a r s c h !

Hauptmann

HERBERT AMANN

* 11.10.1919 Dossenheim bei Heidelberg / Rhein-Neckar-Kreis / Baden-Württemberg
✠ 12. 1.1944 südostwärts Nowo-Mirgorod an der Ostfront

Ritterkreuz (2648) am 10. 2. 1944 als Oberleutnant Geschütz-Führer / Chef 1. Batterie/Sturmgeschütz-Abteilung 905 / nach 42 Panzerabschüssen / XXXXVII. Panzer-Korps / 8. Armee / Heeresgruppe Süd

Schlacht von Kirowograd, Januar 1944:
Am 5. 1. 1944 wurde die 10. Panzer-Grenadier-Division vom sowjetischen VII. mechanisierten Korps durchbrochen. In der Nacht vom 8./9. 1. 1944 stieß eine gepanzerte Gruppe – 67. Panzer-Brigade – des nachgeführten VIII. mechanisierten Korps bis nach Mal. Wiski vor und hob den Korpsgefechtsstand des der Division vorgesetzten XXXXVII. Panzer-Korps aus. Die Lage bei der 10. Panzer-Grenadier-Division wurde stabilisiert auch dank der vorzüglichen Leistung der zeitweise der Division zugeteilten Sturmgeschütz-Abteilung 905. Hierbei zeichnete sich Oberleutnant Amann mit seiner Batterie erneut besonders aus. Südostwärts Nowo-Mirgorod wurde er tödlich verwundet. Das Ritterkreuz wurde am 1. 3. 1944 durch Major Horleberg – Wehrbezirkskommando Heidelberg – dem Vater Ludwig Amann überreicht.

Wehrmacht:
29.08.1939 3. Batterie/schwere Artillerie-Ersatz-Abteilung 69 Mannheim
06.09.1939 1. Batterie
25.01.1940 2. Batterie/schwere Artillerie-Abteilung (mot.) 815, Frankreichfeldzug, Besatzungstruppe
05.09.1940–
20.09.1940 Unterführer-Lehrgang
15.05.1941 7. Offiziersanwärter-Lehrgang / Lehrstab A an der Artillerieschule I Berlin
21.08.1941 1. Batterie/schwere Artillerie-Ersatz-Abteilung (mot.) 59 Heimatgebiet
13.09.1941 4. Batterie/schwere Artillerie-Abteilung (mot.) 815
26.01.1942 1. Batterie/schwere Artillerie-Abteilung (mot.) 815, Ostfeldzug
16.11.1942 Sturmgeschütz-Ersatz- und Ausbildungs-Abteilung 200

15.12.1942 Sturmgeschütz-Abteilung 905, Ostfront
10.06.1943 Chef der 1. Batterie/Sturmgeschütz-Abteilung 905
12.01.1944 tödliche Verwundung 30 km südostwärts Nowo-Mirgorod.
            Beigesetzt auf dem Heldenfriedhof Pantschewo, ca. 15 km südostwärts Nowo-Mirgorod

Orden und Ehrenzeichen:
01.07.1942 Eisernes Kreuz II. Klasse
21.08.1943 Eisernes Kreuz I. Klasse
03.09.1943 Sturmabzeichen allgemein
27.09.1943 Verwundetenabzeichen Schwarz
28.10.1942 Krimschild

Beförderungen:
01.04.1940 Gefreiter
01.12.1940 Unteroffizier
20.08.1941 Wachtmeister mit Wirkung vom 1. 8. 1941
20.08.1941 Fahnenjunker mit Wirkung vom 1. 8. 1941
01.11.1941 Leutnant
10.06.1943 Oberleutnant –3500– mit Wirkung
            vom 1. 6. 1943 und Rangdienstalter
            vom 1. 6. 1943 –5–
            Hauptmann – laut Schreiben Adjutant
            der Wehrmacht beim Führer
            (gez. von Puttkamer) – vom 21. 10. 1944

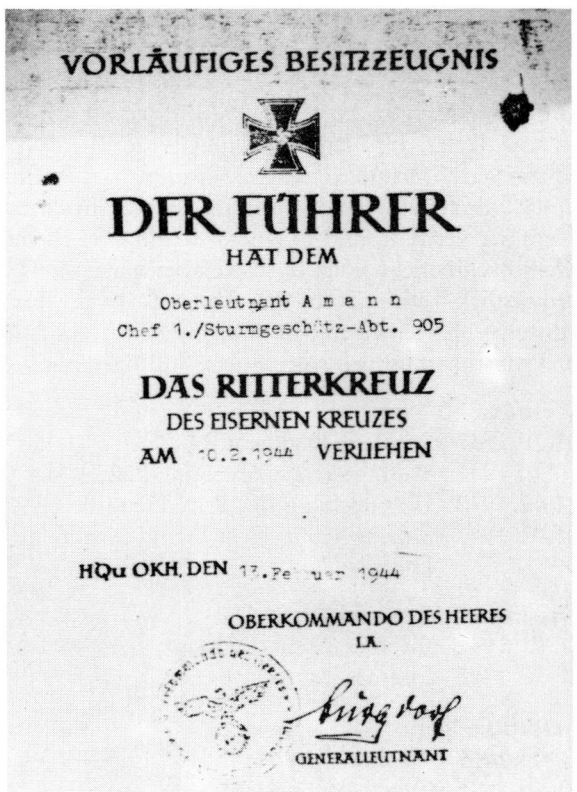

Amann November 1942 (links).
Er selbst schreibt zu diesem Foto:
„Das erste Bild als ‚schwarzer Husar'."

Oberwachtmeister

FRITZ AMLING

* 16.1.1916   Preußisch Holland / Ostpreußen

Ritterkreuz (1352) am 11. 12. 1942 als Wachtmeister Geschütz-Führer / 3. Batterie / Sturmgeschütz-Abteilung 202 / nach 56 Panzerabschüssen / XXXIX. Panzer-Korps / 9. Armee / Heeresgruppe Mitte

Die Sturmgeschütz-Abteilung 202 war seit Herbst 1942 im Abschnitt der 78. Infanterie-Division eingesetzt. Am 11. und 12. 12. 1942 entstand im Divisionsbereich eine kritische Lage (Podossinowka, Sherebzowo, Cholm, Taliza, Star. Mursino, Chlepen). Wachtmeister Amling schoß mit seinem Richt-Unteroffizier Bruno Guskowski in 48 Stunden 42 Feindpanzer ab. Im Wehrmachtbericht vom 12. 12. wurde die Abteilung ohne Nennung der Nummer genannt, und in einem Zeitungsbericht hieß es damals: „Wachtmeister Fritz Amling gehörte der im Wehrmachtbericht vom 12. Dezember genannten Sturmgeschütz-Abteilung an, die bei den harten Kämpfen südwestlich Kalinin durch den Abschuß von 24 Panzerkampfwagen entscheidenden Anteil an der erfolgreichen Abwehr eines schweren bolschewistischen Angriffs hatte. Wenige Tage vorher hatte Wachtmeister Amling schon 10 Panzerkampfwagen mit seinem Sturmgeschütz abgeschossen."

Wehrmacht:
01. 10. 1937   Artillerie-Regiment 24
10. 10. 1941   Sturmgeschütz-Abteilung 202 an der Ostfront
24. 12. 1942   Überreichung des Ritterkreuz bei einem Abteilungsappell in Sytschewka an der Ostfront
01. 03. 1943   Sturmgeschütz-Ersatz- und Ausbildungs-Abteilung 300 Neisse, dann verschiedene Ausbildungskommandos

Orden und Ehrenzeichen:
26. 01. 1942   Eisernes Kreuz II. Klasse
07. 12. 1942   Eisernes Kreuz I. Klasse

Beförderungen:
10. 05. 1939   Wachtmeister
01. 10. 1941   Oberwachtmeister

Nach der Verleihung des Ritterkreuzes auf einem Sturmgeschütz

Feldwebel der Reserve

OTTO ANGEL

* 20. 2. 1913 Oberntief / Bezirk Uffenheim bei (Bad) Windsheim / Bayern

Ritterkreuz (4828) am 15. 3. 1945 als Unteroffizier der Reserve unter gleichzeitiger Beförderung zum Feldwebel der Reserve Geschütz-Führer / 1. Zug / 1. Kompanie / Panzer-Jagd-Abteilung 6 / nach 38 Panzerabschüssen / Panzer-Jagd-Brigade 104 / Kampfgruppe Munzel / 11. Armee / Heeresgruppe Weichsel [2])

Im Februar 1945 gehörte Pyritz als „Fester Platz" zu dem wirksamen Sperriegel Bahn–Pyritz–Arnswalde. In Pyritz kämpfte die Division Denecke. Am 20. 2. 1945 wurde eine Kompanie der Panzer-Jagd-Abteilung 6 – Abteilungskommandeur Hauptmann Mundt – mit 14 „Hetzern" zugeführt, davon gelangte ein Zug in den Stützpunkt Pyritz. Am 27. 2. 1945 erreichte der sowjetische Angriff gegen Pyritz seinen Höhepunkt. Am Abend gelang es, die einzige vorhandene Kompanie der Panzer-Jagd-Abteilung 6 über Briesen vollständig in den Stützpunkt Pyritz hineinzuschleusen. Am 28. 2. 1945 riegelten die Jagdpanzer das Eindringen in die Innenstadt ab. Am 2. 3. 1945 räumte die Restbesatzung Pyritz.

Anfang März 1945 stießen starke sowjetische Kräfte im pommerschen Raum auf Stettin vor. Die Gruppe Munzel stand am 3. 3. 1945 bei Körlin. Sie wurde durch General von Tettau an sein Korps herangezogen, dem es gelang, diese Gruppe aus dem Schlauch Bad Polzin–Schivelbein nach Norden herauszuziehen. Am 7. 3. 1945 war das Geschütz des Unteroffiziers Angel besonders erfolgreich. 9 sowjetische Panzer vom Typ T 34, gesichert durch 4 überschwere „Stalin"-Panzer, griffen an. Die Besatzung Angel unterstützte die in diesem Abschnitt liegenden Grenadiere und schoß innerhalb von 7 Minuten 6 T 34 ab. Drei Tage später wurde diese Abschußzahl wiederholt. Damit trug Angel wesentlich zur Abwehr feindlicher Durchbruchsversuche und zum Aufbau der Brückenkopfstellung Dievenow bei.

Wehrmacht:
04. 04. 1934 Eintritt 1. Batterie des Artillerie-Regiment 7 Würzburg
20. 08. 1939 Versetzung zum Artillerie-Regiment (mot.) 103 Ansbach
08. 02. 1942 zur Sturmartillerie in die Sturmgeschütz-Ersatz- und Ausbildungs-Abteilung 200 Schweinfurt
02. 03. 1943 Sturmgeschütz-Abteilung 185

10.02.1945 Tapferkeitsurlaub, nach Ende die Brigade 185 nicht mehr erreicht, meldete sich am 2. 3. 1945 bei der Panzer-Jagd-Abteilung 6 zu Frankfurt an der Oder

Teilnahme an den Feldzügen in Polen, Frankreich, Nordafrika und im Osten

Orden und Ehrenzeichen:
29.07.1943 Eisernes Kreuz II. Klasse
03.08.1944 Eisernes Kreuz I. Klasse

Beförderungen:
07.07.1941 Gefreiter der Reserve
18.10.1942 Obergefreiter der Reserve
03.08.1943 Unteroffizier der Reserve
15.03.1945 Feldwebel der Reserve

[2]) Die erste Eingabe zum Ritterkreuz erfolgte noch während seiner Zugehörigkeit zur Sturmgeschütz-Abteilung 185 (ab 14. 2. 1944 Brigade, seit 10. 7. 1944 Heeres-Sturmgeschütz-Brigade 185) über die 11. Armee. Dieser Hinweis erfolgt, weil ab 24. 2. 1945 statt der 11. die 3. Panzer-Armee in Pommern führte. Laut Karteikarte Nr. 4828 ist als vorgesetztes Generalkommando das stellvertr. Gen.Kdo. II. AK. eingetragen. – Die Division Denecke unterstand damals diesem Generalkommando. Feldwebel Angel wurde unter Waffengattung Sturmartillerie aufgeführt, da die erste Eingabe als Angehöriger der Sturmgeschütz-Brigade 185 erfolgte.

Hauptmann der Reserve

HEINZ ANGELMAIER

* 22. 7. 1918   Ulm an der Donau / Baden-Württemberg

Ritterkreuz (4598) am 18. 2. 1945 als Hauptmann der Reserve Geschütz-Führer / Führer Sturmgeschütz-Brigade 279 / nach 23 Panzerabschüssen / Fallschirm-Panzer-Grenadier-Division 2 „Hermann Göring" / Fallschirm-Panzer-Korps „Hermann Göring"

Kampfraum Ostpreußen, nordostwärts Insterburg, 19. 1. 1945:
Zwei Batterien der Sturmgeschütz-Brigade 279 wurden plötzlich aus dem Abschnitt der 549. Volks-Grenadier-Division nach Breitenstein befohlen.
Dort verhinderte der Führer der Brigade, Hauptmann Angelmaier, ein Herauslösen der leichten Flak und die Aufgabe des Ortes. Als 12.30 Uhr die Sturmgeschütze eintrafen, gab Hauptmann Angelmaier für die verschiedenen Züge seiner Brigade bei schwerem Artillerie-, Granatwerfer- und Schlachtfliegerbeschuß auf offener Straße die Einsatzbefehle und überwachte, von einem Zug zum anderen, teilweise über freies, unter Infanteriefeuer liegendes Feld laufend, den Einsatz der Züge. Der Hauptmann holte auch persönlich die auf der Straße nach Moulinen zurückgehenden versprengten Infanteristen zurück und wies sie mit den Geschützen immer wieder in günstige Stellungen ein.
Nachdem auf diese Art eine Kampfgruppe gebildet worden war, befahl Hauptmann Angelmaier einen Gegenstoß, bekam dadurch den Nordostteil Breitensteins wieder in seine Hand und warf die Russen auf Gut Breitenstein zurück. Mit nur 6 Sturmgeschützen und geringen Infanteriekräften wurde nun Breitenstein gehalten.
Ein Ordonnanzoffizier der 1. ID brachte um 18.00 Uhr den Absetzbefehl. Für 19.00 Uhr war Absetzen befohlen. Angelmaier selbst verließ den Ort erst, nachdem er das Herauslösen der Flak überwacht hatte und die Verwundeten geborgen waren.
Durch das Halten von Breitenstein und das späte Absetzen konnte der Russe nicht auf der Straße Breitenstein–Seßlaken vordringen, und der 56. ID war es möglich, von Südosten nach Nordwesten bei Scherden über die Inster zu verlegen.
Aus eigenem Entschluß meldete sich Hauptmann Angelmaier beim Ia der 56. ID und stellte die beiden einsatz-

bereiten Züge der Brigade zur Überwachung des Übergangs der Division bei Scherden und zur Sicherung der Flanke bei Woringen zur Verfügung.

Ohne das umsichtige und entschlossene Handeln und seinen persönlichen Einsatz wäre ein geordneter Übergang der 56. ID über die Inster in Frage gestellt worden.

Unter seiner hervorragenden Führung war die Brigade – nur mit 19 Geschützen in den Großkampf gegangen – sehr erfolgreich. Es konnten 5 „Josef Stalin", 5 KW 85, 35 T 34 bzw. T 34/85, 5 Sturmgeschütze 12,2, 61 s.Pak, 3 Zugmaschinen, 29 Lkw. und 7 Geschütze 12,2 vernichtet, ferner 3 „Josef Stalin" bewegungsunfähig geschossen werden.

Ein besonders erfolgreicher Tag war der 4. 2. 1945: Es wurden 2 „Josef Stalin", 3 KW 85, 3 T 34/85, 4 s.Pak, 1 Geschütz 12,2 vernichtet.

Wehrmacht:
01. 11. 1938 Eintritt II. Abteilung/Artillerie-Regiment 41 Ulm, Westwall und Frankreichfeldzug bei der Eisenbahnartillerie
08. 12. 1940 freiwillige Meldung zur Sturmartillerie, nach Ausbildung zur Sturmgeschütz-Abteilung 192, Ostfront
08. 02. 1942 Sturmgeschütz-Ersatz- und Ausbildungs-Abteilung 200 Schweinfurt
01. 07. 1942 Chef der 3. Batterie/Sturmgeschütz-Abteilung 203, Kaukasus-Front
17. 01. bzw.
13. 02. 1944 zum Ritterkreuz eingereicht durch 384. Infanterie-Division / LII. Armee-Korps / 1. Panzer-Armee / Heeresgruppe Süd
19. 08. 1944 Sturmgeschütz-Ersatz- und Ausbildungs-Abteilung 600 Deutsch-Eylau, dann an die Sturmgeschützschule Burg kommandiert
19. 10. 1944 Führer Sturmgeschütz-Brigade 279 (Major Hoppe –4119– gefallen), Ostpreußenschutzstellung, Kreuzberg
20. 02. 1945 Abteilungs-Kommandeur in der Fallschirm-Panzer-Grenadier-Dvision 2 „Hermann Göring"
09. 05. 1945 kurzfristige sowjetische Kriegsgefangenschaft im Sudetenland, Flucht, dann wiederum kurzfristig in amerikanischer Kriegsgefangenschaft im Raum Ulm

Orden und Ehrenzeichen:
20. 07. 1941 Eisernes Kreuz II. Klasse
24. 08. 1941 Eisernes Kreuz I. Klasse
12. 10. 1943 Deutsches Kreuz in Gold
27. 01. 1944 Nennung im Ehrenblatt des Heeres / Ehrenblattspange

Beförderungen:
01. 09. 1940 Leutnant der Reserve
01. 09. 1942 Oberleutnant der Reserve
01. 08. 1943 Hauptmann der Reserve

Hauptmann
FRIEDRICH ARNOLD
* 10.5.1919 Karlsruhe / Baden-Württemberg

Ritterkreuz (2336) am 16. 11. 1943 als Oberleutnant der Reserve Geschütz-Führer / Führer 2. Zug / 2. Batterie / Sturmgeschütz-Brigade 237 / nach 51 Panzerabschüssen / 35. Infanterie-Division / IX. Armee-Korps / 4. Armee / Heeresgruppe Mitte

Oberleutnant Arnold hatte in der Zeit vom 22. 6. 1941 bis 20. 2. 1943 bereits 29 Panzer abgeschossen (Einsatzorte u. a. Blujeff, Koljubjakino, Juwino, Lernidowo, Gorschetschnoje, Brückenkopf Woronesh), als er am 2. 6. 1943 zur Sturmgeschütz-Abteilung 237 kam. Die Einsatzorte und Erfolge sprechen für sich:
8./9. 8. 1943 Feste Coburg; 10. 8. Starosselje-Wald, südlich Rydki Abschuß 1 KW I und 2 T 34; 16./18. 8. Kucharewa; 30. 8. Jelnja Abschuß von 3 T 34, 1 KW I; 31. 8. Desna-St.; 1. 9. Petrowo, Raum Jelnja, Abschuß eines T 34; 2./4. 9. Desna-St., dabei 4. 9. westlich Kukujewo Abschuß von 4 T 34; 5. 9. Kukujewo; 9. 9. Kolsaki; 11. 9. Klemjatino; 13. 9. Klemjatino; 15. 9. Gorodok; 18./19. 9. Jasweno; 20. 9. Höhe 253,9 Karte Jasweno Abschuß 7 T 34 und 1 T 60; 20. 9. Kruglowo; 21. 9. Stankowo; 22. 9. Tschutschulewo Abschuß von 1 T 34, 1 KW I. Hier beendete die 7. Verwundung die Erfolgsserie, nachdem am 17. 8. 1943 ostwärts Jarzewo und am 6. 9. 1943 in Kartajewo bereits Granatsplitter zu Verwundungen führten.

Wehrmacht:
04. 11. 1937 Eintritt 6. Batterie/Artillerie-Regiment 41 Ulm/Donau
24. 08. 1939 Batterie kz.Br.Kan. 690 (28 cm kurze Bruno-Kanone [Eisenbahn])
01. 04. 1940 Offiziersanwärter-Sonderausbildung in der 1. Batterie/schwere Artillerie-Ersatz-Abteilung (mot.) 100
20. 05. 1940–
09. 08. 1940 Reserveoffiziers-Anwärter-Lehrgang Rügenwalde
02. 09. 1940 1. bzw. 3. Batterie/schwere Artillerie-Ersatz-Abteilung (mot.) 100
08. 01. 1941 Kommandierung zur Umschulung auf Sturmgeschütze in der VI. Abteilung des Artillerie-Lehr-Regiment (mot.) 2 Jüterbog

10.03.1941 Zug-Führer 2. Batterie/Sturmgeschütz-Abteilung 201
03.05.1943 Zug-Führer Sturmgeschütz-Ersatz- und Ausbildungs-Abteilung 200
02.06.1943 Führer des 2. Zuges/2. Batterie/Sturmgeschütz-Abteilung 237
21.09.1943 Führer 2. Batterie/Sturmgeschütz-Abteilung 237
22.09.1943 an der Ostfront verwundet, Lazarett
21.10.1943 Sturmgeschütz-Ersatz- und Ausbildungs-Abteilung 500 Posen
20.07.1944 Batterie-Chef Sturmgeschütz-Ersatz- und Ausbildungs-Abteilung 500
04.04.1945 Kommandierung an die Sturmgeschützschule Burg bzw. in die Sturmgeschütz-Ersatz- und Ausbildungs-Abteilung 700 unter gleichzeitiger Verlegung in ein Lazarett in Sigmaringen, kurze französische Kriegsgefangenschaft

Teilnahme am Feldzug im Osten ab 22. 6. 1941 mit Unterbrechnungen durch Verwundungen, Lazarettaufenthalten und Heimatverwendungen

Orden und Ehrenzeichen:
09.07.1941 Eisernes Kreuz II. Klasse
24.08.1941 Eisernes Kreuz I. Klasse
09.10.1942 Deutsches Kreuz in Gold
28.07.1942 Medaille Winterschlacht im Osten
01.08.1941 Sturmabzeichen allgemein
01.07.1943 Sturmabzeichen Silber
25.03.1945 Sturmabzeichen Gold
15.08.1942 Verwundetenabzeichen Schwarz
16.05.1943 Verwundetenabzeichen Silber
19.09.1943 Verwundetenabzeichen Gold

Beförderungen:
01.10.1938 Gefreiter
01.02.1940 Unteroffizier
09.08.1940 Ernennung zum Offiziersanwärter
09.08.1940 Wachtmeister
01.09.1940 Leutnant der Reserve mit Rangdienstalter vom 1. 9. 1940
01.09.1942 Oberleutnant der Reserve mit Rangdienstalter vom 1. 9. 1942
20.04.1944 Hauptmann der Reserve –890– mit Wirkung vom 1. 4. 1944 und Rangdienstalter vom 1. 3. 1944
30.11.1944 Hauptmann –7703– angestellt im Heer mit Wirkung vom 1. 10. 1944 und Rangdienstalter vom 1. 4. 1944 –258–

Leutnant der Reserve

DIETRICH ASCHER

* 23. 4. 1923   Graz – Ortsteil Gröbening / Steiermark / Österreich

Ritterkreuz (4624) am 28. 2. 1945 als Leutnant der Reserve Geschütz-Führer / Führer 3. Zug / 2. Batterie / Sturmgeschütz-Brigade 259 / 21. Infanterie-Division / XXXXI. Panzer-Korps / 4. Armee / Heeresgruppe Nord

Die Brigade 259 deckte im Januar 1945 den Rückzug der Infanterie nach Gumbinnen. Am 7. 2. wurde das Grenadier-Regiment 24 zu einem motorisierten Vorstoß in südlicher Richtung gegen Liebhausen angesetzt. Fast 20 km weit wurde der Feind in schwungvollem Angriff mit vorzüglicher Unterstützung durch Sturmgeschütze geworfen. Weitere Einsätze erfolgten nördlich des Walschtals bei Layß, Wilknitt und Perbanden. Die noch einsatzfähigen Sturmgeschütze wurden an die Brennpunkte entsandt. Leutnant Ascher war immer mit seinen Geschützen zur Stelle, wenn Not am Mann war. Die 21. ID konnte sich auf ihn verlassen und schlug ihn auf Grund seiner Erfolge zur Verleihung des Ritterkreuzes vor.

Wehrmacht:
05.02.1941   17. Batterie/Artillerie-Lehr-Regiment (mot.) Jüterbog, nach Ausbildung in die Sturmgeschütz-Abteilung 185. Einsatz ab Juni 1941 an der Ostfront bis Leningrad, dann 1942 bis 1943 am Ladogasee, Wolchow, Kessel Welikij-Luki, anschließend Kommandierung an die Artillerieschule Groß-Born und über die Sturmgeschützschule Burg zur Sturmgeschütz-Abteilung 259 mit Einsatz bei Tiraspol, Verlegung im Juni 1944 nach Bialystok und Rückzug bis Ostpreußen.
18.03.1945   mit einem Lazarettschiff von Ostpreußen ins Reich gebracht

Orden und Ehrenzeichen:
17.12.1942   Eisernes Kreuz II. Klasse
07.08.1944   Eisernes Kreuz I. Klasse
08.09.1942   Medaille Winterschlacht im Osten

Beförderungen:
25.01.1944   Leutnant der Reserve –140– mit Rangdienstalter vom 1. 12. 1943

Sturmgeschütze
in der
Bereitstellung.

Eine
Sturmgeschütz-
besatzung
versucht mit
Hilfe einer
Zugmaschine
einen Panzer IV
wieder
„flott" zu bekommen.

Oberwachtmeister

KARL HEINRICH BANZE

* 24. 7. 1911   Hofgeismar bei Kassel / Hessen

Ritterkreuz (1009) am 27. 5. 1942 als Oberwachtmeister Geschütz-Führer / Führer 1. Zug / 1. Batterie / Sturmgeschütz-Abteilung 244 / nach 27 Panzerabschüssen / 113. Infanterie-Division / VIII. Armee-Korps / 6. Armee / Heeresgruppe Süd

Am 8. 5. 1942 begann die sowjetische Offensive zur Umfassung Charkows. Der linke Zangenarm, aus dem Isjumer Donezbogen vorstoßend, gelangte bis vor Poltawa. Im Abschnitt der 113. ID wurde die 1. Batterie gegen durchgebrochene Feindpanzer eingesetzt. Oberwachtmeister Banze, der bereits eine Reihe feindlicher Panzer abgeschossen hatte, kämpfte oft auf sich allein gestellt. Bei einem dieser Alleingänge sah er sich einem Panzerrudel gegenüber und schoß zahlreiche Panzer ab. Damit erhöhte er seine Abschußzahl auf 24. Im Wehrmachtbericht vom 15. 5. 1942 hieß es: Die Sturmgeschütz-Abteilung 244 hat bei den Kämpfen im Osten am 14. 5. 36 feindliche Panzer vernichtet. Von diesen Panzern hat der Oberwachtmeister Banze allein 13 abgeschossen.

Wehrmacht:
01. 10. 1933   Eintritt Artillerie-Regiment 70 Koblenz-Niederlahnstein
11. 11. 1935   Waffen-Lehrgänge an der Schule der Artillerie
10. 12. 1940   Artillerie-Lehr-Regiment Jüterbog
12. 05. 1941   in die neuaufgestellte Sturmgeschütz-Abteilung 244, an der Ostfront erster Fronteinsatz – weiteres unbekannt

Orden und Ehrenzeichen:
24. 07. 1941   Eisernes Kreuz II. Klasse
27. 09. 1941   Eisernes Kreuz I. Klasse

Beförderungen:
01. 08. 1940   Oberwachtmeister

Banze mit seiner Besatzung.

Hauptmann
KARL LUDWIG BARTHS
* 13. 5. 1920   Kolbatz / Kreis Greifenhagen / Pommern

Ritterkreuz (4353) am 14. 1. 1945 als Hauptmann Führer Heeres-Sturmgeschütz-Brigade 393 / Gruppe Henze / VI. SS-Freiwilligen-Armee-Korps / 16. Armee / Heeresgruppe Nord

Am 12. 10. 1944 rollte die Brigade 393 (Hauptmann Barths) als letzte Einheit über die Dünabrücke bei Riga, bevor diese Eisenbahnbrücke am 13. 10. um 1.44 Uhr gesprengt wurde. In den folgenden schweren Abwehrkämpfen um Frauenburg zeichnete sich die Brigade besonders aus. Um die Weihnachtszeit 1944 trug Barths mit seinen Sturmgeschützen entscheidend dazu bei, einen sowjetischen Durchbruch über Dzukste nach Windau zu verhindern. Für die hervorragende Brigadeführung und den persönlichen Einsatz erhielt Hauptmann Barths das Ritterkreuz.

Wehrmacht:
27. 12. 1937   als Fahnenjunker Eintritt in die 4. Batterie/Artillerie-Regiment 2 Stettin
15. 11. 1938   Kriegsschule Hannover
15. 08. 1939   Batterie-Offizier 9. Batterie/Artillerie-Regiment 2
12. 08. 1940   Kommandierung zur VI. Abteilung/Artillerie-Lehr-Regiment (mot.) 2 Jüterbog, Umschulung auf Sturmgeschütze
09. 10. 1940   Sturmgeschütz-Abteilung 191, Ordonnanz-Offizier, Zug-Führer und Adjutant
05. 06. 1942   Lehrer und Batterie-Chef III. Abteilung/Artillerie-Lehr-Regiment (mot.) 2 an der Artillerieschule II
08. 03. 1943   Adjutant Stab / Artillerie-Lehr-Regiment (mot.) 2
15. 06. 1943   Adjutant Stab / Sturmgeschützschule Burg
03. 07. 1944   Chef 1. Batterie/Sturmgeschütz-Brigade 393
01. 10. 1944   Führer Sturmgeschütz-Brigade 393
09. 01. 1945   Kommandeur Sturmgeschütz-Brigade 393

Teilnahme am Feldzug in Polen, Frankreich, Griechenland und Rußland bis Ende

Orden und Ehrenzeichen:
20.09.1940 Eisernes Kreuz II. Klasse
26.06.1941 Eisernes Kreuz I. Klasse
29.09.1941 Ehrenblatt des Heeres (Heeresverordnungsblatt 1941/C 28 vom 6. 10. 1941)

Beförderungen:
01.05.1938 Gefreiter
01.08.1938 Unteroffizier
04.04.1939 Fähnrich mit Wirkung vom 1. 3. 1939
01.08.1939 Oberfähnrich
01.09.1939 Leutnant mit Rangdienstalter vom 1. 9. 1939 –869–
15.10.1941 Oberleutnant mit Wirkung vom 1. 11. 1941 und Rangdienstalter vom 1. 11. 1941 –90–
17.12.1941 Oberleutnant neues Rangdienstalter vom 1. 9. 1940 –240–
10.06.1943 Hauptmann –3500– mit Wirkung vom 1. 6. 1943 und Rangdienstalter vom 1. 6. 1943 –64–
15.03.1945 Major mit Wirkung vom 1. 4. 1945

März 1941 auf der Fahrt durch Bulgarien zum Einsatz. Geschütz-Führer Oberwachtmeister Zimmermann Sturmgeschütz-Abteilung 191.

4. 8. 1942. Übergang am Don bei Nikolajewskaja Sturmgeschütz-Abteilung 191.

Hauptmann

HEINZ BAURMANN

* 11. 11. 1919   Aachen / Nordrhein-Westfalen

Ritterkreuz ( ) am 4. 5. 1945 als Hauptmann Geschütz-Führer / Kommandeur Sturmgeschütz-Brigade 300 (F) / nach 38 Panzerabschüssen / 17. Armee / Heeresgruppe Süd (Ritterkreuz laut Fernschreiben gleichen Tages von Generalfeldmarschall Schörner)

Nachdem Heinz Baurmann schon im März 1943 vom Kommandeur der Sturmgeschütz-Abteilung 667 zum Ritterkreuz eingereicht worden war – 17 eigene Abschüsse, Erfolg seiner Batterie in 135 Kampftagen 108 Panzer vernichtet –, kam er im März 1945 als Kommandeur der Sturmgeschütz-Brigade 300 (Feld) zum Einsatz im Abschnitt der 208. ID. Der Angriff zur nördlichen Umgehung Striegaus gemeinsam mit dem Grenadier-Regiment 337 war erfolgreich. Sowjetische Gegenangriffe wurden im Ansatz erkannt und durch frühzeitigen Einsatz weniger Sturmgeschütze zerschlagen. Die Verluste des Feindes – über 50 Panzer wurden abgeschossen – waren so stark, daß er Ende März die Angriffe einstellte.
Nach den schweren Kämpfen um Thomaswaldau war die Brigade an der Schließung der Durchbruchslücke bei Görlitz beteiligt.
Am 21. 4. 1945 stießen die Sowjets und Polen nach Bautzen hinein. Das Generalkommando des Panzerkorps „Großdeutschland" faßte nördlich Löbau alle erreichbaren Kampfgruppen zusammen und stieß am 22. 4. mit der 20. Panzer-Division, der Fallschirm-Panzer-Division „Hermann Göring" und der Sturmgeschütz-Brigade 300 (Feld) noch einmal schwungvoll nach Norden und befreite Weißenburg. Die 20. Panzer-Division drehte nach Nordwesten ein und konnte in einem harten zweitägigen Gefecht die Russen aus Bautzen werfen. Es war der letzte deutsche Erfolg an der Ostfront. Dabei zeichnete sich Hauptmann Baurmann mit einer Kampfgruppe, bestehend aus Resten eines angeschlagenen Grenadier-Regiments, Nebelwerfern, Fla auf Selbstfahrlafette, Pionieren und seiner Brigade, erneut besonders aus.

Wehrmacht:
15. 11. 1938   Fahnenjunker Artillerie-Regiment 51 Fulda
18. 10. 1939   Vorgeschobener Beobachter beim Infanterie-Regiment 81 in der 15. Infanterie-Division, Westwall, Frankreichfeldzug, Ostfeldzug, schwerstverwundet, Lazarett

08.03.1942 freiwillige Meldung zur Sturmartillerie, Ausbildung und Umschulung in Jüterbog / Dorf-Zinna
28.06.1942 Adjutant der neuaufgestellten Sturmgeschütz-Abteilung 667, Ostfront-Einsatz ab August 1942
03.09.1942 Führer 3. Batterie/Sturmgeschütz-Abteilung 667
28.07.1943 Chef 3. Batterie/Sturmgeschütz-Ersatz- und Ausbildungs-Abteilung 600 Deutsch-Eylau
20.09.1944 Lehrgang für Abteilungs-Führer an der Sturmgeschützschule Burg
01.10.1944 Führer Sturmgeschütz-Brigade 322 an der Ostfront
31.01.1945 Führerreserve des OKH unter gleichzeitiger Kommandierung an die Sturmgeschützschule Burg
28.03.1945 mit Wirkung vom 1. 4. 1945 Kommandeur Sturmgeschütz-Brigade 300 (F), Schlesien
27.04.1945 zum siebenten Mal verwundet, Amputation des rechten Oberschenkels, Hauptmann Negele übernimmt die Brigade-Führung
12.05.1945–
28.08.1945 Lazarett – amerikanische Kriegsgefangenschaft

Bundeswehr:
21.03.1956 Einstellung in die Bundeswehr, Leiter einer Prüfgruppe und Ordonnanz-Offizier in der Annahmeorganisation
01.03.1957 Taktiklehrer an der Heeres-Offiziersschule I Hannover
01.04.1961 Personal-Stabsoffizier in der Freiwilligen-Annahmestelle Hannover
01.10.1961 Dezernent für Organisation beim Freiwilligen-Annahmekommando in Köln
31.03.1962 in Reihenfolge:
Hilfsreferent für die Bedarfsdeckung der Bundeswehr mit Freiwilligen (Offiziers- und Unteroffiziers-Nachwuchs) in der Personal-Abteilung des Bundesministerium der Verteidigung
Beauftragt mit der Aufstellung des PSABw in Köln
Dienstaufsicht über PSABw und die Freiwilligen-Annahmeorganisation in den 6 Wehrbereichen
31.03.1971 Vorzeitige Versetzung in den Ruhestand auf eigenen Wunsch (Schwerkriegsversehrter mit 90%)

Orden und Ehrenzeichen:
28.06.1940 Eisernes Kreuz II. Klasse
17.08.1941 Eisernes Kreuz I. Klasse
16.04.1943 Deutsches Kreuz in Gold

Beförderungen:
20.04.1940 Leutnant mit Wirkung vom 1. 4. 1940 und Rangdienstalter vom 1. 4. 1940 –1419–
28.04.1942 Oberleutnant mit Wirkung vom 1. 4. 1942 und Rangdienstalter vom 1. 4. 1942 –1458–
22.06.1943 Hauptmann –510– mit Wirkung vom 1. 6. 1943 und Rangdienstalter vom 1. 4. 1943 –138c–
22.07.1956 Major und Ernennung zum Berufssoldaten
19.07.1965 Oberstleutnant mit Urkunde vom 11. 8. 1965 –A14–
01.05.1969 Oberstleutnant mit Urkunde vom 19. 7. 1969 –A15–

Major der Reserve

DR. ALBERT BAUSCH

* 2. 7. 1904   Orken / Gemeinde Grevenbroich / Nordrhein-Westfalen
✠ 29. 8. 1944   bei Piatra-Neamt / Moldau / Rumänien

Ritterkreuz (2651) am 10. 2. 1944 als Hauptmann der Reserve Geschütz-Führer / Kommandeur Sturmgeschütz-Abteilung 286 / nach 29 Panzerabschüssen / 2. Fallschirm-Jäger-Division / LII. Armee-Korps / 8. Armee / Heeresgruppe Süd

Seit dem 15. 12. 1943 war die Abteilung 286 im Abschnitt der 2. Fallschirm-Jäger-Division eingesetzt. Gleich beim ersten Einsatz am 16. 12. wurden 5 Panzer und 15 Pak des Gegners zerstört. Am 17. 12. waren es wiederum 6 Panzer, 7 Pak, 1 Geschütz und 1 Granatwerfer. Am nächsten Tag stieß die Abteilung mit den Fallschirmjägern bis zur Höhe 163,7 vor. In den nächsten Tagen wiederholten sich diese Erfolge. Am 5. 1. 1944 schoß Hauptmann Bausch vor dem Regiments-Gefechtsstand des Fallschirm-Jäger-Regiment 2 zwei T 34 ab. Dieser Tag war besonders erfolgreich (Vernichtung von 60 T 34, 6 Pak, 12 MG, 4 Granatwerfer), zumal bei Mondschein die Rollbahn Nowgorodka–Kirowograd in Höhe von Ryptschina nach Abschuß von 8 T 34 und 4 LKW gesäubert wurde. Die hervorragenden Führungsleistungen und 29 Panzerabschüsse bewirkten die Verleihung des Ritterkreuzes an Dr. Albert Bausch.

Wehrmacht:
21. 12. 1937   4. Batterie/Artillerie-Regiment 75 in der 3. Panzer-Division Eberswalde
20. 12. 1940   Führerreserve des OKH unter gleichzeitiger Kommandierung zur Umschulung auf Sturmgeschütze / VI. Abteilung/Artillerie-Lehr-Regiment (mot.) 2 Jüterbog
18. 03. 1941   zur neuaufgestellten Sturmgeschütz-Abteilung 226
04. 01. 1943–
18. 01. 1943   stellvertretender Führer der Sturmgeschütz-Abteilung 226
28. 09. 1943   Abteilungs-Führer-Lehrgang an der Sturmgeschützschule Burg
22. 10. 1943   mit Wirkung vom 1. 10. 1943 Kommandeur der Sturmgeschütz-Abteilung 286
29. 08. 1944   gefallen bei Piatra-Neamt (Karpaten) an der Bistrita im Bezirk Moldau in Rumänien laut FS Heeresgruppe Süd vom 1. 9. 1944

11.10.1944 Eichenlaubvorschlag Eingang beim PA
20.10.1944 Vorschlag weitergereicht – weiterer Verlauf nicht bekannt

Teilnahme am Feldzug in Polen, Frankreich, im Osten und Südosten

Orden und Ehrenzeichen:
13.06.1940 Eisernes Kreuz II. Klasse
06.10.1942 Eisernes Kreuz I. Klasse
04.07.1943 Deutsches Kreuz in Gold

Beförderungen:
31.03.1938 Leutnant der Reserve –1800– mit Wirkung vom 1. 4. 1938 und Rangdienstalter vom 1. 4. 1938 –205–
20.01.1941 Oberleutnant der Reserve –210– mit Wirkung vom 1. 1. 1941 und Rangdienstalter vom 1. 1. 1941 –90–
20.04.1943 Hauptmann der Reserve –880– mit Wirkung vom 1. 3. 1943 und Rangdienstalter vom 1. 3. 1943 –80–
15.05.1944 Major der Reserve –1170– mit Wirkung vom 1. 3. 1944 und Rangdienstalter vom 1. 3. 1944 –ohne–

Festgefahrenes Geschütz wird wieder flottgemacht.

Zugmaschinen ziehen ein abgerutschtes Geschütz aus dem Fluß.

Major

GERHARD WILHELM BEHNKE

* 23. 12. 1910   Matzkau-Dreischweinsköpfen / Danziger Höhe / Kreis Danzig
† 9. 5. 1962   Krankenhaus Köln-Altstadt

Ritterkreuz (1514) am 8. 2. 1943 als Hauptmann Führer Sturmgeschütz-Abteilung 203 / 17. Panzer-Division / LVII. Armee-Korps / 4. Panzer-Armee / Heeresgruppe Don

605. Eichenlaub (389) am 4. 10. 1944 als Major Kommandeur Sturmgeschütz-Brigade 322 / XXXXII. Armee-Korps / 4. Panzer-Armee / Heeresgruppe A

Nach einer Instandsetzung in Maikop trat die Sturmgeschütz-Abteilung 203 am 16. 9. 1942 den Vormarsch in den Kaukasus an. Über Georgiewsk ging es bis dicht an das Gebirge heran. Am 25. 10. begann der Angriff auf Naltschik, die 1. Batterie unterstützte die 1. Gebirgs-Division, die 2. befand sich bei der 13. Panzer-Division, die 3. half der 2. rumänischen Gebirgs-Division. Naltschik wurde Haus um Haus von den Sowjets verteidigt. Die Sturmgeschütze drangen in das Zentrum der Stadt ein und vernichteten am Bahnhof angelegte Bunker. Die 2. rumänische Gebirgs-Division hatte mit Unterstützung der 3. Batterie und der III./Panzer-Regiment 4 bzw. des I./ Gebirgsjäger-Regiment 99 Naltschik genommen. Die Sturmgeschütze nahmen mit der nordwestlich Naltschik stehenden 13. Panzer-Divison Verbindung auf.
Die 2. Batterie der Sturmgeschütz-Abteilung 203 stieß in den nächsten Tagen mit der 13. Panzer-Division bis nach Ordschonikidse vor. Am 3. 11. 1942 griffen Feindpanzer von Norden her die Nachschubwege der 13. Panzer-Division bei Ardonskij und Archonskaja an und erreichten den Fiagdon-Bach sowie den Ort Fiagdon. Damit war diese Division im Raum Gisel abgeschnitten. In dieser Zeit vernichtete die 2. Batterie allein 20 T 34. Am 11. 11. gelang das Absetzen aus dem Raum Gisel mit Hilfe der 5. SS-Panzer-Division „Wiking".
Bis Mitte Dezember 1942 stand die Sturmgeschütz-Abteilung 203 im Kaukasus. Die hervorragenden Leistungen dieser Abteilung, besonders in den Abwehrerfolgen, kamen dadurch zum Ausdruck, daß ihr Führer, Hauptmann Behnke, das Ritterkreuz erhielt.
Dann wurde die Abteilung nach Norden verlegt, und zwar über Ssalsk nach Remontnaja. Am Abend des 24. 12. 1942 mußte Hauptmann Behnke seine Abteilung alarmieren. Sie wurde bei Pimen-Tscherny im Gebiet

28

des Aksaj im Abschnitt der 23. Panzer-Division eingesetzt. Hier war inzwischen der Entsatzversuch für Stalingrad gescheitert. Bei Eiseskälte vernichtete die Abteilung in der Zeit vom 25. 12. 1942 bis 10. 1. 1943 44 schwere und 9 leichte Panzer, 14 Geschütze, 11 schwere und 46 leichte Pak, 32 schwere und 16 leichte MG, 6 Granatwerfer, 39 Panzerbüchsen und 25 Fahrzeuge aller Art. Hauptmann Behnke wurde am 28. 1. 1943 nach Jüterbog versetzt.

Anfang August 1944 übernahm Behnke die Sturmgeschütz-Brigade 322, die vor dem sowjetischen Brückenkopf Baranow eingesetzt war. Dort vernichtete sie westlich Baranow 23 Feindpanzer und wurde am 4. 8. im Wehrmachtbericht ohne Namensnennung erwähnt. Am 8. 8. 1944 brach der Feind mit 3 Panzer-Artillerie-Brigaden in nördlicher Richtung auf Stodoly durch. Die Kampfgruppe Behnke – seine Brigade und Pioniere – wurde zum Stoß nach Süden auf die Opatowka-Brückenstelle angesetzt. Dichtes Abwehrfeuer stoppte den Vorstoß. Dann griff die Gruppe Hansen im Abschnitt Giercze–Stodoly–Janowicze an. Major Behnke befahl kurz entschlossen, sich diesem Angriff anzuschließen. Seine Sturmgeschütze drangen 4 km tief bis Sadlowicze vor. Der Gegner wurde überrascht und konnte 11 Tage aufgehalten werden. Major Behnke war der Motor des Angriffs. Im Volkswagen, im Sturmgeschütz oder zu Fuß, ständig befand er sich an der Spitze seiner Brigade. Diese vernichtete in diesen Tagen 122 Panzer, 40 Geschütze und 56 schwere Pak.

Am 16. 8. 1944 trat eine weitere ernste Situation ein. Major Behnke hatte soeben einen Nachstoß bei Grochocicze durchführen lassen, als seine Kampfgruppe einen neuen sowjetischen Angriff abwehren mußte. Sein Korpskommandeur, General der Infanterie Recknagel, schrieb dazu in seinem Verleihungsvorschlag:

„Mit unerhörtem Schneid, wieder im ungepanzerten Fahrzeug seine Sturmgeschütze führend, gelang es ihm, an diesem entscheidenden Tage 44 feindliche Panzer zu vernichten, den Gegner an der Rollbahn Opatow–Ozarow zum Stehen zu bringen und dadurch den Ansatz bereitgestellter Kräfte zu gewährleisten. Persönlicher Einsatz, eigener Entschluß und Gesamterfolg, ganz abgesehen von der Schaffung der operativen Möglichkeiten, sind so außergewöhnlich, daß Major Behnke der hohen Auszeichnung mit dem Eichenlaub zum Ritterkreuz würdig erscheint."

Der Gesamterfolg bestand im Abschuß von 92 Panzern in 11 Tagen. Am 27. 8. 1944 wurde dieser Einsatz auch im Wehrmachtbericht gewürdigt. Dort hieß es in der Ergänzung zum Wehrmachtbericht:

„In der Abwehrschlacht nordwestlich Baranow hat sich eine Kampfgruppe von Sturmgeschützen und Pionieren unter Führung von Major Behnke durch unerschütterliche Standhaftigkeit ausgezeichnet."

Major Behnke wurde dann zu einem Regimentsführer-Lehrgang in die Heimat abkommandiert. Sein letztes Kommando als Führer des Grenadier-Regiment 893 im Rahmen der 264. ID im Kampfraum Lübeck–Rendsburg bewies noch einmal die Vielseitigkeit seiner militärischen Fähigkeiten.

Wehrmacht:
01.10.1928 Eintritt 1. Batterie der preußischen Fahr-Abteilung/Artillerie-Regiment 1 Königsberg in Preußen
18.04.1929 Funk- und Fernsprech-Ausbildung/Unterführer-Lehrgang in der 1. Batterie
01.10.1932 verschiedene Lehrgänge/Ausbildungs- und Waffen(-Lehrgänge)
01.10.1934 Artillerie-Regiment 21
01.10.1935 II. Abteilung/Artillerie-Regiment 57 Elbing
25.02.1940 5. Batterie/schwere Artillerie-Ersatz-Abteilung (mot.) 37 Pilsen
08.01.1941 Führerreserve des OKH unter gleichzeitiger Kommandierung zur Umschulung auf Sturmgeschütze in der VI. Abteilung/Artillerie-Lehr-Regiment (mot.) 2 Jüterbog
04.03.1941 Sturmgeschütz-Abteilung 203, Batterie-Offizier und dann Chef der 1. Batterie
15.08.1941 nach Verwundung an der Ostfront ins Lazarett in Königsberg
13.09.1941 Chef 1. Batterie/Sturmgeschütz-Abteilung 203
09.01.1942 Führer der Sturmgeschütz-Abteilung 203
16.03.1942 Chef 1. Batterie/Sturmgeschütz-Abteilung 203
14.08.1942 Führer Sturmgeschütz-Abteilung 203
28.01.1943 Führerreserve des OKH unter gleichzeitiger Kommandierung an die Artillerieschule II / Lehrstab A/B Jüterbog
15.03.1943 Kommandeur Sturmgeschütz-Abteilung 203
24.03.1943 nach Verwundung an der Ostfront ins Lazarett nach Königsberg
01.09.1943 Kommandeur der Sturmgeschütz-Ersatz- und Ausbildungs-Abteilung 600
01.06.1944 Kommandeur Sturmgeschütz-Brigade 395, Neuaufstellung in Frankreich, keine Frontverwendung, wird aufgelöst
31.07.1944 mit Wirkung vom 20. 7. 1944 Kommandeur Sturmgeschütz-Brigade 322
30.09.1944 mit Wirkung vom 17. 11. 1944 zum Lehrgang für Infanterie-Regiments-Führer an der Infanterieschule Döberitz
26.02.1945 Führerreserve des OKH unter gleichzeitiger Kommandierung als Führer des Grenadier-Regiment 893 in der 264. Infanterie-Division, Neuaufstellung in Dänemark, Kampfeinsatz im Raum Lübeck–Rendsburg

05.05.1945 Kampfkommandant von Rendsburg
27.08.1944 in der Ergänzung zum Wehrmachtbericht genannt:
„ . . . In der Abwehrschlacht nordwestlich Baranow hat sich eine Kampfgruppe von Sturmgeschützen und Pionieren unter Führung von Major Behnke durch unerschütterliche Standfestigkeit ausgezeichnet . . ."

Teilnahme am Feldzug in Polen und im Osten, kurze britische Kriegsgefangenschaft

Bundeswehr:
11.07.1956 mit Wirkung vom 1. 6. 1956 in die Bundeswehr, 1. Truppenlehrgang an der Panzertruppenschule Munster
29.08.1956 mit Wirkung vom 1. 9. 1956 Kommandeur Panzer-Bataillon 15 in Fallingbostel, 1957 Wetzlar
13.03.1957–
26.03.1957 V. Lehrgang für Gesamtstreitkräfte Adenau
09.04.1958–
20.06.1958 VIII. Offiziers-Lehrgang Koblenz-Pfaffendorf
10.07.1958–
16.07.1958 Lehrgang an der ABC-Schule Sonthofen im Allgäu
27.01.1959 mit Wirkung vom 1. 1. 1959 Kommandeur Panzer-Bataillon 134 Wetzlar
25.09.1959 mit Wirkung vom 1. 10. 1959 Dezernent für Ausbildung/Panzertruppe im Truppenamt Köln
05.12.1960 Dezernent Ausbildungsvorschriften für Panzertruppe bei der Inspektion der Kampftruppen

Orden und Ehrenzeichen:
25.07.1941 Eisernes Kreuz II. Klasse
12.08.1941 Eisernes Kreuz I. Klasse
05.09.1942 Medaille Winterschlacht im Osten
11.10.1941 Sturmabzeichen allgemein
15.10.1944 Sturmabzeichen Silber
17.08.1941 Verwundetenabzeichen Bronze
15.09.1941 Verwundetenabzeichen Silber
06.07.1943 Verwundetenabzeichen Gold

Beförderungen:
01.10.1930 Gefreiter
01.10.1932 Gefreiter und Unterführer
01.01.1933 Unteroffiziers-Anwärter
01.04.1933 Unteroffizier
01.10.1934 Oberwachtmeister (T)
01.10.1938 Reserveoffiziers-Anwärter
01.10.1938 Hauptwachtmeister-Diensttuender
27.03.1940 Leutnant der Reserve –2030– mit Wirkung vom 1. 3. 1940 und Rangdienstalter vom 1. 4. 1935 –ohne–
27.03.1940 Oberleutnant der Reserve –2030– mit Wirkung vom 1. 3. 1940 und Rangdienstalter vom 1. 10. 1938 –555–
18.01.1942 Hauptmann der Reserve –510– mit Wirkung vom 1. 2. 1942 und Rangdienstalter vom 1. 2. 1942 –161 b–
01.10.1942 Hauptmann –983– zu den aktiven Offizieren des Heeres überführt mit Rangdienstalter vom 1. 2. 1942 –161–
20.04.1944 Major –2410– mit Wirkung vom 1. 2. 1944 und Rangdienstalter vom 1. 2. 1943 –106 a–
31.10.1956 Major und Ernennung zum Berufssoldaten mit Urkunde vom 22. 11. 1956
31.08.1957 Oberstleutnant mit Urkunde vom 28. 8. 1957

Coldun Berg bei Noworosijsk am Schwarzen Meer (Kaukasus):
die neuen Langrohrgeschütze mit wegretuschierten Mündungsbremsen, da noch geheim!

Sturmgeschütz-Brigade im Marsch durch eine russische Stadt auf dem Wege zur Front.

Hauptmann

KARL ERICH BERG

* 30. 5. 1919   Bonn am Rhein / Rheinpreußen (heute: Nordrhein-Westfalen)

Ritterkreuz (2892) am 6. 4. 1944 als Oberleutnant Geschütz-Führer / Chef 2. Batterie / Sturmgeschütz-Abteilung 191 „Büffel" / 98. Infanterie-Division / V. Armee-Korps / 17. Armee / Heeresgruppe A

Armeebefehl der 17. Armee vom 8. 12. 1943:
„Die 2. Batterie der Sturmgeschütz-Brigade 191 hatte in der Zeit vom 1. 11. bis 23. 11. 1943 unter Führung des Batteriechefs Oberleutnant Berg in vorbildlicher Einsatzbereitschaft und Pflichterfüllung hervorragenden Anteil an der Abwehr aller schweren Feindangriffe an der Perekopfront. In Abwehr und Gegenstoß hat sie der schwerringenden Infanterie fühlbare Erleichterung und wirksame Hilfe gebracht. Dem tapferen Batteriechef wie den Besatzungen spreche ich für die Leistungen in diesem Zeitabschnitt meine besondere Anerkennung aus.

Der Oberbefehlshaber gez. Jaenecke."

Am 12. 1. 1944 wurde bei Kertsch die 2. Batterie der Sturmgeschütz-Brigade 191 zur Stützung der 98. ID eingesetzt. Die unübersichtliche Lage bei Nacht führte dazu, daß die Geschütze etwa 20 Minuten unerkannt in einer russischen Infanteriekolonne mitfuhren. Die Sturmgeschütze eröffneten das Feuer und kämpften sich frei. Hauptmann Berg faßte den Entschluß, den sowjetischen Angriff zum Stehen zu bringen, da deutsche Reserven nicht zur Verfügung standen. Berg, an der Spitze fahrend, hatte in wenigen Minuten zwei Panzer abgeschossen, die anderen Geschütze vernichteten drei weitere und ein Sturmgeschütz. Der Feindangriff wurde gestoppt. Der Hauptmann unterstellte sich eine rumänische Reservekompanie und brachte als Infanterist die alte Hauptkampflinie wieder in eigene Hand. Dann stieß er mit seiner Batterie ohne Infanteriebegleitung dem weichenden Gegner nach. Seine Batterie schoß an diesem Tage den 55. und Berg selbst seinen 12. Panzer ab.
Der Oberbefehlshaber der 17. Armee, Generaloberst Jaenecke, überreichte Hauptmann Berg am 21. 4. 1944 in Sewastopol persönlich das Ritterkreuz. Einer der Gründe für die Verleihung war der persönliche Einsatz und der in bedrohlichen Lagen schnelle Entschluß bei den Kämpfen auf der Halbinsel Kertsch.

Wehrmacht:
02.11.1937 Fahnenjunker Artillerie-Regiment 16
15.11.1938–
14.08.1939 Kriegsschule Dresden
15.08.1939 Beobachtungs-Abteilung 6 Lemgo
12.02.1940 Beobachtungs-Ersatz-Abteilung 6, später dort Nachrichten-Offizier und Batterie-Führer
26.01.1942 Hörsaalleiter / Lehrstab B / Artillerieschule II Jüterbog
01.05.1943 Lehrgang für Sturmgeschütze Jüterbog bzw. Sturmgeschütz-Ersatz- und Ausbildungs-Abteilung 200 Schweinfurt
10.06.1943 Chef 2. Batterie/Sturmgeschütz-Abteilung 191
07.09.1944 Lehrgang für Abteilungs-Führer an der Sturmgeschützschule Burg
20.11.1944 Führer Sturmgeschütz-Brigade 191
09.05.1945–
28.06.1945 amerikanische Kriegsgefangenschaft

Teilnahme am Feldzug in Frankreich und an der Ostfront mit Ende in Österreich

Orden und Ehrenzeichen:
14.06.1940 Eisernes Kreuz II. Klasse
23.06.1940 Eisernes Kreuz I. Klasse
07.09.1941 Sturmabzeichen allgemein
04.09.1942 Medaille Winterschlacht im Osten
28.08.1943 Verwundetenabzeichen Schwarz

Beförderungen:
01.05.1938 Fahnenjunker-Gefreiter
01.08.1938 Fahnenjunker-Unteroffizier
04.04.1939 Fähnrich mit Wirkung vom 1. 3. 1939
01.08.1939 Oberfähnrich
01.08.1939 Leutnant –4370– mit Wirkung vom 1. 8. 1939 und Rangdienstalter vom 1. 9. 1939 –1193–
15.10.1941 Oberleutnant –1770– mit Wirkung vom 1. 11. 1941 und Rangdienstalter vom 1. 11. 1941 –380–
20.03.1944 Hauptmann –4610– mit Wirkung vom 1. 1. 1944 und Rangdienstalter vom 1. 1. 1944 –63–

500. Abschuß
der Sturmgeschütz-Brigade 191 „Büffel"
bei Gömend in Ungarn.

Archivaufnahme
der Sturmgeschützschule Burg 1944

Geschütz 40/L48 Ausführung „G"
mit „Saukopfblende".
Hat sich sehr bewährt, doch zu wenig produziert.

Hauptmann

LUDWIG BERTRAM

* 8. 1. 1917   Schifferstadt / Kreis Speyer / Bayerische Pfalz

Ritterkreuz (3276) am 12. 8. 1944 als Oberleutnant Geschütz-Führer / Wagen 11 / Chef 1. Batterie / Sturmgeschütz-Brigade 237 / nach 12 Panzerabschüssen / VIII. Armee-Korps / 2. Armee / Heeresgruppe Mitte

Nach Vorstoß der russischen Streitkräfte über den Bug südlich Brest-Litowsk war die 1. Batterie vom 24. bis 28. 7. 1944 im Raum Miedzyrzec – ein Straßenknotenpunkt zwischen Brest-Litowsk und Warschau – an den jeweiligen Brennpunkten eingesetzt. In der Nacht vom 25. zum 26. 7. mußten die Geschütze des Oberleutnant Bertram eine Absetzbewegung ostwärts Miedzyrzec decken. Als man aber bei Anbruch des Tages, dem 27. 7., nach Miedzyrzec zurückkam, hatten die eigenen Truppen ihre Stellungen verlassen. Die nachstoßenden sowjetischen Truppen versuchten die Hauptkampflinie zu durchstoßen und die Stadt zu besetzen. Mit nur 4 einsatzbereiten Sturmgeschützen gelang es Bertram, alle Angriffe abzuwehren und die Stadt, ohne Unterstützung eigener Truppen, bis zum Abend zu halten. Durch diese Verzögerung im Vormarsch der Sowjets konnte eine neue Abwehrlinie in Richtung Warschau hin aufgebaut werden. Oberleutnant Bertram erhielt hierfür als 5. Angehöriger der Sturmgeschütz-Brigade 237 das Ritterkreuz.

Wehrmacht:
01. 04. 1938–
26. 10. 1938   Reichsarbeitsdienst in der 8/321 Bürstadt in der Pfalz
15. 11. 1938   Eintritt 2. Batterie/Beobachtungs-Abteilung 33 Mannheim
11. 07. 1939   I. Abteilung/Artillerie-Regiment 41 Ulm
06. 09. 1939   6. Batterie/Artillerie-Regiment 41 am Westwall
26. 10. 1939   Kommandierung zum 6. Lehrgang / 2. Offiziers-Anwärter-Lehrgang an der Waffenschule der der Artillerie Jüterbog
26. 01. 1940   Zug-Führer in der 2. Batterie/Beobachtungs-Abteilung 29, Frankreichfeldzug, Balkan, dann Ostfront
19. 12. 1942   an der Ostfront verwundet, Feldlazarett 2/542 und Kriegslazarett 3/532 (R) in der Ukraine
26. 01. 1943   Beobachtungs-Ersatz- und Ausbildungs-Abteilung 6 Lemgo

01.09.1943 Kommandierung zur Umschulung in die VI. Abteilung/Artillerie-Lehr-Regiment (mot.) 2 / Lehrstab B Jüterbog
07.10.1943 Führer 1. Batterie/Sturmgeschütz-Brigade 237 an der Ostfront
01.04.1944 Chef 1. Batterie/Sturmgeschütz-Brigade 237
17.09.1944–
25.04.1945 Chef 1. Kompanie/Sturmpanzer-Abteilung 219
15.04.1945 Führerreserve des OKH unter gleichzeitiger Kommandierung an die Fahnenjunkerschule der Artillerie Kammwald in Böhmen. Befehl erreichte die Truppe nicht.
26.04.1945 Kommandeur I. Abteilung/Panzer-Jagd-Brigade 219, Reichsgebiet Ost

Keine Kriegsgefangenschaft

Orden und Ehrenzeichen:
02.05.1941 Eisernes Kreuz II. Klasse
24.11.1941 Eisernes Kreuz I. Klasse
20.01.1942 Sturmabzeichen allgemein
24.09.1942 Medaille Winterschlacht im Osten
12.10.1942 Krimschild
29.01.1943 Verwundetenabzeichen Schwarz

Beförderungen:
01.07.1939 Fahnenjunker-Gefreiter
01.08.1939 Fahnenjunker-Unteroffizier
01.01.1940 Fahnenjunker-Wachtmeister
19.07.1940 Leutnant mit Wirkung vom 1. 5. 1940 und Rangdienstalter vom 1. 4. 1940 –541 a–
16.03.1942 Oberleutnant mit Wirkung vom 1. 4. 1942 und Rangdienstalter vom 1. 4. 1942 –607–
20.10.1944 Hauptmann –1602– mit Wirkung vom 1. 8. 1944 und Rangdienstalter vom 1. 4. 1944 –141 a–

Januar 1945 Bahnhof Zossen:
Bertram und Eichenlaubträger, Ordonnanz-Offizier im Stabe Guderian, Bodo Spranz.

Vorläufiges Besitzzeugnis des Ritterkreuzes.

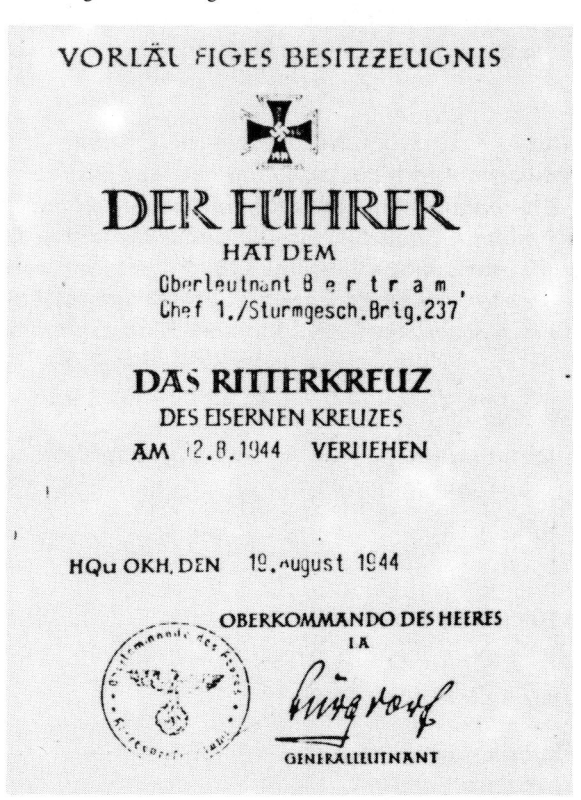

Oberwachtmeister
WALTER BEUTLER

* 11. 4. 1914   Königsberg / Preußen

Ritterkreuz (1977) am 13. 8. 1943 als Oberwachtmeister Geschütz-Führer / 3. Batterie / Sturmgeschütz-Abteilung 245 / 260. Infanterie-Division / XII. Armee-Korps / 4. Armee / Heeresgruppe Mitte

Am 7. 8. 1943 begann die russische Offensive am Frontbogen nördlich Kirow gegen die 4. Armee. Panzer- und Schützenverbände durchbrachen die HKL des Grenadier-Regiment 480 (260. ID). Die Division mußte am 12. 8. die Bahnlinie Jelnja–Suchinitschi nach Süden überschreiten. In der Stunde höchster Gefahr wurde der 260. ID die Sturmgeschütz-Abteilung 245 unterstellt. Der Einsatz der Abteilung und besonders die Erfolge der 3. Batterie mit dem Geschütz Beutler an der Spitze trugen dazu bei, daß die 260. ID am 26. 8. 1943 im Wehrmachtbericht wegen dieser schweren Abwehrkämpfe südwestlich Wjasma lobend erwähnt wurde. Oberwachtmeister Beutler schoß am 9. und 10. 8. 14 Feindpanzer ab.

Wehrmacht:
01.04.1932   5. Batterie/Artillerie-Regiment 1 Königsberg
05.04.1943   in die (neuaufgestellte) Sturmgeschütz-Abteilung 245

Teilnahme am Feldzug in Polen, Frankreich und Rußland

Orden und Ehrenzeichen:
20.06.1940   Eisernes Kreuz II. Klasse
08.05.1941   Eisernes Kreuz I. Klasse

Beförderungen:
01.04.1940   Oberwachtmeister

An der Zugmaschine
das taktische Zeichen der Brigade 245.

Auf dem Vormarsch bei Krasnodar 1942.

Leutnant
HERWIG BITTNER

* 1.6.1920   Troppau / Sudetenland
✠ 22.8.1944   an der Ostfront

Ritterkreuz (2553) am 18. 1. 1944 als Leutnant Geschütz-Führer / Führer 2. Zug / 1. Batterie / Sturmgeschütz-Abteilung 270 / 296. Infanterie-Division / XXIII. Armee-Korps / 9. Armee / Heeresgruppe Mitte

Die Abteilung 270 war der 1. Skijäger-Brigade zugeteilt worden. Leutnant Bittner zeichnete sich im Abschnitt der 296. ID (Gomel, Dnjepr-Brückenkopf bei Rogatschew) so aus, daß diese Division ihn zum Ritterkreuz einreichte. Anschließend kämpfte die Abteilung dann mit der 1. Skijäger-Brigade in den Pripjet-Sümpfen. Der weitere Weg der Abteilung bzw. Brigade 270 war der Einsatzweg der 1. Skijäger-Brigade (ab 2. 6. 1944 zur Division erweitert): Pripjet, Bug, Karpaten, wobei anzumerken wäre, daß die Brigade am 9. 8. 1944 in die Panzerjäger-Abteilung 152 umgegliedert wurde.

Wehrmacht:
01.04.1940   Eintritt Artillerie-Regiment 28
15.03.1943   Sturmgeschütz-Abteilung 270 an der Ostfront
22.08.1944   laut Meldung der 1. Skijäger-Division vom 26. 8. 1944 an der Ostfront gefallen

Orden und Ehrenzeichen:
29.02.1942   Eisernes Kreuz II. Klasse
16.11.1943   Eisernes Kreuz I. Klasse

Beförderungen:
15.12.1942   Leutnant –3060– mit Wirkung vom 1. 12. 1942 und Rangdienstalter vom 1. 12. 1942 –ohne–

Ein Panzerspähwagen (Sd.Kfz. 222 mit 2-cm-KwK 38 L/55) begleitet die Sturmgeschütz-Batterie.

Bittner und der Kommandeur nach der Ritterkreuz-Verleihung.

Leutnant
GEORG MAX BOSE

* 20. 10. 1921   Forst in der Lausitz / Bezirk Cottbus / Provinz Brandenburg

Ritterkreuz (3671) am 21. 9. 1944 als Leutnant Geschütz-Führer / Wagen 106 / Führer einer Kampfgruppe bestehend aus 3 Sturmgeschützen (je 1 Geschütz von der 1., 2. und 3. Batterie) / Sturmgeschütz-Abteilung 177 / nach 19 Panzerabschüssen / 3. Kavallerie-Brigade / 292. Infanterie-Divison / XXIII. Armee-Korps / 2. Armee / Heeresgruppe Mitte

Nach dem Zusammenbruch der Heeresgruppe Mitte im Sommer 1944 war der Rückzug nach Westen unvermeidlich. Am 24. 7. 1944 wurde Leutnant Bose, nordwestlich Brest-Litowsk, mit drei Geschützen der 292. ID zugeteilt. Vorstoßende sowjetische Panzer mit Infanterie hatten die Division beim Dorf Radziwilowka eingeschlossen. Trotz Ausfall eines Geschützes durch Kettenriß gelang es Bose, mit eigenen Grenadieren den Ort zu nehmen, mit seinen Geschützen 11 T 34/85 abzuschießen – davon 4 durch das Geschütz Bose – und die 292. ID vor der Vernichtung zu retten. Dieser Erfolg am 28. 7. 1944 war so wichtig, da hierdurch die Flankenbedrohung für Armee und Heeresgruppe ausgeschaltet wurde.
Der eigene taktische Entschluß im Gefecht, entgegen der Planung des Ia der 292. ID und die persönliche Tapferkeit – diese besonders bewertet von der beurteilenden Division und der Heeresgruppe – war die Voraussetzung für die Verleihung des Ritterkreuzes, das Bose am 26. 9. 1944 in Ruhestellung in der Nähe von Scharfenwiese überreicht wurde.
Im März 1945 schoß Leutnant Bose seinen 44. (letzten) Panzer ab.

Wehrmacht:
05.08.1938   Reichsarbeitsdienst in der 5/81 Briesen bzw. 2/81 Werben (Spreewald)
26.08.1939   Eintritt 3. Kompanie/Bau-Bataillon 26, Teilnahme am Polenfeldzug
08.01.1940   1. Batterie/Flak-Ersatz-Abteilung 51 Stettin-Kreckow
01.04.1940   4. (Ausbildungs-)Batterie/schwere Artillerie-Ersatz-Abteilung 58 Hamburg-Wandsbek
10.05.1940   4. Batterie/schwere Artillerie-Ersatz-Abteilung 58, Kriegs-Offiziersbewerber-Lehrgang
06.09.1940   5. Batterie/Artillerie-Regiment 58, Bewährung als Geschütz-Führer in Frankreich / Übungen zu Unternehmen „Seelöwe", achttägiger Fronteinsatz im Jugoslawienfeldzug, Ostfeldzug

14.09.1941	8. Offiziersanwärter-Lehrgang / Lehrstab A an der Artillerieschule II Jüterbog
16.02.1942	1. Batterie/schwere Artillerie-Ersatz-Abteilung 58
27.02.1942	6. Batterie/Artillerie-Regiment 58, Ostfeldzug
30.08.1942	Heimatlazarett Boppard
12.12.1942	freiwillige Meldung zur Sturmartillerie / VI. Abteilung des Artillerie-Lehr-Regiments (mot.) 2 Jüterbog
06.02.1943	Geschütz-Führer in der Panzer-Aufklärungs-Abteilung „Großdeutschland"
27.05.1943	Ausbilder in der Sturmgeschütz-Ersatz- und Ausbildungs-Abteilung 300
24.06.1943	Zug-Führer in der Sturmgeschütz-Abteilung 177
21.01.1944	Ordonnanz-Offizier in der Sturmgeschütz-Abteilung 177
29.07.1944– 09.08.1944	die Sturmgeschütz-Abteilung 177 wird von der 3. Kavallerie-Brigade übernommen und umbenannt in Panzer-Jäger-Abteilung 69, Ostpreußen, Ungarn[3]), dort zuletzt Führer der 1. Kompanie
23.03.1945	erkrankt (Enying am Sio-Kessel/Ungarn) Reserve-Lazarett Pisek/Böhmen
06.05.1945	in amerikanische Kriegsgefangenschaft
11.05.1945	an die Russen ausgeliefert
18.07.1948	aus sowjetischer Kriegsgefangenschaft entlassen

Orden und Ehrenzeichen:

15.07.1943	Eisernes Kreuz II. Klasse	22.08.1943	Sturmabzeichen Silber
10.01.1944	Eisernes Kreuz I. Klasse	01.03.1945	Sturmabzeichen Gold
10.12.1943	Verwundetenabzeichen Schwarz	25.10.1943	Sonderabzeichen für die Niederkämpfung von Panzerkampfwagen durch Einzelkämpfer
15.07.1943	Sturmabzeichen Schwarz		

Beförderungen:

08.01.1940	Kanonier	01.02.1943	Wachtmeister
01.06.1940	Oberkanonier	31.07.1943	Leutnant –5311– mit Wirkung vom 1. 6. 1943 und Rangdienstalter vom 1. 6. 1943 –7–
01.02.1941	Gefreiter		
01.08.1941	Unteroffizier	15.02.1945	Leutnant –502– neues Rangdienstalter vom 1. 12. 1942 –2344 a–

[3]) Bezüglich der Frage, ob in den Wochenschaufilmen echte Kampfszenen gezeigt wurden, ein Beitrag Boses:
„In einem Wochenschaufilm wurde ein tatsächlicher Fronteinsatz über die Kämpfe südlich des Plattensees gezeigt, bei dem ich allein mit dem Kameramann eine Stellung unter Gefangennahme einer russischen Kompanie einnehmen konnte, und zwar durch ein flankierendes Umfahren mit einem Sturmgeschütz in den Rücken des Gegners." (Luftwaffen-PK-Berichter Leutnant Hans-Günter Eisemann filmte.)

10. 12. 1944
am Bahnhof von Balaton-Szentgyörgy (Ungarn):

Ein Melder des Reiter-Regiments 32
(3. Kavallerie-Brigade) holt Bose zum Gefechtsstand
des Reiter-Regiment zur Einsatzbesprechung

12. 10. 1944 in den Wäldern
bei Augustowo im ostpreußischen Grenzgebiet
die Besatzung von Leutnant Boses:

1 = Wachtmeister Walter Meier
2 = Fahrer Unteroffizier Wilhelm Einicke
3 = Richtunteroffizier Josef Englbrecht
4 = Gefreiter Georg Fürst
5 = Leutnant Bose

Oberleutnant

WOLFGANG HANS HEINER PAUL VON BOSTELL

* 25. 2. 1917   Heiningen bei Wolfenbüttel / Kreis Goslar / Niedersachsen

Ritterkreuz (3554) am 2. 9. 1944 als Leutnant Geschütz-Führer / Führer 1. Zug / 2. Kompanie / Panzer-Jäger-(Sturmgeschütz)Abteilung 1023 / nach 20 Panzerabschüssen / 23. Infanterie-Division / L. Armee-Korps / 18. Armee / Heeresgruppe Nord

859. Eichenlaub (   ) am 30. 4. 1945 als Leutnant Geschütz-Führer / Führer 2. Kompanie / Panzer-Jäger-Abteilung 205 / nach 28 Panzerabschüssen / 205. Infanterie-Division / L. Armee-Korps / 18. Armee / Heeresgruppe Kurland

Kampfraum Modohn/Lettland, 11. 8. 1944:
Leutnant von Bostell rollte mit dem letzten Sturmgeschütz der brandenburgischen 23. ID nach vorn, um die in schwersten tagelangen Kämpfen stehenden Grenadiere zu unterstützen. Kurz vor dem Einsatzort traf er seinen Divisionskommandeur, schweißtriefend das Gewehr in der Hand, vor sich drei sowjetische Gefangene hertreibend. Der General hatte persönlich mit einer Handvoll Grenadiere einen Gegenstoß geführt und befahl nun den Einsatz des Sturmgeschützes gegen die feindlichen Panzer.
Ein Gefreiter kam dem Geschütz entgegen und gab Hinweise, wo gegnerische Panzer postiert waren. Freihändig schießend stand er vor dem Sturmgeschütz und markierte mit Leuchtmunition die Standorte der Feindpanzer. 6 Panzer wurden abgeschossen, 1 Pakgeschütz zum Schweigen gebracht. Beim Gegner entstand eine Panik, 4 Sowjetpanzer rollten eilig zurück. Als sich das Sturmgeschütz im Dunkel der hereinbrechenden Nacht zum Tanken und Munitionieren zurückzog, fuhr es sich in einem Sumpfloch fest. Erst um 3.00 Uhr kam die Besatzung zur Ruhe.
Am frühen Morgen des 12. 8. 1944 griff der Russe erneut an. Das deutsche Sturmgeschütz umfuhr einen Hügel und rollte plötzlich zwischen die sich aus ihren Bereitstellungen erhebenden russischen Schützen, die im Begriff waren, die 30 übermüdeten deutschen Grenadiere zu überrennen. Langsam bewegte sich das Sturmgeschütz gegen die deutschen Stellungen. Die Sowjets hielten es in seiner grünen Verkleidung für einen eigenen Panzer und winkten ihm zu. Kaltblütig winkte Leutnant von Bostell zurück. In diesem Augenblick überholten zwei wild

feuernde T 34 den wandelnden Busch. Noch wartete der Leutnant. Erst als sie 20 Meter vor ihm waren, schoß er. Beide Panzer explodierten. Der Luftdruck riß eine breite Lücke in den Strom der den Panzern folgenden Schützen. Der Ladeschütze jagte mit dem MG aus dem offenen Turmluk lange Feuerstöße in die Angreifer. Der Fahrer feuerte durch den Sehschlitz mit seiner MPi. Zwei Sowjetpanzer schoben sich langsam aus einem kleinen Wäldchen heraus. Sie wurden abgeschossen. Wenige Minuten später wurde ein Pakgeschütz zum Schweigen gebracht. Mitten im Gefecht versagte plötzlich die Lenkung. Das Sturmgeschütz konnte nur noch nach rechts wenden. Gerade in dem Augenblick, als der Geschützkommandant durch das offene Tor einer Scheune hinter den aufgerissenen Brettern der rückwärtigen Wand einen Panzerturm erspähte, hatte sich eine Hülse festgeklemmt. Dann wurde auch dieser Panzer voll getroffen. Kurz danach setzte der Motor aus. Er kam nicht mehr in Gang, der Anlasser versagte. Zwei Mann sprangen heraus und warfen die Maschine wieder an. Das Sturmgeschütz walzte nieder, was ihm in den Weg kam. Als dann noch die 30 Grenadiere mit Hurra vorstürmten, ging der Gegner fluchtartig zurück.

Ein einziges deutsches Sturmgeschütz hatte in zwei Tagen 11 Panzer vernichtet. Die tapfere Besatzung wurde schon am nächsten Tag im Wehrmachtbericht genannt. Der Richtschütze Guse wurde wegen Tapferkeit vor dem Feinde zum Unteroffizier befördert. Fahrer, Gefreiter Sievert, und Ladeschütze, Gefreiter Pirsch, trugen seit jenem Tage das EK I und II. Leutnant von Bostell wurde mit dem Ritterkreuz ausgezeichnet.

Leutnant von Bostell, seit Verleihung des Ritterkreuzes zum Eisernen Kreuz wiederum vielfach bewährt, hatte sich als Zugführer der Jagdpanzerkompanie 1205 vor allem während der harten Kämpfe der 5. Kurlandschlacht, im Kampfraum südostwärts Libau und der 6. Kurlandschlacht südwestlich Frauenburg durch seine beispielhafte persönliche Tapferkeit, durch seine hervorragende Entschlußfreudigkeit und sein kühnes Draufgängertum besonders ausgezeichnet. Allein in der Zeit vom 3. bis 8. 3. 1945 fuhr er mit seinem Sturmgeschütz im Abschnitt Dedzini, südostwärts Libau, 17 Gegenstöße und trug durch seinen rücksichtslosen persönlichen Einsatz entscheidend dazu bei, daß die feindlichen Einbrüche wieder bereinigt wurden und die HKL wieder in eigene Hand kam. Bei diesen Kämpfen vernichtete er selbst 1 Panzer und 2 Pak und fügte dem Feind weitere hohe blutige Verluste an Menschen und Material zu. Er selbst wurde bei diesen Kämpfen zum zehnten Male verwundet.

Besonders hervorzuheben war seine überragende, kampfentscheidende Tapferkeitstat am 26. 3. 1945. Während der Kurlandschlacht gelang es den Sowjets, im Kampfraum südostwärts Schrunden auf schmaler Front einzubrechen. Der Einbruchsraum breitete sich schlauchartig in das eigene HKF aus. Die 205. ID wurde aus dem Abschnitt südostwärts Libau herausgelöst und im Bereich des L. AK. eingesetzt, um den Einbruch der sowjetischen Garde-Division im Gegenangriff zu bereinigen. Am Morgen des 26. 3. 1945 trat die Kampfgruppe Berg zusammen mit der Jagdpanzer-Kompanie 1205 zum Angriff an. Ziel des Angriffs war, den Schlauch in Höhe der von Westen nach Osten verlaufenden HKL zu durchstoßen und dadurch die im Einbruchsraum befindlichen feindlichen Kräfte einzuschließen, um sie im späteren weiteren Angriff zu vernichten. Die Jagdpanzer-Kompanie 1205 unterstützte den Angriff mit 6 Jägern, aufgeteilt zu 2 Zügen zu je 3 Jägern.

Der Zug des Leutnant von Bostell wurde von Nordosten angesetzt und hatte den Auftrag, die feindliche HKL zu durchbrechen und südlich des Schneisenkreuzes eine Abschirmfront nach Norden aufzubauen. Der 2. Zug der Jagdpanzer-Kompanie 1205 hatte den Auftrag, von Kupini aus auf das Schneisen-T vorzudringen, dieses zu nehmen und dort eine Abschirmungsfront nach Süden gegen Dsintari aufzubauen. Die eigene Infanterie trat um 5.00 Uhr auf breiter Front zwischen den beiden Sturmgeschütz-Keilen zum Angriff an. Bei Beginn des Artillerie-Vorbereitungsfeuers (5.00 Uhr) fuhr Leutnant von Bostell mit seinen 3 Jägern aus dem Bereitstellungsraum, durchstieß in ungestümem Vorwärtsdrängen, mit Höchstgeschwindigkeit fahrend, die feindliche HKL und erreichte bereits 5.07 Uhr sein befohlenes Angriffsziel. Da der 2. Zug, der ebenfalls um 5.00 Uhr antrat, nach Überschreiten der eigenen Sicherungslinien in ein feindliches Minenfeld geriet und dadurch zunächst seinen Angriff abstoppen mußte, drohte das Angriffsunternehmen stark gefährdet zu werden. In dieser kritischen Lage und in der Erkenntnis, daß die Inbesitznahme des Schneisen-T, als Schlüsselstellung der Sowjets, für den gesamten weiteren Verlauf der Kämpfe von ausschlaggebender Bedeutung war, faßte Leutnant von Bostell, der durch Funk Kenntnis über die Lage erhalten hatte, sofort aus eigener Initiative den Entschluß, mit 2 seiner Jäger die Schneise vom Schneisen-Kreuz bis zum Schneisen-T zu durchstoßen und das Schneisen-T unter allen Umständen in Besitz zu nehmen.

Gegen 5.10 Uhr trat er mit 2 Jägern und ca. 10 Sturminfanteristen, als Nahsicherung der Sturmgeschütze, im zügigen Vorwärtsdrängen zum Angriff über die Schneise zum Schneisen-T an. Immer wieder versuchten die Sowjets mit allen Mitteln den Angriff der beiden Sturmgeschütze zum Stehen zu bringen. Unter dem Schutze künstlichen Nebels im Schneisen-T eine Pakfront aufbauend und mit 7 bis 8 s.Pak die Schneise entlang schießend, hofften sie, dem weiteren erfolgreichen Vordringen Einhalt gebieten zu können. Aber dessen ungeachtet ließ sich der schneidige Sturmgeschützführer in seinem kühnen Angriffsschwung nicht beirren; kurz entschlossen fuhr er in rascher Fahrt durch die Nebelwand hindurch, vernichtete in kurzem Feuergefecht auf Entfernung bis zu 200 m 1 s.IG und 5 s.Pak, schoß in einstündigem harten Kampf sämtliche Widerstandsnester der sich hartnäckig aus gut ausgebautem Stellungssystem verteidigenden Russen zusammen und brachte in beispielhaftem Draufgängertum das Schneisen-T in deutsche Hand. Allein im Schneisen-T vernichtete bzw. erbeutete er 4 s.MG, 6 le.MG, 12 MPi, 1 Funkgerät und Fernsprechapparate. 4 Gefangene wurden eingebracht. Als sich die Sowjets, durch den Druck der eigenen Infanterie, von Osten her durch das Waldgelände in das Bunkerdorf, hart nordostwärts des Schneisen-T, zurückzogen, schoß Leutnant von Bostell die von Sowjets überfüllten Bunker mit Spreng- und Panzergranaten zusammen. Kurz nach 7.00 Uhr erreichte auch der 2. Sturmgeschütz-Zug das Schneisen-T. Nach dessen Eintreffen fuhr Leutnant von Bostell mit seinen beiden Jägern nach Norden in Richtung auf das Schneisen-Kreuz; dabei wurde sein Sturmgeschütz durch eine 12,2-cm-Pak abgeschossen. Seinen Jäger noch etwas rückwärts in den Wald fahrend, wo er bewegungsunfähig liegen blieb, nahm er trotzdem den Feuerkampf mit der Pak auf und vernichtete sie nach wenigen Schüssen. Daraufhin stieg der Leutnant in den zweiten Jäger um und stieß auf das Schneisenkreuz zurück.

Inzwischen hatten die Sowjets dort ein Pak-Nest aufgebaut. Gegen dieses Pak-Nest anfahrend, geriet von Bostell in eine Minensperre, so daß sein Jäger durch Minentreffer ausfiel. Das zur Sicherung eingesetzte dritte Sturmgeschütz des Zuges schoß das feindliche Pak-Nest zusammen und vernichtete 2 feindliche Pak, eine dritte wurde erbeutet. Nach Ausfall des zweiten Jägers übernahm der Zugführer seinen letzten einsatzbereiten Wagen, stieß weiter gegen das Schneisen-Kreuz vor und zerstörte dort zahlreiche feindliche Widerstandsnester. Bei diesem Vorstoß fiel auch das dritte Sturmgeschütz durch Artillerietreffer für den weiteren Einsatz aus.

Bei einem inzwischen zur Verstärkung nachgezogenen Zug der Sturmgeschütz-Brigade 912 übernahm Leutnant von Bostell sofort die Führung und baute im Schneisen-Kreuz eine Abschirmungsfront nach Norden auf, die sämtlichen feindlichen Angriffen standhielt. Besonders zeichnete er sich dadurch aus, daß er gegen 15.00 Uhr mit seinen Sturmgeschützen nördlich des Schneisenkreuzes eine Bereitstellung starker feindlicher Infanterie, die gleichzeitig zusammen mit den aus Richtung Dsintari gegen das Schneisen-T angreifenden Sowjets zum Angriff von Norden her gegen die eigene Einkesselungsfront antreten sollte, zerschlug. Er fügte dadurch dem Gegner derartig hohe Verluste zu, daß dieser gezwungen war, den Angriff einzustellen. Leutnant von Bostell stand mit seinem Zug noch bis 24.00 Uhr zur Sicherung im Schneisen-Kreuz und wurde dann zurückgezogen.

Durch dieses entschlossene, selbständige Handeln und durch seine hervorragende beispielhafte Tapferkeit hatte von Bostell entscheidenden Anteil daran, daß es gelang, die sowjetische Front auf einer Breite von 800 m aufzureißen, die im Schlauch befindlichen feindlichen Regimenter einzuschließen und bis auf eine am nächsten Tag ausgebrochene Teilgruppe zu vernichten. Im Verlauf des Angriffs vernichtete bzw. erbeutete Leutnant von Bostell mit seinen Sturmgeschützen 40 MG, 1 s.IG, 8 Pak, 20 MPi; außerdem hatte der Gegner ca. 450 Tote.

Wehrmacht:

01.10.1935	Eintritt 2. Batterie/Artillerie-Regiment 48 Schwerin in Mecklenburg
01.10.1936	Versetzung in die 2. Kompanie/Panzer-Abwehr-Abteilung 12 Schwerin
03.10.1937	Versetzung in die 3. Kompanie/Panzer-Abwehr-Abteilung 12
16.11.1940	Zug-Führer in der 2. Kompanie/Panzer-Jäger-Abteilung 12
22.07.1941	im Nordabschnitt der Ostfront bei einer Erkundung schwer verwundet
21.09.1941	Genesungs-Kompanie der Panzer-Jäger-Ersatz-Abteilung 2 Kolberg
08.01.1942	Zug-Führer 3. Kompanie/Panzer-Jäger-Ersatz-Abteilung 2 Kolberg
31.01.1942	Zug-Führer 2. Kompanie/Panzer-Jäger-Abteilung 12, Einsatz im Kessel von Demjansk
23.04.1942	erneut schwer verwundet
10.05.1942	Genesungs-Kompanie/Panzer-Jäger-Ersatz-Abteilung 2
21.10.1942	Zug-Führer in der 3. Kompanie/Panzer-Jäger-Ersatz-Abteilung 2 Kolberg
26.10.1942	Zug-Führer in der 1. Kompanie/Panzer-Jäger-Abteilung 23 an der Wolchowfront
06.08.1943– 23.11.1943	Teilnahme am Fahnenjunker-Lehrgang 4 der 9. Inspektion (Panzer-Jäger) auf dem Truppenübungsplatz Wischau
07.12.1943– 03.03.1944	Teilnahme am 2. Oberfähnrich-Lehrgang der Panzertruppe / II. Lehrgruppe / 10. Inspektion Groß-Glienicke bei Berlin
04.03.1944	Kommandierung an die Sturmgeschützschule Mielau in Polen
02.04.1944	Zug-Führer in der 2. Kompanie/Panzer-Jäger-(Sturmgeschütz)Abteilung 1023 in der 23. Infanterie-Division
22.08.1944	wiederum schwer verwundet
24.09.1944	Aushändigung des Ritterkreuzes im Reservelazarett Quedlinburg durch den Chefarzt
05.01.1945	Zug-Führer in der 2. Kompanie/Panzer-Jäger-Abteilung 205 an der Ostfront im Nordabschnitt
10.04.1945	Führer der 2. Kompanie/Panzer-Jäger-Abteilung 205[4]

[4] Laut Tessin, 8. Band, erfolgte die Wiederaufstellung der Panzerjäger-Abteilung 205 im Juni 1944 mit einer 3. Fla-Kompanie und einer Sturmgeschütz-Abteilung 1205 als 2. Kompanie (die im Januar 1945 mit 1023 ausgetauscht wurde).
Oberleutnant von Bostell wird unter Sturmartillerie genannt, weil er die Heeres-Sturmartillerie-Schule besucht hat. Feldwebel Lechermann erhielt zum Beispiel seine Ausbildung an der Panzertruppenschule. Deshalb wird dieser im Rahmen der Waffengattung Panzerjäger gewürdigt.

Teilnahme am Polen-, Frankreich- und Ostfeldzug bis Ende in Kurland

14.08.1944 in der Ergänzung zum Wehrmachtbericht genannt: „Leutnant von Bostell in einer Sturmgeschütz-Abteilung hat sich bei der Bekämpfung feindlicher Panzer im Raum von Modohn besonders ausgezeichnet."
15.08.1944 Meldung „Deutsche Zeitung im Ostland", 4. Jahrgang, Nr. 223, vom Dienstag dieses Tages: „Erbittertes Ringen an der Nordostfront... Leutnant von Bostell schoß in vorbildlicher Pflichterfüllung, trotz Beschädigung seines Sturmgeschützes, mit diesem innerhalb zwei Tagen elf Panzer und zwei Selbstfahrlafetten ab."
08.05.1945–
08.10.1953 sowjetische Kriegsgefangenschaft

Orden und Ehrenzeichen:
11.06.1940 Eisernes Kreuz II. Klasse
04.07.1941 Eisernes Kreuz I. Klasse
29.07.1942 Medaille Winterschlacht im Osten
30.06.1944 Demjanskschild
09.08.1944 Sturmabzeichen allgemein
05.04.1945 Panzerkampfabzeichen Silber II. Stufe
11.06.1940 Verwundetenabzeichen Schwarz
23.04.1942 Verwundetenabzeichen Silber
09.08.1944 Verwundetenabzeichen Gold

Beförderungen:
30.09.1936 Gefreiter
01.10.1937 Obergefreiter
01.03.1938 Unteroffizier
17.11.1940 Feldwebel
16.04.1943 Fahnenjunker-Feldwebel
01.11.1943 Oberfähnrich
20.04.1944 Leutnant –1411– mit Wirkung vom 1.3.1944 und Rangdienstalter vom 1.12.1943 –2632–
01.05.1945 Oberleutnant

Major
JOSEF WILHELM BRANDNER genannt „Brandner-Sepp"

* 1. 9. 1915   Hohenberg / Kreis Lilienfeld / Nieder-Donau (Niederösterreich) / Österreich

Ritterkreuz (4761) am 17. 3. 1945 als Hauptmann Kommandeur Heeres-Sturmgeschütz-Brigade 912 / nach 66 Panzerabschüssen / 205. Infanterie-Division / XXXVIII. Panzer-Korps / 16. Armee / Heeresgruppe Kurland

846. Eichenlaub (   ) am 26. 4. 1945 als Hauptmann unter gleichzeitiger Beförderung zum Major Kommandeur Heeres-Sturmgeschütz-Brigade 912 / 16. Armee / Heeresgruppe Kurland

In den ersten Jahren des Ostfeldzuges konnte der damalige Leutnant Brandner wichtige Erfahrungen sammeln, und zwar zunächst als Führer des 1. Zuges der 3. Batterie/Sturmgeschütz-Abteilung 202 ab Oktober 1941, dann ab 5. 1. 1942 als Führer einer Kampfstaffel der 3. Batterie der gleichen Abteilung und schließlich ab 15. 11. 1942[5]) als Chef der 2. Batterie eben dieser Abteilung. An der Vernichtung zahlreicher Sowjetpanzer in Blaguscha war Oberleutnant Brandner mit einer Reihe von Abschüssen beteiligt. Nach seinem 45. Panzerabschuß erhielt er am 16. 9. 1943 das Deutsche Kreuz in Gold. Nach der Kursker Schlacht rollte die Sturmgeschütz-Brigade 202 in das Gebiet um Sumy. Mit den Geschützen seiner 2. Batterie drang Brandner in Sumy ein und rang den Feind nieder. Bei den schweren Einsätzen lag ihm daran, vorn liegengebliebene verwundete Kameraden der Infanterie zu bergen. Bei einem solchen Versuch wurde sein Ladekanonier Labisch durch Kopfschuß getötet.
Bei dem schweren Einsatz in Kiew sperrte Hauptmann Brandner aus eigenem Entschluß den Westeingang der Stadt. Die Brigade schoß dabei 8 T 34 ab und verhinderte einen Feindeinbruch.
Bei dem Einsatz von Tscherkassy führte Hauptmann Brandner vorübergehend die Brigade. Dann folgten Einsätze bei rumänischen Einheiten. Dabei nahm der Hauptmann persönlich eine beherrschende Höhe im Sturm und schoß drei T 34 ab, die am Hinterhang in Bereitstellung lagen. Den rumänischen Verbündeten war dadurch die Besetzung des Höhenrückens möglich. Sepp Brandner erhielt den Orden „Michael der Tapfere".
Nach dem Abschuß des 50. Feindpanzers wurde Brandner zum Ritterkreuz eingereicht. Der Vorschlag ging durch Feindeinwirkung verloren. Eine erneute Einreichung im Jahre 1944 führte bei den bekannten strengen Kriterien deshalb zur Ablehnung, weil der Ia-Schreiber der Brigade 202 die Tatsachenberichte stark gekürzt weitergab.

Nach dem Kommandeurs-Lehrgang an der Sturmgeschütz-Schule Burg und einem Heimaturlaub übernahm Brandner die Sturmgeschütz-Brigade 912.

Am 21. 12. 1944 begann die 3. Kurlandschlacht. Die Brigade lag am Stadtrand von Frauenburg. Der sowjetische Großangriff galt der Rollbahn Tukkum–Frauenburg. Die Brigade war der 11. ID zugeteilt. Erst am Vortage hatte Brandner das Gelände erkundet. So konnte er seine Geschütze an die richtigen Stellen beordern. Innerhalb kurzer Zeit gelang der Abschuß von 26 überschweren Panzern. Mit Hilfe der Grenadiere der ostpreußischen Division wurde die alte HKL wieder erreicht. Der Divisionskommandeur schrieb in seiner Begründung, Brandner das Ritterkreuz zu verleihen:

„Am ersten Tag der Schlacht ist die Sturmgeschütz-Brigade 912 in den russischen Angriff hineingefahren und hat die feindliche Panzerspitze vernichtet. Dieser erste Gegenschlag war entscheidend. Er hat den Gegner vernichtend getroffen und sein Ziel, die Heeresgruppe Kurland zu spalten, vereitelt."

Es folgten Einsätze bei der 225. Infanterie-Division auf den Kalvas-Höhen ostwärts Stedini (Weihnachten 1944) und bei der 290. Infanterie-Division im Raum Striki–Diki.

Auch in der 4. Kurlandschlacht (24. 1. bis 3. 2. 1945) stand die Brandner-Brigade, wie die Brigade jetzt überall genannt wurde, im Brennpunkt. Orte des Geschehens waren das Gehöft Mucikas auf einer Anhöhe bei Frauenburg und der Gobaswald südlich Kcklini. Brandner kämpfte mit seinen drei Stabsgeschützen an der Spitze und schoß selbst seinen 57. Panzer ab.

Wie in der 5. Kurlandschlacht (20. 2. bis 11. 3. 1945) war die Brigade überall, im Abschnitt der 263., der 122. und der 30. Infanterie-Division, unterstützte Alarmeinheiten und schloß bei Berzini eine Frontlücke mit Unterstützung der 205. Infanterie-Division. In der letzten (6.) Kurlandschlacht, die am 18. 3. 1945 begann, kämpfte die Brigade noch einmal südlich Schrunden. im Raum Frauenburg und dort bei der „Zündholzfabrik", als die Sowjets am 18. 3. 1945 bis auf 2 km an die Bahnlinie Frauenburg–Libau herankamen.

Beim Kampfende in Kurland hatte die Brigade 912 bei nur 38 Eigenverlusten über 600 Panzer abgeschossen. Am 8. 5. 1945 wurde Major Brandner abermals aufgefordert, sich ausfliegen zu lassen. Da seine Brigade in Kurland bleiben sollte, lehnte er ab. Am 9. 5. zog die Heeres-Sturmgeschütz-Brigade 912 geschlossen in die Gefangenschaft.

Wehrmacht:
01.10.1936   Eintritt 5. Batterie des leichten Artillerie-Regiment 1 im österreichischen Bundesheer Wien
14.03.1938   Übernahme in die Deutsche Wehrmacht
01.08.1938   5. Batterie/Artillerie-Regiment 102 (= ex leichtes Artillerie-Regiment 1) Wiener-Neustadt, Polenfeldzug als Zug-Führer und Richtkreis-Unteroffizier
28.01.1940   1. Batterie/Artillerie-Ersatz-Abteilung (mot.) 102
05.02.1940   Teilnahme am 3. Offiziersanwärter-Lehrgang an der Artillerieschule II Jüterbog
06.05.1940   Rekruten-Zug-Führer in der 4. Batterie/Artillerie-Ersatz-Abteilung (mot.) 102, Westfront
05.09.1940   Gasschutz-Offizier der Artillerie-Ersatz-Abteilung (mot.) 102
22.01.1941   Lehrer an der Gasschutzschule Willich
08.06.1941   Artillerie-Ersatz-Regiment 44
21.08.1941   Führerreserve des OKH unter gleichzeitiger Versetzung zur III. Abteilung des Artillerie-Lehr-Regiment (mot.) 2 Jüterbog, Umschulung auf Sturmgeschütze
10.09.1941   Technischer Offizier in der Sturmgeschütz-Abteilung 202 und bei den Winterkämpfen 1941/42 Kampfstaffel-Führer
26.05.1942   Technischer Offizier in der Sturmgeschütz-Abteilung 202 und Führer der 2. Batterie
15.11.1942   Chef 2. Batterie/Sturmgeschütz-Abteilung 202, mit dem Geschütz „Phönix" während der Zugehörigkeit zur Abteilung 45 Panzer abgeschossen
24.10.1944   Brigade-Führer-Lehrgang an der Sturmgeschützschule Burg
10.12.1944   Führer der Heeres-Sturmgeschütz-Brigade 912 in Kurland
01.03.1945   Kommandeur der Brigade 912
09.05.1945–
10.01.1948   sowjetische Kriegsgefangenschaft

Orden und Ehrenzeichen:
14.10.1941   Eisernes Kreuz II. Klasse
16.01.1942   Eisernes Kreuz I. Klasse
16.09.1943   Deutsches Kreuz in Gold
01.08.1942   Medaille Winterschlacht im Osten
24.03.1942   Verwundetenabzeichen Schwarz
04.04.1942   Sturmabzeichen allgemein
20.10.1944   Sturmabzeichen „100"
07.09.1944   Nennung im Ehrenblatt des Heeres
11.04.1945   Nahkampfspange 1. Stufe

Beförderungen:
24.10.1937   Vormeister
14.03.1938   Gefreiter
01.10.1938   Obergefreiter
01.12.1938   Unteroffizier
01.04.1940   Wachtmeister –überzählig–
04.05.1940   Ernennung zum Offiziersanwärter
24.07.1940   Leutnant der Reserve –4830– mit Wirkung vom 1. 6. 1940 und Rangdienstalter vom 1. 6. 1940 –66–
13.06.1942   Oberleutnant der Reserve mit Wirkung vom 1. 7. 1942 und Rangdienstalter vom 1. 7. 1942 –49 c–
01.10.1942   Oberleutnant –983– zu den aktiven Offizieren des Friedensstandes mit Rangdienstalter vom 1. 7. 1942 –49– überführt
10.07.1943   Hauptmann –4510– mit Wirkung vom 1. 6. 1943 und Rangdienstalter vom 1. 6. 1943 –117–
26.04.1945   Major wegen Tapferkeit vor dem Feinde

---

[5]) Laut Vorschlag zur vorzugsweisen Beförderung zum Hauptmann für Oberleutnant Josef Brandner vom 15. 5. 1943 durch den Abteilungskommandeur Hauptmann Buhr führte Brandner seit dem 15. 11. 1942 die 2. Batterie.

Bereitstellung zum Angriff.

Sturmgeschütze in voller Fahrt an die Front.

Oberleutnant

GERHARD ALFRED WILHELM BRANDT

* 2. 9.1919   Holzminden / Niedersachsen
† 25.11.1957   Leinfelden / Kreis Böblingen / Baden-Württemberg

Ritterkreuz (4212) am 12. 12. 1944 als Oberleutnant Geschütz-Führer / Chef 1. Batterie / Sturmgeschütz-Brigade 202 / nach 35 Panzerabschüssen / XXXXIII. Armee-Korps / 16. Armee / Heeresgruppe Nord

Die 23. ID verfügte am 21. 11. 1944 über eine voll abwehrbereite Truppe im Torkenhof-Riegel auf der Halbinsel Sworbe. Dazu gehörte die 1. Batterie der Sturmgeschütz-Brigade 202. In 9 Kampftagen wurden 54 Sowjetpanzer abgeschossen, die 9. Batterie des Artillerie-Regiment 218 freigekämpft und Einbrüche bereinigt.
Für die Führung auf Sworbe und den persönlichen Einsatz erhielt Oberleutnant Brandt das Ritterkreuz.
Nach den Einsätzen im Raum Kaunispe (19. 11.), nördlich Joepollu (20. 11.) und bei Soodehave (23. 11. 1944), konnten 7 Sturmgeschütze nach der Räumung von Sworbe auf das Festland überführt werden.

Wehrmacht:
26.08.1939   Eintritt in die Baukompanie 2/245
01.12.1939   1. Batterie/schwere Artillerie-Ersatz-Abteilung 55 Braunschweig
21.02.1940   3. Batterie/Artillerie-Regiment 799, Frankreichfeldzug
17.08.1940   2. bzw. 3. Batterie/leichte Artillerie-Ersatz-Abteilung 19 Hannover
11.01.1941   Nachrichten-Ersatz-Batterie 11 Hannover
15.01.1941   Kommandierung zur VI. Abteilung des Artillerie-Lehr-Regiments (mot.) 2 Jüterbog, Umschulung auf Sturmgeschütze
30.01.1941   2. Batterie/Sturmgeschütz-Abteilung 192, Richt-Unteroffizier und Geschütz-Führer
15.09.1941   3. Batterie/Sturmgeschütz-Ersatz- und Ausbildungs-Abteilung 200 Schweinfurt
27.09.1941   Teilnehmer am 8. Offiziers-Anwärter-Lehrgang / Lehrstab B an der Artillerieschule II
16.02.1942   Versetzung zur III. Abteilung des Artillerie-Lehr-Regiments (mot.) 2 Jüterbog
08.04.1942   Zug-Führer in der Sturmgeschütz-Abteilung „Großdeutschland"
18.05.1942   Zug-Führer in der Sturmgeschütz-Abteilung 202

06.10.1943 Ordonnanz-Offizier Stab / Sturmgeschütz-Abteilung 202
16.11.1943 Adjutant der Sturmgeschütz-Brigade 202
20.05.1944 Chef 1. Batterie/Sturmgeschütz-Brigade 202
28.11.1944 Chef 3. Batterie/Sturmgeschütz-Brigade 911

Teilnahme am Feldzug in Frankreich und ab 22. 6. 1941 im Osten

Orden und Ehrenzeichen:
30.06.1941 Eisernes Kreuz II. Klasse
16.02.1943 Eisernes Kreuz I. Klasse
19.07.1941 Sturmabzeichen allgemein
19.07.1941 Verwundetenabzeichen Schwarz

Beförderungen:
01.05.1940 Gefreiter
01.01.1941 Unteroffizier
01.02.1942 Wachtmeister und Offiziersanwärter
01.08.1942 Leutnant der Reserve
31.07.1943 Leutnant –5311– im Heer angestellt mit Wirkung vom 1. 6. 1943 und Rangdienstalter vom 1. 8. 1942 –359–
20.05.1944 Oberleutnant –2610– mit Wirkung vom 1. 3. 1944 und Rangdienstalter vom 1. 3. 1944 –38–

Oberleutnant Brandt (links) und Oberleutnant Zollenkopf in Ziegenhals.

Parade der Sturmgeschütz-Brigade 202 im Juli 1944 in Ziegenhals bei Neisse.

Oberleutnant

KONRAD BRETTSCHNEIDER

* 6. 1. 1920   Schlaupe / Kreis Neumarkt / Schlesien

Ritterkreuz (4443) am 1. 2. 1945 als Oberleutnant Geschütz-Führer / mit der Führung beauftragt 1. Batterie / Sturmgeschütz-Brigade 904 / 292. Infanterie-Division / XX. Armee-Korps / 4. Armee / Heeresgruppe Nord

Am 14. 1. 1945 begann der sowjetische Großangriff gegen die Front der 2. Armee. Die 292. Infanterie-Division mußte den Narewabschnitt zwischen Ostrolenka und Rozan aufgeben. Am Omulew – einem Nebenfluß des Narew – hielt die Division einen Brückenkopf. Als die Bereitstellung eines sowjetischen Infanterie-Regiments zum Angriff erkannt wurde, stieß Brettschneider aus eigenem Entschluß mit nur 6 Sturmgeschützen und einem Zug aufgesessener Infanterie in die Flanke des Regiments und vernichtete diese sowjetische Einheit. Dadurch war es der eigenen Division möglich, den Brückenkopf so lange zu halten, bis ein wichtiges Versorgungslager geräumt war.

Ausschlaggebend für die Verleihung war also dieses entschlossene Handeln und nicht der Erfolg als Geschützführer mit 5 Abschüssen sowjetischer Kampfwagen [6].

Wehrmacht:
01.04.1938   Reichsarbeitsdienst in Kotzenau, Kreis Lüben / Schlesien
14.11.1938   Eintritt 1. Batterie/Beobachtungs-Abteilung 18 Görlitz
08.05.1940   Reserve-Offiziers-Lehrgang an der Artillerieschule II/Lehrstab B Jüterbog
07.09.1940   Vermessungs-Zugführer in der Stellungs-Beobachtungs-Abteilung 556
22.06.1941   Lichtstellen-Zugführer in der 3. Batterie/Gebirgs-Beobachtungs-Abteilung 18 in Nordfinnland / Lappland
01.06.1943   Nach Meldung zur Sturmartillerie Umschulung zum Zugführer an der Sturmgeschütz-Schule Burg, dann Dienst in der Sturmgeschütz-Ersatz- und Ausbildungs-Abteilung 300 (Neisse)
01.03.1944   Zugführer in der 2. Batterie/Sturmgeschütz-Brigade 904 im Mittelabschnitt der Ostfront
30.08.1944   im Narew-Brückenkopf schwer verwundet, Anfang Dezember 1944 nach Genesung auf eigenen Wunsch zurück zur Brigade und Führer der 1. Batterie (mit der Führung beauftragt)

28.02.1945   Ernennung zum Führer der 1. Batterie
18.03.1945   nach Verlust aller Geschütze zum Führer der Sturmgeschütz-Brigade 904 mit der Bezeichnung „Kampfgruppe 904" ernannt (m.d.F.b.)
Infanterieeinsatz auf der Frischen Nehrung im Raum westlich Kahlberg am Haff in Richtung Elbing
08.05.1945   Kapitulation an der Weichselmündung bei Schiewenhorst. Nur eine Nacht in sowjetischer Gefangenschaft
10.05.1945   auf eigene Initiative Marsch der Brigade durch den polnischen Korridor bis nach Pommern in die Gegend von Stolp. Auflösung der Brigade. In Einzelgruppen nach Westen. Großteil in sowjetische Gefangenschaft

Teilnahme an den Feldzügen in Polen, Nordfinnland, Mittel- und Nordabschnitt der Ostfront

Bundeswehr:
01.09.1958   Eintritt in die Bundeswehr beim Panzer-Bataillon 322 – später 294 als Kompaniechef der 2. Kompanie in Stetten a.k.M.
01.02.1963   Kompaniechef 1. Kompanie des Panzer-Bataillon 54 und stellvertr. Bataillons-Kommandeur in Wolfhagen bei Kassel
01.09.1964   Kommandeur Panzer-Bataillon 243, Landsberg (Lech)
01.04.1966   Kommandeur Gebirgs-Panzer-Bataillon 224, Landsberg (Lech)
16.01.1967   S-3 Stabsoffizier bei G-3 WBK VI München
01.10.1968   Stellvertr. Kommandeur und S-3/Verteidigungs-Bezirks-Kommando 61 Augsburg
01.04.1971   Kommandeur Verteidigungs-Kreis 615 Augsburg
01.04.1974   Kommandeur Verteidigungs-Kreis 613 Augsburg
01.04.1976   Versetzung in den Ruhestand

Orden und Ehrenzeichen:
26.10.1941   Eisernes Kreuz II. Klasse
08.08.1944   Eisernes Kreuz I. Klasse

Beförderungen:
01.10.1939   Gefreiter
01.05.1940   Unteroffizier und Reserve-Offiziers-Bewerber
01.09.1940   Wachtmeister und Reserve-Offiziers-Anwärter
01.10.1941   Leutnant der Reserve
01.12.1942   Leutnant im Heer angestellt
01.10.1944   Oberleutnant

07.03.1959   Hauptmann
31.07.1963   Major
15.07.1966   Oberstleutnant

[6]) Der Tag des Ereignisses am Omulew war nicht zweifelsfrei zu klären. Brettschneider nennt den 27. 1. 1945. Laut Geschichte der 292. ID muß der Flankenangriff der Kampfgruppe Brettschneider schon um den 21. 1. 1945 stattgefunden haben. Bei den 5 Panzerabschüssen war nach den Angaben Brettschneiders ein Abschuß Typ Josef Stalin mit der Panzerfaust.

Hauptmann der Reserve
KARL BUCKEL

* 12. 6. 1920   Mörzheim bei Landau in der Pfalz

Ritterkreuz (3293) am 15. 7. 1944 als Oberleutnant der Reserve Geschütz-Führer / Chef 3. Batterie / Sturmgeschütz-Brigade 277 / 212. Infanterie-Division / IX. Armee-Korps / 3. Panzer-Armee / Heeresgruppe Mitte

Nach der verlorenen Schlacht um Witebsk war die 3. Panzer-Armee zum Ausweichen gezwungen. Die 212. ID baute eine Front um Lepel auf. Den großen Panzermassen der Sowjets stemmten sich die Sturmgeschütze entgegen. Oberleutnant Buckel errang mit seiner Batterie außergewöhnliche Erfolge, so daß er von der 212. ID zur Verleihung des Ritterkreuzes vorgeschlagen wurde.

Wehrmacht:
01. 04. 1940   schwere Artillerie-Ersatz-Abteilung 401
06. 01. 1941   VI. Abteilung/Artillerie-Lehr-Regiment (mot.) 2
08. 06. 1941   Sturmgeschütz-Abteilung 226 an der Ostfront
08. 06. 1944   Chef 3. Batterie/Sturmgeschütz-Brigade 277
30. 01. 1945   mit Wirkung vom 1. 1. 1945 in die Führerreserve des OKH

Orden und Ehrenzeichen:
16. 12. 1941   Eisernes Kreuz II. Klasse
15. 10. 1942   Eisernes Kreuz I. Klasse
02. 07. 1944   Deutsches Kreuz in Gold

Beförderungen:
07. 04. 1943   Leutnant der Reserve –639– mit Wirkung vom 1. 4. 1943 und Rangdienstalter vom 1. 4. 1943
31. 01. 1944   Oberleutnant der Reserve –260– mit Wirkung vom 1. 12. 1943 und Rangdienstalter vom 1. 12. 1943
15. 12. 1944   Hauptmann der Reserve –5580– mit Wirkung vom 1. 12. 1944 und Rangdienstalter vom 1. 12. 1944

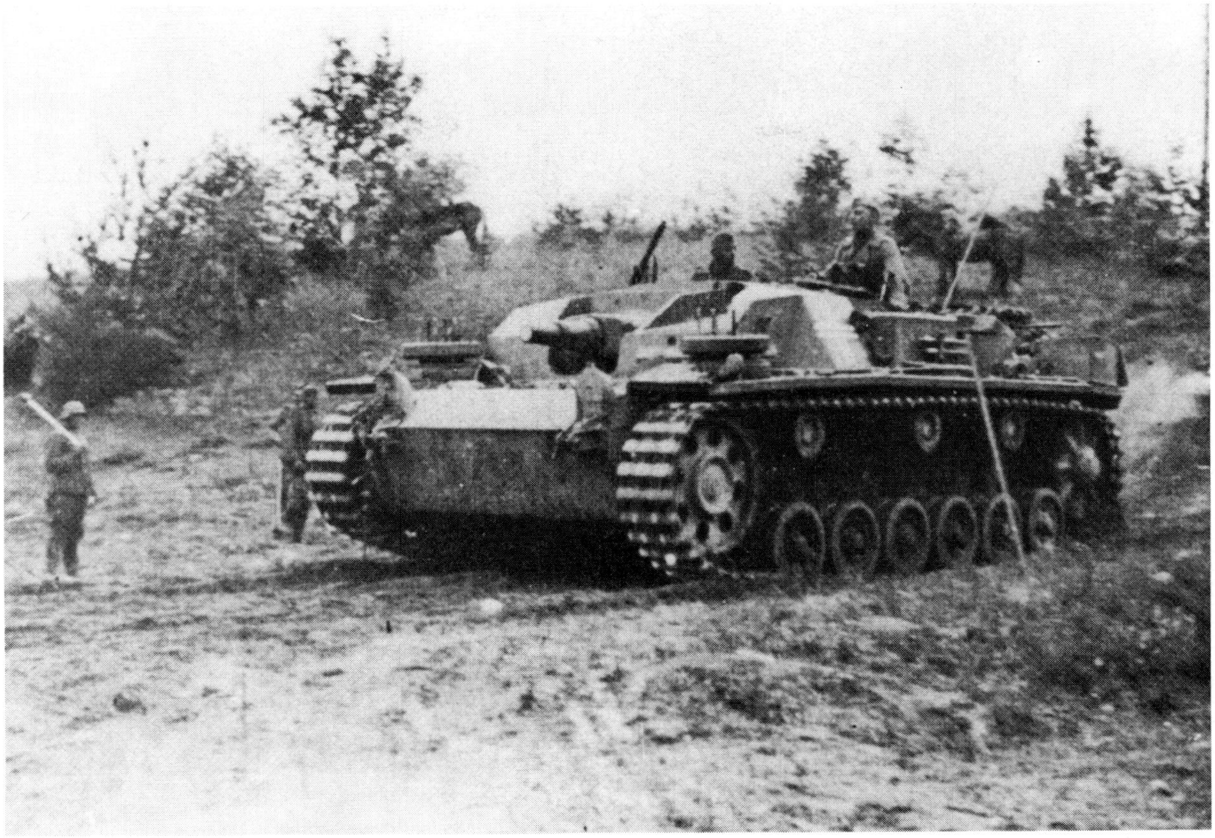

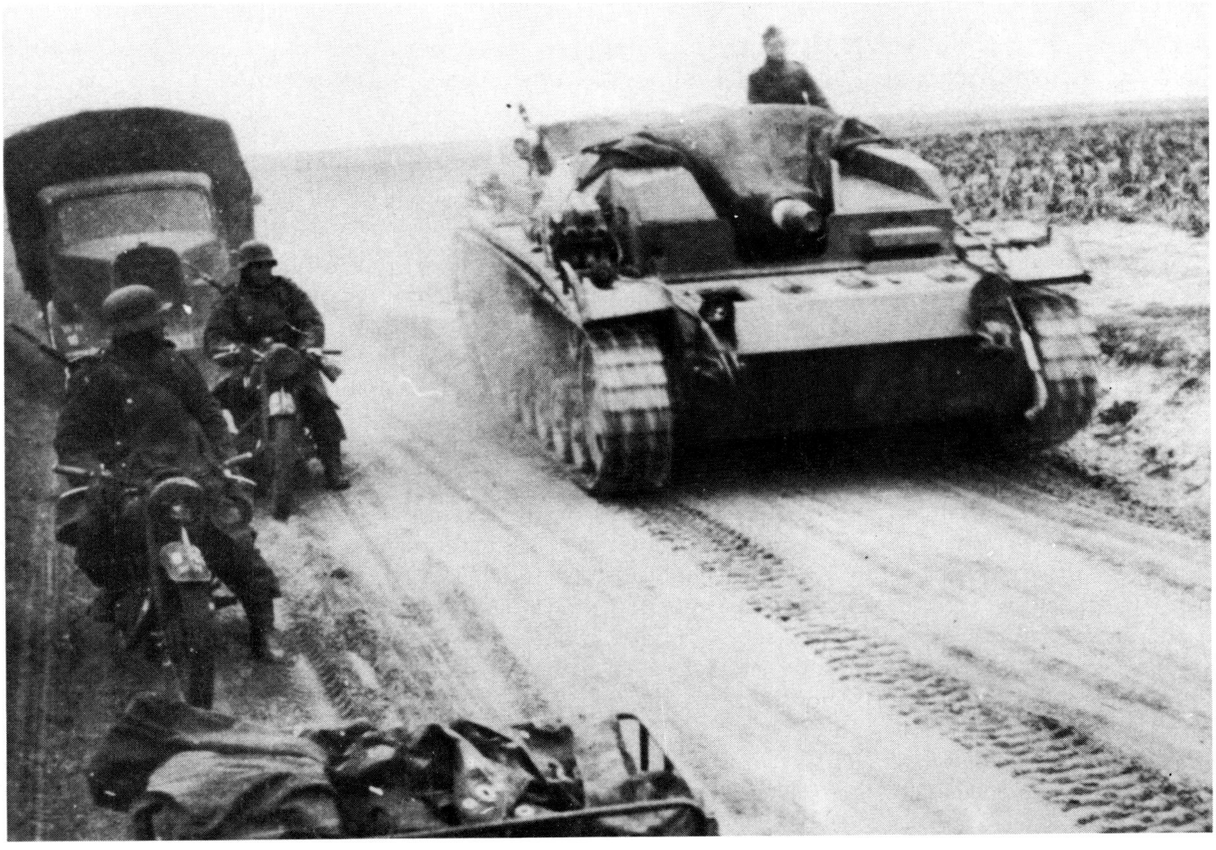

Oberstleutnant

MARTIN BUHR

* 3. 4. 1913   Marienhafe bei Norden / Friesland / Niedersachsen

Ritterkreuz (2107) am 11. 9. 1943 als Major Geschütz-Führer / Kommandeur Sturmgeschütz-Abteilung 202 / nach 29 Panzerabschüssen / 68. Infanterie-Division / VII. Armee-Korps / 4. Panzer-Armee / Heeresgruppe Süd

Während der sowjetischen Offensive auf Kiew war die Sturmgeschütz-Abteilung 202 unter Major Buhr ostwärts des Dnjepr im Rahmen der berlin-brandenburgischen 68. ID eingesetzt. Nach tagelangen schweren Kämpfen führte der Feind den entscheidungssuchenden Stoß mit der Masse von 6 Schützen-Divisionen und 2 Panzer-Korps gegen den südlichen Abschnitt der Division. Major Buhr hatte nach dem Ausfall der Chefs der 1. und 3. Batterie persönlich die Führung dieser beiden Batterien übernommen und fuhr an der Spitze gegen die feindlichen Panzerpulks, die dank der wendigen Kampfführung zersprengt wurden. Der Kampf zog sich nun um die deutschen Stellungen am Bahndamm bei Nisch-Serowatka zusammen. Dieser 17. 8. 1943 war ein Großkampftag. Am frühen Nachmittag drang der Gegner gegen Ort und Bahnhof Nisch-Serowatka vor. Obwohl er keine Begleitinfanterie zur Stelle hatte, entschloß sich Major Buhr sofort selbständig zum Gegenangriff. Dabei stieß er überraschend auf eine sowjetische Panzerbereitstellung und zerschlug sie. Der feindliche Angriff auf Nisch-Serowatka blieb liegen. Doch weiter südlich waren die Sowjets in einen anderen Bahnhof eingedrungen. Die Sturmgeschütze rollten mit Höchstgeschwindigkeit durch schwerstes Feindfeuer in die Flanke der dort eingesetzten Sowjetpanzer und warfen den Gegner aus dem Bahnhofsgelände. Inzwischen hatte sich aber der Feind bei Nisch-Serowatka von seiner am Nachmittag erlittenen Schlappe erholt und drang dort in den Bahnhof ein. Von hier aus gefährdete er die gesamte deutsche Bahndammstellung. Trotzdem Buhr im Augenblick nur 3 Sturmgeschütze zur Verfügung hatte, stieß er mitten in die Sowjet-Panzer hinein und schoß vier von ihnen ab. Ein eigenes Sturmgeschütz fiel aus. Dann hatte auch noch das Führergeschütz einen Kupplungsschaden und blieb bewegungsunfähig liegen. Major Buhr stieg in das letzte noch einsatzfähige Geschütz um und hielt damit die feindliche Übermacht in Schach, bis die Bahndammstellung planmäßig geräumt worden war. 101 sowjetische Panzer wurden an diesem Tage im Abschnitt der 68. ID abgeschossen, 48 davon durch die Abt. 202. Der Abteilungskommandeur selber hatte 14 vernichtet und kam damit auf eine persönliche Gesamtabschußzahl von 29.

Wehrmacht:
04.04.1934 Eintritt als Fahnenjunker AR 5, dann AR 25, dann Beobachtungsabteilung 35
25.02.1941 Umschulung auf Sturmgeschütze in Jüterbog
28.07.1941 Chef 1. Batterie/Sturmgeschütz-Abteilung 202
31.12.1941 Führer Sturmgeschütz-Abteilung 202, Kommandeur gefallen
10.02.1942 Chef 1. Batterie/Sturmgeschütz-Abteilung 428 und in Personalunion in Vertretung Führer der Abteilung in Dorf Zinna (keine Frontverwendung)
01.04.1942 Batterie-Offizier in der Sturmgeschütz-Abteilung 202
18.03.1943 Kommandeur Sturmgeschütz-Abteilung 202
25.10.1943 Kommandeur der in Burg bei Magdeburg aufgestellten Sturmgeschütz-Ersatz- und Ausbildungs-Abteilung 500, später Verlegung nach Posen
10.12.1944 Führerreserve des OKH unter gleichzeitiger Kommandierung zum Regiments-Führer-Lehrgang
06.03.1945 Kommandeur des Panzer-Artillerie-Regiment „Müncheberg"

Teilnahme am Feldzug in Frankreich und im Osten

Bundeswehr:
01.09.1955– in der Bundeswehr in Reihenfolge:
30.09.1971 Referent für Ausbildung im Bundesministerium der Verteidigung, stellvertretender Kommandeur Panzer-Brigade 35 und Lehrgruppen-Kommandeur an der Panzertruppenschule Munster

Orden und Ehrenzeichen:
05.07.1940 Eisernes Kreuz II. Klasse
26.09.1942 Eisernes Kreuz I. Klasse

Beförderungen:
01.04.1936 Leutnant –499–
01.01.1938 Oberleutnant
01.09.1940 Hauptmann
01.05.1943 Major –39a [5]–
20.04.1945 Oberstleutnant

08.10.1955 Oberstleutnant
01.12.1967 Oberst

Major Buhr erhält bei Kiew das Ritterkreuz.

Major Buhr und seine Besatzung.

Martin Buhr (rechts) zusammen mit Eichenlaubträger Sepp Brandner (links) bei einem Bundestreffen der ehemaligen Angehörigen der Sturmartillerie zu Karlstadt am Main.

Leutnant

GÜNTER CHRZONSZ jetzt: Carsten

* 5. 10. 1914   Meseritz / Grenzmark Posen / Westpreußen

Ritterkreuz (2309) am 12. 11. 1943 als Oberwachtmeister Geschütz-Führer / Führer 3. Zug / 2. Batterie / Sturmgeschütz-Abteilung 277 / nach 23 Panzerabschüssen / 9. Infanterie-Division / XXIX. Armee-Korps / 1. Panzer-Armee / Heeresgruppe Süd

Im Bereich der Heeresgruppe Süd bestand seit Oktober 1943 auf dem Ostufer des Dnjepr ein starker Brückenkopf ostwärts Nikopol. Die dort eingesetzten beiden Armeekorps, zur Gruppe Schörner zusammengefaßt, hatten den Auftrag, den Brückenkopf zum Schutz der für die deutsche Rüstungswirtschaft wichtigen Manganerzlager um Nikopol zu verteidigen. Hier im Brückenkopf wurde die 2. Batterie der Sturmgeschütz-Abteilung 277 bis auf zwei Geschütze bei einem Angriff aufgerieben. Bei einem sowjetischen Angriff (1 Panzer-Brigade, 1 Schützen-Div.) fiel ein Sturmgeschütz aus. Das noch verbliebene Geschütz Chrzonsz schoß aus dem anrollenden Pulk von T 34 10 Panzer heraus, bis das Geschütz von einem Panzer gerammt und seitlich hochgehoben wurde. Der Sowjetpanzer legte den Rückwärtsgang ein und wurde dann 30 Meter vor dem Sturmgeschütz abgeschossen, als er in das Visier des Richtunteroffiziers lief. Chrzonsz fuhr nur mit einer Kette langsam ins Dorf und schoß weitere 7 T 34 ab, die das Sturmgeschütz zwischen den Häusern entdeckte. Der Rest wurde von der kampferprobten Infanterie erledigt bzw. konnte entkommen.

In den folgenden schweren Abwehrkämpfen im Raume Saporoshje und Kriwoi Rog zeichnete sich Oberwachtmeister Chrzonsz erneut besonders aus, so daß er als erster Angehöriger der Sturmgeschütz-Abteilung 277 das Ritterkreuz erhielt.

Wehrmacht:

01. 04. 1933   Eintritt 4. Batterie/Artillerie-Regiment 3 Frankfurt an der Oder
01. 10. 1934   2. Batterie/Artillerie-Regiment 54 Glogau
06. 10. 1936   1. Batterie/Artillerie-Regiment 44 Neisse (Oberschlesien)
15. 01. 1941   Kommandierung zum Lehrgang für Sturmgeschütze / VI. Abteilung des Artillerie-Lehr-Regiments (mot.) 2
21. 02. 1941   3. Batterie/Sturmgeschütz-Abteilung 210
06. 07. 1943   Zugführer in der 2. Batterie/Sturmgeschütz-Abteilung 277

28.03.1944	Kommandierung zum Fahnenjunker-Lehrgang / Lehrstab A / Inspektion V / Artillerieschule Groß-Born
10.09.1944	Zugführer in der 1. Batterie/Sturmgeschütz-Abteilung 277
15.01.1945	Lazarett Staßfurt
19.03.1945	in der Kampfgruppe „Delitzsch" (= benannt nach dem Ort Delitzsch an der Mulde im Bezirk Leipzig), Einsatz im Großraum des Landes Sachsen
	Teilnahme an den Feldzügen in Polen, Rußland bis ins Reich
	Kurze amerikanische Kriegsgefangenschaft

Bundeswehr:

02.05.1960	Eintritt in die Bundeswehr zur Wiederverwendung
01.05.1961	Chef der 2. Batterie im Feld-Artillerie-Bataillon 105 Weiden/Oberpfalz
16.02.1962	Chef der Ausbildungs-Kompanie 13/4 Landshut in Bayern
31.03.1967	Versetzung in den Ruhestand

Orden und Ehrenzeichen:

24.06.1941	Eisernes Kreuz II. Klasse
11.08.1941	Eisernes Kreuz I. Klasse
28.08.1941	Sturmabzeichen Silber
01.01.1942	Verwundetenabzeichen Schwarz
22.12.1943	Verwundetenabzeichen Silber

Beförderungen:

01.10.1934	Gefreiter		22.07.1959	Oberleutnant der Reserve
01.08.1935	Unteroffizier		02.05.1960	Oberleutnant – nach Eignungsübung
01.10.1939	Wachtmeister		01.05.1961	Hauptmann
01.04.1941	Oberwachtmeister			
01.12.1943	Ernennung zum Offiziersbewerber			
15.02.1944	Fahnenjunker			
01.08.1944	Oberfähnrich			
01.09.1944	Leutnant			

Chrzonsz vor seinem Geschütz mit Oberwachtmeister Erwin Binder im Südabschnitt der Ostfront bei der Abteilung 277.

Chrzonsz vor dem Geschütz des Wachtmeisters Zimmoch und dessen Besatzung.

Hauptmann
PAUL DAHMS

* 28. 5. 1913   Jüterbog / Bezirk Potsdam

Ritterkreuz (3951) am 3. 11. 1944 als Hauptmann Führer Sturmgeschütz-Brigade 286 / 15. Infanterie-Division / XXIX. Armee-Korps / 8. Armee / Heeresgruppe Süd

Die 15. ID wurde im Raum südlich Ungvar von der Sturmgeschütz-Brigade 286 hervorragend unterstützt. Als der Gegner zwei im letzten Oktoberdrittel mit Hilfe der Brigade eroberte Dörfer zurückerobern wollte, wurde er unter Vernichtung von 6 Panzern, 9 Pak, 14 Granatwerfern und 14 sMG abgewiesen. In den beiden vorhergehenden Tagen waren dank der geschickten Führung durch Hauptmann Dahms bereits 32 Geschütze, Pak und Granatwerfer zerstört worden.

Wehrmacht:
01. 04. 1933   Eintritt Artillerie-Regiment 5
10. 10. 1940   Artillerieschule II Jüterbog
01. 09. 1943   Zugführer in der Sturmgeschütz-Abteilung 286
17. 04. 1944   Chef 1. Batterie/Sturmgeschütz-Brigade 286
29. 08. 1944   Führer der Sturmgeschütz-Brigade 286

Teilnahme am Feldzug im Westen und Osten

Orden und Ehrenzeichen:
09. 06. 1940   Eisernes Kreuz II. Klasse
24. 12. 1943   Eisernes Kreuz I. Klasse
21. 07. 1944   Deutsches Kreuz in Gold

Beförderungen:
01.04.1940 Leutnant
01.04.1942 Oberleutnant
01.07.1944 Hauptmann

Oberwachtmeister

FRIEDRICH DATH

* 26. 4. 1919   Brackenheim bei Heidelberg / Baden-Württemberg

Ritterkreuz (4150) am 9. 12. 1944 als Oberwachtmeister Geschütz-Führer / Führer 1. Zug / 3. Batterie / Sturmgeschütz-Brigade 286 / nach 25 Panzerabschüssen / 15. Infanterie-Division / 8. Armee / Heeresgruppe Süd

Die Sturmgeschütz-Brigade 286 war am 19. 8. 1944 dem LVII. Panzerkorps zugeteilt. Hinter der Front stand die Kampfgruppe Kessel (Reste der 20. Panzer-Division) bei Roman. Nach dem Verrat der Rumänen und dem sowjetischen Durchbruch hingen die 46. ID und das Flak-Regiment 15 in der Luft. Die Reste der 20. Panzer-Division mußten als Sperrverband eingesetzt werden.
Am 23. 8. 1944 hatte die 3. Batterie der Sturmgeschütz-Brigade 286 im Rahmen des Sperrverbandes Kessel den Auftrag, die Ortschaft Sabonesti, nordwestlich Roman, gegen starke feindliche Panzerangriffe aus der Flanke zu halten. Als plötzlich 30 Sowjetpanzer die Ortschaft im Handstreich nehmen wollten, setzte Oberwachtmeister Dath seinen Zug so geschickt ein, daß 14 feindliche Panzer vernichtet werden konnten. 6 davon schoß allein Dath mit seiner Besatzung ab. Dieser Erfolg trug mit dazu bei, daß eine neue Front aufgebaut werden konnte.

Wehrmacht:
07. 11. 1938–
15. 03. 1939   Reichsarbeitsdienst in Niederalteich bei Hengersberg, Kreis Deggendorf, in Niederbayern
27. 08. 1939   Mobilmachung, zur Artillerie-Ersatz-Abteilung 61 in Schwäbisch-Gmünd, ATV-Kurs in Taus in Böhmen, dann Ausbilder in der Artillerie-Ersatz-Abteilung 61
09. 09. 1941   freiwillige Meldung zur Sturmartillerie, Sturmgeschütz-Ersatz- und Ausbildungs-Abteilung 200 Schweinfurt
20. 11. 1941   2. Batterie Sturmgeschütz-Abteilung 209, ab Januar 1942 Einsatz im Osten: Juchno–Roslawl
15. 08. 1943   die 2. Batterie wird herausgezogen und zur Neuaufstellung bei der Sturmgeschütz-Ersatz- und Ausbildungs-Abteilung 300 in Neisse verwandt, nun 3. Batterie in der Sturmgeschütz-Brigade 286, ab November 1943 im Südabschnitt der Ostfront im Einsatz
15. 03. 1944   verwundet, Lazarett Langenhausen

27.06.1944 zurück zur 3. Batterie/Sturmgeschütz-Brigade 286, bis Kriegsende
16.05.1945–
28.11.1948 in sowjetischer Kriegsgefangenschaft am Kaspischen Meer

Orden und Ehrenzeichen:
06.02.1943 Eisernes Kreuz II. Klasse
02.08.1943 Eisernes Kreuz I. Klasse
01.08.1942 Medaille Winterschlacht im Osten
20.04.1943 Sturmabzeichen allgemein
08.05.1944 Verwundetenabzeichen Schwarz

Beförderungen:
20.04.1940 Gefreiter
01.09.1941 Unteroffizier
20.04.1943 Wachtmeister
11.10.1943 Oberwachtmeister

Sturmgeschütze auf dem Wege zur Front

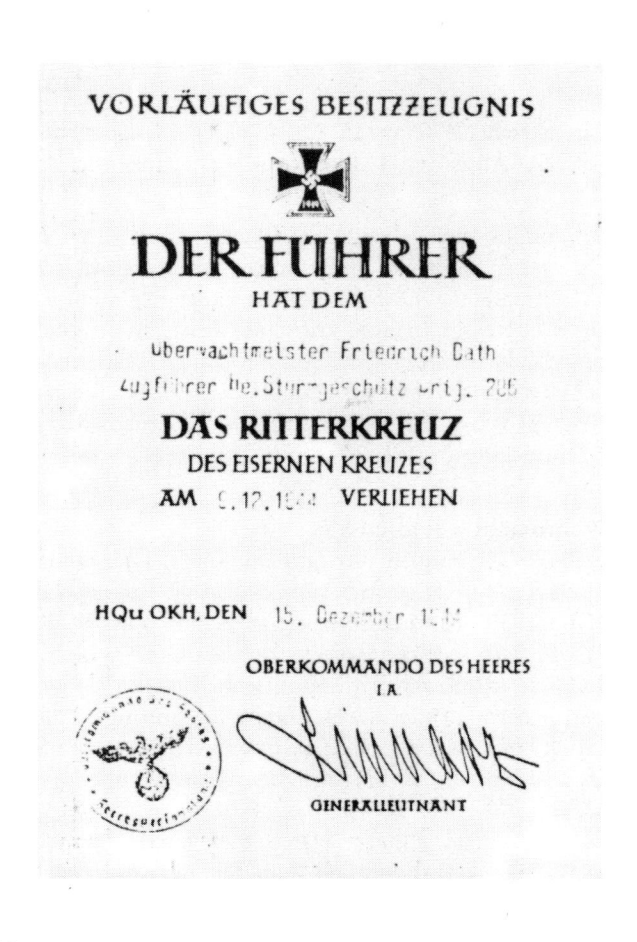

SS-Sturmbannführer (Major)
ERNST DEHMEL

* 7. 4. 1915   Hilden / Nordrhein-Westfalen
† 7. 8. 1945   Remscheid-Lüttringhausen / Nordrhein-Westfalen

Ritterkreuz (1479) am 15. 8. 1943 als SS-Hauptsturmführer Geschütz-Führer / stellvertretender Führer SS-Sturmgeschütz-Abteilung 3 „Totenkopf" / SS-Panzer-Grenadier-Division „Totenkopf" / 6. Armee / Heeresgruppe Süd

Anfang Juli 1943 gehörte die SS-Panzer-Grenadier-Division „Totenkopf" zur 4. Panzer-Armee, die im Rahmen der Operation „Zitadelle" im Raum Bjelgorod angriff. Ernst Dehmel war an den Erfolgen der Kampfgruppe Häussler – Kommandeur II./SS-Panzer-Grenadier-Regiment 5 „Totenkopf" – Einsätze bei Beresow und am Jerik – hervorragend beteiligt. In einer kritischen Situation bei einem Einbruch feindlicher Panzer setzte Dehmel aus eigenem Entschluß mit wenigen Sturmgeschützen seiner Abteilung zum Gegenstoß an. Selbst durch Arm- und Schulterschuß verwundet, schoß er 25 T 34 ab. Dann verhinderte er durch Abschuß weiterer 22 Panzer des gleichen Typs die Einschließung eines Grenadier-Regiments. Persönliche Tapferkeit und die ruhige und hervorragende Führung der SS-Sturmgeschütz-Abteilung 3 „Totenkopf" führten zur Verleihung des Ritterkreuzes.

Wehrmacht – Waffen-SS:
12. 04. 1934   Eintritt 4. Kompanie (MG)/Leibstandarte SS „Adolf Hitler" Berlin-Lichterfelde
01. 04. 1938   Kommandierung an die SS-Junkerschule Braunschweig
01. 04. 1939   Kommandierung „Oberabschnitt Elbe" in Reichenbach im Sudetenland
01. 01. 1940   2. Kompanie/Leibstandarte SS „Adolf Hitler"
01. 05. 1940   SS-Artillerie-Regiment „Totenkopf"
14. 10. 1942   in die neuaufgestellte SS-Sturmgeschütz-Abteilung „Totenkopf"
15. 04. 1943   zeitweise stellvertretender Führer der SS-Sturmgeschütz-Abteilung 3 „Totenkopf"
18. 11. 1943   an der Ostfront schwer verwundet
12. 01. 1944–
12. 02. 1944   im Reservelazarett I/Abteilung II (F.R. 2351) in Würzburg, anschließend zum Ersatztruppenteil
18. 06. 1944   Ausbilder auf dem Truppenübungsplatz Janowitz für Sturmgeschütze

09.05.1945 nach der Kapitulation durch französische Militärbehörden ins Gefängnis Remscheid-Lüttringhausen verbracht und dort von Angehörigen der französischen Militärmission erschlagen

Teilnahme am Feldzug im Westen und an der Ostfront

Orden und Ehrenzeichen:
22.06.1940 Eisernes Kreuz II. Klasse
01.09.1941 Eisernes Kreuz I. Klasse

Beförderungen:
01.04.1939 SS-Untersturmführer – Leutnant –
20.04.1941 SS-Obersturmführer – Oberleutnant –
20.04.1943 SS-Hauptsturmführer – Hauptmann –
09.11.1944 SS-Sturmbannführer – Major –

Sturmgeschütz in der Kalmückensteppe.

Vom Sturmgeschütz fotografiert: Panzer IV (7,5 cm KwK L-24 Sd.Kfz. 161) zusammen mit der Sturmartillerie im Einsatz.

Oberleutnant der Reserve
HEINZ DEUTSCH
* 21. 7. 1920   Mutterstadt / Kreis Ludwigshafen / Rheinland-Pfalz

Ritterkreuz ( ) am 28. 4. 1945 als Leutnant der Reserve unter gleichzeitiger Beförderung zum Oberleutnant der Reserve Geschütz-Führer / Führer 2. Zug / 3. Batterie / Fallschirm-Sturmgeschütz-Brigade (mot.) 12 / nach 46 Panzerabschüssen / 7. Fallschirmjäger-Division / II. Fallschirm-Korps / 1. Fallschirm-Armee / Heeresgruppe H

Westlich des Niederrheins lief seit dem 8. 2. 1945 der britisch-kanadische Großangriff im Reichswald. Im Rahmen der 7. Fallschirmjäger-Division kam auch die Fallschirm-Sturmgeschütz-Brigade 12 zum Einsatz. Leutnant Deutsch wehrte dabei am 25. 2. nordwestlich Weeze einen Feindangriff mit Panzerunterstützung aus einem Kastenwald ab und vernichtete 2 Panzer. Am 1. 3. kam es ab Mitternacht zu einem Handgranaten-Nahkampf gegen den bis zur Geschützstellung vorgedrungenen Feind.
Drei Stunden später gelang es zusammen mit dem Bataillon Lorenz, im Gegenstoß die alte HKL wiederherzustellen und 21 Gefangene einzubringen. Am gleichen Tage wurde gegen 15.00 Uhr ein Feinddurchbruch bei Kampbeekshof und Truebshof (südwestlich Weeze) verhindert und dabei durch Deutsch 2 Panzer abgeschossen, 1 weiterer Panzer, durch eine Haubitze bewegungsunfähig geschossen, vollends vernichtet.
Schon am nächsten Tag schoß der Leutnant bei einem feindlichen Panzerangriff auf Kevelaer 3 Panzer ab, worauf die britische Infanterie auf LKW fluchtartig nach Weeze zurückfuhr. Am 3. 3. verhinderte Deutsch einen Durchbruch mit Panzerspähwagen auf Kapellen und schoß 1 Panzer und 1 Panzerspähwagen ab. Als am nächsten Tag das Geschütz Deutsch 1 Cromwell und 1 Sherman auf der Straße Kapellen–Sonsbeck abschoß und die Begleitinfanterie vernichtete, griff der Gegner an dieser Stelle nicht mehr an.
Am 5. 3. stießen feindliche Panzer von Hambt in Richtung Metzekath vor. 1 Sherman wurde dabei nordostwärts Hambt aus offener Feuerstellung abgeschossen. Gegen Mittag folgte ein neuer Einsatz nordostwärts Issum. Dadurch gelang dem Gegner an der alten Einsatzstelle ein tiefer Einbruch. Nur durch den Einsatz des Geschützes Deutsch war es möglich, den Feind aufzuhalten und das Fallschirmjäger-Regiment 22 ohne größere Verluste vom Gegner zu lösen. 1 Churchill wurde abgeschossen.
Der 6. 3. brachte Panzerkämpfe um den Flugplatz Bönninghardt. 7 Feindpanzer bedrängten eigene Sturmhaubitzen auf der Straße Issum–Alpen und vernichteten 1 Sturmhaubitze. Daraufhin wurde der Zug Deutsch

eingesetzt. Der Leutnant schoß die beiden Spitzenpanzer ab und erreichte dadurch das Halten der Front. Nur so war es möglich, die neue HKL am folgenden Abend in Ruhe am Ortsrand Alpen wieder aufzubauen. Am 9. 3. war in erstaunlich kurzer Zeit die zerschossene Zieleinrichtung seines Geschützes wiederhergestellt und 1 Churchill auf 800 m brennend abgeschossen worden. Wieder wurde ein Durchbruch verhindert. Seine Abschüsse (17, darunter 1 Panzerspähwagen) belebten jedesmal den Widerstand der Fallschirmjäger vor allem deshalb, weil Deutsch sie meist in der Zeit höchster Not für die Infanterie erzielte. Als am 25. 3. mehrere Sherman-Panzer in den Nienkampshof eindrangen, kam der Zug Deutsch zur Hilfe. Leutnant Deutsch schoß weitere 2 Sherman ab.

Am 30. 3. fuhr Leutnant Deutsch seinen erfolgreichsten Einsatz. 400 m westlich Külve schoß er 5 Sherman und 2 Selbstfahrlafetten brennend ab. Mit diesem Erfolg weit vor der eigenen HKL verhinderte er den Feinddurchbruch und ein restloses Aufrollen der stark angeschlagenen 7. Fallschirmjäger-Division.

Der 44. Panzerabschuß erfolgte am 24. 4. 1945 bei Edewecht. Seine Besatzung: Oberfeldwebel Berndl (Richtschütze), Feldwebel Stangassinger (Fahrer) und Unteroffizier Lappe (Ladeschütze, 25. 4. 1945 gefallen) erhielt das Deutsche Kreuz in Gold.

Wehrmacht/Luftwaffe:
26.08.1939 Eintritt in die Luftwaffen-Bau-Kompanie 18
07.01.1940 2. Batterie/schwere Flak-Abteilung 491, Einsatz in der Heimat im Raum des Schwarzwaldes
11.10.1942 4. Batterie/schwere Flak-Abteilung 457, Einsatz im Luftgau VII
13.04.1944 3. Batterie/Fallschirm-Sturmgeschütz-Brigade (mot.) 12
 Bis hier Daten laut Verleihungsvorschlag (Quelle: BA/MA RH 7/v. 277)
14.04.1945 im Wehrmachtbericht genannt (Ergänzung):
 „Leutnant Deutsch in der Sturmgeschütz-Brigade 12 hat mit seinem Sturmgeschütz seit dem 24. März 34 Panzer und 2 Panzerspähwagen abgeschossen und hierbei vorbildliche Einsatzbereitschaft und hervorragende Tapferkeit bewiesen."

Orden und Ehrenzeichen:
03.07.1944 Eisernes Kreuz II. Klasse
25.02.1945 Eisernes Kreuz I. Klasse

Beförderungen:
01.10.1940 Gefreiter
01.10.1941 Obergefreiter
01.04.1942 Unteroffizier
01.12.1942 Wachtmeister
01.04.1943 Leutnant der Reserve
28.04.1945 Oberleutnant der Reserve

Hauptmann der Reserve

DIDDO SIEBELS DIDDENS

* 22. 4. 1917   Bunderhammrich / Kreis Leer / Ostfriesland

Ritterkreuz (929) am 18. 3. 1942 als Leutnant der Reserve Geschütz-Führer / Führer 2. Zug / 2. Batterie / Sturmgeschütz-Abteilung 185 / nach 35 Panzerabschüssen / Infanterie-Regiment 43 – Oberst Lasch – / 1. Infanterie-Division / XXXVIII. Armee-Korps / 18. Armee / Heeresgruppe Nord

501. Eichenlaub (309) am 15. 6. 1944 als Oberleutnant der Reserve Geschütz-Führer / Chef 1. Batterie / Sturmgeschütz-Brigade „Großdeutschland" / Panzer-Grenadier-Division „Großdeutschland" / LVII. Armee-Korps / Armee-Gruppe Wöhler

Leutnant Diddens war dabei, als die Sturmgeschütz-Abteilung 185 (Major Lickfeld) am 22. 6. 1941 bei Jurgo-Kantscheid nahe Heidekrug im Rahmen der 18. Armee die russische Grenze überschritt.
Bei allen harten Kämpfen seiner Batterie bei Riga, am Peipussee, bei Jogeva, Narwa und Kingisepp, bei Kotly und Koporje, bei Kipenj und beim Durchbruch nach Uritsk war Leutnant Diddens mit seinem Zug maßgeblich beteiligt. In dieser gesamten Zeit hatte sich der Zugführer Diddens so bewährt, daß er schließlich durch Oberst Lasch, dem späteren General der Infanterie und Verteidiger von Königsberg, zur Verleihung mit dem Ritterkreuz vorgeschlagen wurde und diese Auszeichnung dann am 18. 3. 1942 erfolgte.
Am 19. 2. 1942 wurde nämlich die 2. Batterie der 269. ID im Raum Pogostje zugeteilt. Ab 20. 2. entstand eine Krisenlage an der sogenannten Küchenschneise. Am 24. 2. erfolgte ein Gegenangriff der Kampfgruppe Oberstleutnant Drange, dabei 3 Sturmgeschütze. Die Kampfgruppe, jetzt geführt von Oberst Lasch, konnte am 28. 2. einen vollen Erfolg verbuchen, denn die verlorene HKL südostwärts Pogostje war wieder in deutscher Hand. Die Verleihung des Ritterkreuzes erfolgte für die besonders erfolgreiche Bekämpfung schwerster feindlicher Panzer und dafür, daß sein Zug in den ersten neun Monaten des Ostfeldzuges 57 Sowjetpanzer vernichtete. Nach dem Ausfall seines Zugführerwagens hatte Diddens selbst mit einem Sturmgeschütz binnen 3 Wochen 17 Feindpanzer, davon über 10 52-Tonner, vernichtet. (Die Zugführer erhielten erst 1942 ein eigenes Sturmgeschütz statt des 3-t-SPW.)
April 1944: Mit dem Durchbruch der sowjetischen Truppen zum Pruth wurde die Division „Großdeutschland"

in den rumänischen Raum geworfen. In den Ostertagen erfolgte die Verlegung der Division über Jassy in den Raum westlich dieser Stadt. Am 25. 4. 1944 geschah im linken Abschnitt der Division ein eigener Angriff mit Schwerpunkt beim II. und III. Bataillon/Panzer-Grenadier-Regiment „Großdeutschland", wirkungsvoll unterstützt durch Sturmgeschütze. Das Ziel waren die Waldstücke zwischen Barbatesti und Vascani nördlich Targul Frumos, also ostwärts des Sereth. Als weitere Ziele – besonders für Panzer – galten Punkt 372 und die Höhen bei Dumbravita. Der Gegner wurde zurückgetrieben und die mit Pak geradezu gespickten Höhen genommen. Dahinter erkannte Oberleutnant Diddens weitere starke Pakstellungen. Aus eigenem Entschluß stieß er in Ausnutzung des bisherigen Erfolges an der Spitze seiner Batterie weiter vor. Es gelang seiner geschickten Führung, weitere 23 schwere Pakgeschütze zu zerstören. Ehe Diddens auf die neu gewonnene Stellung zurückfuhr, erkannte er eine Bereitstellung des Gegners am Waldrand. Durch genaues Feuer vernichtete der Oberleutnant 3 Panzer. Dann zerstörte er auf dem Rückweg noch 2 weitere schwere Pak und kehrte mit einem Gesamterfolg von 3 zerstörten und 31 vernichteten schweren Pakgeschützen in die HKL zurück. Im Wehrmachtbericht vom 27. 4. 1944 wurde dieses gewürdigt. Die an diesem Einsatz der 1. Batterie beteiligten Soldaten waren: Leutnant Siegfried Döhn, Wachtmeister Otto-Heinrich Braun, die Unteroffiziere Rudolf Doskocil, Otto Feustel, Werner Greiner-Mai, Karl Heinen, Alfred Jung, Kurt Knoch, Herbert Mitschke, Sepp Pollinger, Gerhard Scheffler, Helmut Schlegel, Hanns Schuster, Hans Tietjen, Heinz Wenning, Werner Willeitner, die Obergefreiten Herbert Laurent, Andreas Maier, Leo Pieringer, Willi Schmitz, Josef Stehle, Karl Wöhrer, die Gefreiten Josef Hirsch und Johann Ströcker, die Kanoniere Ferdinand Brück, Alfons Deimann und Josef Martini.

In den schweren Abwehrkämpfen nordwestlich Targul Frumos vom 2. bis 10. 5. 1944 zeichnete sich Diddens erneut aus.

Am 7. 6. 1944 setzte der Feind nördlich Zahorna zum Gegenangriff an. Mit erheblicher Luftunterstützung konnte er die Höhe 181 wieder nehmen und auch in Zahorna eindringen. Ein sofort mit der Sturmgeschütz-Brigade GD unter Oberleutnant Diddens eingeleiteter Gegenstoß einer Kampfgruppe der Panzer-Aufklärungs-Abteilung GD unter Führung von Rittmeister Schroedter konnte wohl den Ort Zahorna wieder nehmen, blieb jedoch im stärksten feindlichen Abwehrfeuer etwa 1 km südlich Punkt 181 liegen. Beide Kampfgruppenführer – Oberleutnant Diddens und Rittmeister Schroedter – fielen durch schwere Verwundung aus. Der eigene Angriff wurde eingestellt und in der erreichten Linie eine neue Abwehrstellung bezogen. Die Sturmgeschütz-Brigade GD meldete für die Zeit vom 2. bis 7. 6. 1944 den Abschuß von 15 Feindpanzern und die Einbringung von mehr als 90 Gefangenen. Die Verwundung des Eichenlaubträgers Diddens war so schwer, daß eine spätere Rückkehr an die Front nicht mehr möglich war [7]).

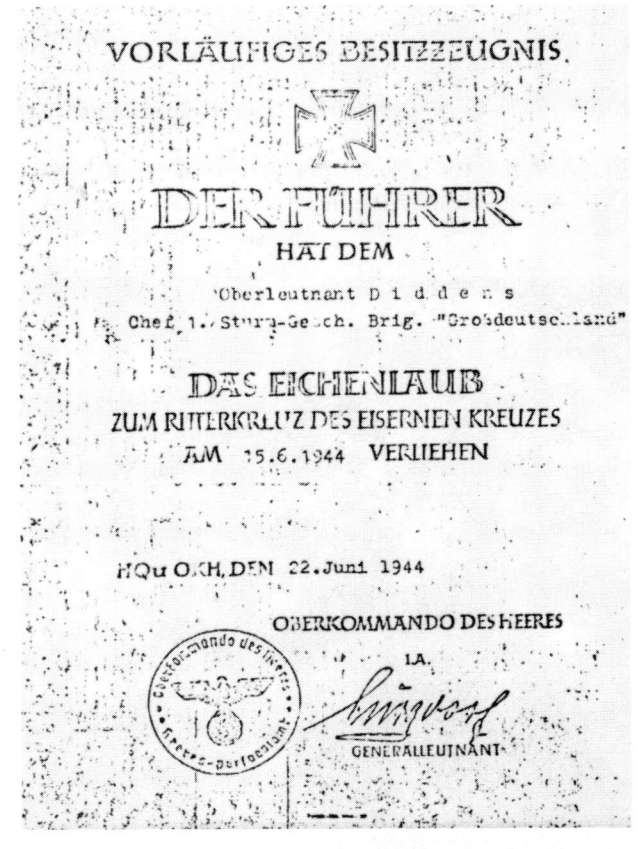

[7]) Laut Diddens schwere Verwundung am 23. 5. 1944. Demnach müßten sich die in der Geschichte des Panzerkorps GD geschilderten Ereignisse nicht am 7. 6. 1944, sondern am 23. 5. zugetragen haben, zumal der Ritterkreuzträger Schroedter jetzt die letzte Maiwoche bestätigte und ihm am 6. 6. 1944 das goldene Verwundetenabzeichen im Lazarett ausgehändigt wurde.

Wehrmacht:

- 11.11.1938 Eintritt II. Abteilung/Artillerie-Regiment 58 Bremen
- 01.09.1939 mit der Artillerie-Abteilung (mot.) 422 in den Polenfeldzug, dann zur Waffenschule in Hamburg-Harburg
- 11.10.1940 Umschulung auf Sturmgeschütze in Jüterbog, dann Sturmgeschütz-Ersatz- und Ausbildungs-Abteilung 200
- 02.03.1941 in die Sturmgeschütz-Abteilung 185 als Troßführer, dann Geschütz- und Zugführer in der 2. Batterie an der Ostfront
- 20.03.1942 Sturmgeschütz-Abteilung „Großdeutschland", Zugführer in der 3. Batterie, zeitweise auch Abteilungs-Ordonnanz-Offizier
- 18.12.1943 Chef 1. Batterie/Sturmgeschütz-Brigade „Großdeutschland"
- 23.05.1944 an der Ostfront schwerstverwundet
- 03.07.1944 Aushändigung des Eichenlaubs im Reserve-Lazarett Nimptsch Schlesien, längere Lazarett-Aufenthalte
- 27.04.1944 im Wehrmachtbericht genannt: „ . . . Nördlich Jassy traten die Sowjets mit starken Kräften zum Angriff an. Sie scheiterten am zähen Widerstand der deutschen und rumänischen Truppen. Örtliche Einbrüche wurden abgeriegelt. In diesem Kampfraum hat sich am 25. April ein Sturmgeschützverband der Panzer-Grenadier-Division ‚Großdeutschland' unter Führung von Oberleutnant Diddens besonders ausgezeichnet . . ."

Orden und Ehrenzeichen:

- 19.08.1941 Eisernes Kreuz II. Klasse
- 02.10.1941 Eisernes Kreuz I. Klasse
- 18.06.1942 Verwundetenabzeichen Schwarz
- 23.06.1944 Verwundetenabzeichen Silber
- 17.12.1944 Verwundetenabzeichen Gold

Beförderungen:

- 01.01.1940 Gefreiter
- 01.03.1940 Unteroffizier
- 08.08.1940 Wachtmeister
- 16.11.1940 Leutnant der Reserve –2900– mit Wirkung vom 1. 9. 1940 und Rangdienstalter vom 1. 9. 1940 –3334–
- 20.05.1942 Oberleutnant der Reserve –1290– mit Wirkung vom 1. 10. 1941 und Rangdienstalter vom 1. 10. 1941 –959–
- 30.05.1942 Oberleutnant der Reserve neues Rangdienstalter vom 1. 8. 1941
- 31.07.1944 Hauptmann der Reserve –850– mit Wirkung vom 1. 8. 1944 und Rangdienstalter vom 1. 8. 1944

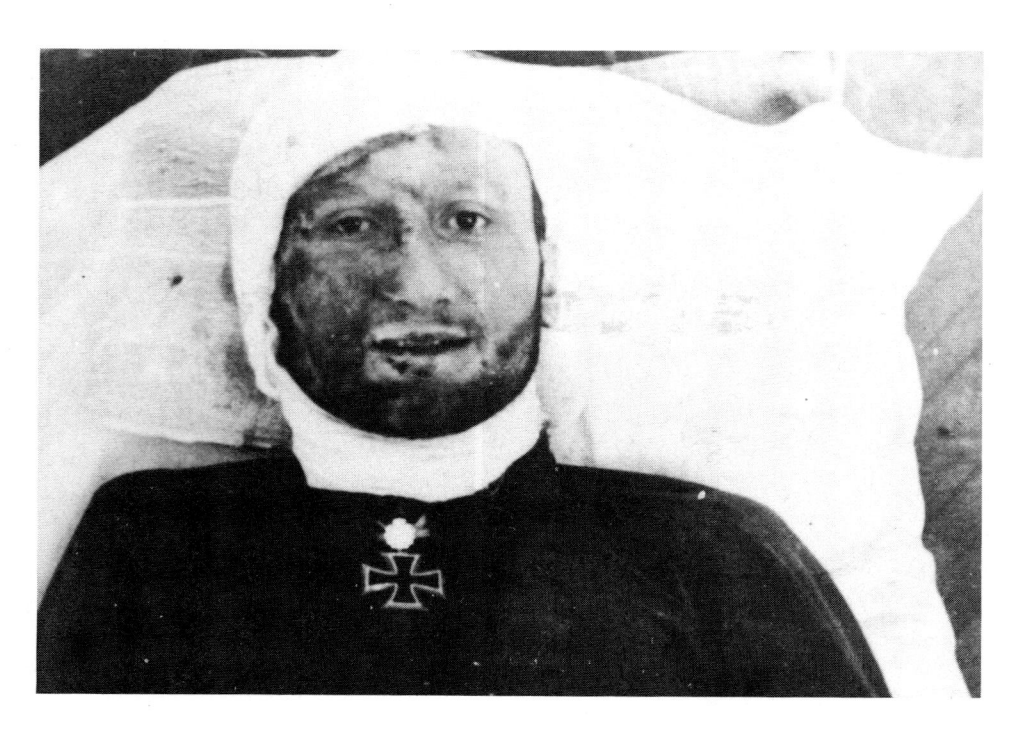

Diddens im Reserve-Lazarett Nimptsch nach der Verleihung des Eichenlaubs zum Ritterkreuz.

Diddens auf dem Geschütz des Wachtmeisters Braun und dessen Besatzung.

von links nach rechts:
Diddens, Eichenlaubträger Langkeit und der Kommandeur der Division „Großdeutschland",
Generalleutnant von Manteuffel.

Hauptmann der Reserve
HANS DRATWA

* 22. 11. 1914   Lissa / Bezirk Posen

Ritterkreuz (4693) am 5. 3. 1945 als Hauptmann der Reserve Geschütz-Führer / Chef 2. Batterie / Sturmgeschütz-Brigade 184 / 121. Infanterie-Division / I. Armee-Korps / 18. Armee / Heeresgruppe Kurland

Ende Januar 1945 erwartete die 18. Armee den Beginn der 4. Kurlandschlacht und stellte u. a. die Sturmgeschütz-Brigade 184 im Raum Berzukrogs bereit. Die 5. Kurlandschlacht brachte die Bewährung im Abschnitt der 121. ID, deren rechter Abschnitt im Schwerpunkt der sowjetischen Offensive lag. Sturmgeschütze gingen auf Valnieki vor, andere kämpften auf den Höhen bei Garzini. Von 30 T 34 wurden 10 abgeschossen. In diesen Kämpfen im Abschnitt der 121. ID war Hauptmann Dratwa so erfolgreich, daß die Division für ihn das Ritterkreuz beantragte.

Wehrmacht:
20. 10. 1936   Artillerie-Regiment 10 Regensburg
05. 06. 1940   Artillerie-Lehr-Regiment, dann in die neuaufgestellte Sturmgeschütz-Brigade 184
08. 02. 1945   Führer der Sturmgeschütz-Brigade 600 in Ostpreußen

Orden und Ehrenzeichen:
26. 08. 1943   Eisernes Kreuz II. Klasse
01. 08. 1944   Eisernes Kreuz I. Klasse

Beförderungen:
05. 10. 1940   Leutnant der Reserve –2440– mit Wirkung vom 1. 10. 1940 und Rangdienstalter vom 1. 10. 1940 –91–
30. 09. 1942   Oberleutnant der Reserve –1701– mit Wirkung vom 1. 10. 1942 und Rangdienstalter vom 1. 10. 1942 –2374–
15. 12. 1944   Hauptmann der Reserve –5201– mit Wirkung vom 1. 10. 1944 und Rangdienstalter vom 1. 10. 1944 –ohne–

ICH SPRECHE DEM
OBERLEUTNANT
JOHANNES DRATWA
FÜR SEINE HERVORRAGENDEN
LEISTUNGEN
AUF DEM SCHLACHTFELDE
BEI PREEKULN AM 27.10.1944
MEINE
BESONDERE ANERKENNUNG AUS.

HAUPTQUARTIER·DEN 27. NOVEMBER 1944

DER FÜHRER

VORLÄUFIGES BESITZEUGNIS

DER FÜHRER

HAT DEM

Hptm. Johannes Dratwa
Chef 2./H.St.Gesch.Brg. 184 121.I.D.

DAS RITTERKREUZ
DES EISERNEN KREUZES

AM 5.3.1945 VERLIEHEN

HQu OKH, DEN 8. März 1945

OBERKOMMANDO DES HEERES
I.A.

GENERALLEUTNANT

Oberleutnant der Reserve
ALFRED EGGHARDT
* 17. 2. 1920 Wien / Österreich

Ritterkreuz (5066) am 20. 4. 1945 als Leutnant der Reserve Geschütz-Führer / Chef 2. Batterie / Sturmgeschütz-Brigade 912 / XXXVIII. Panzer-Korps / 16. Armee / Heeresgruppe Kurland

Am 18. 3. 1945 begann die 6. und letzte Kurlandschlacht. Die Schwerpunkte des sowjetischen Angriffs lagen im Raum Frauenburg und bei Danges und Skutini. Hauptmann Egghardt war mit seiner 2. Batterie im Raum Frauenburg eingesetzt. Am 18. 3. gelangten die Russen bis auf 2 km an die Bahnlinie Frauenburg–Libau heran und beschossen sie. Der Brigadekommandeur, Major Brandner, erkannte die Gefahr und setzte sich an die Spitze der in Verlegung begriffenen 2. Batterie, Stoßrichtung anrollende russische Panzerspitze. Alfred Egghardt schoß seinen 8. Panzer im Nahkampf ab. Die übrigen Geschütze der Batterie vernichteten die anderen Panzer der feindlichen Spitzengruppe.

Wehrmacht:
01. 12. 1938   Eintritt Artillerie-Regiment 102 Wien
01. 05. 1940   (Panzer-)Artillerie-Regiment 74
10. 04. 1942   Artillerieschule II Jüterbog
05. 05. 1943   Sturmgeschütz-Abteilung 912 an der Ostfront
10. 11. 1944   Chef 2. Batterie/Sturmgeschütz-Brigade 912 an der Ostfront

Orden und Ehrenzeichen:
28. 07. 1941   Eisernes Kreuz II. Klasse
26. 12. 1943   Eisernes Kreuz I. Klasse
15. 09. 1944   Deutsches Kreuz in Gold
15. 04. 1944   Nennung im Ehrenblatt des Heeres

Beförderungen:
15.12.1942 Leutnant der Reserve mit Wirkung vom 1. 12. 1942 und Rangdienstalter vom vom 1. 12. 1942
 –1273–
31.01.1945 Oberleutnant der Reserve mit Wirkung vom 30. 1. 1945 und Rangdienstalter vom 1. 1. 1945
 –ohne–

Sturmgeschütze auf der Schule (oben) und im Kampfeinsatz (unten).

Wachtmeister der Reserve
HEINRICH ENGEL

* 29. 4. 1914 Sonneberg / Bezirk Suhl / Thüringen

Ritterkreuz (2279) am 2. 11. 1943 als Unteroffizier der Reserve Geschütz-Führer / 2. Batterie / Sturmgeschütz-Abteilung 259 / 3. Gebirgs-Division / IV. Armee-Korps / 6. Armee / Heeresgruppe Süd

Südostwärts Saporoshje erwehrte sich die 3. Gebirgs-Division starker sowjetischer Angriffe. Sie wurde dabei von der Sturmgeschütz-Abteilung 259 hervorragend unterstützt. Hier, nördlich des Asowschen Meeres, schoß am frühen Morgen Unteroffizier Engel 4 Sowjetpanzer ab. In dem unübersichtlichen hügeligen Gelände ging die Verbindung mit den anderen Geschützen verloren. Plötzlich sah sich Engel 16 schweren Feindpanzern gegenüber, während feindliche Infanterie bereits im Rücken auftauchte. Engel griff ohne Zögern an und vernichtete 12 Panzer; 2 weitere gerieten bei dem Versuch, das Geschütz Engel in der Flanke zu fassen, in den Schußbereich des Nachbargeschützes und wurden abgeschossen. Ein feindlicher Durchbruch wurde durch ein einziges Sturmgeschütz verhindert.

Wehrmacht:
26. 08. 1939 Mobilmachung, Einberufung in ein Artillerie-Regiment
10. 05. 1943 Sturmgeschütz-Abteilung 259

Orden und Ehrenzeichen:
20. 06. 1940 Eisernes Kreuz II. Klasse
03. 09. 1943 Eisernes Kreuz I. Klasse

Beförderungen:
08. 11. 1943 Wachtmeister

84-cm-Mörser auf der Krim – 1942.

Küstengeschütz wird in Stellung gebracht – Krim 1942.

Oberwachtmeister der Reserve
KURT ENGELHARDT

* 25. 3. 1914 Sandersleben bei Aschersleben / Bezirk Halle / Sachsen-Anhalt

Ritterkreuz (4637) am 28. 2. 1945 als Oberwachtmeister der Reserve Geschütz-Führer / Führer 2. Zug / 2. Batterie / Sturmgeschütz-Brigade 232 / 548. Volks-Grenadier-Division / IX. Armee-Korps / Armee-Abteilung Samland / Heeresgruppe Nord

Die Sturmgeschütz-Brigade 232 war dabei, als die Verbindung zwischen Königsberg und Pillau wiederhergestellt wurde. Sie kämpfte sich am 19. 2. 1945 der aus Königsberg vorstoßenden 5. Panzer-Division entgegen. In diesen Kämpfen im Samland zeichnete sich Kurt Engelhardt wiederholt aus, so daß er schließlich von der 548. Volks-Grenadier-Division zur Verleihung des Ritterkreuzes vorgeschlagen wurde.

Wehrmacht:
01. 04. 1940 4. Kompanie/Panzer-Regiment 6 Neuruppin
08. 05. 1942 Sturmgeschütz-Ersatz- und Ausbildungs-Abteilung 200, dann zur Sturmgeschütz-Abteilung 232 an die Ostfront
14. 02. 1945 in Ostpreußen verwundet, über See in die Heimat verbracht

Orden und Ehrenzeichen:
08. 02. 1943 Eisernes Kreuz II. Klasse
17. 07. 1943 Eisernes Kreuz I. Klasse
30. 01. 1944 Deutsches Kreuz in Gold

Beförderungen:
01. 05. 1940 Wachtmeister
01. 10. 1942 Oberwachtmeister

Sturmgeschütz mit „Saukopf"-Blende.

Das Geschütz des Kameraden hilft – festgefahren und mit „Kraft" aus dem russischen Schlamm.

Hauptmann

RICHARD ENGELMANN

* 30.12.1919   Limburg an der Lahn / Kreis Limburg-Weilburg / Hessen
✠ 19.10.1944   bei Jampils in Kurland

Ritterkreuz (3327) am 27. 7. 1944 als Hauptmann Geschütz-Führer / Chef 1. Batterie / Sturmgeschütz-Brigade 912 / nach 62 Panzerabschüssen / 389. Infanterie-Division / I. Armee-Korps / 16. Armee / Heeresgruppe Nord

In der 3. Ladogaschlacht mit den Brigadeeinsatzorten 9 km südlich Schlüsselburg, Mga, Zignri, Ssinjawino und Gleisdreieck schoß Oberleutnant Engelmann die ersten 3 Feindpanzer ab. Im Oktober 1943 wehrte die Brigade in der „Halbmondstellung" von Gassilowo starke Panzerangriffe ab. Engelmann war abermals erfolgreich. Beim Einsatz an der Rollbahn Pustoschka–Opotschka schoß der Oberleutnant mehrere Feindpanzer ab und erhielt das Deutsche Kreuz in Gold. Nach dem sowjetischen Erfolg zwischen Pleskau und Opotschka bildete die Brigade die Nachhut. Ende Juli 1944 vernichtete Hauptmann Engelmann an einem einzigen Tage 17 Panzer (Wehrmachtbericht vom 8. 8. 1944). Nach Abschuß weiterer 17 Panzer erhielt Engelmann die Ehrenblattspange und wurde im Ehrenblatt des Heeres genannt. Damit erhöhte er die Zahl seiner Panzerabschüsse auf 54. Auch der Ladekanonier seines Geschützes, Gefreiter Diem, zeichnete sich am 4. 8. 1944 beim Gut Jackonys durch Tapferkeit vor dem Feind aus und erhielt gleichfalls die Ehrenblattspange.
Der Wehrmachtbericht vom 18. 8. 1944 meldete ergänzend: „In den schweren Abwehrkämpfen im Raum nördlich Birsen haben sich die unter dem Befehl des Eichenlaubträgers General der Infanterie Hilpert stehenden Divisionen, die schlesische 81. ID unter Führung des Obersten von Bentivegni und die norddeutsche 290. ID unter Führung des Generalleutnant Ortner, durch beispielhafte Tapferkeit und kühne Gegenstöße ausgezeichnet. An der Vernichtung von 108 Panzern innerhalb von 3 Tagen hat die Sturmgeschütz-Brigade 912 unter Führung des Hauptmann Karstens hervorragenden Anteil." Die Führung der Brigade hatte Mitte Juli 1944 Hauptmann Morgner für den erkrankten Karstens übernommen – insofern irrte der Wehrmachtbericht –, an dem Erfolg im Raum Birsen hatte aber Hauptmann Engelmann wiederum seinen Anteil, als von 50 angreifenden Panzern in zwölfstündigem Kampf 44 vernichtet wurden, nachdem die Sowjetpanzer nach dem Einbruch in die deutsche HKL versucht hatten, die Sturmgeschütze zu rammen. Damit erhöhte die Brigade ihre Abschußzahl innerhalb der letzten vier Wochen auf 150 Panzer.

Am 13. 10. 1944 begann die 1. Kurlandschlacht. Im Raum Doblen kämpfte die 1. Batterie. An ihrer Spitze fand Hauptmann Engelmann am 19. 10. 1944 bei Jampils den Tod und wurde am 21. 10. 1944 auf dem Friedhof der Kirche von Rempte beigesetzt.

Wehrmacht:
15. 11. 1938 Eintritt 6. Batterie/Artillerie-Regiment 34 (später umbenannt in Artillerie-Regiment 172)
02. 04. 1940 3. Batterie/Artillerie-Regiment 172
19. 08. 1940 5. Offiziersanwärter-Lehrgang / Lehrstab A an der Artillerieschule
20. 12. 1940 Batterie-Offizier in der 3. bzw. 2., dann wieder 3. Batterie/Artillerie-Regiment 172
25. 11. 1941 Offizier zur besonderen Verwendung in der 1. schweren Artillerie-Ausbildungs-Abteilung 69
02. 11. 1942-
21. 11. 1942 Lehrgang für Vorgeschobene Beobachter in Jüterbog
10. 12. 1942 Versetzungsgesuch zur Sturmartillerie eingereicht
12. 12. 1942 Artillerieschule II/Lehrstab B Jüterbog
17. 01. 1943 Batterie-Offizier in der Sturmgeschütz-Ersatz- und Ausbildungs-Abteilung 200 Schweinfurt
11. 03. 1943 Zugführer in der 1. Batterie/Sturmgeschütz-Abteilung 912
01. 07. 1943 stellvertretender Führer der 1. Batterie
15. 08. 1943 Chef der 1. Batterie
19. 10. 1944 bei Jampils in Kurland durch Feindeinwirkung tödlich verwundet
              (laut Meldung OKH HPA V L89/54550 Nr. 14) (– FS. L. AK vom 20. 10. 1944 –)
08. 08. 1944 im Wehrmachtbericht genannt: „Bei den Kämpfen in Lettland ... Im gleichen Raum vernichtete die Sturmgeschützbrigade 912 in den letzten Tagen 53 feindliche Panzer. Hiervon schoß Hauptmann Engelmann, Chef der 1. Batterie, allein 17 Panzer ab ..."

Teilnahme am Feldzug in Frankreich, Besatzungstruppe im Westen, dann Ostfeldzug

Orden und Ehrenzeichen:
17. 06. 1940 Eisernes Kreuz II. Klasse
13. 11. 1941 Eisernes Kreuz I. Klasse
23. 02. 1944 Deutsches Kreuz in Gold
26. 05. 1942 Medaille Winterschlacht im Osten
16. 12. 1940 Sturmabzeichen allgemein
23. 08. 1942 Krimschild
28. 03. 1944 Panzervernichtungsabzeichen 1 Streifen
17. 05. 1941 Verwundetenabzeichen Schwarz
13. 03. 1942 Verwundetenabzeichen Silber
21. 01. 1944 Verwundetenabzeichen Gold

Beförderungen:
31. 03. 1940 Gefreiter mit Wirkung vom 1. 2. 1940
01. 08. 1940 Unteroffizier
01. 12. 1940 Wachtmeister und Offiziersanwärter
21. 01. 1941 Leutnant mit Wirkung vom 1. 2. 1941 und Rangdienstalter vom 1. 2. 1941 –188–
21. 01. 1943 Oberleutnant mit Wirkung vom 1. 2. 1943 und Rangdienstalter vom 1. 2. 1943 –484–
20. 03. 1944 Hauptmann –910– mit Wirkung vom 1. 1. 1944 und Rangdienstalter vom 1. 1. 1944 –208–

Hauptmann

REINHOLD KARL ERTEL

* 26. 5. 1918   Ebersheide / Kreis Gleiwitz / Oberschlesien
✠ 22. 1. 1945   im Raume Jülich an der Westfront

Ritterkreuz (2600) am 31. 1. 1944 als Oberleutnant Geschütz-Führer / Führer 1. Batterie / Sturmgeschütz-Abteilung 276 / nach 27 Panzerabschüssen / LIX. Armee-Korps / 4. Panzer-Armee / Heeresgruppe Süd

Die Sturmgeschütz-Abteilung 276 wurde im Sommer (21. 6.) 1943 in Altengrabow bei Jüterbog aufgestellt. Oberleutnant Ertel wurde in dieser Abteilung Führer der 1. Batterie. Am 14. 9. 1943 erfolgte der erste Einsatz im Raum südlich Brjansk. In sehr kurzer Zeit bis zu seinen Verwundungen am 19., 20. 9., 27. und 28. 10. 1943 erzielte Ertel als vor dem Feind hervorragend bewährter Führer und Draufgänger 27 Panzerabschüsse. Die Abteilung kämpfte dann im Raum Korosten im Rahmen der Kampfgruppe Oberstleutnant Vogelsang der 291. ID, die in der Nacht vom 12. zum 13. 11. 1943 ausbrach und in einem 35-km-Marsch den Anschluß an das LIX. AK. wiederherstellte.

Wehrmacht:
04. 11. 1937   Fahnenjunker Artillerie-Regiment 8
15. 11. 1938–
14. 08. 1939   Kriegsschule München
15. 08. 1939   Wetterzug-Führer in der Beobachtungs-Abteilung 28 Breslau, Polenfeldzug
11. 04. 1940   Meßstellen- und Auswerte-Zugführer in der Beobachtungs-Abteilung 28, Westfeldzug
01. 01. 1941   Adjutant/Beobachtungs-Abteilung 28, Ostfeldzug
10. 02. 1942   Aufsichts-Offizier / Lehrstab B an der Artillerieschule
05. 10. 1942   Hörsaalleiter / Lehrstab B an der Artillerieschule
03. 05. 1943   Umschulung auf Sturmgeschütze bei der III. Abteilung des Artillerie-Lehr-Regiments (mot.) 2 Jüterbog
24. 06. 1943   Batterie-Offizier (später Batterie-Führer) in der 1. Batterie/Sturmgeschütz-Abteilung 276 an der Ostfront

12.10.1943	zum Ritterkreuz eingereicht
01.11.1943	Führerreserve des OKH unter gleichzeitiger Kommandierung zur Sturmgeschütz-Ersatz- und Ausbildungs-Abteilung 200
13.07.1944	Hörsaalleiter / Lehrstab B an der Artillerieschule II Groß-Born / Westfalenhof
20.12.1944	mit der Führung der Sturmgeschütz-Brigade 341 an der Westfront beauftragt – die Sturmgeschütz-schule Burg hat Tage zuvor Ertel als Lehr-Offizier angefordert, das OKH/PA Ag P1/4. Abteilung entschied aber: Hauptmann Ertel kann ... nicht zur Verfügung gestellt werden, da für Generalstabsverwendung vorgesehen und vorherige Frontverwendung erforderlich
22.01.1945	das Geschütz Ertel rollt im Kampfraum von Jülich auf eine Mine und explodiert. Der Brigade-Führer und seine Besatzung finden den Tod (laut Meldung FS ARKO 320 vom 24.1.1945)

Orden und Ehrenzeichen:

16.06.1940	Eisernes Kreuz II. Klasse
14.10.1941	Eisernes Kreuz I. Klasse
26.10.1943	Sturmabzeichen allgemein
01.09.1942	Medaille Winterschlacht im Osten
04.10.1943	Verwundetenabzeichen Schwarz
26.10.1943	Verwundetenabzeichen Silber

Beförderungen:

01.07.1938	Gefreiter
01.08.1938	Unteroffizier
04.04.1939	Fähnrich mit Wirkung vom 1.3.1939
01.08.1939	Oberfähnrich
01.08.1939	Leutnant mit Rangdienstalter vom 1.9.1939 –409–
15.09.1941	Oberleutnant mit Wirkung vom 1.10.1941 und Rangdienstalter vom 1.10.1941 –331–
20.01.1944	Hauptmann –8510– mit Wirkung vom 1.11.1943 und Rangdienstalter vom 1.11.1943 –71–

links oben:
von links nach rechts:
Leutnant Schmitt, Leutnant Sehrt, Oberleutnant Lötsch
und Oberleutnant Sernke
von der Sturmgeschütz-Brigade 276.

rechts oben:
Herbst 1944 in Ostpreußen:
Oberleutnant Schäfer, Oberleutnant Erdweg,
Leutnant Regeniter, Ing. Pöhlmann,
Kommandeur Hauptmann Sewera, Oberleutnant Doetsch,
Hauptmann Stück, Zahlmeister Müller, Leutnant Schmitt,
Leutnant Pflaum von der Sturmgeschütz-Brigade 276.

Oberwachtmeister

HEINRICH FELDKAMP

*** 14. 8. 1913   Hiesfeld / Kreis Dinslaken / Nordrhein-Westfalen**

Ritterkreuz (5004) am 14. 4. 1945 als Oberwachtmeister Geschütz-Führer / Führer 2. Zug / 2. Batterie / Heeres-Sturmgeschütz-Brigade 341 / nach 12 Panzerabschüssen / 59. Infanterie-Division / LXXXI. Armee-Korps / Heeresgruppe B

Bevor Oberwachtmeister Feldkamp zur Sturmartillerie kam, hatte er sich schon als ungewöhnlich tapferer Stoßtruppführer und Einzelkämpfer bewährt. Am 12. 11. 1941 war das III./IR 453 der 102. ID unterstellt und hielt mit dem Zug Feldkamp den Stützpunkt Popowo zur Deckung des Absetzens des Bataillons. Nach sowjetischer Umklammerung schlug sich Feldkamp an der Spitze seines Zuges durch die gegnerische Umschließung. Dann hielt er mit nur einem Mann und einem MG den Gegner so lange nieder, bis der letzte Mann den etwa 500 m entfernten Wald erreicht hatte. Dann erkannte Feldwebel Feldkamp, daß der linke Flügel der Nachbardivision umgangen werden sollte, und verhinderte dieses durch einen schneidigen Sturmangriff seines Zuges. Ein Durchbruch an dieser Stelle wurde abgewendet und die Verbindung zur Nachbardivision hergestellt. Diese Tat führte zur Nennung im Ehrenblatt des Heeres.

Bei der Sturmgeschütz-Brigade 341 erlebte Feldkamp die Einsätze Brecey, Avranches (31. 7., 1. 8. 1944), Domfront, Pontorson, Dinant, St. Malo, Fontainebleau, Provins, Sézanne, Epernay, Hürtgenwald, Kaster bei Bedburg, Düren–Jülich–Linnich, Holzweiler, Immerath, Otzerath, Siegerland (März 1945) und Sauerland. Die Kämpfe im Februar und März 1945 im Abschnitt des LXXXI. AK. waren für den Oberwachtmeister Feldkamp so erfolgreich, daß dieser nach 12 Panzerabschüssen zum Ritterkreuz eingereicht wurde.

Wehrmacht:

01. 10. 1932   Eintritt 9. Kompanie/Infanterie-Regiment 9 Potsdam
15. 10. 1935   als Gefreiter und Unteroffiziers-Anwärter entlassen
27. 08. 1939   Mobilmachung, in die 11. Kompanie des Infanterie-Regiments 453 der 253. Infanterie-Division, Einsatz im Westen als Gruppenführer, im Ostfeldzug Gruppen- und Zugführer, zeitweise auch Stoßtruppführer
28. 06. 1943   an der Ostfront verwundet

15.02.1944 Sturmgeschütz-Ersatz- und Ausbildungs-Abteilung 300 Neisse
10.06.1944 Sturmgeschütz-Brigade 341 an der Westfront
28.04.1945 im Ruhrkessel in britische Kriegsgefangenschaft
20.08.1948 von England kommend aus der Kriegsgefangenschaft entlassen

Orden und Ehrenzeichen:

25.05.1940 Eisernes Kreuz II. Klasse
07.09.1941 Eisernes Kreuz I. Klasse
06.01.1942 Deutsches Kreuz in Gold
18.04.1942 Nennung im Ehrenblatt des Heeres
25.09.1940 Sturmabzeichen allgemein
23.04.1943 Nahkampfspange Bronze

Beförderungen:

07.06.1934 Gefreiter
01.05.1940 Unteroffizier
07.09.1941 Feldwebel
20.05.1942 Oberfeldwebel
23.04.1943 Hauptfeldwebel
08.07.1944 Oberwachtmeister

Sturmgeschütz III
mit 7,5-cm-Stuk
40/L48–F
(Sd.Kfz. 142/1).

Oberstleutnant

BERNHARD FLACHS

* 2. 4.1915 Plauen im Vogtland / Bezirk Chemnitz / Sachsen
✠ 8.12.1944 im Raum Bedburg–Erft bei Köln am Rhein

Ritterkreuz (1248) am 30. 10. 1942 als Hauptmann und Offizier zur besonderen Verwendung beim Artillerie-Kommandeur (mot.) 149 / V. Armee-Korps / 17. Armee / Heeresgruppe A

381. Eichenlaub (229) am 31. 1. 1944 als Hauptmann Kommandeur Sturmgeschütz-Abteilung 277 / 6. Armee / Heeresgruppe Süd

Hauptmann Flachs gehörte 1942 zum Stabe des Arko 149 beim V. AK. Beim Vormarsch im Kaukasus erwarb er sich durch Entschlußkraft und Tapferkeit bei der Verhinderung sowjetischer Durchbruchsversuche hohe Anerkennung. Es war schon außergewöhnlich, in dieser Dienststellung das Ritterkreuz zu erhalten.
Nach der Umschulung auf Sturmartillerie führte Flachs die Sturmgeschütz-Abteilung 277 zu ihrem ersten Einsatz bei Nikopol. Hier bestand im Bereich der Heeresgruppe Süd seit Oktober 1943 auf dem Ostufer des Dnjepr ein starker Brückenkopf ostwärts Nikopol. Die dort eingesetzten beiden Armeekorps, zur Gruppe Schörner zusammengefaßt, hatten den Auftrag, den Brückenkopf zum Schutz der für die deutsche Rüstungswirtschaft wichtigen Manganerzlager um Nikopol zu verteidigen. Bei Novo Mountal vernichtete die Abteilung in einem mehrstündigen Gefecht an einem einzigen Tag 54 Panzer vom Typ T 34. Es folgten die schweren Abwehrkämpfe im Raum Saporoshje und Kriwoi Rog. Auch hier ging es wieder um wirtschaftliche Gründe, denn der Staudamm und das Elektrizitätswerk in Saporoshje hielten das westukrainische Industriegebiet am Leben. Hier hatte die aus zwei Armeekorps bestehende Armeegruppe Henrici auch die Aufgabe, den sowjetischen Griff zur Krim zu verhindern.
Die Sturmgeschütz-Abteilung 277 erlitt hohe Verluste. Für die meisterliche Führungsleistung und den hervorragenden persönlichen Einsatz in diesen schweren Abwehrkämpfen bei Saporoshje und Kriwoi Rog wurde Hauptmann Flachs mit dem Eichenlaub zum Ritterkreuz ausgezeichnet.

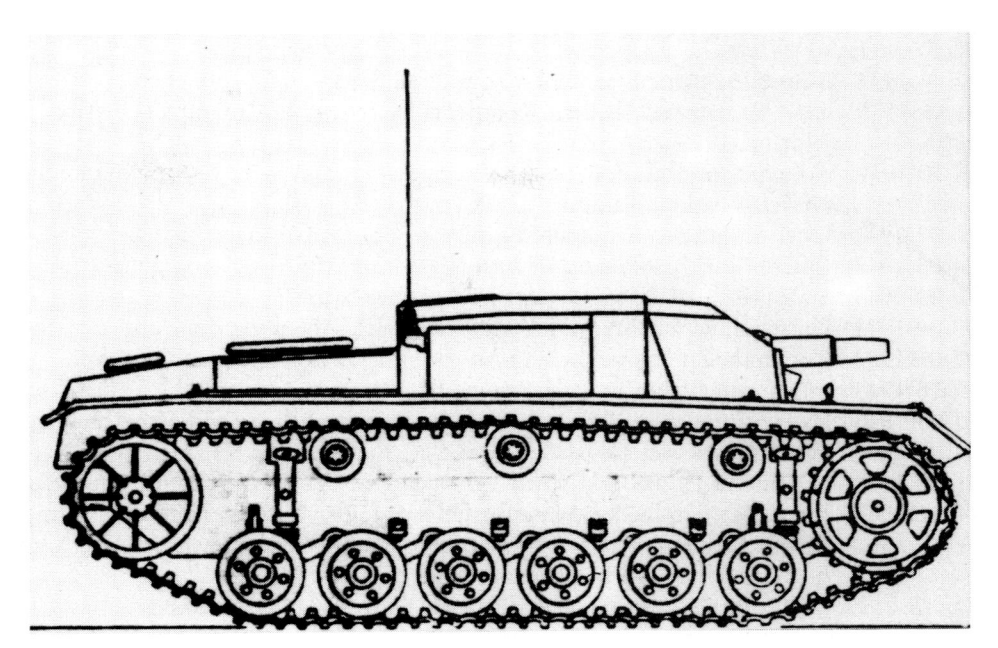

Sturmgeschütz III
mit 7,5 cm Stuk 40
L-24 (Sd.Kfz. 142)

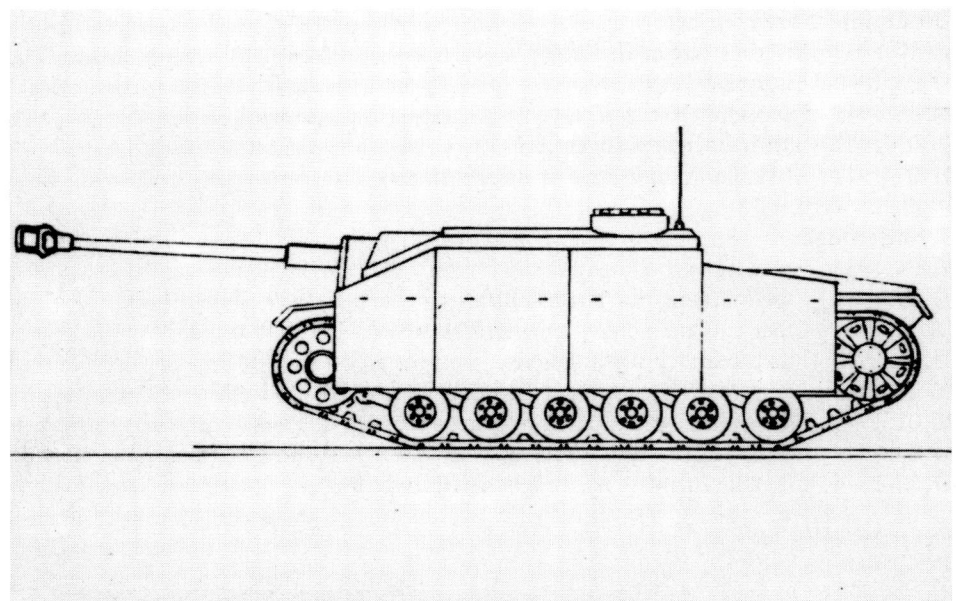

Sturmgeschütz III
mit 7,5 cm Stuk 40/
L 48 (Sd.Kfz. 142/1)

Wehrmacht:

07.04.1934 Eintritt Artillerie-Regiment 4, dann zur Kriegsschule München
01.09.1939 Chef 9. Batterie/Artillerie-Regiments 14 in der 14. Infanterie-Division, Polen- und Frankreichfeldzug
14.10.1940 Adjutant im Stab des Artillerie-Regiments (mot.) 14 in der 14. Infanterie-Division (mot.), Wilna, Newel, Wjasma, Kalinin
20.02.1942 Chef 6. Batterie/Artillerie-Regiment (mot.) 14, Großraum Rshew
24.03.1942 Offizier zur besonderen Verwendung beim Artillerie-Kommandeur (mot.) 149
10.03.1943 Stabsoffizier Artillerie (Stoart) / V. Armee-Korps
03.04.1943 Umschulung auf Sturmartillerie bei der III. Abteilung des Artillerie-Lehr-Regiments (mot.) 2
27.06.1943 Kommandeur Sturmgeschütz-Abteilung 277, Ostfront
25.10.1943 durch Bauchschuß schwerstverwundet
21.12.1943 als Genesender in der Sturmgeschütz-Ersatz- und Ausbildungs-Abteilung 400
01.07.1944 Führerreserve des OKH
26.08.1944 Kommandeur des Taktischen Lehrstabes an der Sturmgeschützschule Burg
08.12.1944 Bei einem feindlichen Feuerüberfall wurde der Gefechtsstand der Sturmgeschütz-Brigade 341 im Raume Bedburg–Erft (Westfront) durch einen Volltreffer zerstört. Flachs, zufällig anwesend (Frontbesuch), erlitt tödliche Verwundungen
(Meldung der Sturmgeschütz-Brigade 341 vom 12. 12. 1944)

Orden und Ehrenzeichen:

05.10.1939 Eisernes Kreuz II. Klasse
31.05.1940 Eisernes Kreuz I. Klasse
24.05.1942 Deutsches Kreuz in Gold
23.01.1942 Sturmabzeichen allgemein
01.07.1942 Medaille Winterschlacht im Osten

Beförderungen:

01.04.1936 Leutnant mit Rangdienstalter vom 1. 4. 1936 –150–
01.01.1939 Oberleutnant mit Rangdienstalter vom 1. 1. 1939 –147–
18.03.1941 Oberleutnant neues Rangdienstalter vom 1. 10. 1938 –357a–
01.01.1942 Hauptmann mit Rangdienstalter vom 1. 1. 1942 –136–
13.02.1942 Hauptmann neues Rangdienstalter vom 1. 4. 1941 –62a–
30.01.1943 Hauptmann neues Rangdienstalter vom 1. 4. 1940 –122c–
01.04.1944 Major –3210– mit Wirkung vom 1. 4. 1944 und Rangdienstalter vom 1. 1. 1944 –7d–
01.12.1944 Oberstleutnant – nachträgliche Beförderung

20. 6. 1944
auf dem Obersalzberg
bei Berchtesgaden.
Hitler überreicht
das Eichenlaub an:
(v. rechts nach links)
Hauptmann
Konrad Zeller (495)
Hauptmann
Theodor von Lücken (469)
Major Bernhard Flachs
Oberst Fritz Müller
(mit Schirmmütze) (477)
Oberst
Ernst W. Hoffmann (494)
General
Wolf Hagemann (484)
General
Gottfried Weber (490)

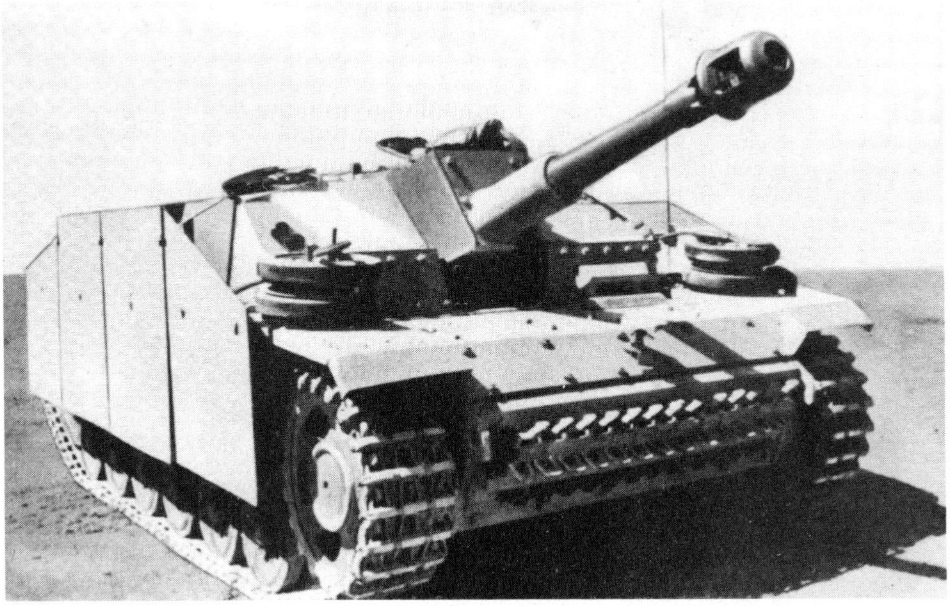

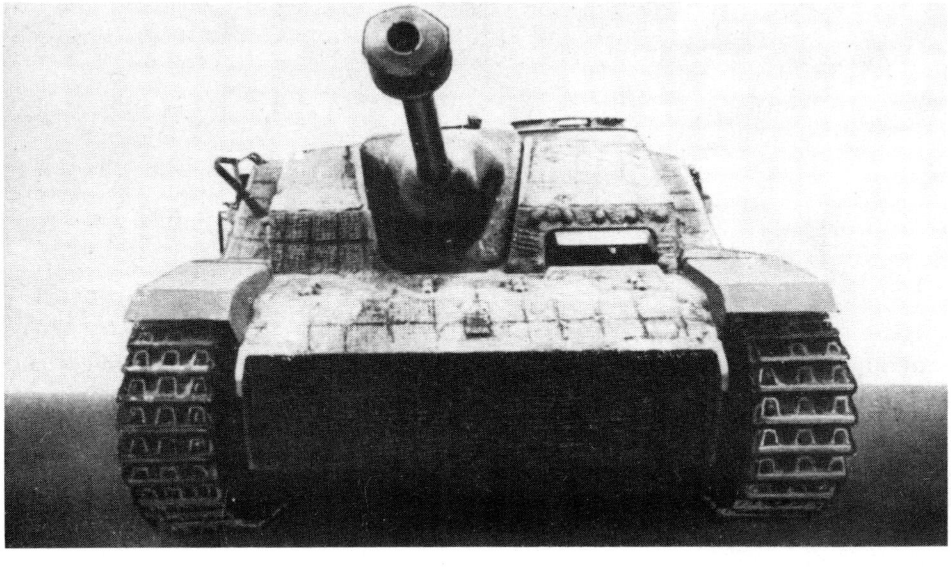

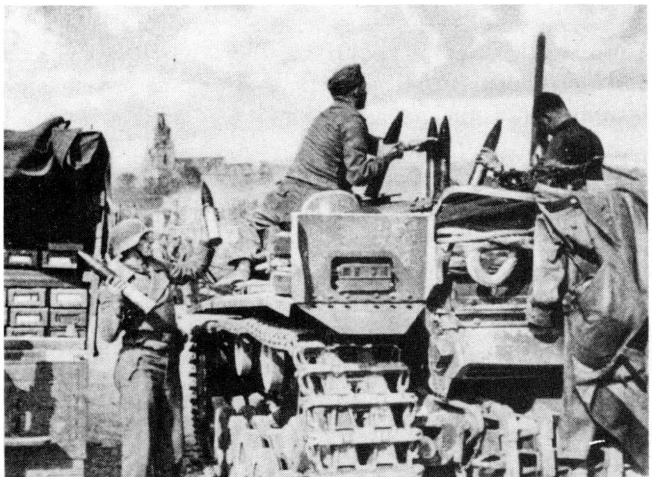

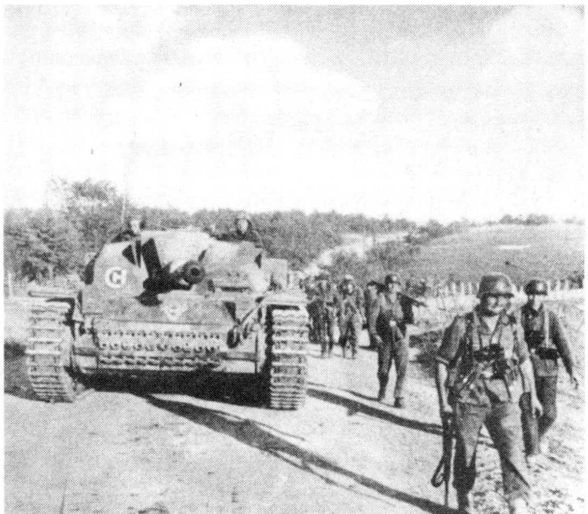

Major im Generalstab

PETER ULRICH FRANTZ

* 24.7.1917 Leipzig / Sachsen

Ritterkreuz (1016) am 4. 6. 1942 als Oberleutnant Chef 16. Kompanie (Sturmgeschütz) / Infanterie-Regiment (mot.) „Großdeutschland" / XXXXVII. Armee-Korps / 2. Panzer-Armee / Heeresgruppe Mitte

228. Eichenlaub (110) am 14. 4. 1943 als Hauptmann Kommandeur Sturmgeschütz-Abteilung „Großdeutschland" / Infanterie-Division (mot.) „Großdeutschland" / Heeresgruppe Mitte

Im Rahmen der Heeresgruppe Mitte/Panzergruppe 2 (Guderian) erreichte das Infanterie-Regiment (mot.) „Großdeutschland" den Sjem und sollte bei Putiwl einen Brückenkopf errichten. In der Frühe des 11. 9. 1941 stockte der Angriff des II. Bataillons. Der Sturmgeschützzug Frantz griff ein und vernichtete 2 MGs, eine 7,62-cm-Pak und ein Infanteriegeschütz. Der Durchbruch gelang.
Am 17. 9. unterstützte der Oberleutnant mit seinem Zug den Angriff des II. und III. Bataillons auf die Höhen von Sswetschkino und zerstörte zusammen mit eigener Pak 8 Feindpanzer und 9 Pak. Die Sturmgeschützkompanie verfolgte die sich absetzenden Russen. Feindliche Trosse wurden vernichtet. Unter der großen Beute waren auch wichtige Kriegsakten. Über Bankowa wurde Konotop erreicht.
Das Infanterie-Regiment (mot.) „Großdeutschland" befand sich im Dezember 1941 im Raum Tula. Der Angriff auf Moskau war gescheitert. Vom 6. bis 26. 12. 1941 tobte die Abwehrschlacht im Raum von Jefremow und Tula. Südwestlich Tula unterstützte die 16. Kompanie das I. Bataillon/GD und errang dabei am 13. 12. 1941 einen großen Abwehrerfolg. Der Zug Frantz vernichtete in wenigen Stunden 15 Feindpanzer und erhöhte damit die Abschußerfolge der 16. Kompanie im bisherigen Verlauf des Ostfeldzuges auf 46. Bei den 15 abgeschossenen Panzern handelte es sich um die neuen T 34 mit den langen Kanonen. Kurz darauf wurde die Panzerjägerkompanie (14.)/GD unterstützt. Oberleutnant Frantz schoß mit seinem Geschütz weitere 5 Feindpanzer ab. Während dieses Gefechtes drang die 1. Kompanie/GD in das Dorf ein und wurde von einer Überzahl Rotarmisten fast erdrückt. Der Oberleutnant trieb den Gegner mit seinen Sprenggranaten zurück. Für diese Einsätze erhielt Frantz das kurz vorher gestiftete Deutsche Kreuz in Gold.
1942 wurde das IR GD mit Aufstellungstermin 1. 4. 1942 zur ID (mot.) GD erweitert. Dazu gehörte eine

kriegsgliederungsmäßig dauernd eingebaute Sturmgeschütz-Abteilung GD. Oberleutnant Frantz wurde Chef der 1. Batterie. Mit 21 vollkommen neuen Geschützen, zum ersten Mal mit der Sturmkanone 40, 7,5-cm-KwK L/48, trat diese Abteilung nach eingehender Ausbildung zur Division.

Der erste Einsatz der neuen Abteilung und damit der Division erfolgte im Juni 1942 bei Woronesh.

Am Morgen des 13. 6. wurde Hauptmann Frantz zu Generalmajor Hoernlein (Kommandeur Division GD) gerufen, um das Ritterkreuz für seine Einsätze während der Winterkämpfe um Tula und beim Rückzug auf Orel entgegenzunehmen. Am 28. 6. begann der Angriff der Division GD bei Schtschigry ostwärts Kursk in Richtung Tim und auf Woronesh. Die Batterie Frantz erhielt nach dem Tim-Übergang den Auftrag, mit einem verstärkten Schützenzug der 3./IR GD 2 gegen eine bewaldete Höhe ca. 3 km ostwärts der Tim-Brücke an der Bahnlinie zur gewaltsamen Erkundung vorzugehen. Zugleich wurde in südostwärtiger Richtung auf Ssuchoj Chutor Aufklärung betrieben. Das I./IR GD 2 erlitt im freien Gelände starke Verluste, ein aus dem Ort hervorbrechender sowjetischer Panzer des englischen Typs Mark IV wurde durch die Sturmgeschütze in Brand geschossen.

Im Gefecht vom 2. 7. wurden weitere Abschüsse erzielt. Am 23. 7. rollte das Sturmgeschütz Frantz als erstes in den Ort Rasdorskaja am Don. Nachdem am 1. 8. der Manytsch erreicht war, erfolgte am 15. 8. die Verlegung der Division GD zur HGr. Mitte in den Raum Rshew. Südlich der Stadt standen die Geschütze der Sturmgeschütz-Abteilung GD bei den einzelnen Infanterie-Einheiten. Am 10. 9. 1942 gelang es nicht, den Ort Tschermassowo zu nehmen, obwohl die Sturmgeschütze 19 Panzer, 13 Pak und zwei weitere Geschütze vernichtet hatten. Als am nächsten Tag das II./IR GD 1 in einen Panzergegenstoß geriet, halfen die Sturmgeschütze ihren Kameraden der Infanterie und schossen weitere 15 Panzer ab. Am 30. 9. blieb ein begrenzter Angriff der Division im feindlichen Feuer liegen. Dabei wurde Hauptmann Frantz zum drittenmal verwundet. Er blieb jedoch bei der Abteilung. Die Sturmgeschütz-Abteilung GD war dann im Abschnitt des XXXXI. Pz.-Korps im Raum Bjeloy eingesetzt.

Am Morgen des 30. 11. traf vom AOK 9 der Befehl ein, gegen einen feindlichen Panzerdurchbruch anzutreten. Der Gegner sei bei der Mühle von Bogorodizkoje mit mindestens 20 Panzern über eine Behelfsbrücke gesetzt und habe die Kampfgruppe Lorenz der Division GD in einem Waldstück eingeschlossen. Die Rollbahn nach Norden in Richtung Olenin, Lebensader der 9. Armee, war bedroht. Hauptmann Frantz erbot sich sofort, zur Erkundung in diesen Raum zu fahren. Aber der neue Abteilungskommandeur Hauptmann Adam (s. dort, Ritterkreuzträger) wollte selbst nach vorn. Auf der Rollbahn nach Olenin, nordostwärts Bjeloy, wurde sein Kübelwagen von einem durchgebrochenen Feindpanzer auf 2000 m Entfernung durch Volltreffer vernichtet. Hauptmann Adam und sein Fahrer waren sofort tot. Hauptmann Frantz traf noch in der Nacht zum 2. 12. 1942 mit vier einsatzbereiten Geschützen seiner 1. Batterie ein und schoß 2 T 34 ab. Ein Feindeinbruch mit Panzerunterstützung in das Dorf Wereista wurde durch Abschuß von 13 Panzern verhindert, nur ein Panzer konnte entkommen. Hauptmann Frantz übernahm nach der Verwundung von Hauptmann Lemme die Führung der Sturmgeschütz-Abteilung GD.

Mit dem 5. 1. 1943 begann die Verlegung in den Raum Charkow. Es folgten die Einsätze bei Archangelskoje (Einschließung des Abteilungsgefechtsstandes und Rückeroberung), Deckung des Rückzuges der Division aus Charkow (Sicherung am Roten Platz in Charkow), ab 7. 3. Gegenangriff auf Charkow mit Einnahme der Orte Kirassirskij, Woitenkoff und Alexandrowka. 7 T 34, 4 Pak 12,2 cm, 21 Pak 7,62 cm und 16 Pak 4,7 cm wurden dabei zerstört. Am 14. 3. wurden starke sowjetische Panzerkräfte gesichtet. Es begann die dreitägige Panzerschlacht von Borrisowka mit der Eroberung von Stanowoje, wobei 15 T 34 bei zwei eigenen Verlusten abgeschossen wurden. Dann meldete ein Aufklärer durch Abwurf einer Meldung den Anmarsch von 100 bis 120 Feindpanzern und Räderfahrzeugen. Dank der geschickten Führung und ohne Hilfe durch andere Waffen wurden 43 T 34 zur Strecke gebracht. Die Panzerschlacht bei Borrisowka–Tomarowka bedeutete für Hauptmann Frantz das Eichenlaub zum Ritterkreuz.

Dann folgte der Einsatz bei Bjelgorod im Rahmen der deutschen Offensive „Zitadelle". Die Sturmgeschütze durchstießen am 4. 7. 1943 bei Tscherkasskoje, südwestlich Alexejewka, die erste feindliche Stellung. Am Ufer der Pena stockte der Angriff am 3. Angriffstage. Am 4. Angriffstag kämpften sich die Sturmgeschütze von beiderseits Ssyrzewo bis zur Höhe 230,1 nördlich dieses Ortes durch. 35 T 34 und 18 schwere Pak wurden vernichtet. Weitere Stationen waren die Kubassowskij-Schlucht, Punkt 285,5 Kruglik, am 14. 7. Distr. Tolstoje, am 11. 8. Achtyrka und am 18. 8. die Eroberung einer russischen Artilleriestellung südostwärts Osero durch die Sturmgeschütze der Division GD. Dann stand die jetzt als Brigade bezeichnete Sturmgeschütz-Abteilung GD im Brückenkopf Krementschug in immer härteren Abwehrkämpfen. Ein weiterer Höhepunkt war am 4. 11. 1943 der sowjetische Panzerangriff aus der Krassnyi-Orlik-Schlucht und den Ruinen von Businowataja. Major Frantz und ein Begleitgeschütz (Wachtmeister Brauner) fuhren in ein feindliches Panzerrudel hinein, das im Abschnitt der 9. Panzer-Division durchgebrochen war. Auf einer Höhe gelang in einem Maisfeld das Einscheren der beiden Sturmgeschütze. Dann brachen sie aus, vernichteten 7 T 34, bevor die Sowjets auf das Feuer reagierten. Am 16. 11. wurden weitere 11 gegnerische Panzer abgeschossen. Wenige Tage später fielen 18 KW I und T 34 der Brigade zum Opfer.

Im Januar 1944 stand Major Frantz zum letzten Mal an der Spitze seiner Brigade bei der Abwehrschlacht bei Kirowograd und am unteren Dnjepr. Am 5. 2. 1944 erfolgten die Abgabe des Kommandos und die Versetzung in den Stab der Panzer-Grenadier-Division GD. Die Laufbahn eines Generalstäblers zeichnete sich ab.

Wehrmacht:
04.12.1936 Eintritt als Freiwilliger in die III. Abteilung des Artillerie-Regiments 4 Dresden, zugeteilt der 8. Batterie
16.10.1937–
02.07.1938 Kriegsschule München
07.06.1938 Zugführer in der 1. Batterie/Panzer-Artillerie-Regiment 74 Korneuburg der 2. (Wiener-)Panzer-Division
01.09.1939 Ordonnanz-Offizier im Regimentsstab des Panzer-Artillerie-Regiments 74
10.11.1939 Zugführer in der Sturmgeschütz-Batterie 640
21.08.1940 Ordonnanz-Offizier im Regimentsstab des Infanterie-Regiments (mot.) „Großdeutschland"
20.01.1941 Zugführer in der 16. Kompanie (Sturmgeschütz) Infanterie-Regiment (mot.) „Großdeutschland"
17.03.1942 Chef 16. Kompanie (Sturmgeschütz)/Infanterie-Regiment (mot.) „Großdeutschland"
20.04.1942 Chef 1. Batterie/Sturmgeschütz-Abteilung „Großdeutschland"
01.12.1942 Führer Sturmgeschütz-Abteilung „Großdeutschland"
01.01.1943 Kommandeur Sturmgeschütz-Abteilung „Großdeutschland"
08.01.1944 Versetzung in die Führerreserve des OKH unter gleichzeitiger Kommandierung in den Stab der Panzer-Grenadier-Division „Großdeutschland"
14.02.1944 Kommandierung an die Kriegsakademie Hirschberg in Schlesien
25.08.1944 Quartiermeister beim XXXXI. Panzer-Korps in Ostpreußen
18.04.1945 von Ostpreußen über die See in den Raum Berlin, Endkämpfe westlich davon
02.05.1945 in amerikanische Kriegsgefangenschaft

Teilnahme am Polen-, Frankreich- und Rußlandfeldzug

Bundeswehr:
1960–1975 Reserveübungen in der Bundeswehr, zuletzt stellvertretender Kommandeur der Panzer-Lehr-Brigade 9 Munster

Orden und Ehrenzeichen:
08.11.1939 Eisernes Kreuz II. Klasse
03.07.1940 Eisernes Kreuz I. Klasse
24.01.1942 Deutsches Kreuz in Gold
21.10.1941 Anerkennungsurkunde des Oberbefehlshabers des Heeres
26.12.1940 Sturmabzeichen allgemein
07.09.1942 Medaille Winterschlacht im Osten
08.07.1942 Verwundetenabzeichen Schwarz
29.09.1942 Verwundetenabzeichen Silber
08.10.1943 Verwundetenabzeichen Gold

Beförderungen:
01.06.1937 Fahnenjunker-Gefreiter
01.09.1937 Fahnenjunker-Unteroffizier
26.03.1938 Fähnrich mit Wirkung vom 1.3.1938
30.06.1938 Oberfähnrich mit Wirkung vom 1.6.1938
31.08.1938 Leutnant mit Wirkung vom 1.9.1938 – Rangdienstalter vorbehalten
31.12.1938 Leutnant Rangdienstalter erhalten vom 1.1.1939 –284–
23.05.1940 Leutnant neues Rangdienstalter erhalten vom 1.9.1938 –284–
19.07.1940 Oberleutnant mit Wirkung vom 19.7.1940 und Rangdienstalter vom 1.8.1940 –255–
22.06.1942 Hauptmann mit Wirkung vom 1.5.1942 und Rangdienstalter vom 1.6.1942 –147a–
10.06.1943 Major –3910– mit Wirkung vom 1.6.1943 und Rangdienstalter vom 1.6.1943 –73–
07.08.1944 Major im Generalstab –1360– mit Wirkung vom 1.8.1944

19.07.1962 Oberstleutnant der Reserve
20.07.1970 Oberst der Reserve

Frankreichfeldzug 1940.
Sturmgeschütz III
Ausführung A.

Grenadiere
und Sturmgeschütze
„Hand in Hand".

Stellvertretender
Kommandeur
Panzer-Lehr-Brigade 9.
Munster:
Oberst der Reserve
Frantz
in seinem Dienstzimmer

Oberwachtmeister

HERBERT FRIEDEL

* 10.6.1917 Bayreuth / Bayern

Ritterkreuz (3486) am 23. 8. 1944 als Wachtmeister Geschütz-Führer / Führer 2. Zug / 2. Batterie / Sturmgeschütz-Brigade 232 / 212. Infanterie-Division / IX. Armee-Korps / 3. Panzer-Armee / Heeresgruppe Mitte

Am 28. 6. 1944 war die von der 18. Armee herbeigerufene 212. ID um Lepel bzw. an der Essa so weit versammelt, daß das IX. AK. der 3. Panzer-Armee Halt fand nach der Niederlage um Witebsk. Die 212. ID wurde bei den schweren Kämpfen südlich Raseinen von der Sturmgeschütz-Brigade 232 hervorragend unterstützt, und hierbei zeichnete sich Wachtmeister Friedel besonders aus.

Wehrmacht:
15.11.1938	Eintritt Infanterie-Regiment 87 Mainz, Heimatgebiet, Frankreichfeldzug
22.06.1941	mit der 36. Infanterie-Division (mot.) in den Ostfeldzug, Nordfront und ab November 1941 im Mittelabschnitt
15.03.1942	Verwundung, Lazarett
15.08.1942	Kommandierung zur Sturmgeschütz-Brigade 232 in Jüterbog
24.12.1942	die Brigade verlegt im Eiltransport an die Ostfront zur Panzergruppe Hoth, Entsatzversuch Stalingrad, Rückzug
18.05.1944	die Brigade wird aus der Front gezogen und zur Auffrischung nach Schlesien verlegt
28.06.1944	wieder Kampfeinsatz im Mittelabschnitt der Ostfront
08.11.1944	Kommandierung an die Offiziersschule Stettin, diese wird aber aufgelöst, zurück im Januar 1945 nach Schlesien zum Fronteinsatz
28.04.1945	schwer verwundet, Einlieferung ins Lazarett nach Dresden
30.11.1945	nach Hof an der Saale entlassen

Orden und Ehrenzeichen:
20.07.1942	Eisernes Kreuz II. Klasse
20.09.1943	Eisernes Kreuz I. Klasse
19.07.1944	Deutsches Kreuz in Gold

Beförderungen:
30.12.1940 Gefreiter
30.12.1940 Unteroffizier
10.05.1944 Wachtmeister
25.08.1944 Oberwachtmeister

Sturmpanzer III Ausführung N-O mit 7,5 cm KwK L-24 (Sd. Kfz. 141-2).

Oberwachtmeister

JOSEF GALLE

* 7.1.1914 Dürr-Kunzendorf / Gemeinde Dürr-Arnsdorf / Kreis Neisse / Oberschlesien
✠ 28.1.1943 in Stalingrad vermißt

Ritterkreuz (1466) am 25. 1. 1943 als Wachtmeister Geschütz-Führer / 3. Batterie / Sturmgeschütz-Abteilung 244 / 76. Infanterie-Division / VIII. Armee-Korps / 6. Armee / Heeresgruppe Don

Stalingrad 1943: Bei der eingeschlossenen 6. Armee wurde die Lage immer kritischer. Am 8. 1. wurde die Bedrohung der Westfront im Abschnitt des VIII. AK. vom A.O.K. 6 so hoch eingeschätzt, daß zwei Sturmgeschütz- und zwei Panzer-Abteilungen dem Korps unterstellt blieben. Am 8. 1. gelang den Sowjets ein Einbruch im Bereich des VIII. AK. nur deshalb, weil die dort eingesetzten Sturmgeschütze infolge Spritmangels nicht mehr verschoben werden konnten. Am 10. 1. wurde die 76. ID auf ihrem linken Flügel durchbrochen. In ihrem Abschnitt war die Sturmgeschütz-Abteilung 244 eingesetzt. Wachtmeister Galle bewährte sich in der gnadenlosen Schlacht im Kessel von Stalingrad und erhielt für seinen Einsatz im Raum Stalingrad das Ritterkreuz. Die Sturmgeschütz-Abteilung 244 ging — wie die Abteilung 243 — in Stalingrad unter.

Wehrmacht:
03.11.1939   Eintritt 4. Batterie/Artillerie-Regiment 28 Schweidnitz Schlesien, Laufbahn des Berufsunteroffiziers
01.01.1935   Verpflichtung zur 12jährigen Dienstzeit
01.10.1937   3. Batterie/Artillerie-Regiment 30 Flensburg
01.11.1939   6. Batterie/Artillerie-Regiment 28 Schweidnitz
28.11.1940   17. Batterie/Artillerie-Lehr-Regiment (mot.) 2 Jüterbog
11.05.1941   Sturmgeschütz-Abteilung 244
28.01.1943   laut Meldung des PA vom 22. 2. 1943 in Stalingrad vermißt

Teilnahme am Feldzug in Polen, Frankreich und im Osten

Orden und Ehrenzeichen:
24.09.1941   Eisernes Kreuz II. Klasse

20.05.1942 Eisernes Kreuz I. Klasse
16.08.1940 Sturmabzeichen allgemein

Beförderungen:
01.02.1937 Gefreiter
01.10.1939 Unteroffizier
01.10.1941 Wachtmeister
30.01.1943 Oberwachtmeister

17. Batterie des Artillerie-Lehr-Regiments (mot.) 2 Jüterbog.
Diese Unteroffiziere waren die ersten Geschützführer der Sturmartillerie.

Sturmgeschütz im Stadtgebiet von Stalingrad.

Hauptmann der Reserve
HELMUT GATTERMANN
* 18.2.1912 Zeitz bei Berlin

Ritterkreuz (3401) am 12. 8. 1944 als Hauptmann der Reserve Geschütz-Führer / Chef 1. Batterie / Sturmgeschütz-Brigade 209 / 28. Jäger-Division / LV. Armee-Korps / 2. Armee / Heeresgruppe Mitte

Die Sturmgeschütz-Brigade 209 stand im Sommer 1944 im Mittelabschnitt der Ostfront in schweren Abwehr- und Rückzugskämpfen. Über Baranowitschi, Slonim, Wolkowysk, Bialystok und Ostrow gelangte sie in den Raum Rozan am Narew. Am 19. 7. 1944 unterstützte die Batterie Gattermann das III./Jäger-Regiment 83. Die Sturmgeschütze blieben während der Nacht hier nördlich Grodek in vorderer Linie im Einsatz. Damit gaben sie den Jägern das Gefühl für verstärkte Sicherheit. Am 20. 7. wogte der Kampf hin und her, Angriff und Gegenangriff lösten einander ab. Major Winter, der Bataillonskommandeur, riß seine Männer durch persönliche Tapferkeit mit und wurde bei dem Abwehrerfolg durch die Sturmgeschützbesatzungen hervorragend unterstützt. Ein Durchbruch an anderer Stelle zwang zum Absetzen. Kaum hatten die Jäger westlich Bialystok in der Auffangstellung zwischen Starosielce und Bacieczki Deckungslöcher bezogen, war der Gegner erneut heran. An diesem 27. 07. wurde die Pionierkompanie des Jäger-Regiments 83 zur Sicherung der Südflanke des Regiments mit den 6 Geschützen der Batterie Gattermann zum Angriff angesetzt. In schwungvollem Angriff wurde der Bahnhof Starosielce erreicht. Am 29. 7. unterstützten die Geschütze das Vorstürmen der Pionierkompanie von der Höhe 151,5, westlich Starosielce, zur Wiederherstellung der Verbindungen in der alten HKL. Der Durchbruch wurde verhindert. Vernichtete Kampfwagen bedeckten das Gefechtsfeld. Die 28. Jäger-Division dankte der Batterie durch einen Verleihungsvorschlag zum Ritterkreuz für ihren Batteriechef.

Wehrmacht:
01.11.1935–
30.10.1936   Ableistung des Wehrdienstes
27.08.1939   Mobilmachung, Beobachtungs-Abteilung 5 Ulm/Donau
10.12.1940   VI. Abteilung/Artillerie-Lehr-Regiment (mot.) 2 Jüterbog
12.05.1941   Sturmgeschütz-Abteilung 209 an der Ostfront
05.03.1943   Chef 1. Batterie/Sturmgeschütz-Abteilung 209 an der Ostfront
20.05.1944   nach Lazarett Chef 1. Batterie/Sturmgeschütz-Brigade 209

Orden und Ehrenzeichen:
16.09.1941 Eisernes Kreuz II. Klasse
01.03.1942 Eisernes Kreuz I. Klasse
20.03.1945 Deutsches Kreuz in Gold

Beförderungen:
08.12.1939 Leutnant der Reserve —8330— mit Wirkung vom 1. 12. 1939 und Rangdienstalter vom 1. 12. 1939 —130—
20.02.1942 Oberleutnant der Reserve —430— mit Wirkung vom 1. 2. 1942 und Rangdienstalter vom 1. 2. 1942 —3768—
15.12.1943 Hauptmann der Reserve —2540— mit Wirkung vom 1. 10. 1943 und Rangdienstalter vom 1. 10. 1943 —ohne—

2. von links Leutnant John,
2. von rechts Oberleutnant Gattermann.

3. von links Geppert,
7. von links Gattermann,
8. von links John.

Nikopol 28. 9. 1943,
von links nach rechts John, Gattermann und Hauptmann Frank.

Major im Generalstab
GOTTFRIED „FRIEDEL" ERNST GEISSLER

* 17. 10. 1914   Homberg / Kreis Moers-Niederrhein / Nordrhein-Westfalen

Ritterkreuz (430) am 21. 8. 1941 als Oberleutnant Geschütz-Führer / Chef 3. Batterie / Sturmgeschütz-Abteilung 185 / 1. Infanterie-Division / XXVI. Armee-Korps / 18. Armee / Heeresgruppe Nord

Das A.O.K. 18 stellte am 27. 6. 1941 eine Vorausabteilung (Oberst Lasch) zusammen mit dem Auftrag, den Flußübergang bei Riga (Düna) zu sperren. Die Spitzengruppe dieser Abteilung unter Führung des Oberleutnants Geißler — dabei 5 Sturmgeschütze seiner 3. Batterie — erreichte am Morgen des 29. 6. Riga. Die Stadt wurde trotz starker feindlicher Besetzung rasch durchstoßen und am Nordende die Straßen- und die Eisenbahnbrücke besetzt. Dann wurde die Straßenbrücke im Rücken der Spitzengruppe von den Sowjets gesprengt. Die dicht daneben liegende Eisenbahnbrücke wurde durch eine Sprengladung nur gering beschädigt. Die nachfolgende Kampfgruppe Helbig mußte sich aber am diesseitigen Dünaufer einigeln. Nach Abschuß von 10 Panzern bzw. Spähwagen waren auch 2 Sturmgeschütze ausgefallen. Bald war die letzte Munition verschossen. Ein Zugmaschinenfahrer mußte bei dem Versuch, mit seiner gepanzerten Zugmaschine über die Eisenbahnbrücke Munition auf das Ostufer zu bringen, vor dem gesprengten Loch umkehren. 48 Stunden wurde die Eisenbahnbrücke verteidigt. Oberleutnant Geißler — bereits in den ersten Tagen des Ostfeldzuges mehrfach verwundet — erhielt erneut mehrere Steck- und Durchschüsse. Die wenigen Soldaten konnten schließlich den Brückenkopf nicht mehr halten und zogen sich kämpfend über die noch stehenden Teile der Eisenbahnbrücke zurück. Aber die Voraussetzungen für die endgültige Einnahme Rigas waren geschaffen. In der Nacht zum 1. 7. setzten die Männer des Pionier-Regiments 667 in Sturmbooten und Fähren über den Fluß. Der Vormarsch der 18. Armee ging weiter; vor Reval war die Batterie Geißler wieder an der Spitze, als am Abend des 28. 8. die letzte feindliche Stellung fiel. Die Sturmgeschütze erreichten als erste die Revaler Burg mit dem Hermannsturm.

Wehrmacht:
08.04.1934 Eintritt in die II. Schiffstammabteilung der Ostsee in der Reichsmarine
01.01.1937 Übernahme in das Heer: Artillerie-Regiment 34
01.04.1937 I. Abteilung/Artillerie-Regiment 70 Koblenz-Niederlahnstein
12.10.1937 im Stab III./Artillerie-Regiment 34

10.11.1938	Nachrichten-Offizier und Adjutant Stab/Artillerie-Regiment 70 Koblenz-Niederlahnstein
12.03.1940	Ordonnanz-Offizier Stab/Artillerie-Regiment 70
06.04.1940	Lehrgang für Batterie-Führer bei der schweren Artillerie-Abteilung 649
21.05.1940	Führer Stabs-Batterie/Artillerie-Regiment 70
26.05.1940	Kommandierung zur VI. Abteilung/Artillerie-Lehr-Regiment (mot.) 2
10.08.1940	Chef 3. Batterie/Sturmgeschütz-Abteilung 185
02.10.1941	Sturmgeschütz-Ersatz- und Ausbildungs-Abteilung 200
11.11.1942	Führer Sturmgeschütz-Abteilung 232
20.01.1943	an der Ostfront schwer verwundet
01.08.1943	Kommandeur III. Abteilung/Artillerie-Lehr-Regiment (mot.) 2
15.10.1943	Führerreserve des OKH unter gleichzeitiger Kommandierung zur Generalstabs-Vorausbildung bei der 25. Panzer-Grenadier-Division
20.01.1944	Kommandierung zum Oberkommando Heeresgruppe C
15.04.1944	Kriegsakademie Hirschberg/Schlesien
01.11.1944	Versetzung in den Generalstab
20.11.1944	Ib bzw. stellvertretender Ia der 126. Infanterie-Division sowie als Ib zeitweise auch Führer des Grenadier-Regiments 422 in der 126. Infanterie-Division

Teilnahme am Polen-, Frankreich- und Ostfeldzug bis Ende in Kurland

Orden und Ehrenzeichen:
18.05.1940	Eisernes Kreuz II. Klasse [8]
02.07.1941	Eisernes Kreuz I. Klasse
12.07.1941	Sturmabzeichen allgemein
23.06.1941	Verwundetenabzeichen Schwarz
03.07.1941	Verwundetenabzeichen Silber
06.10.1941	Verwundetenabzeichen Gold

Beförderungen:
26.09.1934	Kadett
01.10.1934	Obermatrose
01.01.1935	Oberstabsmatrose
01.07.1935	Fähnrich (W)
01.03.1937	Oberfähnrich
20.04.1937	Leutnant —2000— mit Wirkung vom 1. 4. 1937 und Rangdienstalter vom 1. 4. 1937 —1623—
30.09.1939	Oberleutnant —5000— mit Wirkung vom 1. 10. 1939 und Rangdienstalter vom 1. 10. 1939 —356—
28.10.1941	Oberleutnant neues Rangdienstalter vom 1. 4. 1939 —550a—
15.02.1942	Hauptmann mit Wirkung vom 1. 3. 1942 und Rangdienstalter vom 1. 3. 1942 —433—
20.09.1944	Major —1202— mit Wirkung vom 1. 7. 1944 und Rangdienstalter vom 1. 6. 1944 —799—
01.11.1944	Major im Generalstab —1990— mit Wirkung vom 1. 11. 1944

[8] Laut Karteikarte – Ritterkreuzverleihung: EK II. Klasse 20. 5. 1940, EK I. Klasse 27. 6. 1941. Derartige Abweichungen, z. B. im Soldbuch, gibt es häufiger.

Hauptmann
ERICH OSWALD GEPPERT

* 31. 12. 1912   Berlin

Ritterkreuz (1698) am 14. 4. 1943 als Oberleutnant der Reserve Geschütz-Führer / Führer 3. Batterie / Sturmgeschütz-Abteilung 209 / 19. Panzer-Division / 1. Panzer-Armee / Heeresgruppe Süd

In den Abwehrkämpfen im Donbogen im Dezember 1942 war die Sturmgeschütz-Abteilung 209 der große Rückhalt. Sie ermöglichte am 16. 1. 1943 das Ausbrechen der 298. ID aus Tschertkowo. Einsatzorte der 3. Batterie waren Nowo Markowka-Garaskowka (5. 1.), ostwärts Tischkowka (Raum Bondarewka, 14. 1.), Warwarowka (25. 1.), Kremennaja (30. 1. Entsatz für Panzer-Grenadier-Regiment 73 und Pionier-Bataillon 19). Die Abteilung kämpfte bei Rubeschnaja, Lissitschansk, Kaganowitscha, Slawjansk und auf den Höhen von Messarosch. Im Februar 1943 zeichnete sich Oberleutnant Geppert immer wieder aus. Die Front im Donezgebiet konnte stabilisiert werden. Das Ritterkreuz wurde Geppert am 20. 4. 1943 bei einem Abteilungsappell durch den Kommandeur, Major Gruber, überreicht.
Im Juli 1943 stabilisierte die Abteilung bei Schterowka im Abschnitt der 304. ID die Lage. Bei der Eroberung wichtiger Höhen führte Geppert wiederum für den beurlaubten Hauptmann Frank die 3. Batterie und bewährte sich erneut (19. 7. 1943 Höhen nördlich des Grenzschachtes).

Wehrmacht:
04. 04. 1934   Eintritt 7. Batterie/Artillerie-Regiment 3 Frankfurt/Oder
01. 10. 1934   5. bzw. 7. Batterie/Artillerie-Lehr-Regiment Jüterbog
26. 08. 1939   Diensttuender Hauptwachtmeister in der 2. Kolonne der schweren Artillerie-Abteilung (mot.) 628
06. 09. 1939   7. bzw. 10. Batterie/Artillerie-Lehr-Regiment Jüterbog, Ausbilder für Sturmgeschütze
01. 05. 1940   Ausbilder für Sturmgeschütze in der VI. Abteilung/Artillerie-Lehr-Regiment (mot.) 2 Jüterbog
13. 07. 1940   19. Batterie/Artillerie-Lehr-Regiment Jüterbog
10. 08. 1940   Sturmgeschütz-Abteilung 184, Geschütz-Führer in der 2. Batterie
04. 12. 1941   Technischer Offizier, Geschütz- und Zugführer in der 3. Batterie der Sturmgeschütz-Abteilung 209, zeitweise in Personalunion Batterieführer
01. 01. 1943   Führer 3. Batterie/Sturmgeschütz-Abteilung 209

01.07.1943 Führer Stabs-Batterie/Sturmgeschütz-Abteilung 209
14.08.1943 Chef 3. Batterie/Sturmgeschütz-Brigade 209
01.03.1944 wegen Malaria ins Heimatlazarett Stendal
20.05.1944 Sturmgeschützschule Burg
12.07.1944 2. Batterie/Sturmgeschütz-Ersatz- und Ausbildungs-Abteilung 500 Posen
22.10.1944 Grenadier-Regiment 365 Hadersleben/Dänemark
28.03.1945 mit Wirkung vom 1. 4. 1945 zum Kommandeur der Heeres-Sturmgeschütz-Brigade 300 (F) ernannt, Kommando nicht angetreten, da im Lazarett in Dänemark
13.04.1945 das OKH/PA hebt die Kommandierung vom 28. 3. 1945 auf
13.04.1945 zum Kommandeur der Heeres-Sturmgeschütz-Brigade 301 (17. Armee, Heeresgruppe Süd) ernannt, Kommando nicht angetreten, da im Lazarett
08.05.1945—
17.09.1945 im Entlassungslager Dithmarschen

Teilnahme am Feldzug in Polen, Jugoslawien und Rußland

Orden und Ehrenzeichen:
29.06.1941 Eisernes Kreuz II. Klasse
30.06.1942 Eisernes Kreuz I. Klasse
01.08.1942 Medaille Winterschlacht im Osten
11.08.1941 Sturmabzeichen allgemein
20.10.1944 Sturmabzeichen Silber
01.07.1941 Verwundetenabzeichen Schwarz
06.08.1942 Verwundetenabzeichen Silber
22.07.1943 Verwundetenabzeichen Gold

Beförderungen:
01.04.1935 Gefreiter
01.10.1935 Unterführer
01.04.1936 Unteroffizier
01.11.1938 Wachtmeister
01.10.1940 Oberwachtmeister
08.04.1941 Leutnant der Reserve —1860— mit Wirkung vom 1. 2. 1941 und Rangdienstalter vom 1. 10. 1940 —93 c—
16.10.1942 Oberleutnant der Reserve —7150— mit Wirkung vom 1. 11. 1941 und Rangdienstalter vom 1. 11. 1942 —71 c—
10.06.1943 Oberleutnant der Reserve —3910— neues Rangdienstalter erhalten vom 1. 3. 1942 —860 a—
01.10.1943 Oberleutnant —1942— ins aktive Offizierskorps des Heeres mit Rangdienstalter vom 1. 11. 1942 —71—
20.02.1944 Hauptmann —610— mit Wirkung vom 1. 12. 1943 und Rangdienstalter vom 1. 11. 1943 —143 a—

Oberleutnant der Reserve
ERWIN GLANDER

* 8. 8. 1918   Ahrensburg / Kreis Stormarn / Schleswig-Holstein
✠ 2. 8. 1944   im Raume Ostrowitsche an der Ostfront

Ritterkreuz (3677) am 21. 9. 1944 als Leutnant der Reserve Geschütz-Führer / Führer 2. Batterie / Sturmgeschütz-Brigade 210 / XXXXII. Panzer-Korps / 4. Panzer-Armee / 1. ungarische Armee / Heeresgruppe Nordukraine

Die Sturmgeschütz-Brigade 210 war im Sommer 1944 im Bereich des XXXXII. Panzer-Korps eingesetzt, als am 13. 7. der sowjetische Großangriff nordostwärts Lemberg begann. Bei Horochow wurde die 291. ID durchbrochen, die nördlich anschließende 88. ID mußte sich absetzen. Die Brigade kämpfte bei Ostrowitsche. Oberleutnant Glander zeichnete sich besonders aus und fiel am 2. 8. 1944 in diesem Raum. Am 26. 8. befand sich die Brigade im Abschnitt der 72. ID in Janowice. Für seine überragenden Leistungen wurde Erwin Glander posthum mit dem Ritterkreuz ausgezeichnet und der Einsatz der gesamten Brigade im Wehrmachtsbericht vom 1. 9. 1944 gewürdigt.

Wehrmacht:
01. 12. 1939   Artillerie-Regiment 60
05. 06. 1942   Sturmgeschütz-Abteilung 210, dort bis zum Tode mit Ausnahme von Unterbrechungen wegen Verwundung und Kommandierung zu Lehrgängen
02. 08. 1944   laut Meldung der Heeresgruppe Nordukraine vom 10. 8. 1944 im Raume von Ostrowitsche gefallen

Orden und Ehrenzeichen:
15. 09. 1942   Eisernes Kreuz II. Klasse
05. 08. 1944   Eisernes Kreuz I. Klasse
05. 10. 1944   Nennung im Ehrenblatt des Heeres

Beförderungen:
20. 08. 1941   Leutnant der Reserve —2600— mit Wirkung vom 1. 8. 1941 und Rangdienstalter vom 1. 8. 1941 —1129—
15. 09. 1944   Oberleutnant der Reserve —1800— mit Wirkung vom 1. 9. 1944

Abgeschossener, in sowjetischen Diensten stehender amerikanischer „Sherman".

Abgeschossenes und ausgebranntes deutsches Sturmgeschütz.

Oberstleutnant

DR. PAUL GLOGER

* 2.4.1896 Trebnitz am Katzengebirge / Schlesien
✣ 31.1.1943 in Stalingrad

Ritterkreuz (1468) am 25. 1. 1943 als Major Kommandeur Sturmgeschütz-Abteilung 244 / 76. Infanterie-Division / VIII. Armee-Korps / 6. Armee / Heeresgruppe Don

Seit Aufstellung der Abteilung 244 war Dr. Gloger deren Kommandeur. Am 15. 5. 1942 wurde die Abteilung im Wehrmachtsbericht erwähnt. Die außergewöhnlichen Erfolge der Abteilung 244 wurden durch Ritterkreuzverleihungen an die Abteilungsangehörigen Banze, Pfreundtner, Galle und Eduard Müller unterstrichen. Während des Einsatzes der Abteilung bei der 76. ID in Stalingrad wurde auch die umsichtige und erfolgreiche Tätigkeit ihres Kommandeurs durch die Verleihung des Ritterkreuzes gewürdigt. Die Sturmgeschütz-Abteilung hatte mehr als einmal die Infanterie vor der Vernichtung bewahrt. Sie selbst mußte die größten Verluste beim Angriff auf den Tatarenwall und auf „Roter Oktober" hinnehmen und konnte den Untergang der 6. Armee nicht verhindern.

Wehrmacht:
1912—1918   in der kaiserlichen Armee
1919—1920   in einem schlesischen Freikorps
1922—1938   Studium der Zahnheilkunde — Zahnarzt
1938   Eintritt in die Wehrmacht —aktiv—
26.08.1939 II. Abteilung/Artillerie-Regiment 64
09.11.1940 Artillerie-Lehr-Regiment (mot.) 2 Jüterbog
08.06.1941 Kommandeur Sturmgeschütz-Abteilung 244 an der Ostfront

Orden und Ehrenzeichen
23.12.1939 Eisernes Kreuz II. Klasse (Spange)
11.08.1941 Eisernes Kreuz I. Klasse
02.10.1942 Deutsches Kreuz in Gold

Beförderungen:
28.03.1914 Leutnant
08.09.1918 Oberleutnant
01.01.1938 Hauptmann
01.11.1940 Major
01.10.1943 Oberstleutnant —12—

Oberstleutnant
FRIEDRICH GROSSKREUTZ

* 9.7.1901 Berlin-Wilmersdorf
† 11.5.1969 Dorsten / Nordrhein-Westfalen
(laut Todesanzeige: Friedrich Karl Großkreutz Altschlage)

Ritterkreuz (2355) am 22. 11. 1943 als Major Kommandeur Sturmgeschütz-Abteilung 244 / 31. Infanterie-Division / XXXV. Armee-Korps / 9. Armee / Heeresgruppe Mitte

Major Großkreutz führte seine Abteilung bei Orel in vorderster Linie stets mit ausgezeichnetem taktischem Verständnis und erzielte bei geringen eigenen Verlusten hervorragende Erfolge. Für die Kämpfe in Ponyri am 8. 7. 1943 wurde er vom XXXXVII. Panzer-Korps zum Ritterkreuz vorgeschlagen und für seinen Einsatz am 18. 8. 1943 im Ehrenblatt des Heeres genannt. Gemäß Vorschlag der 31. ID vom 19. 11. 1943 hatte Großkreutz am 16. 11. aus eigenem Entschluß in den Kämpfen um Besujew unter schwerstem feindlichen Pakfeuer kehrtgemacht, um eine starke Feindgruppe im Rücken der deutschen Verbände zu vernichten. Major Großkreutz trug damit entscheidend dazu bei, daß das Rollbahnkreuz im Brückenkopf Retschiza gehalten werden konnte.
Am 22. 11 vernichtete die Abteilung 244 38 sowjetische Panzer. Großkreutz hatte jedes einzelne Geschütz in die richtige Schußposition gelotst.

Wehrmacht:
03.06.1918 als Fahnenjunker in die 3. (Ersatz-) Batterie/Feld-Artillerie-Regiment 38
11.09.1918–
08.12.1918 Teilnahme am 6. Lehrgang an der Fahnenjunkerschule Fulda
12.01.1919 1. Batterie/Feld-Artillerie-Regiment 38, später in die 1. Batterie Feld-Artillerie-Abteilung Müller
01.05.1919 als überzähliger Unteroffizier nach Stettin entlassen
20.04.1935–
17.05.1935 Reserveübung III bei der IV. Abteilung/Artillerie-Regiment Stettin
01.12.1935 Eingestellt Artillerie-Regiment Stettin (= späteres Artillerie-Regiment 32, 8. Batterie in Zossen)
28.02.1936–
01.04.1936 Kommandiert zum Schießlehrgang für Artillerie-Offiziere Jüterbog

01.10.1936	Chef 9. Batterie/Artillerie-Regiment 32 Neustettin
07.08.1939	Chef 9. Batterie/leichte Artillerie-Ersatz-Abteilung 32
22.09.1939	Kommandeur I. Abteilung/Artillerie-Regiment 196, Einsatz an der Westfront bei der 7. Armee (Dollmann), Frankreichfeldzug, im Heimatwehrkreis XI und Besatzungstruppe im Westen bis Juni 1941, dann Ostfront
06.09.1941	vor Leningrad schwer verwundet, Verlust des rechten Unterarms
07.09.1941	zugeteilt der Artillerie-Ersatz-Abteilung 171
01.06.1942	Adjutant an der Artillerieschule I Berlin
09.01.1943	Kommandierung zur III. Abteilung/Artillerie-Lehr-Regiment (mot.) 2 Jüterbog
24.03.1943	Kommandeur Sturmgeschütz-Abteilung 244 an der Ostfront
13.02.1944	Führerreserve des OKH
02.06.1944	Teilnahme am 14. Lehrgang für Generalstabs-Offiziere im Wehrkreis II
01.08.1944	Kommandierung zur Sturmgeschützschule Burg
12.08.1944	Kommandierung zum Stab des Generals der Artillerie beim Stab des Generalstabes des Heeres zur Einarbeitung als Höherer Offizier für Panzer-Artillerie
01.09.1944	Ernennung zum Höheren Offizier für Panzer-Artillerie im Stab des Generals der Artillerie beim Stab des Generalstabs des Heeres
16.03.1945	Kommandeur „Kampfgruppe Großkreutz" zwischen Berlin und Elbe
15.04.1945–	
10.10.1945	amerikanische Kriegsgefangenschaft

Orden und Ehrenzeichen:

12.06.1940	Eisernes Kreuz II. Klasse
15.07.1940	Eisernes Kreuz I. Klasse
27.10.1941	Deutsches Kreuz in Gold
04.12.1942	Sturmabzeichen allgemein
18.08.1943	Nennung im Ehrenblatt des Heeres
27.10.1941	Verwundetenabzeichen Silber

Beförderungen:

01.05.1919	überzähliger Unteroffizier
01.04.1935	Wachtmeister der Reserve
01.12.1935	Leutnant der Reserve —5495— mit Wirkung vom 30.11.1935 und Rangdienstalter vom 1.7.1926 —9—
09.05.1936	Leutnant der Reserve Rangdienstalter erhalten vom 19.7.1930
09.05.1936	Oberleutnant —2312— im Heer angestellt mit Wirkung vom 1.6.1936 und Rangdienstalter vom 1.7.1933 —150—
20.04.1937	Hauptmann —2100— mit Wirkung vom 1.4.1937 und Rangdienstalter vom 1.4.1937 —69—
13.12.1941	Major —1801— mit Wirkung vom 1.1.1942 und Rangdienstalter vom 1.1.1942 —9—
20.04.1942	Major neues Rangdienstalter vom 1.2.1941 —47a—
20.01.1944	Oberstleutnant —8510— mit Wirkung vom 1.12.1943 und Rangdienstalter vom 1.12.1943 —66b—

Major
RUPERT GRUBER
* 22. 8. 1914   Nürnberg / Bayern

Ritterkreuz (1963) am 14. 8. 1943 als Major Kommandeur Sturmgeschütz-Abteilung 209 / IV. Armee-Korps / 6. Armee / Heeresgruppe Süd [9])

In den Abwehrkämpfen im Donbogen im Dezember 1942 war die Sturmgeschütz-Abteilung 209 der große Rückhalt. Sie ermöglichte am 16. 1. 1943 das Ausbrechen der 298. ID aus Tschertkowo. Die Abteilung kämpfte bei Rubeschnaja, Lissitschansk, Kaganowitscha, Slawjansk und auf den Höhen von Messarosch. Die Front im Donezgebiet konnte stabilisiert werden. Im Juli 1943 stellte die Abteilung bei Schterowka die Lage im Abschnitt der 304. ID wieder her. Am 19. 7. 1943 stürmten die Geschütze zusammen mit wenigen beherzten Grenadieren die Höhen nördlich des Grenzschachtes, was zwei Tage lang 3 Bataillone vergeblich versucht hatten. Bereits in der ersten Angriffsstunde hatten die Sturmgeschütze 5 Feindpanzer abgeschossen. Teile der 3. Gebirgs-Division waren der 304. ID zu Hilfe gekommen, so daß die Kämpfe um die Redkinaschlucht nach fünf Tagen erfolgreich beendet waren. Dann wurde die Abteilung in die 2. Abwehrschlacht am Mius geworfen und fuhr vom 8. bis 11. 8. drei Gegenangriffe im Raum ostwärts Uspenskaja.

Wehrmacht:
03.04.1933   6. Batterie/Artillerie-Regiment 63 Landsberg/Lech
01.10.1939   Panzer-Abwehr-Abteilung 10 Straubing
11.10.1940   VI. Abteilung/Artillerie-Lehr-Regiment Jüterbog
10.05.1941   Chef 1. Batterie/Sturmgeschütz-Abteilung 243
26.06.1941–
26.08.1941   Lazarett
27.08.1941   Chef 1. Batterie/Sturmgeschütz-Abteilung 243
24.09.1942   Kommandeur der Sturmgeschütz-Abteilung 209, Auffrischung zu Yveton in Frankreich
17.08.1943   Kommandeur der „Kampfgruppe Gruber" beim XXX. Armee-Korps an der Ostfront
03.09.1943   Kommandeur der (neuformierten) „Kampfgruppe Gruber" beim XXX. Armee-Korps
25.09.1943   Kommandeur der Sturmgeschütz-Abteilung 209

25.10.1943	schwer verwundet, mit Flugzeug ins Heimatlazarett
27.10.1943	Heimatlazarett Würzburg/Reserve-Lazarett I
12.04.1944	Kommandeur der Sturmgeschütz-Ersatz- und Ausbildungs-Abteilung 200 Schieratz (Verlegung von Schweinfurt nach Schieratz)
18.01.1945	Führer der „Kampfgruppe Gruber" (aus Sturmgeschütz-Ersatz- und Ausbildungs-Abteilung 300)
19.02.1945	Kommandeur der Sturmgeschütz-Brigade 300 (F)
10.03.1945	Führerreserve des OKH unter gleichzeitiger Kommandierung zu einem Regiments-Führer-Lehrgang für Artillerie-Regiments-Führer

Teilnahme am Feldzug im Westen und in Rußland

Orden und Ehrenzeichen:
31.05.1940	Eisernes Kreuz II. Klasse
30.01.1941	Eisernes Kreuz I. Klasse

Beförderungen:
01.10.1935	Leutnant
01.01.1938	Oberleutnant 1. 8. 1938 —174—
01.04.1942	Hauptmann
01.03.1943	Major —57b¹—

[9]) Auf der Karteikarte wurde offensichtlich falsch eingetragen: VI. AK., A.O.K. 6, H. Gr. Süd, dann handschriftlich verbessert: 3. Panzer-Armee, H. Gr. Mitte. Der Sachbearbeiter muß wohl den augenblicklichen Einsatzort der Sturmgeschütz-Abteilung 209 beim Pz. A.O.K. 3 vermutet haben, weil laut Karteikarte die Verleihungsunterlagen am 19. 8. 1943 statt an A.O.K. 6 (durchgestrichen) an das Pz. A.O.K. 3 abgesandt wurden. Die Eintragung VI. AK. war auch falsch, da das VI. AK. nie im Bereich der Heeresgruppe Süd eingesetzt und zweifellos das IV. AK. gemeint war.

Sturmgeschütz auf dem Vormarsch.

Hauptmann der Reserve
ANTON GRÜNERT

* 11.10.1917 Neusattl bei Saaz / Sudetenland
✝ 8. 8.1944   zwischen San und Weichsel

Ritterkreuz (1604) am 15. 3. 1943 als Oberleutnant der Reserve Geschütz-Führer / Führer 3. Batterie / Sturmgeschütz-Abteilung 201 / 57. Infanterie-Division / XXIV. Armee-Korps / Heeresgruppe Süd

Die Sturmgeschütz-Abteilung 201 hatte im Bereich der 2. Armee hervorragend gekämpft. Die Ritterkreuzverleihungen an die Abteilungsangehörigen Hoffmann und Kochanowski waren dafür ein äußeres Zeichen. Der Großangriff der Sowjets am 13. 1. 1943 gegen die 2. ungarische Armee führte zum Durchbruch. Die deutsche 2. Armee – nördlich anschließend – bildete unter dem Kommandeur der 57. ID die Gruppe Siebert zur Absicherung der rechten Flanke. Anton Grünert zeichnete sich mit seiner Batterie besonders aus und wurde zum Ritterkreuz eingegeben. Aus der Nennung des XXIV. PzK. in der Karteikarte betreff Verleihung muß entnommen werden, daß die Abteilung zu diesem Korps in Marsch gesetzt wurde. Dieses Korps war im Bereich der 8. italienischen Armee eingesetzt. Die Abteilung 201 wurde am Don vernichtet und am 31. 5. 1943 wieder aufgestellt.

Wehrmacht:
10.01.1939 Eintritt/schwere Artillerie-Ersatz-Abteilung (mot.) 430
15.03.1941 in die neuaufgestellte Sturmgeschütz-Abteilung 201, Ostfronteinsatz
18.12.1942 Führer 3. Batterie/Sturmgeschütz-Abteilung 201
01.04.1943 Lehrgang an der Artillerieschule II Jüterbog, dann zurück in die Sturmgeschütz-Abteilung 201
08.08.1944 laut Meldung der 24. Panzer-Division vom 11. 8. 1944 zwischen San und Weichsel gefallen

Orden und Ehrenzeichen:
26.06.1941 Eisernes Kreuz II. Klasse
01.09.1941 Eisernes Kreuz I. Klasse
27.08.1942 Deutsches Kreuz in Gold

Beförderungen:
21.09.1940 Leutnant der Reserve —2340— mit Wirkung vom 1. 9. 1940 und Rangdienstalter vom 1. 9. 1940 —648—
09.09.1942 Oberleutnant der Reserve —1160— mit Wirkung vom 1. 9. 1942 und Rangdienstalter vom 1. 9. 1942 —1313—
09.06.1943 Oberleutnant der Reserve —1600— neues Rangdienstalter vom 1. 9. 1941 —886a—
15.08.1944 Hauptmann der Reserve mit Rangdienstalter vom 1. 6. 1944 —ohne—

General Berlin, Kommandeur der Artillerieschule Jüterbog, schreitet nach der RK-Verleihung mit Grünert die Ehrenfront ab.

Gefangene sowjetische Soldaten. Im Vordergrund ein Sturmgeschütz (L-24) mit fünf Abschußringen.

SS-Hauptscharführer (Oberfeldwebel)
ALFRED GÜNTHER

* 25.4.1917   Magdeburg / Regierungsbezirk Magdeburg / Sachsen
✝ 26.6.1944   an der Invasionsfront in Frankreich

Ritterkreuz (1576) am 3. 3. 1943 als SS-Oberscharführer (Feldwebel) Geschütz-Führer / 1. Batterie / Sturmgeschütz-Abteilung 1 Leibstandarte SS „Adolf Hitler" / nach 21 Panzerabschüssen / 1. SS-Panzer-Division Leibstandarte SS „Adolf Hitler" / Heeresgruppe Süd

An der Abwehrschlacht im Februar 1943 im Raum Charkow war die 1. SS-Panzer-Division LAH maßgeblich beteiligt. Am 20. 2. waren im Abschnitt des Panzer-Grenadier-Regiments 1 LAH bei Melechowka–Rjabuchino laufend Angriffe abzuwehren. Um 14.00 Uhr erfolgte ein Angriff der Sowjets mit 10 Panzern und einem Schützen-Bataillon. Mit seinem Sturmgeschütz wehrte Günther diesen Angriff ab, schoß aus 200 Metern Entfernung 5 Panzer in Brand und zersprengte die gegnerische Infanterie. Dadurch wurde an dieser Stelle ein Durchbruch durch die schwach besetzte Front verhindert. Dieser Erfolg mit einem einzigen Geschütz führte zur Verleihung des Ritterkreuzes.

Wehrmacht – Waffen-SS:
01.04.1937   Eintritt Leibstandarte SS „Adolf Hitler"
01.05.1940   Panzersturm-Batterie/Leibstandarte SS „Adolf Hitler"
19.08.1940   4. (Sturmgeschütz-) Kompanie/V. Bataillon/Leibstandarte SS „Adolf Hitler" Metz; später wird die 4. umbenannt in Sturmgeschütz-Batterie.
23.02.1942   1. Batterie/Sturmgeschütz-Abteilung Leibstandarte SS „Adolf Hitler" Sennelager

Teilnahme an den Feldzügen im Westen, Südosten, Ostfront und Invasionsfront

Orden und Ehrenzeichen:
13.07.1941   Eisernes Kreuz II. Klasse
05.11.1941   Eisernes Kreuz I. Klasse

Beförderungen:
11.11.1939   SS-Unterscharführer (Unteroffizier)
01.10.1939   SS-Oberscharführer (Feldwebel)
07.03.1943   SS-Hauptscharführer (Oberfeldwebel)

Abgeschossener sowjetischer 44-Tonner vom Typ KW II.

Leutnant der Reserve

ROBERT HAAS

* 25. 3.1914 Lörrach / Baden-Württemberg
✠ 23.12.1944 während der Ardennenoffensive

Ritterkreuz (4412) am 25. 1. 1945 als Leutnant der Reserve Geschütz-Führer / Führer 1. Batterie / Sturmgeschütz-Brigade 244 / 18. Volks-Grenadier-Division / 6. SS-Panzer-Armee / Heeresgruppe B (West)

Ergänzend zum Wehrmachtsbericht vom 29. 12. 1944 wurde mitgeteilt: „Die Heeres-Sturmgeschütz-Brigade 244 unter Führung von Hauptmann Jaschke hat in zehntägigen pausenlosen Kämpfen an der Westfront die schwerringende Infanterie durch besondere Standhaftigkeit unterstützt und bei nur zwei eigenen Ausfällen 54 schwere und schwerste englische und amerikanische Panzer sowie 12 Panzerspähwagen vernichtet." Leutnant Haas war an diesen Erfolgen im Abschnitt der 18. Volks-Grenadier-Division maßgeblich beteiligt und wurde nach seinem Tode mit dem Ritterkreuz ausgezeichnet.

Wehrmacht:
01.10.1936 Ableistung der Wehrpflicht in der II. Abteilung/Artillerie-Regiment 5 Ulm, als Unteroffizier der Reserve entlassen
28.09.1939 Einberufung Artillerie-Regiment 5, Teilnahme am Westfeldzug
11.08.1940 Umschulung auf Sturmgeschütze beim Artillerie-Lehr-Regiment Jüterbog, mit der Sturmgeschütz-Abteilung 185 in den Kriegseinsatz an der Ostfront
18.10.1942 Sturmgeschütz-Abteilung 232 an der Ostfront
26.05.1943 in die neuaufgestellte Sturmgeschütz-Brigade 244, Ostfront, dann Einsatz im Westen

Orden und Ehrenzeichen:
21.07.1941 Eisernes Kreuz II. Klasse
24.08.1942 Eisernes Kreuz I. Klasse
14.03.1944 Deutsches Kreuz in Gold

Beförderungen:
31.07.1944 Leutnant der Reserve —960— mit Wirkung vom 1. 6. 1944 und Rangdienstalter vom 1. 6. 1944 —1245—

Leutnant der Reserve
LEO HARTMANN

* 3. 8. 1912   Neubrunn bei Würzburg / Bayern

Ritterkreuz (5115) am 30. 4. 1945 als Leutnant der Reserve Geschütz-Führer / Führer Panzer-Kompanie „Breslau" / Panzer-Jäger-Abteilung „Breslau" / nach 16 Panzer- und Sturmgeschützabschüssen / Festung Breslau [10])

Leutnant Hartmann hatte in der Festung Breslau bereits mehrere sowjetische Panzer abgeschossen, als am 18. 4. 1945 in der Gegend des Odertor-Bahnhofs ein Durchbruch zu erwarten war. Hartmann schoß an diesem Tage mit seiner Einheit 13 Panzer sowie 5 Sturmhaubitzen ab. Dieser Erfolg an der Stelle, wo die Dammstraße zur Haltestelle Pöpelwitz hin abzweigte, verhinderte den sowjetischen Durchbruch in Richtung Benderplatz. Hätten die sowjetischen Angriffstruppen den Platz erreicht, wäre die Oderinsel und zwangsläufig auch Breslau gefallen.

Wehrmacht:
12.05.1935–
15.10.1935   Reichsarbeitsdienst/Abteilung 5-284 „Johann Strauß" Arnstein
29.10.1934–
12.10.1935   Wehrdienst 8. (MG-)Kompanie/Infanterie-Regiment Amberg, gehörend zur 10. Division in Regensburg
11.06.1940   Einberufung 12. Kompanie/Infanterie-Regiment 529 in der 299. Infanterie-Division
16.09.1943   Versetzung zur Sturmgeschütz-Ersatz- und Ausbildungs-Abteilung 400 in Dänemark
08.12.1943   Versetzung zur Sturmgeschütz-Brigade 311 in Tours (Frankreich), ab März 1944 erster Fronteinsatz bei Tarnopol, dann Galizien, Rückzug über die Slowakei nach Oberschlesien
13.02.1945   Einschließung in Breslau, die 3. Batterie der Sturmgeschütz-Brigade 311 (6 Sturmgeschütze Sd. Kfz. 142/1 mit 7,5 cm Stuk 40/L 48) wird eingegliedert in die Panzer-Kompanie „Breslau" innerhalb der Panzer-Jäger-Abteilung „Breslau"
07.05.1945–
19.09.1949   sowjetische Kriegsgefangenschaft

Bundeswehr:
02.03.1961—
07.04.1961   1. Wehrübung beim TV-Stab VI D Würzburg
21.02.1962—
24.02.1962   Kurz-Wehrübung bei der Panzer-Grenadier-Brigade 35
01.03.1962—
28.03.1962   2. Wehrübung beim VBK 64 Würzburg (= ehemaliger TV-Stab VI D Würzburg)

Orden und Ehrenzeichen:
22.08.1941   Eisernes Kreuz II. Klasse
15.04.1945   Eisernes Kreuz I. Klasse
10.06.1943   Infanterie-Sturmabzeichen Silber
09.11.1944   Panzervernichtungsabzeichen
06.04.1945   Panzerkampfabzeichen Silber
03.05.1944   Verwundetenabzeichen Silber [11]

Beförderungen:
12.10.1935   Gefreiter der Reserve
11.09.1936   Unteroffizier der Reserve
17.09.1937   Feldwebel der Reserve
15.11.1944   Oberwachtmeister der Reserve
10.04.1945   Leutnant der Reserve

02.03.1961   Oberleutnant der Reserve
05.07.1962   Hauptmann der Reserve

[10] Hartmann wurde unter Sturmartillerist aufgenommen, da die 3. Batterie der Sturmgeschütz-Brigade 311 in die Panzerkompanie „Breslau" eingegliedert wurde.

[11] Hier wurden ergänzt durch Eigenangabe Hartmanns die Verleihungen Panzerkampfabzeichen Silber und Verwundetenabzeichen Silber. Mangels Verleihungsdatum wurde die erhaltene Ostmedaille nicht aufgeführt. An dieser Stelle ist es angebracht, allgemeine Ausführungen zu machen. Bei den anderen Ritterkreuzträgern werden sicher weitere Orden und Ehrenzeichen verliehen worden sein, die aber entweder vom Träger nicht genannt wurden oder aber per Verleihungsdatum nicht bekannt sind.

Im September/Oktober 1943 in Dänemark bei der Ausbildung.

SS-Sturmbannführer (Major)
HEINRICH HEIMANN

* 17. 9.1915 Norddinker / Gemeinde Uentrop bei Hamm / Kreis Unna / Nordrhein-Westfalen
✠ 20. 8.1944 bei Chambois – Invasionsraum

Ritterkreuz (2709) am 23. 2. 1944 als SS-Hauptsturmführer (Hauptmann) Geschütz-Führer / Kommandeur SS-Sturmgeschütz-Abteilung 1 / 1. SS-Panzer-Division Leibstandarte SS „Adolf Hitler" / 1. Panzerarmee / Heeresgruppe Süd

Am 6. 2. 1944 leistete die Sturmgeschütz-Abteilung hervorragende Unterstützung beim Vorstoß des SS-Panzer-Grenadier-Regiments 1 LAH auf Tschernjachow. Hier, westlich Kiew, zwang SS-Hauptsturmführer Heimann mit seiner Abteilung den Gegner aus eigenem Entschluß durch einen Stoß in die feindliche Flanke zur fluchtartigen Räumung der Stellung und mehrerer Ortschaften. Das Absetzen des Gegners ausnutzend, stieß Heimann noch bei einbrechender Nacht mit einigen Sturmgeschützen weiter vor und besetzte Orte, die für die Fortführung des Angriffs am nächsten Tag von größter Bedeutung waren.

Wehrmacht – Waffen-SS:
03.04.1935 Eintritt SS-Verfügungstruppe, später Leibstandarte
01.05.1941 Führer des 3. Zuges/SS-Sturmgeschütz-Batterie Leibstandarte SS „Adolf Hitler"
06.01.1943 Kommandeur SS-Sturmgeschütz-Abteilung 1/Leibstandarte SS „Adolf Hitler"

Orden und Ehrenzeichen:
27.05.1941 Eisernes Kreuz II. Klasse
14.09.1941 Eisernes Kreuz I. Klasse
06.09.1943 Deutsches Kreuz in Gold

Beförderungen:
20.04.1942 SS-Hauptsturmführer (Hauptmann)
20.04.1944 SS-Sturmbannführer (Major)

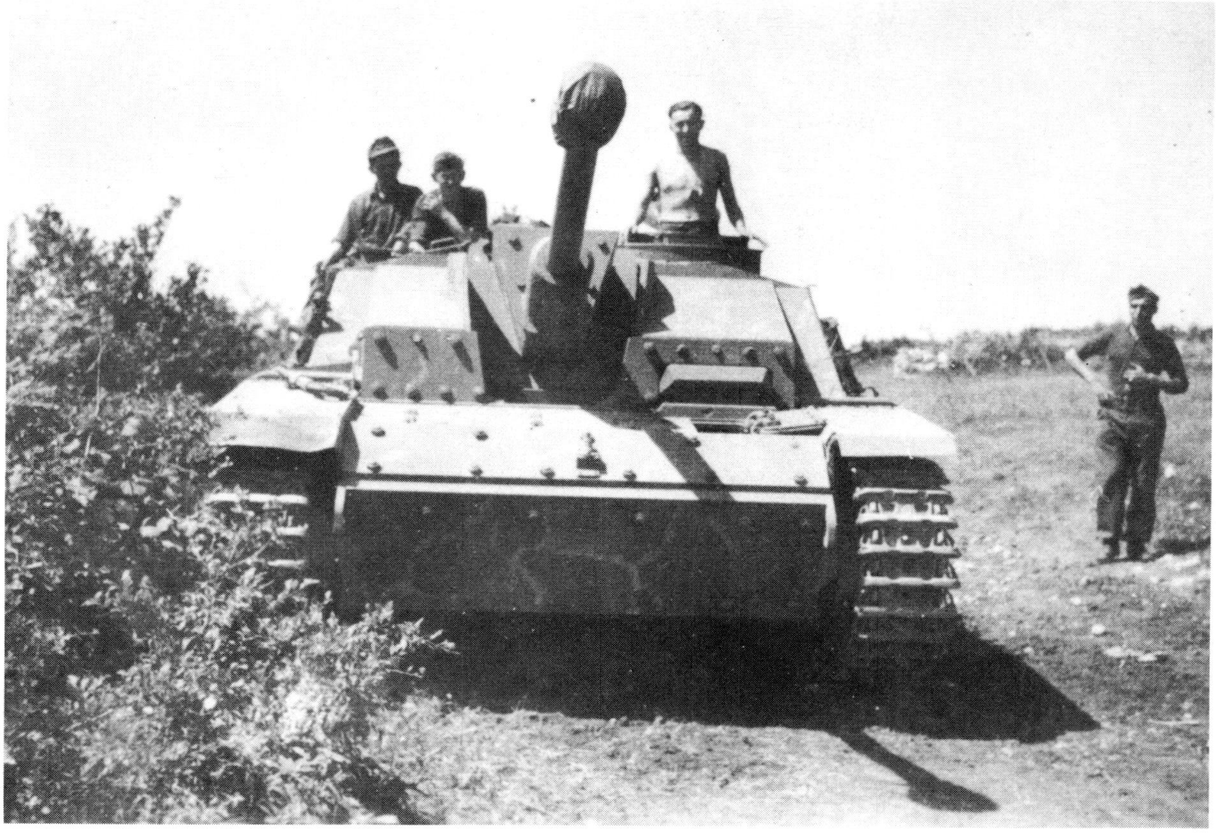

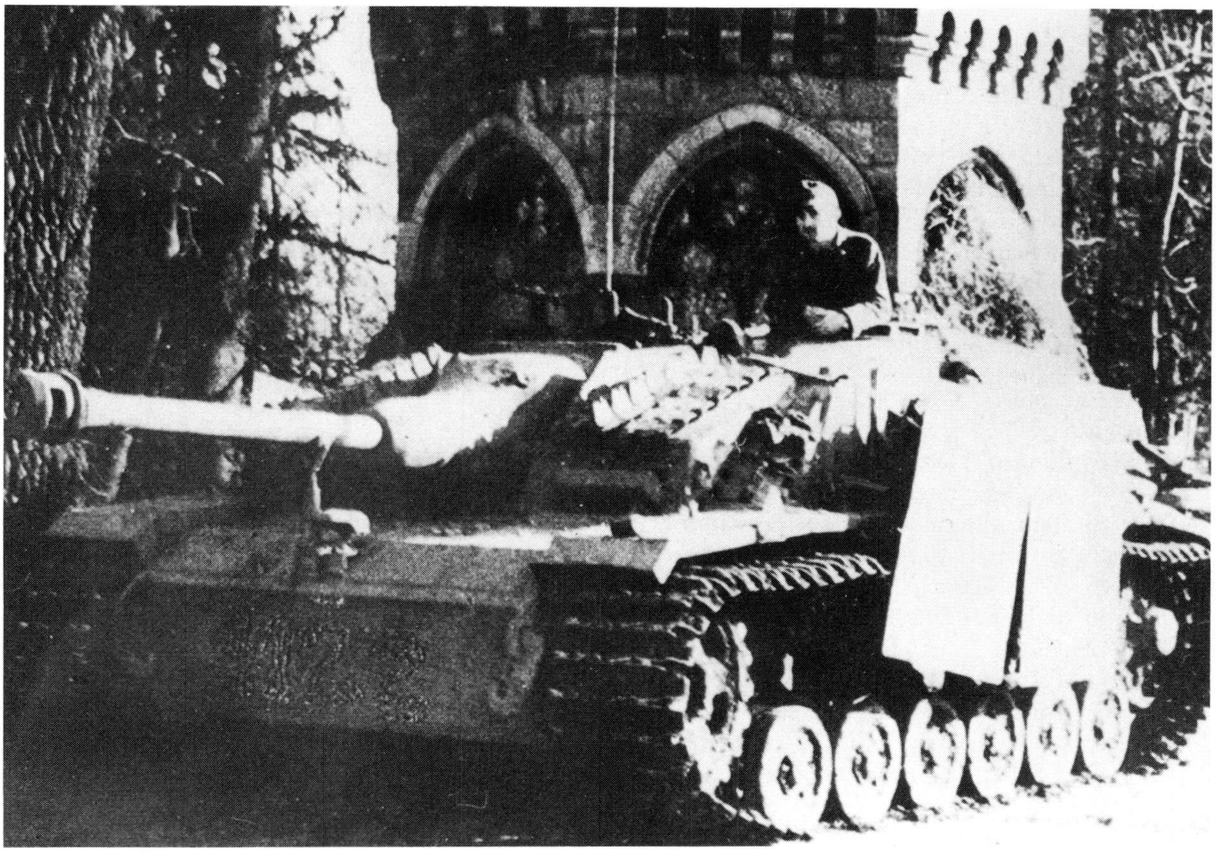

Hauptmann
GÜNTHER HELLMICH

* 26.12.1917 Breslau / Schlesien

Ritterkreuz (2462) am 20. 12. 1943 als Oberleutnant Geschütz-Führer / Chef 2. Batterie / Sturmgeschütz-Abteilung 270 / LIII. Armee-Korps / 9. Armee / Heeresgruppe Mitte

Hauptmann Hellmich bewährte sich in den Einsätzen der Sturmgeschütz-Abteilung 270, die im Winter 1942/43 zeitweilig der einzige Panzerverband zwischen Rshew und Orel war. Vom 22. 2. bis 20. 3. 1943 dauerte der Einsatz im Raum Shisdra. Gegen Pfingsten wurden im Okabogen ostwärts Bolchow alle Feindangriffe abgewehrt. Im Frühsommer sicherte die Abteilung südlich Orel. Im Juli 1943 kämpfte die 1. Batterie den Gefechtsstand des LIII. AK. frei. Nordostwärts Orel und dann im August im Raum Rosslawl bewährte sich Oberleutnant Hellmich erneut, so daß die 112. ID – die am 2. 11. 1943 aufgelöst wurde – einen Vorschlag zur Verleihung des Ritterkreuzes einbrachte. Der Führer seines 1. Zuges, Leutnant Hans Christian Stock, hatte bereits am 22. 8. 1943 das Ritterkreuz erhalten.

Wehrmacht:
02. 11. 1937 Eintritt 4. Batterie/Artillerie-Regiment 21, später 2. Batterie/Artillerie-Regiment 57, dann 9. Batterie/Artillerie-Regiment 21
26. 01. 1940 Teilnahme am 2. Offiziersanwärter-Lehrgang an der Waffenschule der Artillerie
11. 02. 1940 B.- und Batterie-Offizier 4. Batterie/Artillerie-Regiment 1
28. 07. 1940 VI. Abteilung/Artillerie-Lehr-Regiment Jüterbog, Umschulung auf Sturmgeschütze
10. 08. 1940 Führer 3. Zug/3. Batterie der neuaufgestellten Sturmgeschütz-Abteilung 184 Zinna
10. 03. 1942 Führer 3. Batterie/Sturmgeschütz-Abteilung 184
25. 06. 1942 Erkrankung, Führerreserve des OKH, Ausbildungs-Offizier in der Sturmgeschütz-Ersatz- und Ausbildungs-Abteilung 200
14. 12. 1942 in die neuaufgestellte Sturmgeschütz-Abteilung 270
03. 01. 1943 Chef 2. Batterie/Sturmgeschütz-Abteilung 270
20. 01. 1944 –
04. 03. 1944 in Personalunion stellvertretender Führer der Sturmgeschütz-Abteilung 270

05.09.1944	Führerreserve des OKH unter gleichzeitiger Kommandierung Abteilungsführer-Lehrgang/Taktischer Lehrstab/Lehrgruppe I an der Sturmgeschützschule Burg
06.11.1944	Chef 2. Batterie/Sturmgeschütz-Brigade 239
17.12.1944	Chef 3. Batterie/Sturmgeschütz-Brigade 394, Ardennen-Offensive
18.01.1945	die Ernennung zum Kommandeur der Panzer-Jäger-Abteilung 152 in der 1. Ski-Jäger-Division wird nicht wirksam, da im Lazarett
01.04.1945	Führerreserve des OKH/Wehrkreis IX

Kurze Kriegsgefangenschaft
Teilnahme am Feldzug in Polen, Westfront, Südosten, Westen, Rußland

Orden und Ehrenzeichen:
29.06.1941	Eisernes Kreuz II. Klasse
17.08.1941	Eisernes Kreuz I. Klasse
11.08.1941	Sturmabzeichen allgemein
20.10.1943	Verwundetenabzeichen Schwarz

Beförderungen:
01.11.1938	Fahnenjunker-Gefreiter
01.08.1939	Fahnenjunker-Unteroffizier
26.01.1940	Fahnenjunker-Wachtmeister
20.04.1940	Leutnant —2290— mit Wirkung vom 1. 4. 1940 und Rangdienstalter vom 1. 4. 1940 —17—
16.03.1942	Oberleutnant —1710— mit Wirkung vom 1. 4. 1942 und Rangdienstalter vom 1. 4. 1942 —15—
08.11.1943	Hauptmann —7210— mit Wirkung vom 1. 9. 1943 und Rangdienstalter vom 1. 8. 1943 —186a—

Übung der Abteilung 184, rechts der „Wagen" des Abteilungs-Kommandeurs Oberst Fischer.

SS-Untersturmführer (Leutnant)
FRIEDRICH HENKE

* 6.1.1921   Welsede bei Rinteln an der Weser / Niedersachsen[12])

Ritterkreuz (2664) am 12. 2. 1944 als SS-Oberscharführer (Feldwebel) Geschütz-Führer / Führer 3. Zug / 3. Batterie / SS-Sturmgeschütz-Abteilung 1 Leibstandarte SS „Adolf Hitler" / nach 38 Panzerabschüssen / 1. SS-Panzer-Division Leibstandarte SS „Adolf Hitler" / 1. Panzer-Armee / Heeresgruppe Süd

Im Dezember 1943 hatte die Leibstandarte schwere Abwehrkämpfe im Raum südostwärts Shitomir zu bestehen. Am 29. 12. erfolgte ein sowjetischer Angriff in breiter Front auf Antopol–Bujarka. Im Verlauf dieses Gefechtes traten 30 bis 40 T-34 auf. Henke gelang es mit seinem Zug, das Absetzen der schwer ringenden Grenadiere zu ermöglichen, obwohl er selbst bereits vom Gegner umgangen war. Der Zug Henke durchbrach dann die Einschließung und erreichte die eigene Hauptkampflinie. Für diese Tat in Verbindung mit persönlicher Tapferkeit wurde der SS-Oberscharführer – nach Abschuß von 21 Panzern und Vernichtung von 11 schweren Pakgeschützen – mit dem Ritterkreuz ausgezeichnet.

Wehrmacht – Waffen-SS:
04.09.1939 Kriegsfreiwilliger in der 2. Ersatz-Kompanie des SS-Regiments „Germania" Hamburg-Langenhorn
01.04.1940 2. Ersatz-Kompanie/SS-Nachrichten-Abteilung Unna in Westfalen, Funker-Ausbildung
01.05.1940 als Funker in der SS-Sturmgeschütz-Batterie Leibstandarte SS „Adolf Hitler", Griechenlandfeldzug
01.12.1941 Unterführer-Lehrgang, später Ausbilder
01.06.1942 Batterietrupp-Führer in der SS-Sturmgeschütz-Batterie Leibstandarte SS „Adolf Hitler", Ostfront
01.12.1942 Richtschütze bei (späterem Ritterkreuzträger) SS-Hauptsturmführer (Hauptmann) Heimann, Chef der 1. Batterie in der SS-Sturmgeschütz-Abteilung 1 Leibstandarte SS „Adolf Hitler" an der Ostfront
01.04.1943 Geschütz-Führer in der 1. Batterie
01.11.1943 Zugführer in der 3. Batterie

  Teilnahme am Feldzug in Griechenland, Ostfront und im Westen

08.05.1945–
31.12.1946 Kriegsgefangenschaft

Orden und Ehrenzeichen:
05.12.1941 Eisernes Kreuz II. Klasse
13.07.1943 Eisernes Kreuz I. Klasse
26.08.1942 Medaille Winterschlacht im Osten
17.02.1945 Verwundetenabzeichen Schwarz
26.02.1942 Panzerkampfabzeichen I. Stufe
09.11.1944 Panzerkampfabzeichen II. Stufe
15.04.1945 Panzerkampfabzeichen III. Stufe

Beförderungen:
01.11.1940 SS-Sturmmann (Gefreiter)
01.10.1941 SS-Rottenführer (Obergefreiter)
01.08.1942 SS-Unterscharführer (Unteroffizier)
01.12.1943 SS-Oberscharführer (Feldwebel)
09.11.1944 SS-Hauptscharführer (Oberfeldwebel)
20.04.1945 SS-Untersturmführer (Leutnant)

12) Geburtsdatum 6.1.1921 laut Personalbogen und Eigenangabe Henke.

Leutnant der Reserve
AHREND HÖPER
* 26. 11. 1920 Heringsdorf / Kreis Oldenburg / Schleswig-Holstein

Ritterkreuz (4089) am 26. 11. 1944 als Leutnant der Reserve Geschütz-Führer / Wagen 1/1 „Krake" / Führer 1. Zug / 1. Batterie / Sturmgeschütz-Brigade 202 / nach 43 Panzerabschüssen / 205. Infanterie-Division / VI. SS-Freiwilligen-Armee-Korps / 16. Armee / Heeresgruppe Nord

Nachdem Leutnant Hoper bei einem Einsatz im Abschnitt eines rheinhessischen Füsilier-Bataillons von 16 angreifenden Sowjetpanzern 9 abgeschossen hatte und am 27. 1. 1944 in knapp 3 Minuten 4 T 34 vernichtete, deckte der Leutnant mit seinem Sturmgeschütz allein das nächtliche Absetzen des Bataillons gegen 10 Panzer, schoß in dem ungleichen Kampf einen Panzer in Brand und zwei weitere bewegungsunfähig, um sich dann dem Gegenstoß der inzwischen eintreffenden Sturmgeschütze anzuschließen.
Am 19. 10. 1944 erhielt Leutnant Höper den Befehl, im Raum Tukkum-Ost/Kurland nach Kekavas (Kekkau) zu fahren. Da alle Geschütze bei den Kämpfen um Riga ausgefallen waren, fuhr Höper mit dem Kommandeurgeschütz allein zum Einsatzort. Dort sollte Leutnant Brexendorf (Zugführer 3. Batterie) mit 3 Geschützen sein. Von der Höhe nördlich des kleinen Nebenflusses der Düna aus sah Höper keine eigenen Sturmgeschütze, aber 28 russische Panzer. Der Leutnant fuhr mit voller Fahrt im feindlichen Artilleriefeuer die Höhe hinunter zum Angriff. Der Richtaufsatz wurde getroffen, der Richtunteroffizier konnte nichts mehr sehen. Der Reserveaufsatz, wie ihn jeder Frontpanzer mitführt, fehlte im Kommandeurgeschütz. Kurz entschlossen wurde durch Höper aus dem Turm über das Rohr und durch den Richtunteroffizier durch das Rohr gerichtet, und trotz Erhalt eines Volltreffers ohne Folgen wurden auf diese Weise 7 Panzer abgeschossen. Dann war Oberwachtmeister Waldner mit zwei Sturmgeschützen da und reichte einen Reservevorrichtaufsatz herüber. Die Rückfahrt war wegen der 7 Panzerwracks, die die Straße versperrten, schwierig. Brotbeutel, Kochgeschirre und Käppis flogen bei der Rückkehr aus der Infanteriestellung in die Höhe, der schönste Dank, den Höper im ganzen Krieg erlebte.
Bei dem letzten Einsatz auf Sworbe wurde der Leutnant schwer verwundet. Generaloberst Schörner überbrachte ihm im Lazarett Windau das Ritterkreuz. Leutnant Höper hatte innerhalb eines Jahres 33 Panzer, 10 schwere und 11 mittlere bzw. leichte Pak, 3 Geschütze und schwere Infanteriewaffen in großer Zahl vernichtet, bis zu seiner schweren Verwundung am 19. 11. 1944 wurde von ihm eine Abschußzahl von 47 Panzern erreicht.

Wehrmacht:

02.10.1940   Eintritt 2. Kompanie/Kraftfahr-Ersatz-Abteilung 32
17.12.1941   Kraftwagen-Transport-Abteilung zur besonderen Verwendung 566, Unteroffizier-Lehrgang
20.06.1942   10. Offiziersanwärter-Lehrgang an der Fahrtruppenschule Hannover, III. Inspektion
27.09.1942   VI. Abteilung/Artillerie-Lehr-Regiment (mot.) 2 Jüterbog, Umschulung auf Sturmgeschütze
30.03.1943   Führer 1. Zug/1. Batterie/Sturmgeschütz-Brigade 202 und ab 12. 7. 1943 mit jeweils kurzen Unterbrechungen in Personalunion Führer der 1. Batterie an der Ostfront
19.11.1944   auf Sworbe (Ostfront) schwer verwundet, keine aktive Wiederverwendung
04.12.1944   Aushändigung des Ritterkreuzes im Feldlazarett 508 durch den Chefarzt Stabsarzt Millenbrand

Orden und Ehrenzeichen:

20.08.1943   Eisernes Kreuz II. Klasse
06.11.1943   Eisernes Kreuz I. Klasse
01.08.1942   Medaille Winterschlacht im Osten
08.01.1945   Verwundetenabzeichen Silber
26.08.1943   Sturmabzeichen allgemein
10.09.1944   Sturmabzeichen Silber
17.11.1944   Sturmabzeichen Gold
26.04.1945   Ärmelband „Kurland"

Beförderungen:

01.11.1941   Gefreiter
01.03.1942   Unteroffizier
01.09.1942   Feldwebel und Offiziersanwärter
26.09.1942   Leutnant der Reserve —2267— mit Wirkung vom 1. 10. 1942 und Rangdienstalter vom 1. 10. 1942

Geschütz „Krake" von rechts:
Leutnant Höper, Unteroffizier Knobloch, Obergefreiter Wolff und Gefreiter Jannosch im Sommer 1943 in der Ukraine.

Juli 1944:
Sturmgeschütz-Brigade 202 in Ziegenhals bei Neisse zur Parade für General Halm.

Hauptmann
JOHANN FRIEDRICH HÖRING

* 1. 4.1919   Wien IX / Österreich
✠ 19.10.1944   bei Schloßberg in Ostpreußen

Ritterkreuz (3351) am 8. 8. 1944 als Oberleutnant Geschütz-Führer / Chef 2. Batterie / Sturmgeschütz-Brigade 277 / 252. Infanterie-Division / IX. Armee-Korps / 3. Panzer-Armee / Heeresgruppe Mitte

Im Juli 1944 kam die Sturmgeschütz-Brigade nach der Auffrischung in Altengrabow in den Abschnitt der 3. Panzer-Armee. Bei Lepel, im Raume Minsk, stand die Brigade im Einsatz. Im Kampfraum der 252. ID zeichnete sich Oberleutnant Höring mit seiner 2. Batterie besonders aus. Die Division mußte sich schwerster Panzerangriffe erwehren. Durchbrüche wurden immer wieder verhindert und schließlich eine Sehnenstellung ostwärts Raseinen bezogen.

Wehrmacht:
30.09.1937   Eintritt selbständiges Artillerie-Regiment Wien
01.07.1938   5., bzw. 2., dann 9. Batterie/Artillerie-Regiment (mot.) 29
25.10.1939   2. Offiziersanwärter-Lehrgang an der Artillerieschule II Jüterbog
27.01.1940   Zugführer in der 3. Batterie/Artillerie-Regiment 65
28.07.1940   Umschulung für Sturmgeschütze in der VI. Abteilung/Artillerie-Lehr-Regiment (mot.) 2 Jüterbog
10.08.1940   Zugführer Sturmgeschütz-Abteilung 184
06.12.1940   Zug- und Batterie-Führer Sturmgeschütz-Abteilung 192
30.04.1942   Ausbildungs-Offizier in der Sturmgeschütz-Ersatz- und Ausbildungs-Abteilung 200
23.07.1942   Führer 2. Batterie/Sturmgeschütz-Abteilung 202
28.12.1942   Ausbildungs-Offizier in der Sturmgeschütz-Ersatz- und Ausbildungs-Abteilung 300 Neisse
01.04.1943   Chef 3. Batterie/Sturmgeschütz-Abteilung 245
18.08.1943   Ausbildungs-Offizier in der Sturmgeschütz-Ersatz- und Ausbildungs-Abteilung 500 Posen
13.06.1944   Chef 2. Batterie/Sturmgeschütz-Brigade 277
19.10.1944   an der Ostfront gefallen
             Im August 1943 und im Juli 1944 zum Ritterkreuz eingereicht

Teilnahme am Feldzug in Polen, Frankreich und Rußland

Orden und Ehrenzeichen:
04.07.1941 Eisernes Kreuz II. Klasse
07.12.1942 Eisernes Kreuz I. Klasse
15.09.1943 Deutsches Kreuz in Gold
19.07.1941 Sturmabzeichen allgemein
27.09.1942 Medaille Winterschlacht im Osten
10.12.1942 Verwundetenabzeichen Schwarz
16.08.1943 Verwundetenabzeichen Silber

Beförderungen:
01.07.1938 Fahnenjunker-Gefreiter
01.08.1939 Fahnenjunker-Unteroffizier
01.12.1939 Fahnenjunker-Wachtmeister
01.04.1940 Leutnant mit Rangdienstalter vom 1. 4. 1940 —40—
16.03.1942 Oberleutnant mit Rangdienstalter vom 1. 4. 1942 —37—
17.08.1944 Hauptmann —1202— mit Wirkung vom 1. 7. 1944 und Rangdienstalter vom 1. 1. 1944 —113 a—

Kriegsorden des Deutschen Kreuzes (hier: Deutsches Kreuz in Gold). Gestiftet durch Verordnung vom 28. September 1941 (Reichsgesetzblatt I vom 2. 10. 1941 Seite 593). Das Deutsche Kreuz wurde in der Ausführung Silber und Gold verliehen.

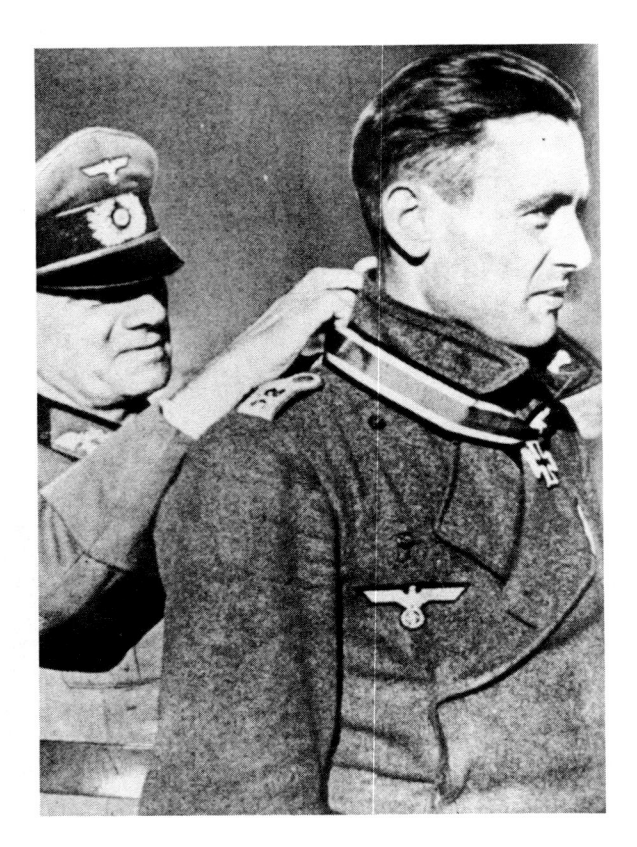

Hauptmann
KARL OTTO HOFFMANN

* 1.8.1912   Hohen / Kreis Brachstedt / Saalekreis
✠ 5.3.1944   bei Nowo Archangelsk im Osten

Ritterkreuz (1074) am 31. 7. 1942 als Oberleutnant Geschütz-Führer / Führer 3. Batterie / Sturmgeschütz-Abteilung 201 / 57. Infanterie-Division / 2. Armee / Heeresgruppe B

Oberleutnant Hoffmann führte seine Batterie mit hervorragendem taktischen Verständnis, überlegener Ruhe in kritischen Lagen und war besonders im Abschnitt der bayrischen 57. ID ostwärts Obojan erfolgreich, so daß diese Division ihn zur Verleihung des Ritterkreuzes vorschlug. Auch nach dieser Auszeichnung war Hoffmann ein Vorbild an Einsatzfreudigkeit, so daß er zur vorzugsweisen Beförderung zum Hauptmann vorgeschlagen wurde.

Wehrmacht:
01.04.1938   Eintritt Beobachtungs-Abteilung 4, Teilnahme am Polen- und Frankreichfeldzug, dann Meldung zur Sturmartillerie, Artillerie-Lehr-Regiment (mot.) 2 Jüterbog, dann Sturmgeschütz-Abteilung 184
07.03.1941   Führer der 3. Batterie in der neuaufgestellten Sturmgeschütz-Abteilung 201, Ostfront
05.08.1942   General von Salmuth verleiht Hoffmann das Ritterkreuz
01.07.1943   Chef der 3. Batterie
01.09.1943   Kommandeur Sturmgeschütz-Abteilung 911, Ostfront
05.03.1944   laut OKH –Heerespersonalamt– im Osten durch Kopfschuß gefallen

Orden und Ehrenzeichen:
15.12.1939   Eisernes Kreuz II. Klasse
30.07.1941   Eisernes Kreuz I. Klasse
10.08.1943   Deutsches Kreuz in Gold

Beförderungen:
01.08.1941   Leutnant –1396– mit Wirkung vom 1. 8. 1941 und Rangdienstalter vom 1. 4. 1938 –1560–
01.12.1941   Oberleutnant –865 c– mit Wirkung vom 1. 8. 1941 und Rangdienstalter vom 1. 8. 1941 –139 b–
06.06.1943   Hauptmann mit Wirkung vom 1. 4. 1943 und Rangdienstalter vom 1. 4. 1943 –130 c–

Sowjetischer T-34 A (Baureihe 1940) Ausgangstyp aller T-34.

Sowjetischer T-34/76 B verstärkte Ausführung.

Generalmajor
GÜNTHER HOFFMANN-SCHOENBORN

* 1.5.1905 Posen an der Warthe
† 4.4.1970 Bad Kreuznach / Rheinland-Pfalz

Ritterkreuz (278) am 14. 5. 1941 als Major Kommandeur Sturmgeschütz-Abteilung 191 „Büffel" / 5. Gebirgs-Division / XVIII. Gebirgs-Armee-Korps / 12. Armee / Griechenland

49. Eichenlaub (15) am 31. 12. 1941 als Major Kommandeur Sturmgeschütz-Abteilung 191 „Büffel" / 111. Infanterie-Division / LI. Armee-Korps / 6. Armee / Heeresgruppe Süd

Die Sturmartillerie-Abteilung 191 wurde ab 1. Oktober 1940 vom Artillerie-Lehr-Regiment in Jüterbog (Altes Lager) mit Stab und drei Batterien aufgestellt. Hauptmann Hoffmann-Schoenborn, bereits im Frankreichfeldzug als Chef der 2. Batterie des Artillerie-Regiments 42 mit beiden Eisernen Kreuzen ausgezeichnet, wurde ihr erster Kommandeur. Als Symbol für die Abteilung wurde auf den Fahrzeugen ein angreifender Büffel angebracht.
Am Neujahrstag 1941 rollte die Abteilung auf mehreren Eisenbahntransportzügen nach Südosten über Wien, Budapest und Bukarest in die verschneiten Ölfelder von Ploesti in Rumänien. Von der Bevölkerung freundlich aufgenommen, marschierte die Abteilung am 2. März 1941 über die Schleppkahnbrücke bei Giurgiu in Bulgarien ein und bezog schließlich am 25. März in der Nähe der griechischen Grenze, 2 km südlich von Livunovo, im Strumatal nördlich des Rupel-Passes Biwak im Bereitstellungsraum des verstärkten Infanterie-Regiments 125. Die 1. Batterie wurde der 72. Infanterie-Division zugeteilt.
Am 6. April 1941 begann der Balkan-Feldzug. Die Abteilung 191 bekämpfte mit dem IR 125 und dem Gebirgsjäger-Regiment 100 über den Fluß Bistriza bei Kulata hinweg die starken griechischen Befestigungen der Metaxas-Linie. Erst nach drei Tagen gelang der Durchbruch, der schließlich am 9. April zur Kapitulation der griechischen Ostmazedonien-Armee führte. Beim weiteren Vormarsch stieß die Sturmartillerie-Abteilung 191 ohne weitere Kämpfe am Olymp vorbei über Larissa bis zu den Thermopylen vor. Hier erreichte sie der Rückmarschbefehl nach Saloniki, wo sie vom 28. April bis zum 12. Mai 1941 blieb. Die Verluste der Abteilung im Balkan-Feldzug betrugen 15 Tote und 37 Verwundete.
Am 13. Mai 1941 erfolgte der Rücktransport per Bahn über Nisch—Belgrad—Agram—Pressburg nach Olmütz in Mähren zur Auffrischung in die „Laudon"-Kaserne.

Hier wurde der Abteilungskommandeur am 14. Mai 1941 mit dem Ritterkreuz ausgezeichnet.

Am 16. Juni 1941 verlegte die Abteilung per Bahn nach Chelm südöstlich von Lublin und bezog ostwärts davon in einem Waldgebiet am Bug Bereitstellung für den am 22. Juni beginnenden Angriff auf die Sowjetunion. Die Abteilung war dem III. Armeekorps (mot.) der 6. Armee (von Reichenau) unterstellt und der 298. Infanterie-Division zugeteilt.

Seit dem 2. Juli 1941 führte die Abteilung die Bezeichnung Sturmgeschütz-Abteilung 191. Die Sturmgeschütze waren ständig im Einsatz, um den Vorstoß der Panzergruppe von Kleist zu unterstützen (Uscilug/Bug, Wlodzimiers, bei Dubno, Kremenez, Radomyschl). Hierbei zeichnete sich die 3. Batterie unter Oberleutnant Haarberg besonders aus. Schon jetzt wurde die Abteilung meist nicht geschlossen, sondern batterieweise eingesetzt und immer wieder anderen Divisionen zugeteilt (z. B. der 98. Infanterie-Division bei Malin westl. des Dnjepr). So erreichten einige Sturmgeschütze der Abteilung mit Teilen der 111. Infanterie-Division am 2./3. Juli Jampol. Beim weiteren Vormarsch unterstützten sie die 75. Infanterie-Division. Die Kämpfe im Gebiet der Pripjet-Sümpfe waren für Sturmgeschütze und ihre Besatzungen eine arge Plage. Im weiteren Verlauf des Juli bewährte sich die Abteilung beim Vormarsch über Berditschew, Shitomir und Korostyschew in den Bereich des LV. Armeekorps. Am 21. Juli unterstützten die Sturmgeschütze die 262. Infanterie-Division bei der Eroberung von Malin (nordwestlich von Kiew). Die Kämpfe um den Brückenkopf dauerten bis zum Monatsende. Mit seiner Öffnung und der Einnahme von Korosten stand den Armeekorps LI und XVII der Weg nach Osten zum Dnjepr offen. Im Verband der 111. Infanterie-Division erkämpfte sich die Abteilung 191, nach einem Vormarsch von 120 km, den Übergang über den Fluß bei Gornostaipol. Hierbei gelang es dem Sturmgeschütz-Zug des Leutnants Bingler, eine unzerstörte Dnjepr-Brücke zu besetzen und zu halten. Sie wurde zwar am 24. August 1941 durch laufende sowjetische Bombenangriffe zerstört, jedoch konnten die Pioniere rasch eine neue Brücke bauen, worauf der Vormarsch bis zu den brennenden Desna-Brücken bei Ostjer weiterrollte.

Anschließend nahm die Abteilung an der großen Kesselschlacht im Raum ostwärts von Kiew teil, die bis zum 26. September tobte und zum Untergang des Gros der sowjetischen Südwestfront führte.

Nach Auffrischung erhielt die Abteilung 191 Marschbefehl zur 4. Armee zum Angriff in Richtung Moskau. Die Sturmgeschütze kämpften im Verband der 3. Infanterie-Division (mot.) und erreichten am 21. Oktober 1941 den Fluß Nara bei Narofominsk. Hier kam es zu wochenlangen erbitterten Kämpfen. Hatten schon in der zweiten Novemberhälfte Schneefall und Frost eingesetzt, die den ohne Winterausrüstung im Kampf stehenden deutschen Soldaten schwer zu schaffen machten, so brach der Winter voll herein, als am 1. Dezember 1941 um 6.30 Uhr die 4. Armee zum Angriff über die Nara antrat. Eine Vorausabteilung erreichte gegen 13.00 Uhr Juschkowo. In der Nacht zum 2. Dezember trat die 33. sowjetische Armee, unterstützt durch zahlreiche Panzer des Typs T 34, zum Gegenangriff an, vereiste Wege und Schneeverwehungen sowie Kälte bis minus 20 Grad behinderten die Bewegungen der winterungewohnten deutschen Verbände. Der Kommandeur der Abteilung 191, Hoffmann-Schoenborn, wurde dabei durch zwei MG-Durchschüsse am Arm verwundet. Die Führung der Abteilung übernahm Oberleutnant Haarberg. Der sowjetische Angriff zwang die 4. Armee zum Rückzug über die Nara. Der Befehl erreichte die Abteilung am 3. Dezember gegen 14.15 Uhr. Der Gefechtsbericht der 258. Infanterie-Division würdigt den Einsatz der Sturmgeschütze bei diesem Rückzug mit folgenden Worten: „Erwähnenswert ist wiederum der uneigennützige und aufopfernde Einsatz der Sturmgeschützbedienungen, die mit ihren ‚Büffeln' den Rückzug bis zum Schluß deckten, nachstoßende Kräfte abwehrten und stets als letzter Mann am Feind blieben."

Als die Nachhut die Nara nach Westen überschritten hatte, wurde die Abteilung aus der Front gezogen, und die Sturmgeschütze wurden zur Instandsetzung nach Klin verlegt.

Major Hoffmann-Schoenborn kam zunächst in ein Feldlazarett, dann in die Heimat. Sein Weggang wurde in der Abteilung allgemein bedauert. Für seine erfolgreiche Führung beim Vormarsch zum Dnjepr und den Einsatz bei der Kesselschlacht von Kiew wurde Hoffmann-Schoenborn am 31. Dezember 1941 als 49. Soldat der deutschen Wehrmacht mit dem Eichenlaub zum Ritterkreuz des Eisernen Kreuzes ausgezeichnet.

Wehrmacht:
01.04.1924 Fahnenjunker Reichswehr-Artillerie-Regiment 3
01.10.1936 Chef 2. Batterie/Artillerie-Regiment 3, Polen- und Frankreichfeldzug
01.10.1940 Kommandeur der in Jüterbog neuaufgestellten Sturmgeschütz-Abteilung 191, Griechenland-, dann Ostfeldzug bis zur Verwundung am 2.12.1941 vor Moskau
01.03.1942 Kommandeur VI. Abteilung/Artillerie-Lehr-Regiment (mot.) 2 Jüterbog
01.04.1943 Kommandeur der Sturmgeschützschule Burg bei Magdeburg
01.10.1944 Kommandeur 18. Volks-Grenadier-Division; aus den Resten der in Frankreich und Belgien zerschlagenen 18. Luftwaffen-Feld-Division in Dänemark aufgestellt
19.02.1945 Kommandeur der 5. Panzer-Division in Ostpreußen, dort Verwundung und Lazarett Flensburg
1945/1946 Kriegsgefangenschaft und Internierung

Orden und Ehrenzeichen:
31.05.1940 Eisernes Kreuz II. Klasse
29.06.1940 Eisernes Kreuz I. Klasse

Beförderungen:
01.02.1928 Leutnant mit Rangdienstalter vom 1. 2. 1928 —39—
01.06.1931 Oberleutnant mit Rangdienstalter vom 1. 6. 1931 —10—
01.10.1936 Hauptmann mit Rangdienstalter vom 1. 8. 1935 —30—
01.12.1940 Major mit Rangdienstalter vom 1. 12. 1940 —23—
16.03.1942 Major neues Rangdienstalter vom 1. 3. 1940 —776—
01.04.1942 Oberstleutnant mit Rangdienstalter vom 1. 4. 1942 —527—
01.04.1943 Oberst mit Rangdienstalter vom 1. 4. 1943 —21a—
01.10.1944 Generalmajor mit Rangdienstalter vom 1. 12. 1944 —37—

Olmütz in Mähren:
Major Hoffmann-Schoenborn nach der Verleihung des Ritterkreuzes
mit dem Unteroffizierskorps der Stabs-Batterie am 15. 5. 1941.

links oben:
Hoffmann-Schoenborn (Mitte) mit Alfred Müller an der Sturmgeschützschule Burg.

rechts oben:
Hoffmann-Schoenborn als Kommandeur der Sturmgeschützschule Burg.

135

Major der Reserve
RICHARD HOHENHAUSEN
* 8.7.1914 Berlin

Ritterkreuz (993) am 11. 5. 1942 als Oberleutnant der Reserve Geschütz-Führer / Wagen 302 / Chef 2. Batterie / Sturmgeschütz-Abteilung 184 / XXXIX. Armee-Korps / 16. Armee / Heeresgruppe Nord

Am 3. 5. 1942 begann der Entsatzangriff auf Cholm. Um 22.00 Uhr traten 5 Geschütze der 2. und 2 der 3. Batterie aus Savina heraus an. Es regnete in Strömen. 2 Panzer der Sowjets wurden im Proninowald abgeschossen. Am 4. 5. wurde im Panzerwald ein T 34 in Brand geschossen. Die Kusemkinoschlucht wurde gesäubert. Die 2. Batterie mit aufgesessenen Pionieren des IR 411 bildete die Spitze. Sie fuhren die Nacht durch. Am Morgen des 5. 5. ratterte das erste Sturmgeschütz mit dem Batteriechef, Oberleutnant Hohenhausen, in die Ruinenstadt Cholm. Nach Gefechten mit russischen Nachhuten war die Stadt nach 105tägiger Einschließung befreit. Die 2. Batterie hatte einen wesentlichen Anteil, und die Verleihung des Ritterkreuzes an den Batteriechef war dafür die sichtbare Anerkennung.

Wehrmacht:

1936/38	Ableistung des Wehrdienstes im Artillerie-Regiment 10 Regensburg
26.08.1939	Einberufung Artillerie-Regiment 14
10.07.1940	Artillerie-Lehr-Regiment Jüterbog
11.08.1940	in die 2. Batterie in der neuaufgestellten Sturmgeschütz-Abteilung 184
17.05.1942	Überreichung des Ritterkreuzes in Temmy-Bor an der Ostfront durch den General der Panzertruppen von Arnim
01.06.1942	Führerreserve des OKH unter gleichzeitiger Kommandierung an die Artillerieschule Jüterbog
20.03.1943	Sturmgeschütz-Abteilung 281, dann verschiedene Kommandos an Schulen
13.03.1945	Führerreserve des OKH unter gleichzeitiger Kommandierung zum 23. Regiments-Führer-Lehrgang für Artillerie

Teilnahme am Feldzug in Polen, Frankreich und im Osten

Orden und Ehrenzeichen:
29.06.1941   Eisernes Kreuz II. Klasse
24.09.1941   Eisernes Kreuz I. Klasse

Beförderungen:
26.02.1938   Leutnant der Reserve —1220— mit Wirkung vom 1. 1. 1938 und Rangdienstalter vom 1. 10. 1938 —1610—
25.05.1941   Oberleutnant der Reserve —1710— mit Wirkung vom 1. 5. 1941 und Rangdienstalter vom 1. 5. 1941 —391—
16.06.1942   Oberleutnant der Reserve —1530— neues Rangdienstalter vom 1. 5. 1940 —259—
26.10.1942   Hauptmann der Reserve —1700— mit Wirkung vom 1. 11. 1942 und Rangdienstalter vom 1. 11. 1942 —ohne—
31.08.1944   Major der Reserve —1470— mit Wirkung vom 1. 6. 1944 und Rangdienstalter vom 1. 6. 1944 —ohne—

General der Panzertruppe von Arnim zeichnet Hohenhausen mit dem Ritterkreuz aus.

Vor dem Geschütz „302" von Hohenhausen, v. l. n. r.: Oberleutnant Gaschitz, Oberleutnant Buchwieser, Hohenhausen, Oberst Fischer (Abteilungskommandeur), Oberleutnant Bischoff und Oberleutnant Granitza (später als Hauptmann und Chef der 12. Batterie im Artillerie-Regiment 329 mit dem Ritterkreuz ausgezeichnet).

Major
GERHARD ERNST WERNER HOPPE

* 23. 7.1916 Stettin/Pommern
✚ 18.10.1944 in Ostpreußen

Ritterkreuz (4119) am 29. 11. 1944 als Major Kommandeur Sturmgeschütz-Brigade 279 / 561. Volks-Grenadier-Division / 16. Armee / Heeresgruppe Nord

Major Hoppe führte die Sturmgeschütz-Brigade 279 vorbildlich in vielen Gefechten, beginnend mit dem Einsatz westlich Melitopol 1943 und den weiteren Stationen Cherson, Perekop, 1944 Sewastopol, 1. 9. 1944 nach Suwalki und Einsatz bei der 170. ID. Danach stellten die Sowjets dort ihre Angriffe ein. Die Brigade verlegte dann weiter nach Norden mit Bereitstellung im Wald von Rutka-Tartak und Erkundungsauftrag auf Wilkowischken. Dann bereinigte die Brigade eine Krisenlage bei der 170. ID auf der Höhe 254 nahe dem Lasczewo-See durch Vernichtung von 14 feindlichen Beobachtungsstellen am Berg. Am 16. 10. 1944 wurden mehrere T 34 südlich Wilkowischken abgeschossen und für die Infanterie eine Auffangstellung errichtet. Der 17. 10. brachte durch den Abschuß weiterer Feindpanzer kaum Entlastung. Beim Absetzen in die 2. Ostpreußen-Schutzstellung gerieten die Sturmgeschütze in russische Panzerrudel und vernichteten weitere 4 T 34. Zwei Sturmgeschütze gingen bei der Durchfahrt durch eine schmale Minengasse am Vorderhang der Auffangstellung durch Volltreffer versteckt stehender Josef-Stalin-Panzer verloren. Am 18. 10. gegen 5.00 Uhr versuchte Major Hoppe, den Bereitstellungsraum seiner Sturmgeschütze zu erreichen. Diese waren eingeschlossen, so daß er sie nicht erreichen konnte. Bei einem Umweg geriet der Major mit seinem Fahrer und Wachtmeister Bachmann bei Debiliai ostwärts Schloßbach/Ostpreußen bei nebligem Wetter in vorgehende russische Infanterie und fiel nach Verschuß seiner M.Pi-Munition. Nur der verwundete Wachtmeister konnte entkommen und den Tod des Abteilungskommandeurs melden. Posthum wurde Gerhard Hoppe das lange vorher beantragte Ritterkreuz verliehen.

Wehrmacht:
06.04.1936 Fahnenjunker Artillerie-Regiment 56
04.01.1937–
17.09.1937 Kriegsschule Dresden
12.10.1937 I. Abteilung/Artillerie-Regiment 56

20.01.1938	Batterie-Offizier in der 3. Batterie/Artillerie-Regiment 56 Hamburg-Wandsbek
26.08.1939	Adjutant/schwere Artillerie-Ersatz-Abteilung 58
15.04.1940	Batterie-Chef in der IV. Abteilung/Artillerie-Regiment (mot.) 269, Frankreichfeldzug
31.01.1941	Batterie-Chef in der schweren Artillerie-Abteilung 852, Ostfront
07.01.1943	Umschulung auf Sturmgeschütze/III. Abteilung des Artillerie-Lehr-Regiments (mot.) Jüterbog
09.02.1943	Chef der Sturmgeschütz-Batterie 247, Sardinien und Korsika
15.08.1943	Kommandeur Sturmgeschütz-Brigade 279, Nikopol, Perekop, Siwasch, Sewastopol, Auffrischung, dann Ostpreußen-Schutzstellung
18.10.1944	bei Debiliai ostwärts Schloßbach in Ostpreußen gefallen

Orden und Ehrenzeichen:

24.06.1940	Eisernes Kreuz II. Klasse
22.07.1940	Eisernes Kreuz I. Klasse
25.10.1941	Sturmabzeichen allgemein
01.10.1942	Medaille Winterschlacht im Osten

Beförderungen:

01.10.1936	Gefreiter
01.12.1936	Unteroffizier
01.06.1937	Fähnrich
15.09.1937	Oberfähnrich mit Wirkung vom 1. 9. 1937
10.01.1938	Leutnant mit Rangdienstalter vom 1. 1. 1938 —469—
20.04.1940	Oberleutnant mit Rangdienstalter vom 1. 4. 1940 —442—
13.06.1942	Hauptmann mit Rangdienstalter vom 1. 7. 1942 —148—
15.11.1944	Major —2602— mit Wirkung vom 1. 9. 1944 und Rangdienstalter vom 1. 9. 1944 —72—

Wartung und Kampfeinsatz — auch unter der glühenden Sonne des Südens.

Oberstleutnant

HEINZ HUFFMANN

* 29.12.1905 Wuppertal-Elberfeld / Nordrhein-Westfalen
✠ 15. 3.1945 für Tod erklärt – laut OKH/PA

Ritterkreuz (1690) am 14. 4. 1943 als Major Kommandeur Sturmgeschütz-Abteilung 201 / 298. Infanterie-Division / Armee-Abteilung Kempf / Heeresgruppe Süd

Am 7. 8. 1942 übernahm Major Huffmann die Leitung des Einsatzes der Sturmgeschütz-Abteilungen 190 und 201 beim Unternehmen „Eingemeindung" der Korpsgruppe Blümm (Brückenkopf Woronesh). Die eigene Abteilung fuhr Einsätze im Abschnitt des IR 199 der bayerischen 57. ID. Zusammen mit der Abt. 190 wurden zahlreiche Abschüsse erzielt. Der Einsatz bei der 298. ID war gekennzeichnet durch das Schicksal dieser Division im Rahmen der 8. italienischen Armee mit dem verlustreichen Ausbruch aus dem Kessel von Tschertkowo. Vor diesem Zeitpunkt war Major Huffmann zu anderer Verwendung abberufen worden.

Wehrmacht:
28.06.1926 als Kanonier in die A-Batterie des Artillerie-Regiment 6
21.10.1926 6. Batterie/Artillerie-Regiment 6
04.07.1927–
09.07.1927 Fähnrichsprüfung
17.10.1927–
09.08.1928 an der Infanterieschule I
02.10.1928–
30.07.1929 an der Artillerieschule
17.12.1930 5. bzw. 6. Batterie/Artillerie-Regiment 6
01.05.1933 7. Batterie/Artillerie-Regiment 6
24.01.1934 A-Batterie/Artillerie-Regiment 2
01.04.1934 beim Artillerie-Lehr- und Versuchs-Kommando Schwerin
01.10.1934 Stab Artillerie-Regiment Rendsburg
15.10.1935 Adjutant der II. Abteilung/Artillerie-Regiment 20
16.04.1936 Kommandierung zur Beobachtungs-Abteilung 32

06.10.1936 Chef der 1. Batterie/Beobachtungs-Abteilung 4
10.11.1938 In 4 beim Höheren Offizier der Artillerie-Beobachtungs-Truppen
22.09.1939 Adjutant beim Höheren Offizier der Artillerie-Beobachtungs-Truppen im OKH
28.12.1939 Führerreserve des OKH unter gleichzeitiger Kommandierung zum Artillerie-Lehr-Regiment (mot.) 2 Jüterbog
19.01.1940 Kommandeur der II. Abteilung/Artillerie-Regiment 195
24.01.1941 Umschulung auf Sturmgeschütze, Kommandierung zur VI. Abteilung/Artillerie-Lehr-Regiment (mot.) 2
10.03.1941 Kommandeur der Sturmgeschütz-Abteilung 201 an der Ostfront
26.12.1942 Sturmgeschütz-Ersatz- und Ausbildungs-Abteilung 200
13.04.1944 Lehrgang für Stabs-Offiziere an der Artillerieschule I Berlin
04.07.1944 Führer Reserve-Artillerie-Regiment (mot.) 20
22.09.1944 Führerreserve des OKH unter gleichzeitiger Kommandierung zur besonderen Verwendung zur 160. Reserve-Division
01.11.1944 zur besonderen Verwendung als Sachbearbeiter im OKH

Teilnahme am Feldzug in Polen, Frankreich und an der Ostfront

Orden und Ehrenzeichen:
29.06.1940 Eisernes Kreuz II. Klasse
29.12.1940 Eisernes Kreuz I. Klasse
03.09.1942 Deutsches Kreuz in Gold
28.07.1942 Medaille Winterschlacht im Osten
19.07.1941 Sturmabzeichen allgemein
25.05.1943 Verwundetenabzeichen Schwarz
16.08.1943 Verwundetenabzeichen Silber

Beförderungen:
25.07.1927 Fahnenjunker
15.10.1927 Unteroffizier
01.08.1928 Fähnrich
01.08.1929 Oberfähnrich
17.12.1930 Leutnant – überzählig
01.01.1931 Leutnant –10– mit Rangdienstalter vom 1. 1. 1931 –5–
01.07.1933 Oberleutnant –1700– mit Rangdienstalter vom 1. 7. 1933 –50–
16.03.1937 Hauptmann –1500– mit Wirkung vom 1. 3. 1937 und Rangdienstalter vom 1. 3. 1937 –68–
15.10.1941 Major –1700– mit Wirkung vom 1. 11. 1941 und Rangdienstalter vom 1. 11. 1941 –53–
08.10.1943 Major –6410– neues Rangdienstalter vom 1. 4. 1941 –77 a–
15.01.1945 Oberstleutnant –201– mit Wirkung vom 30. 1. 1945 und Rangdienstalter vom 30. 1. 1945 –6–

Hauptmann
HERBERT FRANZ JASCHKE

* 30.12.1915　Wien / Österreich
† 7. 5.1972　Wien / Österreich

Ritterkreuz (　) am 23. 4. 1945 als Hauptmann Führer Sturmgeschütz-Brigade 249 / für die Vernichtung von über 90 sowjetischen Panzern der Brigade im Raume Groß-Berlin / Verleihung des Ritterkreuzes erfolgte direkt in der Reichskanzlei durch Hitler

Hauptmann Jaschke hatte sich schon als Batteriechef bewährt — bis 1. 10. 1943 erzielte die Batterie 45 Panzerabschüsse —, als er im Januar 1945 zum Führer der Brigade 249 (Ostpreußen) ernannt wurde. Nach den Rückzugskämpfen in Ost-, Westpreußen und Pommern traf Hauptmann Jaschke am 15. 2. in Burg ein. Dann wurde die Brigade in Krampnitz — Jaschke war am 18. 3. dort — zusammengefaßt. Am 24. 4. wurden in Spandau bei der Firma Alkett die Geschütze übernommen bzw. in der folgenden Nacht mit den Arbeitern einsatzbereit gemacht. Die Brigade traf dann am 27. 4. in Berlin (Hochbunker Friedrichshain) ein. Die Sturmgeschütze wurden zugweise und einzeln eingesetzt (Weißensee, Frankfurter Allee, Landsberger Straße, Alexanderplatz, Technische Hochschule, Berliner Straße). Bis zur Verleihung hatte die Brigade über 90 Panzer abgeschossen. Am 3. 5., kurz nach Mitternacht, brach der Rest der Brigade in Richtung Spandau aus, kämpfte dort eine vom Feind besetzte Brücke frei, und ein Teil unter Hauptmann Jaschke konnte sich zur Elbe durchschlagen. Der 2. Teil — drei Sturmgeschütze — brach aus Spandau bis Tetzin durch, wobei ein Leutnant 11 Panzer überraschte und alle abschoß.

Wehrmacht:
04.09.1935　Eintritt leichtes österreichisches Artillerie-Regiment 1 Wien
30.09.1936　—
31.08.1937　kommandiert an die Kriegsschule Wien
11.04.1938　—
26.06.1938　Militärakademie Wiener-Neustadt
28.06.1938　Artillerie-Regiment 23

04.07.1938–	
28.07.1938	Waffenlehrgang an der Artillerieschule Jüterbog
03.01.1939	5. Batterie/(Panzer-)Artillerie-Regiment 75, Vorgeschobener Beobachter im Polenfeldzug
20.03.1940	II. Abteilung/(Panzer-)Artillerie-Regiment 75 Eberswalde
01.05.1940	Ordonnanz-Offizier in der VI. Abteilung/Artillerie-Lehr-Regiment (mot.) 2 Jüterbog
30.04.1941	Chef der 2. Batterie/Sturmgeschütz-Ersatz- und Ausbildungs-Abteilung 200 Schweinfurt
01.07.1942	Chef der 3. Batterie/Sturmgeschütz-Abteilung 600 an der Ostfront sowie vom Oktober 1942 bis März 1943 in Personalunion Führer der Sturmgeschütz-Abteilung 600
14.10.1943	an der Ostfront schwer verwundet
13.01.1944	Chef der 1.Batterie/Sturmgeschütz-Ersatz- und Ausbildungs-Abteilung 200
05.02.1944	Führerreserve des OKH/zugeteilt dem Wehrkreis XXI
31.08.1944	Kommando verlängert
06.12.1944	zum Sturmgeschütz-Abteilungs-Führer vorgesehen
10.01.1945	mit sofortiger Wirkung Führer der Sturmgeschütz-Brigade 249 an der Ostfront bis zurück in den Großraum Groß-Berlin
15.02.1945	die Reste der Brigade werden in Burg bei Magdeburg aufgefrischt und mit neuen Geschützen ausgerüstet
08.05.1945–	
12.01.1946	sowjetische Kriegsgefangenschaft

Österreichisches Bundesheer:

02.07.1956–	
07.05.1972	Verschiedene Verwendungen im Bundesministerium für Landesverteidigung zu Wien

Orden und Ehrenzeichen:

28.09.1939	Eisernes Kreuz II. Klasse
25.07.1943	Eisernes Kreuz I. Klasse
23.07.1943	Sturmabzeichen allgemein
16.12.1943	Verwundetenabzeichen Schwarz
02.08.1965	Bundesheerdienstzeichen 3. Klasse
29.10.1969	Spange zum Bundesheerdienstzeichen 3. Klasse
29.10.1969	Bundesheerdienstzeichen 2. Klasse
30.05.1968	Silbernes Ehrenzeichen für Verdienste um die Republik Österreich

Beförderungen:

08.04.1936	Vormeister
14.08.1936	Korporal
01.04.1938	Fähnrich
01.06.1938	Oberfähnrich
01.09.1938	Leutnant –6332– –ohne–
31.12.1938	Leutnant –200– mit Wirkung vom 1. 1. 1939 und Rangdienstalter vom 1. 1. 1939 –864–
23.05.1940	Leutnant –3000– neues Rangdienstalter vom 1. 9. 1938 –864–
17.08.1940	Oberleutnant –3475– mit Wirkung vom 1. 9. 1940 und Rangdienstalter vom 1. 9. 1940 –238–
15.05.1943	Hauptmann –4700– mit Wirkung vom 1. 3. 1943 und Rangdienstalter vom 1. 3. 1943 –113 b–
12.03.1957	Hauptmann 1. Klasse des Technischen Dienstes
15.04.1957	Major 2. Klasse des Technischen Dienstes
24.10.1958	Major 1. Klasse des Technischen Dienstes mit Wirkung vom 1. 10. 1958
02.06.1965	Oberstleutnant des Technischen Dienstes mit Wirkung vom 1. 7. 1965
23.12.1971	Oberst des Technischen Dienstes mit Wirkung vom 1. 1. 1971

Hauptmann der Reserve
WOLFRAM JOHN

* 17. 2. 1918   Jägerswalde / Kreis Schloßberg / Ostpreußen
✠ 27. 4. 1945   in Ostpreußen

Ritterkreuz (4076) am 18. 11. 1944 als Oberleutnant der Reserve Geschütz-Führer/ Chef 2. Batterie / Sturmgeschütz-Brigade 209 / 541. Volks-Grenadier-Division / XXIII. Armee-Korps / 2. Armee / Heeresgruppe Mitte

Den Sommer 1944 sah die Brigade 209 im Rückzug über Baranowitschi, Slonim, Wolkowysk, Bialystok und Ostrow. Hierbei zeichnete sich Oberleutnant John mehrfach aus. Vom 7. bis 9. 9. 1944 fanden erbitterte Kämpfe im Abschnitt der 541. Volks-Grenadier-Division statt. Die Sturmgeschütze riegelten einen Einbruch ab und gingen mit aufgesessener Infanterie zum Gegenstoß über. Beim sowjetischen Narew-Übergang am 11. 10. war die Brigade 209 Rückhalt für die schwer ringende Infanterie im Raum Rozan. Hier zeichnete sich die 2. Batterie unter Oberleutnant John erneut aus. Am 20. 4. war die 2. Batterie im Samland eingesetzt. Wolfram John fiel am 27. 4. Das Schicksal seiner Besatzung konnte nicht geklärt werden.

Wehrmacht:
01. 10. 1938   Eintritt Artillerie-Regiment 1 Königsberg
20. 09. 1940   Kommandierung zu verschiedenen Waffenlehrgängen
20. 03. 1941   zur Sturmartillerie (Einheit nicht zu ermitteln)
20. 05. 1944   Chef der 2. Batterie in der neuaufgestellten Sturmgeschütz-Brigade 209
27. 04. 1945   den Rückzug der (Rest-)Brigade deckend, im Panzerkampf mit sowjetischen Einheiten im Samland gefallen

Orden und Ehrenzeichen:
15. 10. 1941   Eisernes Kreuz II. Klasse
23. 01. 1943   Eisernes Kreuz I. Klasse

Beförderungen:
14. 02. 1942   Leutnant der Reserve —201— mit Wirkung vom 1. 2. 1942 und Rangdienstalter vom 1. 2. 1942 —2840—

17.02.1944 Oberleutnant der Reserve —500— mit Wirkung vom 1. 1. 1944 und Rangdienstalter vom 1. 1. 1944 —271—
31.01.1945 Hauptmann der Reserve —1510— mit Wirkung vom 1. 12. 1944 und Rangdienstalter vom 1. 12. 1944 —ohne—

Das Geschütz war zu schwer — die Brücke hat nicht standgehalten.

Major
WOLFGANG BURGHARD OTTO KAPP

* 1.4.1914   Pilzen / Kreis Preußisch-Eylau / Ostpreußen

Ritterkreuz (4711) am 3. 3. 1945 als Major Kommandeur Sturmgeschütz-Lehr-Brigade 920 / Infanterie-Division „Döberitz" / CI. Armee-Korps / 9. Armee / Heeresgruppe Weichsel

Die Sturmgeschütz-Lehr-Brigade 920 war nach der sowjetischen Winteroffensive im Januar 1945 schließlich gegen weit überlegene feindliche Kräfte vernichtet worden. Major Kapp versammelte die Reste der Brigade (Stabs-Batterie, Trosse) südlich Glogau. Anfang Februar erfolgte der nächste Einsatz – aufgefüllt mit 3 neuen Kampfstaffeln – am Oderbrückenkopf Zellien, südostwärts Wrietzen, im Abschnitt der Infanterie-Division „Döberitz". Seit Beginn der sowjetischen Großoffensive am 14. 1. 1945 hatte die Brigade über 250 Feindpanzer vernichtet. Major Kapp wurde für seine Brigadeführung und seinen persönlichen Einsatz mit dem Ritterkreuz ausgezeichnet.

Wehrmacht:
05.04.1934   Fahnenjunker 1. preußisches Artillerie-Regiment Königsberg
28.01.1936   Artillerie-Regiment 21 Elbing
06.10.1936   Nachrichten-Offizier im Stab der II. Abteilung/Artillerie-Regiment 21
10.01.1937–
13.02.1937   Kommandierung zum Nachrichten-Lehrgang für Artillerie-Offiziere an der Heeresnachrichtenschule Halle
27.05.1937–
03.06.1937   Lehrgang für Antennen-Offiziere Insterburg
01.08.1939   Adjutant im Stab der II. Abteilung/Artillerie-Regiment 57 Elbing
21.01.1940   an die Batterie-Führer-Ausbildungsschule der Heeresgruppe A
03.02.1940   Offizier zur besonderen Verwendung im Stabe des Artillerie-Kommandeurs 18
09.05.1940   Adjutant im Stab des Artillerie-Regiments (mot.) 609
15.08.1940   Führerreserve des OKH unter gleichzeitiger Kommandierung zur VI. Abteilung/Artillerie-Lehr-Regiment (mot.) 2 Jüterbog, Umschulung auf Sturmgeschütze

01.10.1940 Chef der 2. Batterie/Sturmgeschütz-Abteilung 191
16.06.1941 Chef der 8. Batterie/Artillerie-Lehr-Regiment (mot.) 2
30.07.1942 Kommandeur Sturmgeschütz-Abteilung 191
20.03.1943—
31.08.1943 Kommandierung zur 73. Infanterie-Division zur Vorausbildung für den Generalstab mit wechselnden Kommandos
28.03.1943—
23.04.1943 Führer des II. Bataillons/Grenadier-Regiment 213 in der 73. Infanterie-Division
09.05.1943—
13.06.1943 in Vertretung Ic in der 50. Infanterie-Division
01.09.1943
05.12.1943 Kommandierung als Ia beim Befehlshaber Straße Kertsch und wechselnde Kommandos
27.10.1943—
01.11.1943 Kommandierung zur II. Abteilung/Panzer-Regiment 4 in der 13. Panzer-Division
06.12.1943 an der Kriegsakademie Hirschberg in Schlesien
10.05.1944 Führerreserve des OKH
01.07.1944 Kommandeur der Sturmgeschütz-Lehr-Abteilung (= Sturmgeschütz-Lehr-Brigade) 920
24.03.1945 Führerreserve des OKH unter gleichzeitiger Kommandierung zum Lehrgang für Stabs-Offiziere an die Artillerie-Schule I

Teilnahme am Feldzug in Griechenland und Rußland

18.04.1945 Im Nachtrag zum Wehrmachtsbericht genannt: „Die Sturmgeschütz-Lehr-Brigade 920 unter Führung ihres Kommandeurs, Major Kapp, vernichtete an der Oderfront an einem Tage 36 feindliche Panzer, 3 Geschütze und schoß 3 weitere Panzer bewegungsunfähig, sie selbst verlor nur 1 Geschütz."
06.05.1945—
10.08.1945 amerikanische Kriegsgefangenschaft

Orden und Ehrenzeichen:
02.10.1939 Eisernes Kreuz II. Klasse
13.05.1941 Eisernes Kreuz I. Klasse
11.04.1941 Verwundetenabzeichen Schwarz
15.09.1941 Sturmabzeichen allgemein

Beförderungen:
01.10.1934 Fahnenjunker-Gefreiter
01.12.1934 Fahnenjunker-Unteroffizier
15.06.1935 Fähnrich mit Wirkung vom 1. 6. 1935
25.10.1935 Oberfähnrich mit Wirkung vom 1. 10. 1935
20.04.1936 Leutnant —1700— mit Wirkung vom 1. 4. 1936 und Rangdienstalter vom 1. 4. 1936 —361—
31.12.1938 Oberleutnant —200— mit Wirkung vom 1. 1. 1939 und Rangdienstalter vom 1. 1. 1939 —356—
18.01.1942 Hauptmann mit Wirkung vom 1. 2. 1942 und Rangdienstalter vom 1. 2. 1942 —554—
15.05.1943 Major mit Wirkung vom 1. 3. 1943 und Rangdienstalter vom 1. 3. 1943 —61 h—

Oberwachtmeister

KURT KIRCHNER

* 19.3.1911 Berlin
✠ 31.7.1944 bei Avranches in Frankreich

Ritterkreuz (882) am 20. 2. 1942 als Wachtmeister Geschütz-Führer / Sturmgeschütz-Batterie 667 / nach 30 Panzerabschüssen / XXVIII. Armee-Korps / 18. Armee / Heeresgruppe Nord

Zwischen dem 19. und 27. 8. 1941 gab es verbissene Kämpfe beim Übergang über die Seenenge nordwestlich von Luga. Als die sowjetische Infanterie in acht Wellen angriff, war das Geschütz Kirchner Fels in der Brandung. Beim Einsatz vor Leningrad wurde Wachtmeister Kirchner zum Panzerknacker. Er wurde zweimal im Wehrmachtsbericht genannt. Nach 30 Abschüssen der Typen KW I und T 34 erhielt Kurt Kirchner das Ritterkreuz.

Wehrmacht:
01.04.1933   Artillerie-Regiment 10
10.08.1933   Artillerie-Regiment 78
11.09.1940   in die Sturmgeschütz-Batterie 667
18.05.1943   in die neuaufgestellte Sturmgeschütz-Brigade 341 in Frankreich
31.07.1944   laut Meldung PA vom 19. 8. 1944 bei Avranches in Frankreich gefallen
15.02.1942   im Wehrmachtsbericht genannt: „Bei den Kämpfen im nördlichen Abschnitt der Ostfront zeichnete sich der Wachtmeister Kirchner, Geschützführer in einer Sturmgeschützbatterie, dadurch besonders aus, daß er im Verlaufe von drei Tagen elf angreifende feindliche Panzer, darunter mehrere überschwere, abschoß."
17.02.1942   im Wehrmachtsbericht genannt: „Der im Wehrmachtsbericht vom 15. Februar genannte Wachtmeister Kirchner, Geschützführer in einer Sturmgeschützbatterie, schoß am gestrigen Tage weitere sieben feindliche Panzer ab."

Orden und Ehrenzeichen:
23.07.1941   Eisernes Kreuz II. Klasse
16.09.1941   Eisernes Kreuz I. Klasse

Beförderungen:
11.11.1940 Wachtmeister
01.03.1942 Oberwachtmeister

Verladen eines Sturmgeschützes.

Hauptmann der Reserve
LUDWIG KNAUP

* 16. 1. 1920   Großhausen / Kreis Bergstraße / Hessen
✠ 18. 3. 1945   im Ermland an der Ostfront

Ritterkreuz (3793) am 4. 10. 1944 als Hauptmann der Reserve Geschütz-Führer / Chef 2. Batterie / Sturmgeschütz-Brigade 904 / 129. Infanterie-Division / Kavallerie-Korps / 2. Armee / Heeresgruppe Mitte

Nachdem der Wehrmachtsbericht am 13. 9. 1944 die Bewährung der Brigade 904 am unteren Narew meldete, wurde sie bei der 129. ID eingesetzt. Südwestlich Lomscha sollte dabei eine Kampfgruppe eine Frontlücke schließen. Im Bereitstellungsraum wurden die versammelten Kommandeure durch den plötzlichen Feuerschlag der feindlichen Artillerie und den Angriff mehrerer Bataillone und 12 Panzer überrascht. Die meisten Offiziere, darunter der Führer der Kampfgruppe, fielen aus. Auch Hauptmann Knaup wurde durch Granatsplitter fünffach verwundet. Nur notdürftig verbunden, fing er mit seiner Batterie und wenigen aufgegriffenen Grenadieren den Feindvorstoß ab. Ohne Befehl trat er zum Gegenstoß an, nahm zunächst den Bereitstellungsraum wieder und setzte dann den Angriff fort, wie er geplant war. Dann mußte Knaup wegen totaler Erschöpfung zum H.V.P. gebracht werden.

Wehrmacht:
10.03.1938   Reichsarbeitsdienst in der 1/254 Schaidt
15.11.1938   Eintritt 1. Batterie/Artillerie-Ersatz-Abteilung 33 (Artillerie-Regiment 33)
05.07.1940   Batterie-Offizier in der 3. Batterie/Heeres-Küsten-Artillerie-Abteilung 289
28.11.1942   in die neuaufgestellte Sturmgeschütz-Abteilung 904 Treuenbrietzen, ab Februar 1943 Ostfronteinsatz
16.02.1944   mit Wirkung vom 1. 2. 1944 Chef der 2. Batterie/Sturmgeschütz-Brigade 904
28.09.1944   bei einem Gegenstoß an der Ostfront verwundet
15.01.1945   zurück zur Brigade, aber aus Mangel an Geschützen zum infanteristischen Einsatz als Bataillons-Führer zur Panzer-Grenadier-Division „Großdeutschland" abkommandiert
18.03.1945   bei den Kämpfen im Ermland gefallen

Orden und Ehrenzeichen:
04.10.1942   Eisernes Kreuz II. Klasse
24.10.1943   Eisernes Kreuz I. Klasse
04.11.1943   Sturmabzeichen allgemein
30.10.1943   Verwundetenabzeichen Schwarz
25.08.1944   Verwundetenabzeichen Silber

Beförderungen:
05.07.1940   Leutnant der Reserve —1750— mit Wirkung vom 1. 6. 1940 und Rangdienstalter vom 1. 6. 1940 —1481—
12.06.1942   Oberleutnant der Reserve —1510— mit Wirkung vom 1. 6. 1942 und Rangdienstalter vom 1. 6. 1942 —903—
31.05.1944   Hauptmann der Reserve —1390— mit Wirkung vom 1. 4. 1944 und Rangdienstalter vom 1. 4. 1944

Nach dem 1. Scharfschießen in Jüterbog. Knaup (vorne links) mit Oberleutnant Negele (ehemals „184"), Oberwachtmeister Schuhmacher und Unteroffizier von Hameln.

20. 4. 1944 bei Pinsk an der Ostfront.

Die Geschütze der Brigade 904 in Rog bei Petrikoff (Pripjet).

SS-Sturmbannführer (Major)
WALTER KNIEP

* 13.12.1909   Lorenzen / Kreis Schloßberg / Ostpreußen
✠ 22. 4.1944   bei Thouars in Frankreich

Ritterkreuz: (1973) am 14. 8. 1943 als SS-Sturmbannführer (Major) Geschütz-Führer / Kommandeur SS-Sturmgeschütz-Abteilung 2 „Das Reich" / 2. SS-Panzer-Division „Das Reich" / Armee-Abteilung Kempf / Heeresgruppe Süd

In der Kursker Schlacht im Juli 1943 war die Division „Das Reich" an der Bjelgorodfront eingesetzt. Eine erste Welle von 170 sowjetischen Panzern hatte die eigene HKL überrollt und war 10 km vorgestoßen. Alle Fernsprechverbindungen zur Division waren ausgefallen. Kniep handelte selbständig und führte seine Abteilung geschlossen und frontal gegen die russische Panzerübermacht. In beweglicher Kampfführung wurden 51 Panzer bei nur einem Eigenverlust abgeschossen. Walter Kniep schoß dabei 5 selbst ab. Weitere 41 Panzer konnten durch andere panzerbrechende Waffen und durch Panzer-Grenadiere der eigenen Division vernichtet werden. Durch diesen von dem Kommandeur der Sturmgeschütz-Abteilung herbeigeführten taktischen Erfolg konnte das SS-Panzer-Grenadier-Regiment 3 „Deutschland" sofort zum Angriff antreten und die eigenen Stellungen wesentlich verbessern.

Wehrmacht — Waffen-SS:
15.04.1934   Eintritt SS-Regiment „Deutschland", dann zur SS-Junkerschule Braunschweig
01.10.1936   im SS-Bataillon „N"/SS-Verfügungstruppe Prittlbach
01.11.1938   Chef 1. Kompanie/SS-Kradschützen-Bataillon „N" der SS-Verfügungstruppe
10.06.1939   Chef 3. Kompanie/SS-Fla-MG-Abteilung Radolfzell
18.07.1939   O 3 im Panzerverband Ostpreußen (= Panzer-Division Kempf)
10.05.1940   Zugführer im (verstärkten) SS-Regiment „Der Führer"
14.10.1942   Kommandeur der neuaufgestellten SS-Sturmgeschütz-Abteilung 2 „Das Reich"
12.12.1943   Kommandeur der SS-Panzer-Abteilung 17 „Götz von Berlichingen" in der neuaufgestellten 17. SS-Panzer-Grenadier-Division „Götz von Berlichingen"
22.04.1944   bei einem Schießunfall auf dem Truppenübungsplatz bei Thouars (Frankreich) tödlich verwundet

25.04.1944 auf dem Friedhof von Poitiers (Frankreich) beigesetzt, nach Kriegsende umgebettet auf den Soldatenfriedhof von Mont de Huisnes (Frankreich)

Teilnahme am Feldzug in Polen, im Westen und Osten

Orden und Ehrenzeichen:
03.06.1940 Eisernes Kreuz II. Klasse
27.07.1940 Eisernes Kreuz I. Klasse
11.11.1941 Deutsches Kreuz in Gold

Beförderungen:
20.04.1936 SS-Untersturmführer (Leutnant)
09.11.1938 SS-Obersturmführer (Oberleutnant)
09.11.1940 SS-Hauptsturmführer (Hauptmann)
20.04.1943 SS-Sturmbannführer (Major)

Verdiente Ruhepause beim Doppelkopf.

Sturmgeschütz bringt verwundete Kameraden zum Sanitäts-LKW.

Leutnant
JOHANNES „HANS" KOCHANOWSKI
* 9.5.1910   Bochum / Nordrhein-Westfalen

Ritterkreuz (1259) am 15. 10. 1942 als Oberwachtmeister Geschütz-Führer / Wagen 203 / Führer 2. Zug / 2. Batterie / Sturmgeschütz-Abteilung 201 / nach 31 Panzerabschüssen / 75. Infanterie-Division / VII. Armee-Korps / 2. Armee / Heeresgruppe B

Oberwachtmeister Kochanowski hatte bereits 17 Feindpanzer abgeschossen, als am Morgen des 14. 8. 1942 auf Befehl der 387. ID das III./IR 429 mit Unterstützung der Sturmgeschütz-Abteilung 201 zur Rückgewinnung der Ortschaft Podkletnoje (westlich Woronesh) und des „Artilleriewäldchens" antrat. Der Angriff blieb liegen. Kochanowski erkannte am Waldrand und im vorgelagerten Buschgelände als gegenwärtigen Schwerpunkt des Gegners 7 Feindpanzer. In kühnem Entschluß griff er diese Panzer an, schoß 12 Panzer ab, obschon nach dem 2. Abschuß Ladehemmung eintrat. Der Oberwachtmeister verließ das Geschütz und beseitigte die Ladehemmung mit eiserner Ruhe unter schwerstem Beschuß. Kochanowski hatte aus selbständigem Entschluß eine schwere Flankenbedrohung ausgeschaltet und wesentlich zum Gelingen des Gesamtangriffs beigetragen.
Am 15. 12. 1942 war die Batterie bei der italienischen Division „Ravenna" eingesetzt. Kochanowski schoß, als er an diesem Tage mit nur 4 Sturmgeschützen ungefähr 30 bis 40 Feindpanzern gegenüberstand, 5 schwere russische Panzer ab.
Am 16. 12. 1942 zeichnete sich der Oberwachtmeister abermals besonders aus, als er wiederum mit nur 4 Sturmgeschützen einer Übermacht von 40 sowjetischen Panzern gegenüberstand, aus der er abermals in kürzester Zeit 3 schwere Panzerwagen herausschoß. Sein Geschütz erhielt einen Treffer, so daß die Besatzung aussteigen mußte. Kochanowski stieg trotz schwerstem Artillerie- und Pak-Feuer nochmals allein in sein brennendes Geschütz, löschte den Brand und nebelte das Geschütz ein, so daß es daraufhin wieder hinter die eigenen Linien zurückgeschleppt werden konnte.
Besonders hervorgetan hat sich der Oberwachtmeister am 24. 12. 1942, als er, von seiner Einheit versprengt, mit nur 2 Sturmgeschützen allein war. Er unterstellte sich der Kampfgruppe Fegelein (im Donbogen/Gegend Kantemirowka/Taly). Kochanowski erhielt den Auftrag einer gewaltsamen Erkundung, um zu sehen, welche russischen Truppenteile sich auf der Rollbahn bewegten, und, wenn möglich, Gefangene mitzubringen. Die Rollbahn befand sich 10 km hinter der feindlichen Linie. Hans Kochanowski fuhr mit seinen Sturmgeschützen

bis auf etwa 800 m an die Rollbahn heran und nahm dort fahrende LKW und dort zur Sicherung stehende Pak-Geschütze unter Feuer. Er vernichtete etwa 20 bis 30 LKW und mehrere Pak. Daraufhin fuhr Kochanowski mit seinem Geschütz allein an die Rollbahn heran, um von den vernichteten Fahrzeugen Gefangene mitzunehmen. Er befand sich außerhalb des Geschützes, als ein PKW aus Richtung Kantemirowka ankam. Die Insassen des Wagens feuerten mit M.Pi auf ihn, der schnell in sein Geschütz stieg. Durch einen Schuß, der das linke Vorderrad zertrümmerte, überschlug sich der PKW. Sofort sprang der Oberwachtmeister aus dem Geschütz heraus und lief auf den Wagen zu, wurde aber wiederum von dort beschossen. Daraufhin winkte er sein Geschütz heran, worauf sich die Insassen des PKW ergaben. Es handelte sich um den russischen Generalleutnant Priwalov, Führer eines russischen Gardekorps, einen Oberst als Arko und den Adjutanten des Generals. Der Fahrer war tot. Kochanowski verband den General, der eine leichte Verwundung erlitten hatte, bestieg mit den drei gefangenen Offizieren sein Geschütz und übergab sie der Kampfgruppe Fegelein.

In einem Bericht über diese Kampfeinsätze hieß es: Leutnant Kochanowski schoß bisher 55 Feindpanzer ab.

Wehrmacht:
02.10.1934 Eintritt 4. Batterie/Artillerie-Regiment Schwerin in Döberitz
01.06.1935 4. Batterie/Artillerie-Regiment 9 Siegen
01.03.1941 Zugführer in der 2. Batterie/Sturmgeschütz-Abteilung 201
22.06.1941 Beginn des Kriegseinsatzes an der Ostfront bei Brest-Litowsk
13.01.1943 auf dem Gefechtsfelde durch den Kommandierenden General des XXIV. Panzer-Korps, Generalleutnant Wandel, zum Leutnant befördert
01.02.1943 Sturmgeschütz-Ersatz- und Ausbildungs-Abteilung 200 Schweinfurt
17.03.1943 Zugführer in der 3. Batterie/Sturmgeschütz-Brigade 911 an der Ostfront
01.05.1944 Ausbildungs-Offizier und Lehrgangsleiter an der Sturmgeschützschule Burg
22.01.1945 Verlegung der Schule zum Kampfeinsatz an die Ostfront bei Schneidemühl
30.01.1945 bei Kutschlau im Kreis Schwiebus in sowjetische Kriegsgefangenschaft. Beim Transport nach Rußland in der Nähe von Charkow geflohen. In Posen erneut in polnische Gefangenschaft, wiederum Flucht
17.10.1945 die Heimat erreicht

Teilnahme am Rußlandfeldzug von Kriegsbeginn bis zur Gefangenschaft

Orden und Ehrenzeichen:
14.07.1941 Eisernes Kreuz II. Klasse
12.07.1942 Eisernes Kreuz I. Klasse
28.07.1942 Medaille Winterschlacht im Osten
09.08.1941 Sturmabzeichen allgemein
10.10.1943 Sturmabzeichen Silber
03.11.1944 Sturmabzeichen Gold
12.08.1943 Verwundetenabzeichen Schwarz
01.11.1943 Verwundetenabzeichen Silber

Beförderungen:
01.08.1935 Gefreiter
01.10.1936 Unteroffizier
20.04.1939 Wachtmeister
01.08.1941 Oberwachtmeister
31.03.1943 Leutnant mit Wirkung vom 1.1.1943 und Rangdienstalter vom 1.1.1943 —324—

Oberwachtmeister Kochanowski vor seinem Geschütz. Das Geschützrohr weist 31 Ringe auf — 31 abgeschossene sowjetische Panzer.

Besatzung des Geschützes Kochanowski von rechts: Funker Walter Börner, Richtschütze Hannes Sonnen, Kochanowski, Fahrer Hans Prien.

Leutnant der Reserve
HEINRICH KÖHLER

* 3.7.1922   Hameln an der Weser / Kreis Hameln-Pyrmont / Niedersachsen

Ritterkreuz (5070) am 20. 4. 1945 als Leutnant der Reserve Geschütz-Führer / Wagen 315 / Führer 1. Zug / 3. Batterie / Heeres-Sturmgeschütz-Brigade 210 / nach 21 Panzerabschüssen / III. (germ.) SS-Panzer-Korps / Heeresgruppe Weichsel

Im März 1945 hielt die 3. Panzer-Armee den Brückenkopf Altdamm-Stettin. Im Abschnitt der 1. Marine-Infanterie-Division war die Sturmgeschütz-Brigade 210 bei Wittstock, Klebow und auf der Höhe 42 nördlich Wintersfelde, Ferdinandstein, Untermühle eingesetzt. Leutnant Köhler hielt mit seinen Geschützen auf der Höhe 42 drei sowjetische Panzerangriffe auf. Er stand hier an der Nahtstelle zwischen der Marine-Division und der Panzer-Division „Schlesien". Von 18 Sherman-Panzern wurden 15, davon 6 allein durch das Geschütz Köhler, abgeschossen. Nach diesem Erfolg am 16. 3. deckte die Brigade den Rückzug und das Abfließen der Flüchtlingstrecks aus Ostpreußen und Pommern über die Autobahnbrücke. Im Morgengrauen des 17. 3. wurde dann diese Oderbrücke gesprengt.

Wehrmacht:
03.10.1941   Eintritt 1. Batterie/schwere Artillerie-Ersatz-Abteilung 49 Dessau
02.03.1942–
02.04.1942   Hilfsausbilder-Lehrgang
03.04.1942   Hilfsausbilder in der schweren Artillerie-Ersatz-Abteilung 49
03.08.1942   6. Reserve-Offiziers-Bewerber-Lehrgang im Artillerie-Ersatz-Regiment 13 Magdeburg
06.11.1942   7. bzw. 9. Batterie/Panzer-Artillerie-Regiment 19 in der 19. Panzer-Division, Kanonier, R II und Beobachter, Ostfront
10.04.1943   13. Fahnenjunker-Lehrgang an der Artillerieschule III Mourmelon le grand bei Reims
30.08.1943   Oberfähnrich-Lehrgang an der Sturmgeschützschule Burg
08.12.1943   in die neuaufgestellte Sturmgeschütz-Abteilung 322 Azayle le Brideau bei Tours an der Loire, ab April 1944 Einsatz an der Ostfront
02.02.1945   aus den Sturmgeschütz-Brigaden 201 und 322 entsteht die (Heeres-)Sturmgeschütz-Brigade 210, Ostfront

08.05.1945–
22.06.1945 britische Kriegsgefangenschaft

Orden und Ehrenzeichen:
25.03.1944 Eisernes Kreuz II. Klasse
01.08.1944 Eisernes Kreuz I. Klasse

Beförderungen:
01.04.1942 Oberkanonier
01.06.1942 Gefreiter
01.03.1943 Unteroffizier
01.04.1943 Fahnenjunker der Reserve
01.06.1943 Fahnenjunker-Wachtmeister der Reserve
01.07.1943 Oberfähnrich der Reserve
26.10.1943 Leutnant der Reserve –1840– mit Wirkung vom 1.10.1943

Köhler mit Kameraden

Die „Mannschaft" um Köhler:

1 = unbekannt
2 = Panzerfahrer Werner Bormann
3 = Wachtmeister Karl Zücker
4 = Panzerfahrer Hochbarth
5 = Leutnant Köhler
6 = Richtschütze Lugenauer
7 = Richtschütze Karl Jedele
8 = Obergefreiter Sepp Bitzenberger

Oberleutnant
RICHARD OTTO KRÄMER

* 15.9.1915   Henschhausen / Kreis St. Goar / Rhein-Hunsrück-Kreis / Rheinland-Pfalz

Ritterkreuz (3727) am 30. 9. 1944 als Leutnant Geschütz-Führer / Wagen 210 / Führer 2. Zug / 1. Batterie / Sturmgeschütz-Brigade 232 / nach 35 Panzerabschüssen / Grenadier-Regiment 7 / 252. Infanterie-Division / IX. Armee-Korps / Heeresgruppe Mitte

Nach der sowjetischen Sommeroffensive 1944 war die Brigade im Raum der 3. Panzer-Armee eingesetzt. Krämer zeichnete sich bei den schweren Abwehrkämpfen in Litauen (Raseinen usw.) und bei der Unterstützung der schwer ringenden Grenadiere wiederholt aus. Er galt als unerschrockener, draufgängerischer, aber immer die Übersicht bewahrender Geschütz-Kommandant.

Wehrmacht:
15.10.1936   Eintritt 3. Batterie/Artillerie-Regiment (mot.) 73 Weimar
01.09.1939   R I und Vorgeschobener Beobachter in der 3. Batterie/Artillerie-Regiment (mot.) 73, Polen- und Frankreichfeldzug
22.09.1940   Ausbilder in der 17. Batterie/Artillerie-Lehr-Regiment (mot.) 2 Jüterbog
10.03.1942   Diensttuender Hauptwachtmeister in der 7. Batterie/Artillerie-Lehr-Regiment (mot.) 2
07.11.1942   Zugführer in der 3. Batterie/Sturmgeschütz-Abteilung 232, Ostfront
01.03.1943   Zugführer in der 1. Batterie/Sturmgeschütz-Abteilung 232
08.05.1943   Ordonnanz-Offizier im Stab der Sturmgeschütz-Brigade 232, Ostfront
03.07.1943   Sturmgeschütz-Ersatz- und Ausbildungs-Abteilung 300 Neisse
01.09.1943–
23.11.1943   14. Fahnenjunker-Lehrgang an der Artillerieschule II/Lehrstab B/Lehrgang I Groß-Born
08.12.1943–
03.03.1944   2. Oberfähnrich-Lehrgang
10.03.1944   Lehrgang für Sturmartillerie an der Sturmgeschützschule Burg
07.04.1944   Zugführer in der 1. Batterie/Sturmgeschütz-Brigade 232
01.03.1945   Chef der 1. Batterie/Sturmgeschütz-Brigade 232
08.05.1945   Verschiffung von Hela nach Flensburg, britische Kriegsgefangenschaft

Orden und Ehrenzeichen:
06.11.1939 Eisernes Kreuz II. Klasse
21.01.1943 Eisernes Kreuz I. Klasse
29.07.1944 Deutsches Kreuz in Gold
11.09.1944 Nennung im Ehrenblatt des Heeres
22.02.1943 Sturmabzeichen allgemein
22.02.1943 Verwundetenabzeichen Schwarz

Beförderungen:
01.10.1937 Gefreiter
01.10.1938 Unteroffizier
01.10.1940 Wachtmeister
10.03.1942 Ernennung zum Diensttuenden Hauptwachtmeister
01.05.1942 Oberwachtmeister
01.03.1943 zum Offiziersanwärter ernannt
01.04.1943 Fahnenjunker-Oberwachtmeister
03.11.1943 Oberfähnrich —5357— mit Wirkung vom 1. 11. 1943
20.04.1944 Leutnant —1411— mit Wirkung vom 1. 3. 1944 und Rangdienstalter vom 1. 12. 1943 —937—
15.12.1944 Leutnant neues Rangdienstalter vom 1. 4. 1943 —1052a—
30.01.1945 Oberleutnant

1940 in Frankreich.

Einsatz an der Südfront.

Major

HORST KRAFFT

* 6.11.1911 Königsberg / Ostpreußen

Ritterkreuz (543) am 29. 9. 1941 als Oberleutnant Geschütz-Führer / Chef 2. Batterie / Sturmgeschütz-Abteilung 185 / XXXVIII. Armee-Korps / 18. Armee / Heeresgruppe Nord

Oberleutnant Krafft war zu Beginn des Ostfeldzuges mit seiner Batterie verschiedenen Vorausabteilungen zugeteilt. Durch persönliche Tapferkeit, seine unerschütterliche Ruhe und Unerschrockenheit stellte er wiederholt kritische Lagen wieder her. Am 25. 8. 1941 brachte der Oberleutnant südlich Kotlys durch persönliche Erkundung einen beabsichtigten flankierenden Feindangriff zum Scheitern. Dabei vernichtete er eine Anzahl feindlicher Kampfwagen und trug so entscheidend zum weiteren Vordringen in Richtung Leningrad bei. Vorher war ihm als Führer der Vorausabteilung der 58. ID der Durchstoß zum Peipussee gelungen. Vom 22. 6. bis etwa Ende August 1941 vernichtete seine Batterie 36 Kampfwagen, 19 Geschütze, 12 Pak, 6 Flak, 6 Granatwerfer, 57 schwere MG, 12 Zugmaschinen, 23 LKW und rund 60 bespannte Fahrzeuge.

Wehrmacht:
05.04.1934   als Fahnenjunker in die 4. Batterie/Artillerie-Regiment 1
01.12.1934   2. Batterie/Artillerie-Regiment Königsberg
28.01.1936   I. Abteilung/Artillerie-Regiment 76 Sagan
10.11.1938   Adjutant beim Artillerie-Kommandeur XV Jena
27.08.1939   im Stab des Artillerie-Kommandeurs 27
20.05.1940   Führerreserve des OKH unter gleichzeitiger Kommandierung zur VI. Abteilung/Artillerie-Lehr-Regiment Jüterbog
10.08.1940   Chef der 2. Batterie/Sturmgeschütz-Abteilung 185
17.08.1942   Kommandeur Sturmgeschütz-Abteilung 185
01.06.1943   Führerreserve des OKH unter gleichzeitiger Kommandierung zur III. Abteilung/Artillerie-Lehr-Regiment (mot.) 2
12.06.1943   Führer der III. Abteilung/Panzer-Artillerie-Regiment 93, Italienfront
12.11.1943   Führer der I. Abteilung/Panzer-Artillerie-Regiment 93, Italienfront

14.05.1944	Führerreserve des OKH unter gleichzeitiger Kommandierung zur Umschulung für Abteilungs-Führer an die Nebeltruppenschule — Lehrstab A — Celle
14.10.1944	Kommandeur II. Abteilung/Werfer-Regiment 88 in der 17. Werfer-Brigade
20.04.1945	Kampfgruppen-Kommandeur

Teilnahme am Feldzug im Osten, in Italien, an der Westfront und im Reichsgebiet

Orden und Ehrenzeichen:
02.07.1941	Eisernes Kreuz II. Klasse
11.07.1941	Eisernes Kreuz I. Klasse
26.07.1942	Medaille Winterschlacht im Osten
12.07.1941	Sturmabzeichen allgemein
04.09.1941	Verwundetenabzeichen Schwarz

Beförderungen:
01.10.1934	Gefreiter
01.12.1934	Unteroffizier
15.06.1935	Fähnrich mit Wirkung vom 1. 6. 1935
25.10.1935	Oberfähnrich mit Wirkung vom 1. 10. 1935
20.04.1936	Leutnant —1700— mit Wirkung vom 1. 4. 1936 und Rangdienstalter vom 1. 4. 1936 —1119—
31.03.1939	Oberleutnant —2000— mit Wirkung vom 1. 4. 1939 und Rangdienstalter vom 1. 4. 1939 —397—
30.01.1942	Hauptmann mit Wirkung vom 1. 1. 1942 und Rangdienstalter vom 1. 1. 1942 —15 a—
20.04.1944	Major mit Wirkung vom 1. 5. 1944

Generaloberst Georg von Küchler
(hier als Generalfeldmarschall — * 30. 05. 1881/† 25. 05. 1968)
Oberbefehlshaber der 18. Armee ab 05. 09. 1939, dann vom 13. 01. 1942 bis 31. 01. 1944 Oberbefehlshaber der Heeresgruppe Nord.
Träger des 273. Eichenlaubs zum Ritterkreuz des EK.

Oberstleutnant
RUDOLF KRANZ

* 27.12.1911   Zarben / Kreis Greifenhagen / Pommern
† 22.10.1979   Schöningen / Kreis Helmstedt / Niedersachsen

Ritterkreuz (3678) am 23. 10. 1944 als Major Kommandeur Sturmgeschütz-Brigade 249 / Armeegruppe Heinrici / Heeresgruppe A

Major Kranz erwies sich als umsichtiger Kommandeur der Sturmgeschütz-Brigade in den Einsätzen ab November 1943. Im Juni 1944 lag diese Brigade bei Zolkiew nördlich Lemberg im Bereich der 4. Panzer-Armee. Dann folgten die schweren Kämpfe im Bereich der Armeegruppe Heinrici (1. Panzer-Armee und 1. ungarische Armee). Hier bewährte sich die Brigade unter der geschickten Führung ihres Kommandeurs so, daß Major Kranz zur Verleihung des Ritterkreuzes vorgeschlagen wurde.

Wehrmacht:
01.10.1934—
01.10.1935   Wehrdienst im Artillerie-Regiment Stettin (= späteres Artillerie-Regiment 32)
01.08.1936—
01.10.1937   Dienst als Bewerber für die aktive Offizierslaufbahn in der II. Abteilung/Artillerie-Regiment 32
01.11.1937   in die II. Abteilung des Artillerie-Regiments (mot.) 68, Polen-, Balkan- und Ostfeldzug
21.11.1943   Kommandeur Sturmgeschütz-Brigade 249
08.11.1944   Kommandeur Sturmgeschütz-Brigade 236
02.01.1945   Führerreserve des OKH unter gleichzeitiger Kommandierung zum Panzer-Armee-Oberkommando 4

Bundeswehr: als Oberstleutnant a. D.

Orden und Ehrenzeichen:
14.10.1939   Eisernes Kreuz II. Klasse

02.08.1941 Eisernes Kreuz I. Klasse
28.05.1944 Deutsches Kreuz in Gold

Beförderungen:

29.04.1937 Leutnant der Reserve mit Wirkung vom 1. 5. 1937 und Rangdienstalter vom 1. 10. 1937 —3—
12.10.1937 Leutnant — ins aktive Offizierskorps übernommen — mit Wirkung vom 1. 11. 1937 und Rangdienstalter vom 1. 12. 1937 —12—
30.01.1940 Oberleutnant —49— mit Wirkung vom 1. 2. 1940 und Rangdienstalter vom 1. 2. 1940 —28—
08.04.1942 Hauptmann —1289— mit Wirkung vom 1. 4. 1942 und Rangdienstalter vom 1. 4. 1942 —1725—
20.07.1944 Major —810— mit Wirkung vom 1. 5. 1944 —210— und Rangdienstalter vom 1. 3. 1944 —46a— bevorzugte Beförderung
30.01.1945 Oberstleutnant mit Rangdienstalter vom 30. 1. 1945 —17—

Oberwachtmeister
GERHARD KRIEG

* 24.6.1914   Gräben / Kreis Schweidnitz / Schlesien

Ritterkreuz (4877) am 28. 3. 1945 als Oberwachtmeister Geschütz-Führer / Führer 2. Zug / 1. Batterie / Sturmgeschütz-Brigade 243 / Führer-Begleit-Division

In den letzten Dezembertagen des Jahres 1944 war die Sturmgeschütz-Brigade 243 im Südwesten von Bastogne eingesetzt und unterstützte dort die Führer-Begleit-Brigade. Der Angriff dieser Brigade am Morgen des 28. 12. 1944 aus dem Raum Chenogne gegen Sibret blieb liegen. Inzwischen kam die 11. US-Panzer-Division heran und griff ihrerseits Chenogne an. Es kam zu heftigen Nahkämpfen. Am 30. 12. wurden im Bereich der Führer-Begleit-Brigade 21 Panzer und 20 Panzerspähwagen abgeschossen. Der Zug Krieg war maßgeblich daran beteiligt. So erwähnt die offizielle US-Kriegsgeschichte, daß beim Vorstoß der Company B des 22. US Tank Battalion bei Chenogne 7 Sherman-Panzer vernichtet wurden. Die Deutschen hätten erlaubt, daß die Überlebenden von amerikanischer Seite geborgen wurden.
Die inzwischen zur Division erweiterte Führer-Begleit-Brigade hatte erst im März 1945 Gelegenheit, Oberwachtmeister Krieg zur Verleihung des Ritterkreuzes vorzuschlagen, also zu einem Zeitpunkt, als die Division dem LVII. AK. der 17. Armee (H.Gr. Mitte) in Schlesien (Lauban) unterstellt war.

Wehrmacht:
01.10.1937   Eintritt in die II. Abteilung/schweres Artillerie-Regiment 44 Neisse
01.10.1939   Artillerie-Regiment 54
02.02.1941   Umschulung auf Sturmgeschütze/VI. Abteilung/Artillerie-Lehr-Regiment (mot.) 2 Jüterbog
15.03.1941   Sturmgeschütz-Abteilung 243, Ost- und Westfeldzug

Orden und Ehrenzeichen:
02.07.1941   Eisernes Kreuz II. Klasse
11.09.1941   Eisernes Kreuz I. Klasse
23.12.1943   Deutsches Kreuz in Gold

Beförderungen:
01.04.1939 Unteroffizier
01.10.1941 Wachtmeister
01.08.1943 Oberwachtmeister

Major
WILHELM KRÖHNE
* 15. 8. 1914   Hartau bei Zittau / Bezirk Dresden / Sachsen

Ritterkreuz (4602) am 24. 2. 1945 als Major Kommandeur Sturmgeschütz-Brigade 190 / XXVII. Armee-Korps / 2. Armee / Heeresgruppe Weichsel

Die Sturmgeschütz-Brigade 190 war vom 10. 10. bis 9. 11. 1944 ganz oder mit Teilen der 252. ID unterstellt und vernichtete in dieser Zeit 23 Panzer, 6 Pak, 17 Granatwerfer, 1 Panzerbüchse, 1 schweren Zugkraftwagen und 1 LKW bzw. schoß 2 Panzer bewegungsunfähig. Im Abschnitt der 35. ID zerstörte sie 33 Panzer (Ostenburg, 5. bis 12. 9., 4. bis 11. 10. gesamte Brigade, 13. 9. bis 3. 10. eine Batterie). Im Tagesbefehl der 252. ID vom 17. 1. 1945 wurde der Abschuß von mindestens 75 Panzern, der größte Teil durch die Brigade, innerhalb 3 schwerer Abwehrtage gewürdigt, wobei der 850. Abschuß der Brigade erfolgte.

Am 18. 1. 1945 wurden erneut im Bereich der 252. ID 24 Panzer durch die Brigade 190 vernichtet, nachdem sie in den Kämpfen seit dem 14. 1. im Raum der Division bereits 48 Panzer abgeschossen hatte. In der Abendmeldung des XXVII. AK. an das A.O.K. 2 vom 14. 2. 1945 hieß es: „Das Korps macht zur Nennung im Nachtrag zum Wehrmachtbericht Sturmgeschütz-Brigade 190 namhaft. Diese Brigade hat seit dem 14. 1. 1945, also seit einem vollen Monat, Tag für Tag in den Brennpunkten des Korps im Angriff gestanden und unter der umsichtigen Führung ihres ausgezeichneten Kommandeurs Major Kröhne entscheidenden Anteil daran, daß das Korps während der ganzen Zeit den Zusammenhang der Front wahren und seine Aufgabe erfüllen konnte. Die Brigade schoß in dieser Zeit bei 4 eigenen Verlusten 104 feindliche Panzer und 106 Pak ab. Besondere Anerkennung verdient, daß diese Brigade trotz täglichen Einsatzes und ohne ein Geschütz als Ersatz bekommen zu haben, ständig eine verhältnismäßig hohe Zahl von Sturmgeschützen einsatzbereit hält."

Wehrmacht:
01. 04. 1935   Eintritt in die 4. Batterie/Artillerie-Regiment (mot.) 78 Jena
01. 10. 1935   Kriegsschule München
05. 05. 1937   Artillerie-Regiment 14
03. 04. 1941   Artillerie-Lehr-Regiment (mot.) 2 Jüterbog
08. 10. 1941   Zug- und Batterie-Führer in der Sturmgeschütz-Abteilung 190

06.10.1943 Kommandeur Sturmgeschütz-Brigade 190
26.02.1945 im Wehrmachtbericht genannt: „In Westpreußen und Pommern hat sich die Sturmgeschütz-Brigade 190 unter Führung von Major Kröhne in ununterbrochenem Angriffs- und Abwehrkampf besonders bewährt. Die Brigade hat entscheidenden Anteil an der Abwehr feindlicher Panzerkräfte und schoß bei nur 4 eigenen Verlusten innerhalb eines Monats 104 Panzer des Gegners ab."

Teilnahme am Feldzug in Polen, Frankreich und Rußland

Orden und Ehrenzeichen:
17.05.1940 Eisernes Kreuz II. Klasse
01.09.1940 Eisernes Kreuz I. Klasse
01.09.1944 Deutsches Kreuz in Gold

Beförderungen:
01.05.1937 Leutnant mit Rangdienstalter vom 1. 4. 1937 —650—
01.02.1940 Oberleutnant
01.04.1942 Hauptmann
01.07.1944 Major

Major
KURT KÜHME

* 3.10.1910 Berlin
† 8. 9.1970 Bad Aibling / Bayern

Ritterkreuz (4160) am 9. 12. 1944 als Major Kommandeur Sturmgeschütz-Brigade 280 / 9. SS-Panzer-Division „Hohenstaufen" / II. SS-Panzer-Korps / 1. Armee / Oberbefehlshaber West (Heeresgruppe G)

Die Sturmgeschütz-Brigade 280 war nach der Auffrischung in Dänemark im September 1944 dem OB West zugeführt worden. Zunächst der 15. Armee in den Niederlanden unterstellt, kam dann der Einsatz im Bereich der 1. Fallschirm-Armee, als die Alliierten ihre Luftlandearmee einsetzten. Am 22. 9. 1944 gelang es, mit der Kampfgruppe Walter – dabei die Sturmgeschütz-Brigade 280 – Vechel an der Nachschubstraße des Feindes über Eindhoven nach Nimwegen im Angriff von Südosten einzuschließen. Hier und in den folgenden Einsätzen – 20. 11. 1944 Verlegung nach Kolmar – zuletzt bei der 1. Armee in der Saarpfalz, bewährte sich Major Kühme und die von ihm geführte Sturmgeschütz-Brigade 280.

Wehrmacht:
01.10.1932 Eintritt Artillerie-Regiment 4, 1938 Chef 5./Artillerie-Regiment 4 Leitmeritz
01.09.1939 in die gemischte Artillerie-Abteilung (mot.) 400
01.01.1940 Chef der 1. Batterie/schwere Artillerie-Abteilung (mot.) 400
01.03.1943 VI. Abteilung/Artillerie-Lehr-Regiment (mot.) 2 Jüterbog
01.06.1943 Sturmgeschütz-Abteilung 280
17.01.1944 Kommandeur der Sturmgeschütz-Brigade 280
01.02.1945 Führerreserve des OKH

Teilnahme am Feldzug in Polen, Frankreich, im Südosten, in Rußland und im Westen

Orden und Ehrenzeichen:
26.09.1939 Eisernes Kreuz II. Klasse
18.06.1940 Eisernes Kreuz I. Klasse
06.03.1942 Deutsches Kreuz in Gold

Beförderungen:
20.04.1934 Leutnant
01.04.1937 Oberleutnant mit Rangdienstalter vom 1. 10. 1937 —71—
01.01.1940 Hauptmann
01.08.1944 Major

Anfang Oktober 1941 in Rußland.

Sturmgeschütz-Besatzung im Winter 1943.

Hauptmann der Reserve
LUDWIG LAUBMEIER

* 30.1.1919   Pilsting / Kreis Landau an der Isar / Niederbayern / Bayern

Ritterkreuz (3725) am 4. 10. 1944 als Oberleutnant der Reserve Geschütz-Führer / Wagen 107 / Chef der 1. Batterie / Sturmgeschütz-Brigade 191 „Büffel" / nach 38 Panzerabschüssen / 98. Infanterie-Division / V. Armee-Korps / 17. Armee / Heeresgruppe A

Am 7. 4. 1944 begann der sowjetische Großangriff zur Rückeroberung der Krim. Die 17. Armee mußte sich auf Sewastopol zurückziehen. 7 Tage später erreichten die beiden Korps dieser Armee (V. und XXXXIX.) geordnet, aber geschwächt, den Festungsbereich von Sewastopol. Erst am 9. 5. traf der Befehl zur Räumung der Krim ein. Beim Fort „Maxim Gorki" schlug die 1. Batterie der „Büffel"-Brigade immer wieder die sowjetischen Sturmtruppen zurück und ermöglichte durch ihr Standhalten die zunächst einigermaßen geordnete Räumung bzw. Einschiffung der eigenen Truppen. Am 12. 5. wurde Oberleutnant Laubmeier schwer verwundet. In den letzten Stunden dieses Tages gelangte Laubmeier auf ein Schiff und dann in ein Lazarett in Konstanza. In kleinen Booten und Marine-Fähr-Prahmen wurden die letzten Truppen um „Maxim Gorki" am 14. 5. ebenfalls nach Konstanza gebracht. Ein Teil der Kampfstaffel der „Büffel"-Brigade geriet als Nachhut in sowjetische Kriegsgefangenschaft.

Wehrmacht:
01.04.1938   Reichsarbeitsdienst Rosenheim, 6/303, Westwall-Einsatz
01.11.1938   Einberufung zur 3. Batterie/Beobachtungs-(Lichtmeß-)Abteilung 7 München, Polenfeldzug
01.10.1940   Panzer-Beobachtungs-Batterie 74 in der 2. (Wiener) Panzer-Division Griechenlandfeldzug, Ostfeldzug Brjansk/Wjasma
01.10.1943   Chef der 1. Batterie/Sturmgeschütz-Brigade 191 „Büffel", Ostfront
12.05.1944   in Sewastopol schwer verwundet, 13monatiger Lazarettaufenthalt, keine Wiederverwendung
21.12.1944   Überreichung des Ritterkreuzes im Reserve-Lazarett Landshut in Bayern
08.06.1945   aus dem Reserve-Lazarett Niederviehbach bei Dingolfing (Niederbayern) entlassen

Orden und Ehrenzeichen:

17.09.1939 Eisernes Kreuz II. Klasse
23.08.1942 Eisernes Kreuz I. Klasse
07.04.1944 Nennung im Ehrenblatt des Heeres
17.09.1942 Medaille Winterschlacht im Osten
10.11.1942 Sturmabzeichen allgemein
05.12.1943 Verwundetenabzeichen Schwarz
09.04.1944 Verwundetenabzeichen Silber

Beförderungen:

01.11.1938 Gefreiter
01.04.1940 Unteroffizier
01.08.1940 Wachtmeister
26.10.1940 Leutnant der Reserve —2680— mit Wirkung vom 1. 10. 1940 und Rangdienstalter vom 1. 10. 1940 —1441—
18.09.1942 Oberleutnant der Reserve —2360— mit Wirkung vom 1. 10. 1942 und Rangdienstalter vom 1. 10. 1942 —246—
22.06.1944 Hauptmann der Reserve —1610— mit Rangdienstalter vom 1. 5. 1944

Geschütz der Brigade 191 „Büffel" in der Bereitstellung im Osten mit Geschütz-Führer Oberwachtmeister (OB) Bork.

Hauptmann
GÜNTER LIETHMANN

* 10. 7. 1918   Düsseldorf / Nordrhein-Westfalen

Ritterkreuz (2260) am 26. 10. 1943 als Oberleutnant Geschütz-Führer / Chef 3. Batterie / Sturmgeschütz-Abteilung 237 / IX. Armee-Korps / 4. Armee (3. Panzer-Armee) / Heeresgruppe Mitte

Die 4. Armee stand ab Mitte September 1943 im schwersten Abwehrkampf um die wichtigste Stadt im Mittelabschnitt: Smolensk.
Am 15. 9. trat die sowjetische Westfront zum Großangriff gegen das IX. AK. westlich Jelnja an. Die deutsche HKL ging bis 11.00 Uhr verloren. Das Korps mußte sich absetzen. Bis zu seiner Verwundung am 20. 9. bewährte sich Oberleutnant Liethmann mit seiner Batterie. Die Sturmgeschütz-Abteilung 237 schoß zahlreiche Panzer ab. Diese Erfolge wurden durch weitere Ritterkreuzverleihungen an Oberleutnant Arnold und Oberleutnant Spranz unterstrichen. Letzterer erhielt das Eichenlaub.
Am 24. 9. brachen starke Feindverbände zwischen IX. und XXXIX. Korps durch. In der Nacht zum 25. 9. rückten die Vorausabteilungen von drei sowjetischen Armeen in Smolensk ein.

Wehrmacht:
04. 11. 1937   Eintritt in die 3. Batterie/Artillerie-Regiment 76 Wuppertal
11. 11. 1938   3. Batterie/Artillerie-Regiment 80 Cottbus
16. 09. 1939   5. (Kraftfahr-)Ersatz-Batterie der leichten Artillerie-Ersatz-Abteilung (mot.) 75 Neuruppin
28. 10. 1939   2. Batterie/schwere Artillerie-Abteilung (mot.) 709
16. 05. 1940   schwere Artillerie-Ersatz-Abteilung 59
20. 05. 1940–
29. 05. 1940   an der Artillerieschule Jüterbog
01. 12. 1940   VI. Abteilung/Artillerie-Lehr-Regiment Jüterbog, Umschulung auf Sturmgeschütze
10. 02. 1941   Zugführer in der 3. Batterie/Sturmgeschütz-Abteilung 204
08. 03. 1941   Zugführer und Batterie-Offizier in der 2. Batterie/Sturmgeschütz-Ersatz- und Ausbildungs-Abteilung 200 Schweinfurt
05. 08. 1941   Zugführer in der 2. Batterie/Sturmgeschütz-Abteilung 201

01.07.1942 Führer der 2. Batterie/Sturmgeschütz-Abteilung 201
01.04.1943 Chef der 2. Batterie/Sturmgeschütz-Abteilung 201
30.04.1943 Sturmgeschütz-Ersatz- und Ausbildungs-Abteilung 200
28.07.1943 Chef der 3. Batterie/Sturmgeschütz-Abteilung 237
20.09.1943 nach Verwundung an der Ostfront ins Lazarett
01.02.1944 Chef der 3. Batterie/Sturmgeschütz-Abteilung 237
Sept. 1944 Kommandeur Sturmgeschütz-Brigade 184
01.03.1945 Führerreserve des OKH

Teilnahme am Feldzug im Osten und Südosten

Orden und Ehrenzeichen:
13.10.1941 Eisernes Kreuz II. Klasse
14.07.1942 Eisernes Kreuz I. Klasse
01.09.1943 Deutsches Kreuz in Gold
07.12.1941 Sturmabzeichen allgemein
30.09.1942 Medaille Winterschlacht im Osten
13.10.1941 Verwundetenabzeichen Schwarz
28.09.1943 Verwundetenabzeichen Silber

Beförderungen:
01.10.1938 Gefreiter
01.01.1939 Reserve-Offiziers-Anwärter
01.06.1939 Unteroffizier
01.03.1940 Wachtmeister der Reserve
20.04.1940 Leutnant der Reserve —970— mit Wirkung vom 1. 4. 1940 und Rangdienstalter vom 1. 4. 1940 —2344—
15.05.1942 Oberleutnant der Reserve —1240— mit Wirkung vom 1. 4. 1942 und Rangdienstalter vom 1. 4. 1942 —3984—
30.01.1943 Oberleutnant —611— mit Wirkung vom 1. 11. 1942 und Rangdienstalter vom 1. 4. 1942 —3073— im Heer angestellt
08.10.1943 Hauptmann —6410— mit Wirkung vom 1. 8. 1943 und Rangdienstalter vom 1. 8. 1943 —223—

SS-Sturmbannführer (Major)
FRIEDRICH JAKOB LOBMEYER
12.10.1918 Lachen bei Neustadt an der Haardt / Rheinland-Pfalz

Ritterkreuz (   ) am 20. 4. 1945 als SS-Hauptsturmführer (Hauptmann) Kommandeur SS-Jagd-Panzer-Abteilung 561 zur besonderen Verwendung / SS-Führungshauptamt IN 6 — Verteidigungs-Bereitstellungs-Kommando Berlin

Eichenlaub (   ) am 2. 5. 1945 als SS-Hauptsturmführer (Hauptmann) Kommandeur SS-Jagd-Panzer-Abteilung 561 zur besonderen Verwendung und Führer Kampfgruppe „Lobmeyer" / SS-Führungshauptamt IN 6 — Verteidigungs-Bereitstellungs-Kommando Berlin

SS-Sturmbannführer Lobmeyer trat als Freiwilliger in die 2. Kompanie des SS-Regiments „Deutschland" ein. Die Ausbildung erfolgte später im Bataillons-Nachrichtenzug. Nach dem Besuch der SS-Junkerschule in Tölz kehrte Lobmeyer zu seiner Einheit zurück. Im Polenfeldzug Späh- und Stoßtruppführer, im Frankreichfeldzug Gruppenführer, wurde er am 8. 6. 1940 verwundet. Nach der Ausheilung erfolgte seine Versetzung zur schweren SS-Artillerie-Abteilung „Reich", dann an die Artillerieschule III in Lille.

Seit Februar 1941 bei der SS-Sturmgeschütz-Batterie „Reich", wurde Lobmeyer im Jugoslawienfeldzug, dann an der Ostfront eingesetzt. Bei den Kämpfen im Jelnja-Bogen verwundet, führte er nach seiner Genesung einen Zug in der SS-Sturmgeschütz-Batterie „Wiking" im Südabschnitt der Ostfront bis zur erneuten Verwundung. Im Juni 1942 erfolgte die Versetzung zur SS-Sturmgeschütz-Abteilung 1 Leibstandarte SS „Adolf Hitler" im Raum Taganrog. Als Zugführer wurde er in den Abwehrschlachten des Winters 1942/43 erneut zweimal verwundet. Nach dem Lazarettaufenthalt ab September 1943 in der SS-Sturmgeschütz-Batterie 505, war Lobmeyer dann in Folge Adjutant der SS-Aufklärungs-Abteilung 505 und Ordonnanz-Offizier beim Stab des V. SS-Gebirgs-Korps. Die nächsten Stationen hießen: Seit Ende August 1944 auszubildender Taktiklehrer an der SS-Junkerschule Prag und ab Oktober 1944 Inspektionsführer für Oberjunker (Oberfähnrich) an der Sturmgeschützschule in Janowice.

Ende Dezember 1944 wurde Lobmeyer Chef der auf dem Truppenübungsplatz „Böhmen und Mähren" von ihm selbst aufgestellten Sturmgeschütz-Batterie der 15. Waffen-Grenadier-Division der SS (lett. Nr. 1). Am 23. 1. 1945 wurde die Batterie mit dem Ziel Danzig in Marsch gesetzt. Da die sowjetischen Truppen bereits Landsberg an der

Warthe erreicht hatten, erfolgte die Ausladung bei Küstrin. Schon am 26. 1. 1945 wurde der Marsch in Richtung Frankfurt/Oder fortgesetzt. Der erste Einsatz Lobmeyers mit seinen „Hetzern" (Jagdpanzer 38 mit 7,5-cm-Pak 39/L 48) erfolgte ostwärts Frankfurt/Oder, bei Lebus, Reitwein und Reppen. Vorstoßende sowjetische Panzerkeile wurden angegriffen und vernichtet. In pausenlosen Tag- und Nachteinsätzen gelang zusammen mit Grenadier-Alarmeinheiten die Stabilisierung eines Teils der Oderfront.

Während der dann notwendigen Auffrischung erfolgte die Umbenennung in SS-Jagd-Panzer-Abteilung 561 zbV (zur besonderen Verwendung). Sie wurde direkt der Heeresgruppe „Weichsel" unterstellt und mit der Sicherung der rechten Heeresgruppen-Grenze im Raum Guben beauftragt.

Am 18. 2. 1945 standen die „Hetzer" bereits wieder im Einsatz ostwärts Guben. Die Abteilung vernichtete im Raum Crossen-Forst(Lausitz)-Guben innerhalb kürzester Zeit weit über 50 sowjetische Panzer und anderes Kriegsmaterial. Im März 1945 kam es zur Verlegung in den Raum um Müllrose. Die Abteilung wurde im Bereich des V. SS-Gebirgs-Korps Eingreifreserve mit Unterbringung in Baracken am Ostrand von Müllrose. Angesichts des drohenden Aufmarsches der sowjetischen Armeen zum Endangriff auf Berlin wurde Lobmeyers Abteilung am 20. 3. 1945 bewegliche Reserve für die Verteidigung der Reichshauptstadt. Kurz danach wurde die Verlegung in ein Waldlager südlich Müllrose befohlen. Erdbunker dienten als Unterkunft.

Am 16. 4. 1945 begann der sowjetische Großangriff auf Berlin. Die Abteilung Lobmeyer unterstützte die anderen Verbände des V. SS-Gebirgs-Korps in Abwehr und Angriff, half wesentlich bei der Zerschlagung einer mongolischen Schützen-Division bei Markendorf nordostwärts Müllrose und bei der Öffnung der Einschließung von Frankfurt/Oder. Südlich der Autobahn Frankfurt/Oder-Berlin deckte die Abteilung dann den Rückzug, stellte die Verbindung zwischen dem V. SS-Gebirgs-Korps und dem nördlich davon kämpfenden XI. SS-Panzer-Korps bei Fürstenwalde her und unterstützte gleichzeitig die moralisch zerbrochenen Teile der 9. Armee um den Storkow-See, den Scharmützel-See, durch laufendes Aufbrechen von kleineren Kesseln.

Die jetzt als Kampfgruppe „Lobmeyer" bezeichnete Einheit war inzwischen einschließlich der eigenen Jagd-Panzer-Abteilung auf eine Gefechtsstärke bis zu 2000 Mann angewachsen. Sie erreichte noch rechtzeitig den Raum Beeskow und fuhr sofort Einsätze gegen den Brückenkopf der Sowjets, der sich inzwischen bis Neuendorf und Groß Rietz ausgedehnt hatte. Die festgefahrenen Einheiten wurden freigekämpft. Die Kampfgruppe deckte den Rückzug des Gros des V. SS-Gebirgs-Korps (Reste der 286. und 391. Infanterie-Division, Regimentsgruppe Voß der 32. SS-Division). Nach dem Angriff der Kampfgruppe „Lobmeyer" in südwestlicher Richtung auf die Dahme erfolgte die Erzwingung des Dahme-Überganges bei Märkisch Buchholz und die Zerschlagung des sowjetischen Sperriegels westlich der Dahme. Zusammen mit den verbliebenen Panzern der schweren SS-Panzer-Abteilung 502 wurde Halbe eingenommen. Halbe wechselte mehrmals den Besitzer. Heftige Kämpfe um die Autobahn-Unterführung westlich Halbe folgten. Versorgungsschwierigkeiten traten auf. Nur noch zwei Panzer setzten den Marsch in Richtung Baruth fort. Kämpfend wurde der Schießplatz Kummersdorf überquert. Im Trebbiner Stadtforst wurde dann die Reichsstraße 101 und die dahinterliegende Bahnstrecke Luckenwalde-Trebbin überwunden und der Raum Liebetz erreicht.

Am 1. 5. 1945 war dann der mot. Marsch der Reste der Kampfgruppe „Lobmeyer" zu Ende. Die letzten Panzerfahrzeuge und Vielfachwerfer mußten gesprengt werden. Zu Fuß ging es weiter. Am 9. 5. 1945 erreichte Lobmeyer mit einer kleinen Gruppe die Elbe bei Coswig, nachdem der SS-Hauptsturmführer am 7. 5. aus kurzer sowjetischer Gefangenschaft entkam, durchschwamm den Fluß und wiederholte dieses mit seiner Gruppe in der Nacht zum 10. 5. nördlich Bitterfeld durch Überwindung der Mulde. Dann löste sich diese kleine Restgruppe auf. Jeder versuchte seine Heimat zu erreichen. Lobmeyer fand seine Familie in Österreich.

Wehrmacht — Waffen-SS:

01.10.1936	Freiwilliger Eintritt in die 2. Kompanie des SS-Regiments „Deutschland" München, (Bataillons-Nachrichten-Zug)
01.11.1938	SS-Junkerschule (Bad) Tölz
14.06.1939	zurück in die 2. Kompanie des SS-Regiments „Deutschland", Polen- und Frankreichfeldzug als Späh-, Stoßtrupp- und Gruppen-Führer
08.06.1940	an der Westfront verwundet, nach Ausheilung zur IV. (schweren) Abteilung/SS-Artillerie-Regiment „Reich" (AVko/Führer), dann an der Artillerieschule III Lille (Ausbildung/Luftbeobachter)
01.02.1941	SS-Sturmgeschütz-Batterie „Das Reich" (Jüterbog), dann Serbien-Einsatz (Banat), Ostfront
09.07.1941	am Jelnabogen — Ostfront — verwundet, nach Ausheilung Zugführer in der SS-Sturmgeschütz-Batterie „Wiking", ununterbrochener Einsatz an der Südfront mit der Kampfgruppe „Dieckmann" (späterer Träger der Schwerter zum Eichenlaub zum Ritterkreuz des EK) bis zur erneuten Verwundung im April 1942
01.06.1942	Versetzung zur SS-Sturmgeschütz-Abteilung Leibstandarte SS „Adolf Hitler", dort zweimalige Verwundung im Winter 1942/43 bei Berka und Charkow
01.09.1943	SS-Sturmgeschütz-Batterie 505
01.05.1944	Adjutant/SS-Aufklärungs-Abteilung 505
01.07.1944	Ordonnanz-Offizier beim V. SS-Gebirgs-Korps, dann Kommandierung an die Sturmgeschütz-schule Burg/Kommandeur-Lehrgang
01.09.1944	Auszubildender Taktiklehrer an der SS-Junkerschule Prag
01.10.1944	Inspektionsführer für SS-Oberjunker (Oberfähnrich) an der SS-Sturmgeschützschule Janowice
25.12.1944	Chef der SS-Sturmgeschütz-Batterie in der 15. Waffen-Grenadier-Division der SS (lettische Nr. 1)
15.02.1945	die SS-Sturmgeschütz-Batterie wird umbenannt in SS-Jagd-Panzer-Abteilung 561 zur besonderen Verwendung/direkte Unterstellung der Heeresgruppe Weichsel
16.04.1945	in Personalunion Führer Kampfgruppe „Lobmeyer"
02.05.1945	Verleihung des Eichenlaubs zum Ritterkreuz des EK an Lobmeyer und SS-Obergruppenführer Kleinheisterkamp

(Eidesstattliche Erklärung G.-P. Reber vom 20. 2. 1979. Ferner Ritterkreuz- und Eichenlaub-Verleihung, siehe Lenfeld/Thomas „Die Eichenlaubträger 1940–1945", 1. bzw. 2. Auflage.)

Orden und Ehrenzeichen:

15.07.1940	Eisernes Kreuz II. Klasse
15.07.1941	Eisernes Kreuz I. Klasse
15.03.1945	Deutsches Kreuz in Gold
22.08.1942	Medaille Winterschlacht im Osten
15.12.1940	Beobachter-Abzeichen Silber
16.03.1945	Nahkampfspange I. Stufe
12.04.1945	Nahkampfspange II. Stufe
22.03.1945	Panzer-Vernichtungsabzeichen — 4 Ärmelstreifen —
22.08.1942	Panzerkampfabzeichen Silber
20.04.1945	Panzerkampfabzeichen III. Stufe

Beförderungen:

20.04.1943	SS-Untersturmführer (Leutnant)
01.05.1944	SS-Obersturmführer (Oberleutnant)
15.02.1945	SS-Hauptsturmführer (Hauptmann)
02.05.1945	SS-Sturmbannführer (Major)
	(laut XI. SS-Panzer-Korps)

Anmerkung:
SS-Sturmbannführer Lobmeyer war von Anfang an bei der Sturmartillerie der Waffen-SS. 4 Jahre Sturmartillerist und die von ihm durchgeführte Aufstellung einer Sturmgeschütz-Batterie waren Anlaß, in diesem Band eine Würdigung vorzunehmen.

SS-Sturmbannführer, Eichenlaubträger, Dieckmann (rechts) mit dem späteren Träger der „Brillanten", SS-Obergruppenführer Gille (Mitte), und dem späteren Eichenlaubträger, SS-Hauptsturmführer Walter Schmidt (links).

Lobmeyer beim Stab des V. SS-Gebirgs-Korps.

Major im Generalstab
JOACHIM LÜTZOW
* 8.11.1913   Bautzen / Kreis Bautzen / Bezirk Dresden / Sachsen

Ritterkreuz (642) am 4.11.1941 als Oberleutnant Geschütz-Führer / Chef Sturmgeschütz-Batterie 667 / XXVIII. Armee-Korps / 18. Armee / Heeresgruppe Nord

Nach Überschreiten der Grenze bei Memelwalde am 22. 6. 1941 führte der Weg der Batterie über die Niewiaza in Richtung Kedaniai, über die Düna bei Liewenhof mit dem ersten Gefecht am 8. 7. (Sebesh), dem Durchbruch durch die Stalin-Linie und dem Erreichen von Noworshew. Es folgten die Einsätze südlich Borok, Rwy, Jewanova, Murajewa. Es waren schon stolze Erfolge der Batterie und ihres Chefs. Am 14. 8. wurde die Lowat erreicht, dann der Luga-Übergang erzwungen. Vom 12. bis 15. 9. gelang der Durchbruch durch die Ishora-Stellung. Die Stadt Sluzk wurde am 15. 9. durch die Batterie im Handstreich genommen. Oberleutnant Lützow rollte mit seiner Batterie durch die Stellungen, Feindpanzer wurden abgeschossen, die gegnerischen Stellungen niedergewalzt. Lützow kämpfte an der Spitze seiner Sturmgeschütze einen Weg zur Nachbardivision frei und erhielt für diesen schlachtentscheidenden Einsatz das Ritterkreuz, nachdem er schon vorher von der 30. ID zum Ritterkreuz eingereicht worden war.

Wehrmacht:
26.05.1934   Fahnenjunker Artillerie-Regiment 4
01.10.1934   Artillerie-Regiment Dresden
14.01.1935—
24.10.1935   Fähnrichs-Lehrgang München
25.10.1935   ins Artillerie-Regiment 4
28.01.1936—
09.11.1938   I. Abteilung/Artillerie-Regiment 74 Korneuburg bei Wien
01.04.1937—
17.04.1937   Nachrichten-Lehrgang für Offiziere der Artillerie an der Heeres-Nachrichtenschule Halle
20.10.1937—
29.10.1937   Lehrgang für Nachrichten-Offiziere bei der Nachrichten-Abteilung 37 Weimar

10.11.1938 I. Abteilung/Artillerie-Regiment 78 Jena
23.11.1938 Chef der 5. Batterie/Artillerie-Regiment 116 Oppeln
06.11.1939–
11.08.1941 Führerreserve des OKH unter gleichzeitiger Kommandierung zum Befehlshaber des Ersatzheeres —In 4—
16.05.1940 Kommandierung zur Umschulung auf Sturmgeschütze beim Artillerie-Lehr-Regiment Jüterbog
24.07.1940 Chef der Sturmgeschütz-Batterie 667 (mit dem 1.7.1940 ernannt)
12.08.1941 Chef Sturmgeschütz-Batterie 667
05.02.1942 Hörsaalleiter —Lehrstab A— an der Artillerieschule II Jüterbog in der Sturmgeschütz-Ersatz- und Ausbildungs-Abteilung 200
22.01.1943 Kommandeur Sturmgeschütz-Abteilung 667
02.03.1943 Führerreserve des OKH unter gleichzeitiger Kommandierung zur Generalstabs-Vorausbildung bei der 251. Infanterie-Division
01.09.1943 Kommandierung zur Generalstabs-Vorausbildung beim XXXXVI. Panzer-Korps
06.12.1943 12. Generalstabs-Lehrgang an der Kriegsakademie Hirschberg
07.05.1944 in den Generalstab des OKH
10.06.1944 Ib der 297. Infanterie-Division
01.08.1944 in den Generalstab des OKH
01.03.1945 Ia der 392. (kroat.) Infanterie-Division
11.04.1945 Stabsoffizier beim Stab Heeresgruppe Südost

Teilnahme am Feldzug im Osten und Südosten, keine Kriegsgefangenschaft

Bundeswehr:
01.09.1952 Eintritt Amt Blank/Bundeskanzleramt
01.10.1955–
01.10.1978 im Bundesministerium der Verteidigung Verwendung als „Offizier zur besonderen Verwendung"/ Sonderaufgaben

Orden und Ehrenzeichen:
09.09.1939 Eisernes Kreuz II. Klasse
15.07.1941 Eisernes Kreuz I. Klasse
20.10.1941 Infanterie-Sturmabzeichen allgemein
27.06.1942 Medaille Winterschlacht im Osten
16.09.1939 Verwundetenabzeichen Schwarz

Beförderungen:
01.10.1934 Gefreiter
01.12.1934 Unteroffizier
01.06.1935 Fähnrich
25.10.1935 Oberfähnrich mit Wirkung vom 1.10.1935
20.04.1936 Leutnant mit Wirkung vom 1.4.1936 und Rangdienstalter vom 1.4.1936 —583—
28.02.1939 Oberleutnant mit Wirkung vom 1.3.1939 und Rangdienstalter vom 1.3.1939 —220—
18.01.1942 Hauptmann —510— mit Wirkung vom 1.2.1942 und Rangdienstalter vom 1.2.1942 —731—
30.01.1942 Hauptmann neues Rangdienstalter vom 1.8.1941 —48 a—
08.09.1943 Major —5510— mit Wirkung vom 1.8.1943 und Rangdienstalter vom 1.8.1943 —43 a—
01.08.1944 Major im Generalstab mit Wirkung vom 1.8.1944

22.06.1956 Oberstleutnant im Generalstab
10.10.1957 Oberst im Generalstab
17.10.1959 Ministerialrat

Hauptmann
WALDEMAR LUTZ

* 24.5.1913 Maikammer / Kreis Südliche Weinstraße / Rheinland-Pfalz
✣ 15.9.1942 im Großraum von Stalingrad-Stadt

Ritterkreuz (1214) am 2. 10. 1942 als Hauptmann Geschütz-Führer / Chef 1. Batterie / Sturmgeschütz-Abteilung 245 / nach 47 Panzerabschüssen / LI. Armee-Korps / 6. Armee / Heeresgruppe B

7 Sturmgeschütze der Sturmgeschütz-Abteilung 245 unter Führung von Hauptmann Lutz vernichteten bei den Angriffen auf Stalingrad am 6., 7. und 8. 9. 1942 37 Panzer — davon 1 52 to, 8 44 to und 22 T 34 — 2 schwere Flak-Batterien sowie 5 schwere, 15 leichte Geschütze und 17 Bunker aus Beton und Panzerkuppeln. Davon wurden allein am 7. 9. vom Morgengrauen bis kurz vor 16.00 Uhr 26 Panzer (darunter 4 KW I, 44 to und 13 T 34), 15 7,62-cm-Feldkanonen, 5 mittlere und 4 schwere Pak, 3 schwere Flak, 2 schwere Geschütze, 13 Granatwerfer, 11 Panzerbüchsen, 17 MG, 17 Bunker, 30 bis 40 Feldstellungen mit Unterständen, 9 LKW und 3 Zugmaschinen zerstört. Dieses wurde in einem Tagesbefehl des LI. AK. — General der Artillerie von Seydlitz-Kurzbach — besonders gewürdigt. Auch sonst zeichnete sich Lutz wiederholt aus, so beim Dorf M. durch die Vernichtung von 7 schweren Pak durch das Geschütz des Batteriechefs innerhalb einer Viertelstunde.

Wehrmacht:
04.04.1934 Eintritt Artillerie-Regiment 27 Augsburg, Ausbildung, Kriegsschule, dann Polen-, Frankreich- und Ostfeldzug
18.10.1941 an der Ostfront verwundet, Lazarett
18.01.1942 aus dem Genesungsurlaub (Fernschreiben) kommandiert zur Umschulung auf Sturmgeschütze nach Jüterbog
10.03.1942 Chef der 1. Batterie/Sturmgeschütz-Abteilung 245
15.09.1942 in den Vormittags-Stunden, direkt an der Wolga, hob sich Lutz halb aus der Führerluke seines Geschützes, um sich zu orientieren. In diesem Augenblick traf die Kugel eines sowjetischen Scharfschützen sein Herz. Lutz war sofort tot.
16.09.1942 beigesetzt auf dem Heldenfriedhof beim Hauptverbandsplatz der 71. Infanterie-Division in Gontschara, etwa 15 km westlich Stalingrad

Orden und Ehrenzeichen:
29.09.1939   Eisernes Kreuz II. Klasse
26.09.1940   Eisernes Kreuz I. Klasse

Beförderungen:
31.08.1937   Leutnant mit Rangdienstalter vom 1. 9. 1937 —80—
19.07.1940   Oberleutnant mit Rangdienstalter vom 1. 8. 1940 —107—
20.04.1942   Hauptmann mit Rangdienstalter vom 1. 3. 1942 —188—

oben links:
„Chef"-Geschütz des Hauptmann Lutz:
Richtunteroffizier Gefreiter Holzapfel (vorn) und Funker und Ladekanonier Gefreiter Jung.

oben rechts:
Hauptmann Lutz (2. v. r.) und seine Besatzung mit Gefreiter Holzapfel (1. v. l.).

Grabstätte des Hauptmann Lutz vor Stalingrad.

Hauptmann
HERBERT KARL JOHANN „HANNS" MAGOLD

* 16.11.1918 Unterreßfeld / Gemeinde Bad Königshofen im Grabfeld / Unterfranken / Bayern
✠ 15. 9.1944 im Osten

Ritterkreuz (1644) am 3. 4. 1943 als Oberleutnant Geschütz-Führer / Chef 1. Batterie / Sturmgeschütz-Abteilung „Großdeutschland" / Infanterie-Division (mot.) „Großdeutschland" / Armee-Abteilung Kempf / Heeresgruppe Süd

Der Angriff zur Rückeroberung von Charkow begann am 7. 3. 1943. Die 1. Batterie durchfuhr Grigorowka, vernichtete auf Höhe 188 feindliche Schlittenkolonnen und erreichte Alexandrowka. Dann wurde sie durch einen Pakriegel aufgehalten, Panzer tauchten auf. 7 T 34 wurden abgeschossen, 4 Pak 12,2 cm, 21 Pak 7,62 cm vernichtet, ferner 16 leichte Pak-Geschütze. An diesem Erfolg war Magold überaus beteiligt. 5 der 7 Feindpanzer hatte er abgeschossen. Wegen dieser hervorragenden Leistungen wurde der Oberleutnant zum Ritterkreuz eingereicht. Schon am 14. 3. kam es zu einem weiteren Erfolg beim Eindringen in Stanowoje. Magold schoß allein 14 von den 15 in diesem Ort vernichteten Feindpanzern ab.

Wehrmacht:

03.11.1937 als Fahnenjunker Eintritt in die 2. Batterie/Artillerie-Regiment 74 unter gleichzeitiger Kommandierung zur 1. Batterie/Artillerie-Regiment 74
15.11.1938—
14.08.1939 Kriegsschule Dresden
01.09.1939 I. Abteilung/Panzer-Artillerie-Regiment 74 in der 2. (Wiener) Panzer-Division, Polen- und Frankreichfeldzug
13.08.1940 Adjutant der I. Abteilung/Panzer-Artillerie-Regiment 74, Griechenland- und Ostfeldzug
17.04.1942 stellvertretender Batterie-Führer der 5. Batterie/Panzer-Artillerie-Regiment 74, Ostfeldzug
01.07.1942 Lehrgang für Batterie-Führer
26.07.1942 Führer der 3. Batterie/Panzer-Artillerie-Regiment 74 und Adjutant der I. Abteilung
05.08.1942 durch Panzer-MG-Schuß am linken Oberschenkel schwer verwundet
14.01.1943 kommandiert zum Aufstellungsleiter des XIII. Flieger-Korps
25.01.1943 Führer der 1. Batterie/Sturmgeschütz-Abteilung „Großdeutschland"

01.02.1943	Chef der 1. Batterie/Sturmgeschütz-Abteilung „Großdeutschland"
16.01.1944	Führer der Sturmgeschütz-Abteilung „Großdeutschland"
26.07.1944	Kommandeur Sturmgeschütz-Brigade 311
15.09.1944	laut OKH-Heerespersonalamt (Nr. 89/5456 J) im Mittelabschnitt der Ostfront gefallen

Orden und Ehrenzeichen:

19.09.1939	Eisernes Kreuz II. Klasse
11.10.1940	Eisernes Kreuz I. Klasse
14.01.1942	Deutsches Kreuz in Gold
08.09.1942	Medaille Winterschlacht im Osten
13.06.1941	Sturmabzeichen allgemein
05.06.1942	Verwundetenabzeichen Schwarz
23.11.1942	Verwundetenabzeichen Silber

Beförderungen:

01.04.1938	Gefreiter
01.08.1938	Unteroffizier
01.04.1939	Fähnrich mit Wirkung vom 1. 3. 1939
01.08.1939	Oberfähnrich
01.08.1939	Leutnant —4370— mit Wirkung vom 1. 8. 1939 und Rangdienstalter vom 1. 9. 1939 —81—
15.09.1941	Oberleutnant mit Wirkung vom 1. 10. 1941 und Rangdienstalter vom 1. 10. 1941 —64—
20.03.1943	Hauptmann mit Wirkung vom 1. 2. 1943 und Rangdienstalter vom 1. 2. 1943 —198—

Sowjetischer Spähpanzer T-70 mit 4,5-cm-Bordkanone.

Major im Generalstab
WILHELM HANS JOACHIM VON MALACHOWSKI

* 6. 6.1914 Rostock / Mecklenburg
† 28.10.1980 Köln am Rhein / Nordrhein-Westfalen

Ritterkreuz (837) am 30. 1. 1942 als Oberleutnant Geschütz-Führer / Chef 2. Batterie / Sturmgeschütz-Abteilung 189 / nach 35 Panzerabschüssen / VI. Armee-Korps / 9. Armee / Heeresgruppe Mitte

206. Eichenlaub (95) am 6. 3. 1943 als Hauptmann Kommandeur Sturmgeschütz-Abteilung 228 / 6. Panzer-Division / XXXXVIII. Panzer-Korps / Armee-Abteilung Hollidt / Heeresgruppe Don

Am 22. 8. 1941 begann die Kesselschlacht von Welikije-Luki unter Beteiligung der 110. ID. Die 2. Batterie der Sturmgeschütz-Abteilung 189 war dem IR 255 zugeteilt. An diesem Tage zerschlugen die Sturmgeschütze die feindlichen Baumsperren und rollten darüber hinweg. Trotz Sumpfboden, Minen und Panzergräben führte Oberleutnant von Malachowski seine Geschütze weit nach vorn. Die 110. ID kam bis zum Abend bis vor Krimozowa. Wilhelm von Malachowski wurde durch Minendetonation leicht verwundet. In den nächsten Tagen trug die Abteilung zur Eroberung von Welikije-Luki bei. Dann folgte der Einsatz in der Doppelschlacht Wjasma-Brjansk. Dank der Entschlossenheit und Kühnheit des Batteriechefs fügte die 2. Batterie in der Winterschlacht um Rshew dem Gegner schwere Verluste zu. In vielen verbissen geführten Gefechten im Brückenkopf Rshew-Nord schoß der Oberleutnant zahlreiche Panzer ab und trug zur Entlastung der schwer ringenden Infanterie bei. So zerstörte am 23. 1. 1942 bei einem Vorstoß nach Norden in Gegend 1 km südostwärts Bachmatowo die 2. Batterie 18 feindliche Geschütze.
Die Sturmgeschütz-Abteilung 189 blieb ein Rückhalt bei den folgenden Schlachten um Rshew. Als Hauptmann führte von Malachowski zeitweise die Abteilung. Die 2. Batterie zeichnete sich noch am 14. 9. 1942 im Abschnitt der 6. ID besonders aus.
Am 30. 12. 1942 wurde die Abteilung dann in die 78. Sturm-Division eingegliedert und teilte ihr weiteres Schicksal. Hauptmann von Malachowski war inzwischen zum Führer der Sturmgeschütz-Abteilung 228 ernannt worden. Diese war im Donbogen eingesetzt und gehörte am 24. 12. 1942 zur Vorausabteilung der 6. Panzer-Division. Diese Division stellte am 26. 12. die Gruppe Unrein — dabei die Abteilung 228 — der 11. Panzer-Division zur Verfügung, die Tazinskaja wieder nehmen sollte.

Am 27. 12. schoß die Abteilung 12 Panzer ab, 3 Pak 7,62 cm wurden vernichtet. In der Nacht zum 28. 12. drang die Gruppe Unrein in Tazinskaja ein. Es wurden insgesamt 34 Panzer vernichtet, 3 Pak 7,5 cm, 12 s.MG und 500 Panzerbüchsen erbeutet. Ein Obergefreiter des Panzer-Grenadier-Regiments 4 notierte in seinem Tagebuch: „Unsere unvergleichlichen Sturmgeschütze schossen bei dem nächtlichen Angriff wieder einige Feindpanzer ab."
Am 19. 2. 1943 wurde die 6. Panzer-Division — dabei die Sturmgeschütz-Abteilung 228 — nach Stalino verlegt. Am 22. 2. begann die Operation, die bis zum Dnjepr vorgestoßenen sowjetischen Divisionen von rückwärts abzuschneiden. Am 1. 3. erreichte die 6. Panzer-Division den Westteil von Bereka. Am 2. 3. gab die Division als Tagesziel für den nächsten Tag die Erreichung des Msha-Abschnittes-Merefa. Die für die Nacht angesetzten Angriffe schlugen jedoch fehl, in Taranowka standen 11 T 34 um die als Stützpunkt ausgebaute Kirche. Am 8. 3. wurde Ssokolowo nach hartem Kampf mit tschechischer Infanterie genommen. Am nächsten Tag wurde Hauptmann von Malachowski schwer verwundet. Ein hervorragender Truppenführer der Sturmartillerie fehlte dieser Waffe in der kommenden Schlußphase des Krieges.

General der Panzertruppe
(später Generalfeldmarschall) Walter Model
(* 24. 01. 1891/✝ 21. 04. 1945),
Oberbefehlshaber der 9. Armee (16. 01. 1942 — 05. 11. 1943).

Generalfeldmarschall Günther von Kluge
(* 30. 10. 1882/✝ 19. 08. 1944 — Träger des 181. Eichenlaubs),
Oberbefehlshaber der Heeresgruppe Mitte
(18. 12. 1941 — 12. 10. 1943).

Wehrmacht:
07.05.1935　als Schütze in die 6. Kompanie/Infanterie-Regiment Rostock
12.10.1935　1. Kompanie/Infanterie-Regiment 27
03.01.1936–
24.10.1936　Kriegsschule Dresden
01.11.1936　II. Abteilung/Artillerie-Regiment 48 Perleberg
02.11.1936–
10.03.1937　an der Waffenschule der Artillerie
01.04.1937　I. Abteilung/Artillerie-Regiment 48 Güstrow
12.10.1937　1. Batterie/Artillerie-Regiment 48 Güstrow
03.01.1939　Batterie-Offizier in der 7. (E) Batterie/Artillerie-Regiment 68 Belgard an der Persante
26.08.1939　Batterie-Offizier im Artillerie-Regiment 601
01.08.1940　Batterie-Offizier im Artillerie-Regiment (mot.) 160 in der 60. Infanterie-Division (mot.)
12.06.1941　Sturmgeschütz-Ersatz- und Ausbildungs-Abteilung 200
10.07.1941　Chef der 2. Batterie/Sturmgeschütz-Abteilung 189 und zeitweise auch Abteilungs-Führer
30.11.1942　Führer Sturmgeschütz-Abteilung 228
22.02.1943　Kommandeur Sturmgeschütz-Abteilung 228
09.03.1943　beim Angriff auf Taranowka verwundet, MPi.-Schuß in Arm und Oberschenkel, ein Arm wird amputiert, Einlieferung Reservelazarett 122 Tempelhof
01.04.1943　Führerreserve des OKH/Genesender Sturmgeschützschule Burg
15.11.1943　Führerreserve des OKH unter gleichzeitiger Kommandierung zur Vorausbildung für den Generalstab bei der 369. (kroat.) Infanterie-Division
15.04.1944　Kriegsakademie Hirschberg in Schlesien
01.11.1944　Versetzung in den Generalstab

Teilnahme an den Feldzügen in Frankreich und Rußland

1945/1947　alliierte Kriegsgefangenschaft

Orden und Ehrenzeichen:
09.07.1940　Eisernes Kreuz II. Klasse
26.05.1941　Eisernes Kreuz I. Klasse
23.09.1941　Sturmabzeichen allgemein
17.09.1941　Verwundetenabzeichen Schwarz
23.01.1942　Verwundetenabzeichen Silber
25.05.1943　Verwundetenabzeichen Gold
22.07.1942　Medaille Winterschlacht im Osten

Beförderungen:
01.11.1935　Gefreiter
01.12.1935　Unteroffizier
01.06.1936　Fähnrich
21.10.1936　Oberfähnrich mit Wirkung vom 1. 10. 1936
20.04.1937　Leutnant —2000— mit Wirkung vom 1. 4. 1937 und Rangdienstalter vom 1. 4. 1937 —1048—
31.08.1939　Oberleutnant —4500— mit Wirkung vom 1. 9. 1939 und Rangdienstalter vom 1. 9. 1939 —407—
12.06.1941　Oberleutnant mit Wirkung vom 1. 3. 1941 im Heer angestellt und Rangdienstalter vom 1. 10. 1939 —503a—
13.02.1942　Oberleutnant —910— neues Rangdienstalter vom 1. 6. 1939 —85c—
15.02.1942　Hauptmann —1000— mit Wirkung vom 1. 3. 1942 und Rangdienstalter vom 1. 3. 1942 —516—
30.04.1943　Major —2910— mit Wirkung vom 1. 3. 1943 und Rangdienstalter vom 1. 3. 1943 —64h—
01.11.1944　Major im Generalstab mit Wirkung vom 1. 11. 1944

Generalmajor (Generalleutnant) Walther von Hünersdorf
(* 28. 11. 1898/✠17. 07. 1943 — Träger des 259. Eichenlaubs),
Kommandeur der 6. Panzer-Division
(09. 02. 1943 — 13. 07. 1943).

Generaloberst Karl Hollidt
(* 28. 04. 1891 — Träger des 239. Eichenlaubs)
Befehlshaber „Armee-Abteilung Hollidt"
(23. 11. 1942 — 04. 03. 1943).

General der Panzertruppe Werner Kempf
(* 09. 03. 1886/† 06. 01. 1964 — Träger des 111. Eichenlaubs),
Kommandierender General des XXXXVIII. Panzer-Korps
(06. 01. 1941 — 30. 09. 1942).

Oberwachtmeister der Reserve
JOSEF MATHES

* 4.2.1908   Asch am Elstergebirge / Sudetenland
✠ 19.9.1944   an der Westfront

Ritterkreuz (3769) am 4. 10. 1944 als Oberwachtmeister der Reserve Geschütz-Führer/ Führer 2. Zug / 3. Batterie / Sturmgeschütz-Brigade 280 / II. SS-Panzer-Korps / Heeresgruppe B (Oberbefehlshaber West)

Im Zusammenhang mit der alliierten Luftlandung in Arnheim hatte das XXX. britische Korps die Straße Eindhoven–Nimwegen angriffsweise besetzt. Der deutschen Führung kam es darauf an, diese Nachschubstraße zu sperren. Bei Son (Zon) lag die südlichste Brücke des alliierten Luftlandekorridors. Am Nachmittag des 19. 9. 1944 etwa um 17.00 Uhr erschienen plötzlich Teile der 107. Panzer-Brigade vor Son. Sie gehörte zur Kampfgruppe Walther (Panzer-Brigade 107, Sturmgeschütz-Brigade 280, ein Fallschirmjäger-Regiment), der es am 22. 9. gelang, das an der Straße Eindhoven–Nimwegen weiter nördlich von Son gelegene Veghel im Angriff von Südosten einzuschließen. Der erfolgreichste Soldat der Brigade 280 war in dieser Zeit Oberwachtmeister Mathes. Er hat die Ritterkreuzverleihung nicht mehr erlebt. Josef Mathes fiel am 19. 9. 1944 [13]).

Wehrmacht:
19.10.1939   Eintritt in die Wehrmacht
08.09.1940   VI. Abteilung/Artillerie-Lehr-Regiment (mot.) 2
19.11.1940   Sturmgeschütz-Abteilung 191
17.06.1943   Sturmgeschütz-Abteilung 280

Teilnahme am Feldzug in Griechenland, im Osten und an der Westfront (1944/45)

Orden und Ehrenzeichen:
16.06.1941   Eisernes Kreuz II. Klasse
14.09.1942   Eisernes Kreuz I. Klasse
25.09.1942   Deutsches Kreuz in Gold
25.10.1944   Nennung im Ehrenblatt des Heeres

Beförderungen: nicht bekannt

Tieflader mit 18-t-Zugmaschine für die Verladung von Sturmgeschützen.

13) Es konnte bisher nicht ermittelt werden, wo Oberwachtmeister Mathes gefallen ist. Die Karteikarteneintragung „II. SS-Panzer-Korps" ist unklar, denn es findet sich anderswo kein Hinweis auf einen Einsatz der Sturmgeschütz-Brigade 280 oder von Teilen dieser Brigade im Bereich des II. SS-Panzer-Korps (Arnheim, Niederrhein). Es ist auch nicht bekannt, welche Tapferkeitstat zur Beantragung des Ritterkreuzes durch das II. SS-Panzer-Korps geführt hat (Eingang des Vorschlages laut Karteikarte: 25. 9. 1944, Abgang der Verleihungsurkunde 4. 11. 1944 an das stellvertretende Generalkommando XIII. Armee-Korps).

SS-Sturmbannführer (Major)
HUBERT ERWIN MEIERDRESS

* 11.12.1916   Wesel am Rhein / Nordrhein-Westfalen
✝ 4. 1.1945   bei Dunaalmas in Ungarn

Ritterkreuz (925) am 13. 3. 1942 als Obersturmführer (Oberleutnant) Geschütz-Führer / Chef SS-Sturmgeschütz-Batterie und Kampfgruppen-Führer / SS-Artillerie-Regiment „Totenkopf" / SS-„Totenkopf"-Division / II. Armee-Korps / 16. Armee / Heeresgruppe Nord

310. Eichenlaub (169) am 5. 10. 1943 als SS-Hauptsturmführer (Hauptmann) Führer I. Abteilung / SS-Panzer-Regiment 3 „Totenkopf" / 3. SS-Panzer-Grenadier-Division „Totenkopf" / XXXXVII. Armee-Korps / 8. Armee / Heeresgruppe Süd

Vor Beginn des Ostfeldzuges wurde Hubert Erwin Meierdress Chef der neuaufgestellten SS-Sturmgeschütz-Batterie in der SS-„Totenkopf"-Division. Als Batteriechef und Kampfgruppenführer in der Kampfgruppe Simon zeichnete er sich bei der Verteidigung des Raumes um Demjansk, bei den Abwehrkämpfen beiderseits Kirillowschtschina und als Kommandant des vorgeschobenen Stützpunktes Bjakowo besonders aus. Meierdress hielt mit nur 120 Mann diesen im Norden an der Rollbahn nach Demjansk liegenden Stützpunkt und sperrte dem Gegner den Weg in den Kessel. Der Besitz von Bjakowo war den Sowjets zur Fortführung ihrer Operationen von größter Bedeutung. Deshalb rannten sie wochenlang gegen den Stützpunkt an. Schlittenstoßtrupps mußten in den ersten Wochen die Versorgung sicherstellen. Ab 1. 3. 1942 war nach völliger Einschließung nur noch Luftversorgung möglich. Trotz stark überlegener Kräfte gelang es den Russen nicht, Bjakowo zu nehmen. Bei einem Stoßtruppunternehmen wurde Meierdress am 12. 3. 1942 schwer verwundet. Ein Fieseler Storch brachte ihn am 13. 3. gegen seinen Willen aus dem Stützpunkt. Für das tapfere Verhalten seiner Männer und für persönlichen Einsatz wurde er mit dem Ritterkreuz ausgezeichnet.
Nach Ausheilung der Verwundung erst Führer, dann Kommandeur der I. Abteilung des SS-Panzer-Regiments 3 „Totenkopf" zeichnete sich Meierdress südlich Charkow durch Angriffsschwung und Entschlußfreudigkeit aus. In diesen Frühjahrskämpfen des Jahres 1943 vernichtete seine Abteilung zahlreiche Panzer, Pak und Geschütze aller Kaliber. Das Eichenlaub wurde dem Hauptsturmführer verliehen für seinen hervorragenden Einsatz in der Kursker Schlacht bei Bjelgorod, für den Angriff über die Oka, die Abwehr- und Angriffskämpfe am Mius,

besonders um die Höhe von Augustowo. Am Mius hatte er mit wenigen Männern eine stark ausgebaute sowjetische Stellung im Nahkampf erobert. Im September 1943 wurde Hubert Erwin Meierdress bei der Bildung eines Brückenkopfes zum fünften Mal schwer verwundet.

Als seine I. Abteilung mit dem neuen schweren Panzer V, dem „Panther", ausgerüstet wurde, war der Hauptmann der Waffen-SS wieder bei seiner Abteilung. Es gab Erfolge im Sommer 1944 südlich Kielce und bei den Kämpfen im Bug-San-Weichsel-Abschnitt. Im Dezember 1944 verlegte die 3. SS-Panzer-Division „Totenkopf" nach Ungarn in den Raum Komarom. Bei dem am 1. 1. 1945 beginnenden Entsatzangriff auf Budapest wurde der Kommandeur-Panzer beim Eindringen in die Ortschaft Dunaalmas von einem T 34/85 seitlich in den Turm getroffen. SS-Sturmbannführer Meierdress und seine Besatzung fanden den Tod.

Wehrmacht — Waffen-SS:
01.04.1934 Eintritt in die SS-Standarte Leibstandarte SS „Adolf Hitler"
01.04.1936 SS-Junkerschule Braunschweig
01.04.1937 Kommandierungen zu verschiedenen Waffen- und Führer-Lehrgängen
01.06.1939 in das in Aufstellung befindliche SS-Artillerie-Regiment der SS-Verfügungstruppe auf dem Truppenübungsplatz Jüterbog „Hindenburglager"
08.10.1939 SS-Artillerie-Regiment „Totenkopf" der neuaufgestellten SS-„Totenkopf"-Division, Adjutant der I. Abteilung
07.06.1941 Chef der SS-Sturmgeschütz-Batterie im SS-„Totenkopf"-Artillerie-Regiment
01.06.1942 Beginn der Aufstellung der SS-Panzer-Abteilung „Totenkopf" im Zuge der Umgliederung der Division in eine SS-Panzer-Grenadier-Division in Weimar-Buchenwald, Kommandant und Zugführer
14.10.1942 Führer der I. Abteilung/SS-Panzer-Regiment 3 „Totenkopf"
03.02.1944 Kommandeur I. Abteilung
04.01.1945 beim Kampf zur Entsetzung von Budapest gefallen

Teilnahme am Feldzug in Polen, Frankreich und im Ostraum

Orden und Ehrenzeichen:
15.11.1939 Eisernes Kreuz II. Klasse
15.01.1942 Eisernes Kreuz I. Klasse

Beförderungen:
20.04.1939 SS-Untersturmführer (Leutnant)
09.11.1940 SS-Obersturmführer (Oberleutnant)
20.04.1942 SS-Hauptsturmführer (Hauptmann)
30.01.1944 SS-Sturmbannführer (Major)

Oberwachtmeister

HERBERT MEISSNER

* 27. 4. 1913   Allenstein / Ostpreußen

Ritterkreuz (1944) am 8. 8. 1943 als Oberwachtmeister Geschütz-Führer / Führer 1. Zug / 3. Batterie / Sturmgeschütz-Abteilung 244 / 86. Infanterie-Division / XXXXI. Panzer-Korps / 9. Armee / Heeresgruppe Mitte

Die Sturmgeschütz-Abteilung 244 kämpfte in der Kursker Schlacht im Rahmen des XXXXI. Panzer-Korps im Abschnitt der 86. ID nordostwärts Ponyri. Am ersten Angriffstag (5. 7. 1943) nahm die 86. ID den Ort Otschki und befand sich am Abend im Angriff auf das Höhengelände ostwärts davon. Das Grenadier-Regiment 184 drang über die 3. Feindstellung hinaus ins freie Gelände vor. In den Kämpfen der 86. ID zeichnete sich Oberwachtmeister Meißner so aus, daß die Division ihn zur Verleihung des Ritterkreuzes vorschlug.

Wehrmacht:
01. 10. 1932   Eintritt 7. Batterie/Artillerie-Regiment 1 Allenstein, Laufbahn des Berufsunteroffiziers
01. 10. 1934   verschiedene Ausbildungs- und Waffen-Lehrgänge
01. 10. 1937   Artillerie-Regiment 57
08. 11. 1940   17. Batterie/Artillerie-Lehr-Regiment Jüterbog
10. 06. 1941   Sturmgeschütz-Abteilung 244, Ostfronteinsatz
30. 10. 1942   an der Ostfront verwundet
10. 04. 1943   in die (neuaufgestellte) Sturmgeschütz-Abteilung 244

Orden und Ehrenzeichen:
15. 09. 1941   Eisernes Kreuz II. Klasse
25. 10. 1942   Eisernes Kreuz I. Klasse

Beförderungen:
01. 08. 1940   Wachtmeister
11. 10. 1941   Oberwachtmeister

Die Brigade auf dem Marsch.

Hauptmann der Reserve
EUGEN METZGER

* 1.8.1914   Stuttgart-Feuerbach / Baden-Württemberg

Ritterkreuz (541) am 29. 9. 1941 als Leutnant der Reserve Geschütz-Führer / Führer 2. Zug / 1. Batterie / Sturmgeschütz-Abteilung 203 / nach 17 Panzerabschüssen / 23. Infanterie-Division / VII. Armee-Korps / 4. Armee / Heeresgruppe Mitte

Am Morgen des 30. 8. 1941 setzte schweres Trommelfeuer im Abschnitt der 23. ID ein. Das IR 68 mußte gegen zahlreiche Feindpanzer zurückgenommen werden, da diese beim II. Bataillon durchgebrochen waren. Der Zug Metzger wurde eingesetzt und vernichtete mehrere Panzer. Am folgenden Tag war Leutnant Metzger befohlen, in Budka etwaige Angriffe abzuwehren. Er schoß dabei durch geschickten Einsatz seiner beiden Geschütze den größten Teil der angreifenden Panzer ab. Der Rest kehrte um. Eugen Metzger war es zu verdanken, daß an dieser Stelle der sowjetische Durchbruchsversuch aufgehalten wurde. Beim Angriff gegen Buda (Budka) verlor der Russe 18 Panzer. Am 1. 9. 1941 griff die 23. ID zusammen mit der 267. ID und der 10. Panzer-Division den eingebrochenen Gegner an, um ihn auf die Desna zurückzuwerfen. Am. 2. 9. war die alte HKL zurückerobert.

Wehrmacht:
26.08.1939   Artillerie-Regiment 35
31.01.1941   in die zu Jüterbog-Zinna aufgestellte Sturmgeschütz-Brigade 203
01.12.1942   Artillerieschule II Jüterbog
31.01.1944   Sturmgeschütz-Brigade 203
15.09.1944   Kommandeur Sturmgeschütz-Brigade „Großdeutschland"

Teilnahme am Feldzug in Frankreich und Rußland

Orden und Ehrenzeichen:
20.07.1940   Eisernes Kreuz II. Klasse
05.08.1941   Eisernes Kreuz I. Klasse

Beförderungen:

20.04.1940 Leutnant der Reserve —970— mit Wirkung vom 1. 4. 1940 und Rangdienstalter vom 1. 4. 1940 —2500—
15.12.1941 Oberleutnant der Reserve —3450— mit Wirkung vom 1. 10. 1941 und Rangdienstalter vom 1. 10. 1941 —894—
10.06.1943 Hauptmann der Reserve —1180— mit Wirkung vom 1. 4. 1943 und Rangdienstalter vom 1. 2. 1943 —ohne—

Drei Männer, die das Gesicht der Sturmartillerie prägten — von links nach rechts Metzger, Hoffmann-Schoenborn, Primozic.

Der Sturmartillerist, Ritterkreuzträger Metzger, und der Grenadier — Hand in Hand.

SS-Hauptsturmführer (Hauptmann)
BERNDT LUBICH VON MILOVAN

* 7.12.1913 Riga / Lettland
† 24. 4.1966 Oslo / Norwegen

Ritterkreuz (2223) am 14. 10. 1943 als SS-Obersturmführer (Oberleutnant) Geschütz-Führer / Führer 1. Batterie / SS-Sturmgeschütz-Abteilung 3 / SS-Panzer-Grenadier-Division „Totenkopf" / 8. Armee / Heeresgruppe Süd

Im Herbst 1943 war die SS-Panzer-Grenadier-Division „Totenkopf" im Rahmen der 8. Armee am Dnjepr eingesetzt. Im Oktober unterstand sie dem XI. AK. In den schweren Rückzugskämpfen galt es, die Panzergrenadiere zu entlasten. SS-Obersturmführer Lubich von Milovan tat dies immer wieder an der Spitze seiner Batterie und erzielte durch seine Einsatzbereitschaft und geschickte Führung stets beachtliche Erfolge. Seine Division beantragte daher die Verleihung des Ritterkreuzes. Er hatte durchgeführt, was als Aufgabe der Sturmartillerie vorgesehen war: Unmittelbare Unterstützung der Infanterie im Angriff und in der Verteidigung an den Schwerpunkten des Kampfes.

Orden und Ehrenzeichen:
09.10.1941 Eisernes Kreuz II. Klasse
24.01.1942 Eisernes Kreuz I. Klasse
09.10.1944 Deutsches Kreuz in Gold
17.03.1942 Verwundetenabzeichen Schwarz
07.09.1942 Medaille Winterschlacht im Osten

Beförderungen:
17.08.1941 SS-Untersturmführer (Leutnant)
21.06.1943 SS-Obersturmführer (Oberleutnant)
09.11.1944 SS-Hauptsturmführer (Hauptmann)

Abgeschossenes deutsches Sturmgeschütz.

Sowjetischer KW I B/C mit 7,6-cm-KwK.

Oberleutnant

GÜNTHER MÖLLER

* 12. 6. 1917   Berlin
✝ 22. 9. 1941   Ostfront – Kesselschlacht von Kiew

Ritterkreuz (502) am 22. 9. 1941 als Oberleutnant Geschütz-Führer / Chef 2. Batterie / Sturmgeschütz-Abteilung 191 „Büffel" / 98. Infanterie-Division / LI. Armee-Korps / 6. Armee / Heeresgruppe Süd

Vom 23. bis 30. 7. 1941 war die 2. Batterie im Brückenkopf Malin bei der 262. ID eingesetzt. Der Batteriechef, Oberleutnant Möller, setzte sie geschickt und mit Erfolg auch beim Vorstoß auf Korosten (30. bis 31. 7.) im Rahmen der 98. ID ein. Am 6. 8. führte diese Division einen Angriff von Stremigorod nach Nordwesten mit Unterstützung der Batterie Möller erfolgreich durch. Die Einnahme von Medynowaja-Sloboda am 14. 8. durch Teile des IR 282 und die 2. Batterie und die Eroberung der Höhe 178 durch Oberleutnant Möller mit 9 Sturmgeschützen ohne jede Infanterie waren Höhepunkte in der Geschichte der Sturmgeschütz-Abteilung 191. Als das Nachbarkorps (XVII. AK.) nicht herankam, erkannte Möller die Lage, ließ die 5./IR 282 auf der Höhe 178 zurück und stieß ohne Befehl der Abteilung in westliche Richtung vor. Nach der Einnahme von Gorbatschi kam es zur Verbindungsaufnahme mit dem linken Nachbarn (56. ID). 5 in Richtung Ziegelei Gorbatschi vorpreschende Sturmgeschütze konnten Teile des Gegners abschneiden und zusammenschießen bzw. gefangennehmen. Der OB der 5. russischen Armee erklärte nach seiner späteren Gefangennahme, die Russen hätten die Deutschen bei Malin sicher geschlagen, wenn diese nicht überall ihre „Infanteriepanzer" (Sturmgeschütze) so verheerend zum Einsatz gebracht hätten.

Wehrmacht:
10. 04. 1936   I. Abteilung/Grenz-Artillerie-Regiment 105 Trier
10. 05. 1940   I. Abteilung/Artillerie-Regiment 105
17. 08. 1940   Beginn der Umschulung auf Sturmgeschütze in Jüterbog
01. 10. 1940   Chef der Stabs-Batterie in der neuaufgestellten Sturmgeschütz-Abteilung 191 „Büffel" Jüterbog/Altes-Lager
03. 04. 1941   Chef der 2. Batterie/Sturmgeschütz-Abteilung 191
22. 09. 1941   durch Kopfschuß gefallen. Beigesetzt am gleichen Tag in Ljuborzy, 40 km südostwärts von Kiew

Teilnahme am Feldzug in Frankreich, Griechenland und Rußland

Orden und Ehrenzeichen:
13.05.1940   Eisernes Kreuz II. Klasse
14.06.1941   Eisernes Kreuz I. Klasse

Beförderungen:
01.01.1938   Leutnant
01.04.1940   Oberleutnant

Das Offizierskorps der Sturmgeschütz-Abteilung 191.
1. Reihe, sitzend von links: Oblt. Göring, Oblt. Kapp, Oblt. Haarberg, Major Hoffmann-Schoenborn (Kdr.), Oblt. Möller, Hptm. von Schönau, Stabsarzt Dr. Gräve, Oblt. von Bockum-Dolffs.
2. Reihe, stehend von links: Lt. Fuchs, Lt. Lützow, Lt. Barths, Lt. Nordhoff, Oblt. Annacker, Lt. Heise, Oberzahlm. Barth, Lt. Bingler, Lt. Schneermann, Lt. Kollböck, Lt. Stoll.
3. Reihe, stehend von links: Lt. Heinzle, Lt. Heinrich, Lt. Götz, Lt. Berendes, Techn. Oberinsp. Heder.

Möller als Chef der 2. Batterie an der Ostfront.

Hauptmann der Reserve
ALFRED MONTAG

* 15. 6. 1918   Reitendorf bei Mährisch Schönberg / Sudetenland

Ritterkreuz (2990) am 21. 4. 1944 als Hauptmann der Reserve Geschütz-Führer / Chef 2. Batterie / Sturmgeschütz-Brigade 909 / 110. Infanterie-Division / LVI. Armee-Korps / 9. Armee / Heeresgruppe Mitte

873. Eichenlaub ( ) am 9. 5. 1945 als Hauptmann der Reserve Geschütz-Führer / Führer Sturmgeschütz-Brigade 341 / 59. Infanterie-Division / LXXXI. Armee-Korps / 5. Panzer-Armee / Oberbefehlshaber West —Kesselring—

Bei den Kämpfen zwischen Pripjet und Beresina trat der Russe am 30. 1. 1944 nach mehrstündigem schweren Artilleriefeuer gegen den gesamten Abschnitt der 110. ID zum Angriff an. Während des Kampfes wurde die 2. Batterie der Sturmgeschütz-Brigade 909 herangeführt und der Division unterstellt. Nach Abschuß mehrerer Feindpanzer drehten die restlichen russischen Kampfwagen ab.
Am 19. 2. griff der Feind den Abschnitt des Füsilier-Bataillons 110 nach einstündigem Trommelfeuer an. Das Bataillon wurde durchbrochen und mußte in eine fast 2 km rückwärts liegende Auffangstellung ausweichen. Bereits am Nachmittag begann der Gegenangriff des Füsilier-Bataillons mit Unterstützung der Sturmgeschütz-Batterie Montag. Als die Sturmgeschütze eine Anzahl russischer Panzer abgeschossen hatten, wurde mit Hilfe des Grenadier-Regiments 255 die alte HKL wieder besetzt. Hauptmann Montag erhielt das Ritterkreuz, da der letzte großangelegte Durchbruchsversuch der Sowjets in diesem Abschnitt gescheitert war.
Nach der Versetzung zur Sturmgeschütz-Brigade 341 als Führer bewies Hauptmann Montag erneut seine außergewöhnliche Tapferkeit und sein taktisches Können. Die 59. ID im Bereich des LXXXI. AK. erwähnte in ihrem Vorschlag zur Verleihung des Eichenlaubs zum Ritterkreuz des Eisernen Kreuzes folgende Einsätze des Hauptmanns Montag:
Am 25. 2. 1945 führte Hauptmann Montag mit nur 4 Sturmgeschützen blitzschnelle Gegenstöße in die tiefe Flanke des Feindes, der mit erdrückender Übermacht Katzem von Süden genommen hatte und weit nach Norden und Nordosten vordrang. Montag, aus einem Sturmgeschütz den Angriff führend, gelang es, durch dieses kühne und außergewöhnlich tapfere Unternehmen, den Feind aufzufangen und zu fesseln, so daß ein entscheidender Durchbruch des Feindes zwischen dem XII. SS-AK. und LXXXI. AK. verhindert wurde.

Am 26. 2. 1945 versuchte der Feind, Holzweiler mit erdrückender Übermacht zu nehmen und zu umfassen. Auch hier stieß Hauptmann Montag mit 6 Sturmgeschützen durch den Angriffskeil des Feindes hindurch und verhinderte hierdurch den frühzeitigen Verlust von Holzweiler. Er führte diesen außergewöhnlich kühnen Gegenstoß, obwohl der Feind 60 Panzer zur Verfügung hatte.

Am 27. 2. 1945 klärte er persönlich mit nur einem Sturmgeschütz in dem feindbesetzten Gelände Borschemich und Keyenberg auf, schuf hierdurch wesentliche Führungsunterlagen. Bei diesem tollkühnen Unternehmen im Rücken des Feindes vernichtete er mit seinem Sturmgeschütz mehrere LKW.

Am 1. 3. 1945 durchstieß Hauptmann Montag mit 6 Sturmgeschützen den Sperriegel der an der Erftstellung nach Osten sichernden 83. US ID und drang in die Flanke der mit der Masse nach Norden rollenden 2. und 5. US Panzer-Division. Trotz stärkster Abwehr der gegen die Brigade angesetzten Panzerzerstörer (M 10) und einer mit Nahkampfmitteln ausgerüsteten Infanterie-Kompanie vernichtete die Brigade, durch den persönlichen Einsatz ihres Führers mitgerissen, unter ständigen Angriffen feindlicher Jagdbomber 10 Panzer, eine Batterie und 17 LKW. Unter den vernichteten Panzern befand sich mindestens ein 40,8 t Panzer Jackson.

Am 2. 3. 1945 durchstieß die Sturmgeschütz-Brigade unter Führung von Hauptmann Montag in Begleitung einer Kompanie nochmals den feindlichen Sperriegel, nahm Kapellen (6 km nordostwärts von Grevenbroich) zurück und stieß noch ca. 1 km nach Nordwesten vor. Dabei wurden trotz ständiger Angriffe feindlicher Jagdbomber 15 Feindpanzer und zahlreiche LKW vernichtet und 45 Gefangene eingebracht.

Hauptmann Montag hatte in der Abwehrschlacht zwischen Rur und Erft außergewöhnliche Tapferkeit an den Tag gelegt. Seine taktischen Entschlüsse und sein Einsatz waren stets von entscheidendem Anteil für den Kampf der an der offenen Flanke des Korps kämpfenden Divisionen. Der mit der Führung des LXXXI. AK. beauftragte Generalmajor Weber erwähnte am 15. 3. 1945 besonders die fühlbare Unterstützung der schwer ringenden Infanterie durch Hauptmann Montag und seine Sturmgeschütz-Brigade 341.

Generaloberst Josef Harpe
(* 21. 09. 1887/† 14. 03. 1968 — Träger des 55. Eichenlaubs)
Oberbefehlshaber der 9. Armee (04. 11. 1943 — 30. 04. 1944)
und der 5. Panzer-Armee (09. 03. 1945 — 17. 04. 1945).

Generalmajor (hier als Oberst) Alois Weber
(* 26. 07. 1903/† 19. 06. 1976 — Träger des 579. Eichenlaubs),
mit der Führung des LXXXI. Armee-Korps beauftragt
(März 1945).

Wehrmacht:
05.04.1940   Eintritt Artillerie-Regiment 116 Oppeln
20.01.1943   Batteriechef in der Sturmgeschütz-Abteilung 909
11.10.1943   Batteriechef im Panzer-Artillerie-Regiment 116
05.01.1944   Chef der 2. Batterie / Sturmgeschütz-Brigade 909
27.01.1945   Führer der Sturmgeschütz-Brigade 341, Ardennen-Westfront

Teilnahme am Feldzug im Südosten, Osten und an der Westfront

Bundeswehr:
11.06.1957—
31.03.1974   verschiedene Truppen- und Stabs-Kommandos in der Bundeswehr

Orden und Ehrenzeichen:
30.07.1941   Eisernes Kreuz II. Klasse
11.02.1942   Eisernes Kreuz I. Klasse
04.08.1943   Deutsches Kreuz in Gold
23.07.1943   Anerkennungsurkunde des Führers
19.01.1944   Nennung im Ehrenblatt des Heeres
08.08.1942   Medaille Winterschlacht im Osten
15.06.1943   Verwundetenabzeichen Silber
20.01.1942   Sturmabzeichen Silber
20.05.1944   Sturmabzeichen Gold

Beförderungen:
11.11.1940   Leutnant der Reserve —2830— mit Wirkung vom 1. 11. 1940 und Rangdienstalter vom 1. 11. 1940 —316—
17.10.1942   Oberleutnant der Reserve —2660— mit Wirkung vom 1. 11. 1942 und Rangdienstalter vom 1. 11. 1942 —310—
15.10.1943   Hauptmann der Reserve —1990— mit Wirkung vom 1. 8. 1943 und Rangdienstalter vom 1. 7. 1943 —ohne—

20.08.1957   Hauptmann
20.07.1959   Major
19.07.1965   Oberstleutnant

Sturmgeschütz erzielt einen Volltreffer bei einem sowjetischen LKW-Kesselwagen.

Abgeschossener sowjetischer LKW-Kesselwagen. Im Hintergrund das vorrückende Jäger-Regiment 228.

Oberstleutnant
ALFRED MÜLLER

* 23. 11. 1915   Kaltensondheim / Gemeinde Biebelried / Kreis Kitzingen / Unterfranken

Ritterkreuz (1549) am 20. 2. 1943 als Hauptmann Chef Sturmgeschütz-Lehr-Batterie 901 / 19. Panzer-Division / 1. Panzer-Armee / Heeresgruppe Don (Süd)

354. Eichenlaub (203) am 15. 12. 1943 als Hauptmann Kommandeur Sturmgeschütz-Abteilung 191 „Büffel" / 17. Armee / Heeresgruppe A

Stalingrad Dezember 1942: Im Blitztransport wurde das in Döberitz gerade aufgestellte Infanterie-Lehr-Regiment 901 mit der Sturmgeschütz-Lehr-Batterie 901 in den großen Donbogen verlegt. In den schweren Winterkämpfen bei Starobjelsk kämpfte die Batterie am 31. 12. 1942 bei Nowo-Strelzowka im Verbande des II./Infanterie-Lehr-Regiment 901.
Am 20. 1. 1943 war Hauptmann Müller Nachhutführer in Gegend Jewssug, 20 km ostwärts Starobjelsk, mit seiner Batterie, der 7. Kompanie/Lehr-Regiment 901 usw. Am 21. 1. wurden in Baidowka 1 T 34 und 1 T 64 abgeschossen. Bei einem anschließenden Gegenangriff der Kampfgruppe Müller wurde ein weiterer T 34 vernichtet und eine sowjetische Infanteriekompanie zersprengt. Am 23. 1. meldete Müller: „Starker Panzerangriff aus Saporoshez nach Westen, bin zum Gegenstoß angetreten!" Hauptmann Müller, stets von vorn führend, befreite sich aus eigener Kraft aus Umklammerungen und entsetzte eingeschlossene Kampfgruppen. Am 6. 2. brachte Müller einen Vorstoß aus Toschkowka in Richtung Rollbahn durch Gegenangriff mit seinen Sturmgeschützen und infanteristischer Begleitung (Melder, Schreiber usw.) zum Stehen. Die Sturmgeschütze hielten den Gegner immer wieder so lange auf, bis die Infanterie-Einheiten in Sicherheit waren. Für diese Einsätze erhielt Hauptmann Müller das Ritterkreuz.
Die Verleihung des Eichenlaubs zu schildern bedeutet zugleich, die Geschichte der Sturmgeschütz-Abteilung/ Brigade 191 darzulegen.
Nach Übernahme der Abteilung durch Hauptmann Müller am 1. 4. 1943 kam es zunächst zum Einsatz bei Noworossisk und nach Auffrischung der Abteilung auf der Krim zu Einsätzen bei allen Kubanschlachten bis zur Räumung des Brückenkopfes. Im Juli hieß es in einer Tagesmeldung des A.O.K. 17:

„Die Sturmgeschütz-Brigade 191, unter Führung von Hauptmann Müller, hatte an der erfolgreichen Abwehr des weit überlegenen Feindes in den letzten Tagen entscheidenden Anteil. Sie griff in Abwehr und Gegenstößen mit größter Tatkraft ein, insbesondere vernichtete sie im Kubanbrückenkopf 95 Panzer, dabei auch mehrere 12-cm-Sturmhaubitzen. Nennung im Wehrmachtsbericht beantragt."

Die Brigade deckte die Räumung des Kubanbrückenkopfes. Es folgten die Abwehrkämpfe an der Perekop- und Kertsch-Front. Die Brigade stoppte den Angriff aus den Brückenköpfen Eltingen und Bulganak. Dann entschloß sich die 17. Armee, den Brückenkopf bei Eltingen zu beseitigen. Dem V. AK. standen dazu die rumänische 6. KD, Teile der 98. ID und die Sturmgeschütz-Brigade 191 zur Verfügung. Vom 4. bis 11. 12. 1943 wurde der Brückenkopf Eltingen zerschlagen. Großen Anteil daran hatte Hauptmann Müller mit seiner Brigade. Dieses wurde durch die Verleihung des Eichenlaubs zum Ritterkreuz an den Kommandeur gewürdigt. Die Brigade bewährte sich noch einmal bei den Endkämpfen auf der Krim bzw. in Sewastopol. Major Müller sorgte dafür, daß möglichst viele Verwundete gerettet wurden, und ging am 12. 5. 1944 in den Abendstunden mit den anwesenden letzten Soldaten an Bord eines Marinefahrzeuges. In einem KR-Fernschreiben des A.O.K. 17 vom 23. 5. 1944 an die H. Gr. Südukraine hieß es:

„Die Sturmgeschütz-Brigade 191 hat in den Kämpfen auf der Krim vom 10. 4. bis 13. 5. 1944 unter der hervorragenden Führung ihres Kommandeurs, Eichenlaubträger Major Müller, insgesamt 137 Panzer, 48 Pak- und Flakgeschütze sowie eine große Anzahl sonstiger Waffen und Kraftfahrzeuge vernichtet. Die schon seit den Abwehrkämpfen im Kubanbrückenkopf besonders bewährte Brigade hat damit am 12. 5. 1944 ihren 445. Panzer abgeschossen und erneut ihre hervorragende Tapferkeit und Einsatzfreudigkeit unter Beweis gestellt. Nennung in Presse und Rundfunk wird beantragt."

Bei Kriegsende Führer der Division „Ferdinand von Schill" mit der Sturmgeschütz-Brigade „Schill" (Major Nebel) (bisher Lehr-Brigade III) als Kernstück, hatte Oberstleutnant Müller vorher als Kommandeur der Sturmartillerie-Schule Burg am Gründonnerstag 1945 zunächst seine Schule alarmiert und alle einsatzfähigen Teile als Kampfgruppe Burg an die Elbe nördlich Magdeburg geführt. Der dortige Kampfkommandant befahl den Einsatz gegen den US-Brückenkopf bei Westerhusen-Schönebeck. Der Angriff am frühen Morgen des 14. 4. führte zur Beseitigung dieses Brückenkopfes. Der anschließende Angriff auf den US-Brückenkopf bei Barby brachte nicht den gleichen Erfolg. Die zur Division erweiterte Kampfgruppe wurde dann ostwärts Belzig gegen die Sowjets eingesetzt.

Am 28. 4. begann der Angriff durch den Lehniner Forst und am 29. 4. der Ausbruch der Korpsgruppe Reymann aus Potsdam. Teile der Division „Schill" stießen am 30. 4. am Westufer des Schwielow-Sees bis Petzow vor und nahmen noch Teile der Besatzung von Potsdam auf. Der Ausbruch der letzten Kräfte Reymanns erfolgte in der Nacht zum 1. 5. Noch einmal boten Major Nebels Sturmgeschütze und Grenadiere der Division „Schill" von der Westflanke angreifenden sowjetischen Panzern Paroli. Generalleutnant Reymann und Oberstleutnant Müller reichten sich die Hand. Über 20 Feindpanzer lagen brennend auf dem Gefechtsfeld. Im Laufe des Nachmittags ging dann die Division „Schill" sprungweise in Richtung Genthin zurück. Die aus Sturmgeschützen und Pionieren bestehende Nachhut wies den nachdrängenden Feind immer wieder ab, so daß die Division geordnet zurückgehen konnte.

Am 4. 5. erreichten die Sturmgeschütze zwischen Jerichow und Ferchland die Elbe. Während die Kapitulationsurkunde mit den US-Truppen unterzeichnet wurde, sprengte die Sturmartillerie-Brigade „Schill" ihre letzten 15 Geschütze. Im Schutze des engen Brückenkopfes von Ferchland gingen am Spätnachmittag des 7. 5. die letzten Einheiten der Division „Ferdinand von Schill" über die Elbe. Entgegen den Kapitulationsbedingungen lieferten die Amerikaner ab 8. 5. die bei ihnen in Gefangenschaft geratenen Sturmgeschütz-Soldaten an die Russen aus. Major Nebel konnte in Frankfurt/Oder nach Westdeutschland entkommen. Weil Alfred Müller seine in den letzten Tagen erfolgte Beförderung zum Oberst nicht mehr erfahren hatte, wurde er nach kurzer Zeit aus der Gefangenschaft entlassen, ab Oberst aufwärts wurden alle Offiziere in den Lagern festgehalten.

Wehrmacht:
01. 04. 1935 Offiziersanwärter Artillerie-Regiment München
01. 10. 1936 3. Batterie/Artillerie-Regiment (mot.) 74
01. 04. 1938 Adjutant der I. Abteilung des Artillerie-Regiments (mot.) 74 (Mob. März 1938)
Mai 1938   Ordonnanz-Offizier Artillerie-Regiment (mot.) 74
01. 10. 1938 Adjutant Artillerie-Regiment (mot.) 74 Wien
15. 02. 1940 Artillerie-Lehr-Regiment (mot.) 2 Jüterbog
01. 05. 1940 Chef der Sturmgeschütz-Batterie 666 (bis 4. 11. 1941), Aufstellung Dorf Zinna, Ausbildung und Übungen bei Ostende und Dünkirchen
08. 10. 1940 Kommandierung zur Luftwaffe, später Verladeübungen mit Sturmgeschützen im Lastensegler „Gigant"
05. 11. 1941 Führerreserve des OKH unter gleichzeitiger Kommandierung als Hörsaalleiter für Offiziere in die III. Abteilung/Artillerie-Lehr-Regiment (mot.) 2

07.06.1942	Chef der 8. Batterie/Artillerie-Lehr-Regiment (mot.) 2
15.12.1942	Chef der Sturmgeschütz-Lehr-Batterie 901 (mobilisiert aus der 8. Batterie des Artillerie-Lehr-Regiments [mot.] 2), Einsatz an der Ostfront zur Entsetzung von Stalingrad
28.03.1943	Kommandeur Sturmgeschütz-Brigade 191 „Büffel"
01.07.1944	Kommandeur des Taktischen Lehrstabes an der Sturmgeschützschule Burg
01.08.1944	Kommandeur Sturmgeschützschule Burg
10.04.1945	aus den einsatzfähigen Teilen der Sturmgeschütz-Ersatz- und Ausbildungs-Abteilung 700 und der Sturmgeschützschule Burg wird die „Kampfgruppe Burg"
27.04.1945	„Kampfgruppe Burg" mit anderen Heeresteilen wird unter Führung von Oberstleutnant Müller zur Division „Ferdinand von Schill" Einsätze April/Mai 1945 an der Elbe nördlich Magdeburg mit Front nach Westen, Einsatz beim XX. Armee-Korps (12. Armee —Wenck—) mit Front nach Osten und Endkämpfe zwischen Rathenow und der Elbe
07.05.1945– 14.06.1945	amerikanische Kriegsgefangenschaft

Bundeswehr:

01.02.1956	als Oberstleutnant in die Bundeswehr, Leiter der Prüfstelle OA/OB bei der Annahmestelle Köln
05.07.1956	Ernennung zum Berufssoldaten
16.07.1956	stellvertretender Kommandeur der Panzer-Kampfgruppe B3
01.09.1958	Kommandeur der Lehrgruppe A an der Heeres-Offiziersschule I
30.01.1962	Lehrgang für Brigadeführer an der Führungsakademie der Bundeswehr
01.10.1962	stellvertretender Kommandeur der Panzer-Brigade 33
01.04.1964	Kommandeur der Panzer-Brigade 33
01.10.1968	Kommandeur der Panzer-Lehr-Brigade 9 Munster
01.10.1970	Kommandeur der Kampftruppenschule II (später: II/III) Munster
01.04.1975	Versetzung in den Ruhestand

Orden und Ehrenzeichen:

11.10.1939	Eisernes Kreuz II. Klasse
25.07.1941	Eisernes Kreuz I. Klasse
29.08.1941	Sturmabzeichen allgemein
07.06.1943	Verwundetenabzeichen Schwarz
01.12.1944	Kubanschild
28.01.1944	Michael der Tapfere (rumänischer Orden)
22.02.1973	Bundesverdienstkreuz I. Klasse

Beförderungen:

20.04.1937	Leutnant mit Wirkung vom 1. 4. 1937 und Rangdienstalter vom 1. 4. 1937 —922—
31.08.1939	Oberleutnant mit Wirkung vom 1. 9. 1939 und Rangdienstalter vom 1. 9. 1939 —284—
20.04.1942	Hauptmann mit Wirkung vom 1. 4. 1942 und Rangdienstalter vom 1. 4. 1942 —601—
26.12.1943	Major mit Wirkung vom 1. 12. 1943 und Rangdienstalter vom 1. 11. 1943 —16—
01.04.1945	Oberstleutnant
15.05.1945	zum Oberst laut Stellenbesetzungsliste des OKW-PA und in der Dienststellung aufgeführt als Kommandeur der Division „Ferdinand von Schill", zum Oberst eingegeben von General Wenck, Beförderung erreichte Müller nicht mehr, daher unwirksam und erst in der Bundeswehr Oberst
20.07.1961	Oberst
17.04.1969	Brigadegeneral mit Wirkung vom 1. 4. 1969

Generaloberst (hier als Major in der Reichswehr)
Eberhard von Mackensen
(* 24. 09. 1889/† 19. 05. 1969 — Träger des 95. Eichenlaubs),
Oberbefehlshaber der 1. Panzerarmee
(22. 11. 1942 — 29. 10. 1943).

Generalfeldmarschall Erich von Lewinski
genannt von Manstein
(* 24. 11. 1887/† 10. 06. 1973 — Träger des 209. Eichenlaubs),
Oberbefehlshaber der Heeresgruppe Süd
(14. 02. 1943 — 30. 03. 1944).

Generalfeldmarschall Ewald von Kleist
(* 08. 10. 1881/† 12. 10. 1954 — Träger des 72. Eichenlaubs),
Oberbefehlshaber der Heeresgruppe A
(23. 11. 1942 — 09. 03. 1943) bzw. Südukraine
(09. 03. 1943 — 30. 03. 1944).

Oberleutnant
EDO MÜLLER

* 27.3.1916   Rodenkirchen (in Oldenburg) / Kreis Wesermarsch / Niedersachsen
† 13.7.1982   Waldbrunn bei Eberbach / Rhein-Neckar-Kreis / Baden-Württemberg
(Eduard Müller-Reinders)

Ritterkreuz (1467) am 25. 1. 1943 als Oberwachtmeister Geschütz-Führer / Führer 2. Zug / 2. Batterie / Sturmgeschütz-Abteilung 244 / nach 46 Panzerabschüssen / 76. Infanterie-Division / VIII. Armee-Korps / 6. Armee / Heeresgruppe Don

Am 18. 5. 1942 trat die sowjetische Armee zur Umfassung Charkows an. In diesen Kämpfen um Charkow war die Sturmgeschütz-Abteilung 244 eingesetzt. Im Wehrmachtbericht vom 15. 5. wurde die Abteilung erwähnt, da sie am 14. 5. allein 36 Feindpanzer vernichtet hatte. In der Zeit vom 13. 5. bis 22. 7. 1942 war die 2. Batterie der 113. ID unterstellt.
Am 17. 5. war diese Batterie dem IR 261 zugeteilt. Mit nur 4 Geschützen wurden 16 T 34 vernichtet. Bei dem sofort angesetzten Gegenstoß schoß eines der Geschütze noch einmal 2 T 34 ab. Dabei zeichnete sich Oberwachtmeister Müller besonders aus, da er mit seinem Geschütz allein 11 Panzer abschoß. Dieses wurde im Wehrmachtbericht vom 18. 5. hervorgehoben. Edo Müller war dann weiter erfolgreich bis zum bitteren Ende in Stalingrad. Im Abschnitt der 76. ID erzielte er noch seinen 46. Panzerabschuß, so daß die Division ihn zum Ritterkreuz einreichte, das ihm am 25. 1. 1943 zusammen mit Wachtmeister Galle von seiner Abteilung verliehen wurde.

Wehrmacht:
04.04.1934   Eintritt Artillerie-Regiment 6 Münster
01.10.1934   15. Batterie/Artillerie-Regiment Münster
15.10.1935   5. Batterie/Artillerie-Regiment 52 Dortmund
03.11.1938   5. Batterie/Artillerie-Regiment 62 Düsseldorf
20.03.1940   3. Batterie/Artillerie-Ersatz-Abteilung (mot.) 62
04.04.1940   Stellungsbatterie 904
19.07.1940   2. Batterie/schwere Artillerie-Ersatz-Abteilung (mot.) 62
24.07.1940   Waffenschul-Lehrgang Danzig-Langfuhr

17.08.1940 2. Batterie/schwere Artillerie-Ersatz-Abteilung (mot.) 62
07.01.1941 2. Batterie/schwere Artillerie-Abteilung (mot.) 777
08.07.1941 1. Batterie/schwere Artillerie-Ersatz-Abteilung (mot.) 62
31.08.1941 Stabs-Batterie/schwere Artillerie-Ersatz-Abteilung (mot.) 62
30.09.1941 1. Batterie/schwere Artillerie-Ersatz-Abteilung (mot.) 62
02.10.1941 Umschulung auf Sturmgeschütze in der III. Abteilung/Artillerie-Lehr-Regiment (mot.) 2 Jüterbog
15.11.1941 1. Batterie/Sturmgeschütz-Ersatz- und Ausbildungs-Abteilung 200 Schweinfurt
12.12.1941 2. Batterie/Sturmgeschütz-Abteilung 244
18.05.1942 im Wehrmachtbericht genannt: „Der Oberwachtmeister Müller einer Sturmgeschütz-Abteilung schoß am 17. Mai elf feindliche Panzer ab."
22.01.1943 in Stalingrad in sowjetische Kriegsgefangenschaft
05.05.1950 Rückkehr aus Kriegsgefangenschaft

Teilnahme am Feldzug im Osten bis Stalingrad

Bundeswehr:
01.05.1956–
31.03.1968 verschiedene Kommandos

Orden und Ehrenzeichen:
22.02.1942 Eisernes Kreuz II. Klasse
20.05.1942 Eisernes Kreuz I. Klasse
24.06.1942 Sturmabzeichen allgemein
25.05.1942 Anerkennungsurkunde des Führers
28.05.1942 Verwundetenabzeichen Schwarz
21.08.1942 Verwundetenabzeichen Silber

Beförderungen:
01.10.1935 Gefreiter
01.05.1936 Unteroffizier
14.12.1939 Wachtmeister mit Wirkung vom 1. 12. 1939
04.04.1940 Diensttuender Wachtmeister
01.05.1940 Hauptwachtmeister
01.07.1940 Oberwachtmeister
09.11.1942 Ernennung zum Offiziersanwärter
30.01.1943 Leutnant und Oberleutnant zugleich, mit Rangdienstalter vom 1. 12. 1942

01.05.1956 Hauptmann

Leutnant
HORST NAUMANN
* 13.12.1921   Berlin-Steglitz

Ritterkreuz (1411) am 4. 1. 1943 als Unteroffizier Geschütz-Führer / Wagen 34 / 3. Zug / 3. Batterie / Sturmgeschütz-Abteilung 184 / nach 26 Panzerabschüssen / 255. Infanterie-Division / II. Armee-Korps / 16. Armee / Heeresgruppe Nord

Am Morgen des 1. 1. 1943 lag im 10 km schmalen Flaschenhals von Demjansk, im Abschnitt der 225. Infanterie-Division, das unterstellte III. Bataillon des Jäger-Regiments 75 im Raum Ssofronkowo. Zugeteilt war u. a. das Geschütz Naumann. Es lag in einer Riegelstellung 800 m ostwärts des Ortes. Bis zu diesem Tag hatte der Unteroffizier bereits 15 Feindpanzer vernichtet. Kurz nach 9.30 Uhr begann der sowjetische Panzerangriff. Das Geschütz Naumann schoß 9 Panzer ab und verhinderte dadurch einen Durchbruch beim Jäger-Bataillon. Naumann erhielt für diese entscheidende Tat als erster Unteroffizier der Sturmartillerie das Ritterkreuz.

Wehrmacht:
01.04.1939   Reichsarbeitsdienst bei 6/12 Birkenmühle, Kreis Ebenrode in Ostpreußen
01.10.1939   Luftwaffen-Bau-Kompanie 307
30.01.1940   Flak-Ersatz-Abteilung 51 Stettin-Krekow
03.04.1940   schwere Artillerie-Ersatz-Abteilung 38 Prenzlau in der Uckermark
13.07.1940   Artillerie-Lehr-Regiment (mot.) 2 Jüterbog
19.08.1940   3. Batterie/Sturmgeschütz-Abteilung 184, Jugoslawien- und Rußland-Einsatz als Ladekanonier, Richtschütze und Geschütz-Führer
15.04.1943   13. Fahnenjunker-Lehrgang/Lehrgang 1/Lehrstab A an der Artillerieschule II Jüterbog
24.07.1943   Sturmgeschütz-Ersatz- und Ausbildungs-Abteilung 200 Schweinfurt
05.12.1943   Zugführer in der Sturmgeschütz-Brigade 322 an der Ostfront
22.03.1944   nach Verwundung im Reserve-Lazarett Bamberg
15.04.1944   Zugführer in der Sturmgeschütz-Brigade 322, Ostfront
15.07.1944   nach Verwundung im Reserve-Lazarett Torgau
14.12.1944   Sturmgeschütz-Ersatz- und Ausbildungs-Abteilung 500 Posen als Ausbildungs-Offizier

01.02.1945 Zug- und Batterie-Führer in der Heeres-Sturmartillerie-Lehr-Brigade 210 an der Oderfront
03.05.1945–
17.04.1946 amerikanische bzw. britische Kriegsgefangenschaft

Bundeswehr:
01.03.1956 Dezernent im WBK II Hannover
01.08.1957 Chef der Stabs-Kompanie KG 3 A3 Hamburg
01.11.1958 Chef der 3. Kompanie/Panzer-Bataillon 3 Hamburg
01.07.1959 Chef der 1. Kompanie und S 4/Panzer-Bataillon 84 Lüneburg
01.02.1962 stellvertretender Kommandeur und S 3 des Panzer-Bataillons 74 Seedorf
01.10.1963 Generalstabs-Lehrgang an der Führungsakademie der Bundeswehr Hamburg
01.10.1964 Taktiklehrer und Hörsaalleiter an der Heeres-Offiziersschule II Hamburg
01.04.1967 Kommandeur des Panzer-Bataillons 64 Stadt Allendorf
01.10.1969 Deutscher Vertreter des Heeres im Joint Operations Center der 2. Alliierten Luftflotte Tongeren in Belgien
01.10.1973 stellvertretender Kommandeur und S 3 im VBK 46 Saarbrücken
01.04.1979 Versetzung in den Ruhestand

Orden und Ehrenzeichen:

13.02.1942	Eisernes Kreuz II. Klasse	16.03.1945	Sturmabzeichen Silber
01.11.1942	Eisernes Kreuz I. Klasse	28.04.1945	Sturmabzeichen Gold
21.07.1942	Medaille Winterschlacht im Osten	28.08.1941	Verwundetenabzeichen Schwarz
11.08.1941	Sturmabzeichen allgemein	13.07.1944	Verwundetenabzeichen Silber

Beförderungen:

10.07.1940	Oberkanonier	01.10.1943	Leutnant –5089– mit Wirkung vom 1. 10. 1943 und Rangdienstalter vom 1. 10. 1943 –1043–
01.10.1940	Gefreiter		
01.02.1942	Obergefreiter		
01.06.1942	Unteroffizier		
01.04.1943	Ernennung zum Reserve-Offiziers-Bewerber		
01.06.1943	Wachtmeister	01.03.1956	Oberleutnant
01.06.1943	Fahnenjunker der Reserve	01.10.1956	Hauptmann
19.07.1943	Oberfähnrich –3119– mit Wirkung vom 1. 7. 1943	01.11.1961	Major
		01.01.1967	Oberstleutnant

Nach der Verleihung des Ritterkreuzes – die Besatzung freut sich – von links nach rechts:
Obergefreiter Jetschko, Gefreiter Bornemeier, Naumann und Gefreiter Küstermeier.

9. 1. 1943 im Kessel von Demjansk:
Naumann erhält aus der Hand des Generalleutnants Gustav Höhne (später 238. Träger des Eichenlaubs) das Ritterkreuz.
Im Hintergrund der Arko, Oberst Fox.

Major
PETER NEBEL

* 19.10.1914   Halle an der Saale / Saalekreis / Sachsen-Anhalt

Ritterkreuz (939) am 27. 3. 1942 als Oberleutnant Geschütz-Führer / Chef 3. Batterie / Sturmgeschütz-Abteilung 177 / 34. Infanterie-Division / XII. Armee-Korps / 4. Armee / Heeresgruppe Mitte

Oberleutnant Nebel führte die 3. Batterie seit der Aufstellung. Die gesamte Abteilung war im Bereich des XII. AK. eingesetzt. Am 20. 10. 1941 rollte die Batterie entlang der Protwa auf Ugotski-Sawod (Fabrik), dann über Wyssokinitschi und Nedlnoje nach Tarutino an der Nara, immer in Verfolgung des Gegners. Dann kämpfte die Batterie in Worobi, etwa 15 km ostwärts Malojaroslawetz. Borowsk fiel mit Hilfe der frontal angreifenden Sturmgeschütze. Beim Einsatz im Bereich der 98. ID wurde Gorki genommen. Am 1. 12. 1941 erfolgte ein Einsatz der 3. Batterie südlich Naro Forminsk im Abschnitt der 258. ID. Hier bei Kosselskaja rollte Oberleutnant Nebel an der Spitze seiner Batterie immer wieder in den Gegner hinein, vernichtete Pak, Panzer und MG-Stände. Für diesen Einsatz wurde Peter Nebel vom Abteilungskommandeur zum Ritterkreuz eingereicht. Seine Erfolge in den Jahren 1944/45 sind an anderer Stelle beschrieben.

Wehrmacht:
03. 10. 1936   Eintritt in die 4. Batterie/Artillerie-Regiment 60 Chemnitz
12. 11. 1940   Chef der Stabs-Batterie/Sturmgeschütz-Abteilung 184
10. 08. 1941   Chef der 3. Batterie/Sturmgeschütz-Abteilung 177
16. 05. 1944   Führer Sturmgeschütz-Brigade 397
18. 07. 1944   Führer der Sturmgeschütz-Brigade 210
31. 01. 1945   Führerreserve des OKH unter gleichzeitiger Kommandierung an die Sturmgeschützschule Burg
18. 04. 1945   Kommandeur Lehr-Brigade „Schill" in der Division „Schill" unter dem Kommandeur Eichenlaubträger Oberstleutnant Müller
01. 09. 1944   im Wehrmachtbericht genannt: „Im großen Weichselbogen hat sich die Sturmgeschütz-Brigade 210 unter Führung von Hauptmann Nebel hervorragend bewährt."

Teilnahme am Feldzug im Westen, Südosten und in Rußland

Orden und Ehrenzeichen:

16.07.1941   Eisernes Kreuz II. Klasse
15.10.1941   Eisernes Kreuz I. Klasse
08.08.1942   Medaille Winterschlacht im Osten

Beförderungen:

01.09.1938   Leutnant mit Rangdienstalter vom 1. 9. 1938 —1668—
01.10.1940   Oberleutnant mit Rangdienstalter vom 1. 10. 1940 —417—
20.04.1942   Oberleutnant neues Rangdienstalter vom 1. 6. 1940 —582—
01.10.1942   Hauptmann mit Rangdienstalter vom 1. 10. 1942 —148—
30.01.1945   Major

Auf eine Mine gefahren.

Nach der Verleihung des Ritterkreuzes am 30. 3. 1942 im Kreise der Kameraden.

Oberleutnant der Reserve
KURT NIPPES

* 19. 6.1917   Düsseldorf / Nordrhein-Westfalen
✠ 10.12.1943   an der Ostfront nordostwärts Kiew

Ritterkreuz (2597) am 29. 1. 1944 als Leutnant der Reserve Geschütz-Führer / Führer 1. Zug / 1. Batterie / Sturmgeschütz-Abteilung 276 / nach 17 Panzerabschüssen / LIX. Armee-Korps / 4. Panzer-Armee / Heeresgruppe Süd

Das linke Flügelkorps der 4. Panzer-Armee (LIX. AK.) mußte im November 1943 vom Pripjet-Dnjepr-Abschnitt auf Korosten zurückgehen. Die hier eingesetzte Sturmgeschütz-Abteilung 276 kämpfte im Rahmen der Kampfgruppe Oberstleutnant Vogelsang der 291. ID, die in der Nacht vom 12. zum 13. 11. 1943 ausbrach und in einem 35-km-Marsch den Anschluß an das Korps fand. Vom 24. bis 26. 11. wurde mit Hilfe der Sturmgeschütze Korosten erobert und die Masse der 226. russischen Schützen-Division vernichtet. Gut gelungene Gegenangriffsunternehmungen mit Sturmgeschützen fanden im Raum Michailowka statt. In einem erbitterten Kampf mit russischen Panzern vernichtete Leutnant Nippes am 10. 12. 1943 eine Anzahl russischer Kampfwagen, wurde dann aber selbst abgeschossen. Posthum erhielt er das Ritterkreuz.

Wehrmacht:
17.11.1938   II. Abteilung/Artillerie-Regiment (mot.) 42
17.02.1940   Lehrgang an der Waffenschule der Artillerie Jüterbog
03.04.1941   Reserve-Offiziers-Bewerber-Lehrgang
18.06.1943   in die zu Altengrabow bei Jüterbog neuaufgestellte Sturmgeschütz-Brigade 276

Teilnahme am Feldzug in Frankreich und Rußland

Orden und Ehrenzeichen:
29.09.1941   Eisernes Kreuz II. Klasse
27.02.1942   Eisernes Kreuz I. Klasse

Beförderungen:

26.09.1942 Leutnant der Reserve —2258— mit Wirkung vom 1. 9. 1942 und Rangdienstalter vom 1. 10. 1942 —4430—

21.04.1944 Oberleutnant der Reserve —930— mit Wirkung vom 1. 4. 1944 und Rangdienstalter vom 1. 3. 1944 —ohne—

Das Offizierskorps der Sturmgeschütz-Brigade 276.

Aufnahme von Altengrabow im August 1943.

1. Reihe, sitzend von links: Oblt. Schaubs, Oblt. Hippler, Oblt. Tobler, Hptm. Rünger (Kdr.), Oblt. Schulte, Oblt. Ertel, Oblt. Fratt, Oblt. Pagel.
2. Reihe, stehend von links: Lt. Ulpst, Zahlm. Müller, techn. Insp. Albert, Lt. Erdweg, Lt. Basten, Lt. Kany, techn. Ing. Pöhlmann, Lt. Winkelmann, Lt. Niemitz, Lt. Beckmann, Lt. Nippes.

An der Sturmgeschützschule Burg — Ausbildung.

Oberleutnant der Reserve
WALTER OBERLOSKAMP

* 27.1.1920 Friedeberg / Kreis Löwenberg / Niederschlesien
✠ 25.6.1944 im Mittelabschnitt der Ostfront

Ritterkreuz (1791) am 10. 5. 1943 als Leutnant der Reserve Geschütz-Führer / Führer 1. Zug / 3. Batterie / Sturmgeschütz-Abteilung 667 / nach 40 Panzerabschüssen / 337. Infanterie-Division / XXXIX. Panzer-Korps / 4. Armee / Heeresgruppe Mitte

Die Sturmgeschütz-Abteilung 667 — Kommandeur Ritterkreuzträger Hauptmann Lützow — war der Rammbock beim Unternehmen „Büffel", der Räumung des Rshew-Bogens. In Dorogobusch wurde die 3. Batterie dem XXXIX. Panzer-Korps unterstellt und beteiligte sich an der Einnahme von Sytschewka. Bei Djuki (Abschnitt der 98. ID) war die Abteilung sehr erfolgreich. Der Zug Oberloskamp vernichtete in wenigen Tagen zahlreiche Panzer. Der Zugführer schoß allein 40 Feindpanzer ab. Der Kommandeur der 98. ID würdigte in seinem Tagesbefehl vom 23. 3. 1943 die vorzüglich ausgebildeten, sich rücksichtslos einsetzenden Sturmgeschütz-Besatzungen. Die Tage von Lasinki und Djuki (18. bis 21. 3.) wurden im Wehrmachtbericht vom 23. 3. 1943 gewürdigt („Eine bei den schweren Abwehrkämpfen südwestlich Wjasma eingesetzte sudetendeutsche Infanterie-Division . . . Innerhalb von 4 Tagen hat diese Division . . . 80 sowjetische Panzer vernichtet bzw. bewegungsunfähig geschossen.").

Wehrmacht:
01.01.1940 Eintritt Artillerie-Regiment 69
07.04.1940 Reserve-Offiziers-Bewerber-Lehrgang
18.12.1940 Artillerie-Lehr-Regiment Jüterbog
01.05.1941 Sturmgeschütz-Batterie 667
17.09.1943 Führer 2. Batterie/Sturmgeschütz-Abteilung 667
25.06.1944 laut Meldung der 2. Armee vom 29. 7. 1944 gefallen

Orden und Ehrenzeichen:
13.09.1942 Eisernes Kreuz II. Klasse
13.09.1942 Eisernes Kreuz I. Klasse, laut Ritterkreuz-Karteikarte gleiche Daten

Beförderungen:
14.02.1942 Leutnant der Reserve —201— mit Wirkung vom 1. 2. 1942 und Rangdienstalter vom 1. 2. 1942 —2926—
30.06.1943 Oberleutnant der Reserve —1310— mit Wirkung vom 1. 6. 1943 und Rangdienstalter vom 1. 5. 1943 —ohne—

Oberwachtmeister

KARL PFREUNDTNER

* 15.4.1912   München / Bayern
✠ 26.6.1944   im Brückenkopf von Rogatschew — Ostfront

Ritterkreuz (1157) am 10. 9. 1942 als Oberwachtmeister Geschütz-Führer / Führer 3. Zug / 2. Batterie / Sturmgeschütz-Abteilung 244 / nach 43 Panzerabschüssen / Infanterie-Regiment 534 / 384. Infanterie-Division / VIII. Armee-Korps / 6. Armee / Heeresgruppe B

Karl Pfreundtner zeichnete sich bereits bei den ersten Einsätzen um Shitomir, später bei Kiew, Bjelgorod und Charkow besonders aus. Während der Frühjahrsschlacht um Charkow kämpfte die Abteilung im Rahmen der 113. ID. Pfreundtner schoß beim Angriff auf den Don bei einem aus eigenem Entschluß durchgeführten Vorstoß innerhalb zwanzig Minuten 9 Feindpanzer ab und trug damit entscheidend zur Bildung eines wichtigen Brückenkopfes bei. Dann folgte der Einsatz in Stalingrad. Sein Zug stand mehrmals im Brennpunkt der Kämpfe um die russischen Stützpunkte am Tartarenwall und am Werk „Roter Oktober". Das Ritterkreuz erhielt der Oberwachtmeister für den erfolgreichen Einsatz seines Geschützes in den Kämpfen des Sommers im Großen Donbogen.

Wehrmacht:

02.04.1932   Eintritt in die 2. Kompanie/Kraftfahr-Abteilung 7 München, Laufbahn des Berufsunteroffiziers — weitere genaue Daten nicht bekannt
17.04.1941   Artillerie-Lehr-Regiment (mot.) 2 Jüterbog, Umschulung auf Sturmgeschütze, dann in die Sturmgeschütz-Abteilung 244
08.07.1941   erster Fronteinsatz im Rahmen der 6. Armee bei Zwiahel und Shitomir an der Ostfront
10.10.1942   Verwundung, Lazarett, Ersatz-Truppenteil
07.03.1943   in die neuaufgestellte Sturmgeschütz-Brigade 244, Ostfront
25.06.1944—
26.06.1944   bei den schweren Abwehrkämpfen im Brückenkopf von Rogatschew laut Meldung der Heeresgruppe vom 11. 8. 1944 vermißt, vermutlich gefallen

Orden und Ehrenzeichen:
28.07.1941   Eisernes Kreuz II. Klasse
20.05.1942   Eisernes Kreuz I. Klasse
07.08.1942   Medaille Winterschlacht im Osten

Beförderungen:
11.09.1941   Oberwachtmeister

15.9.1942 Oberwachtmeister Pfreundtner erhält aus der Hand des Abteilungskommandeurs Major Dr. Paul Gloger das Ritterkreuz

Leutnant
HUBERT GEORG PRIMOZIC

* 16.02.1914   Backnang / Rems-Murr-Kreis / Baden-Württemberg

Ritterkreuz (1199) am 19. 9. 1942 als Wachtmeister Geschütz-Führer / Führer 2. Zug / 2. Batterie / Sturmgeschütz-Abteilung 667 / nach 45 Panzerabschüssen / 72. Infanterie-Division / XXVII. Armee-Korps / Heeresgruppe Mitte

185. Eichenlaub (82) am 25. 1. 1943 als Oberwachtmeister Geschütz-Führer / Führer 2. Zug / 2. Batterie / Sturmgeschütz-Abteilung 667 / nach 60 Panzerabschüssen / XXXIX. Panzer-Korps / 9. Armee / Heeresgruppe Mitte / als 1. Unteroffizier des Heeres und der Sturmartillerie / 7. Unteroffizier der Wehrmacht

Primozic trat am 1. 4. 1934 seinen Dienst bei der 9. Batterie des Reichswehr-Artillerie-Regiments 5 in Ludwigsburg an. Unter 60 Bewerbern gehörte er zu den drei angenommenen. Bei Kriegsanfang war Primozic Unteroffizier und meldete sich als Angehöriger des Artillerie-Regiments 152 der 52. Infanterie-Division nach dem Frankreichfeldzug am 1. 4. 1941 zur Sturmartillerie.
Mit der Sturmgeschütz-Abteilung 667 kam er Ende Juli 1942 zum Mittelabschnitt der Ostfront. Der erste Einsatz erfolgte im Brückenkopf Chleppen im Abschnitt der 5. Panzer-Division. Ein kurzer Abstecher zur Heeresgruppe Nord folgte mit den Kämpfen bei Gredjakino und Cholm. Dann begann die große Zeit der Abteilung und des Hugo Primozic in der Schlacht um Rshew.
Am 31. 8. und 1. 9. 1942 meldete der Wehrmachtbericht die großen Erfolge der Sturmgeschütz-Abteilung 667. Der 15. 9. 1942 brachte einen weiteren Höhepunkt. Das Geschütz Primozic schoß 24 sowjetische Panzer ab und verhinderte einen Durchbruch. Generaloberst Model, Oberbefehlshaber der 9. Armee, würdigte in einem Tagesbefehl die Leistungen der Abteilung und sprach unter anderem auch dem Wachtmeister Primozic seine besondere Anerkennung aus. Ein erneuter sowjetischer Großangriff führte am 11. 12. 1942 zu einem Panzerdurchbruch durch die Hauptkampflinie. Bei einem Gegenangriff der Sturmgeschütz-Abteilung 667 schoß das Geschütz Primozic an einem Tage 7 Feindpanzer ab. Ende Dezember 1942 hatte die Besatzung dieses Geschützes 60 Abschüsse erzielt. Primozic erhielt am 31. 1. 1943 im Führerhauptquartier das Eichenlaub zum Ritterkreuz, seine Besatzung das Deutsche Kreuz in Gold.

Die Sturmgeschütz-Abteilung 667 hatte in ihrem fünfmonatigen Einsatz im Mittel- und Nordabschnitt der Ostfront mit nur 21 gefechtsbereiten Geschützen 468 Feindpanzer vernichtet.

Nach diesen Erfolgen war es nur verständlich, daß Primozic seine Erfahrungen an andere weitergeben sollte als Ausbilder und Hörsaalleiter an der Sturmgeschützschule Burg. Nach seiner anschließenden Tätigkeit als Lehrgangsleiter in Schieratz wurde er am 1. 2. 1945 Batteriechef in der Sturmgeschütz-Ersatz- und Ausbildungs-Abteilung 700. Als sich die Amerikaner der Elbe näherten, wurde die Abteilung bzw. die Schule Burg alarmiert und unter dem letzten Kommandeur, Eichenlaubträger Major — bei Kriegsende Oberstleutnant — Alfred Müller eine Kampfgruppe Burg gebildet. Die Sturmgeschütze wurden schließlich in die neugebildete Division „Ferdinand von Schill" eingebaut und diese Division am 20. 4. 1945 der 12. Armee — „Armee Wenck" — unterstellt. Die Beseitigung des US-Brückenkopfes südlich Magdeburg bei Zerbst und die Aufnahme der Reste der 9. Armee in Lehniner Forst waren noch einmal Erfolge der Sturmartillerie, an denen Leutnant Primozic seinen Anteil hatte.

Wehrmacht:
06.04.1934   Eintritt in die 9. Batterie/Reichswehr-Artillerie-Regiment (bespannt) 5 in Ludwigsburg, später Rekruten-Ausbilder, Waffenmeister und Geschütz-Führer
01.10.1936   Versetzung zur 2. Batterie/Artillerie-Regiment 51 Hanau (= schwere, bespannt), Geschütz-Führer, R I, R III, SF-Unteroffizier
01.10.1937   Verlegung nach Fulda
01.09.1939   Versetzung zur 2. Batterie des neuaufgestellten Artillerie-Regiments 152, Westwall, Saargebiet, VB-Spähtrupp, R I, R III, Frankreichfeldzug
01.04.1941   freiwillige Meldung zur Sturmartillerie, Umschulung bei der Sturmgeschütz-Ersatz- und Ausbildungs-Abteilung 200 in Schweinfurt, dort später Ausbilder und Geschütz-Führer
01.05.1942   in die neuaufgestellte Sturmgeschütz-Abteilung 667 Jüterbog, Ostfeldzug
01.02.1943   Versetzung zur Sturmgeschützschule Burg, Ausbilder und Hörsaalleiter
01.04.1944   Versetzung zur Sturmgeschütz-Ersatz- und Ausbildungs-Abteilung Schieratz, Lehrgangsleiter
01.02.1945   Batteriechef in der Sturmgeschütz-Ersatz- und Ausbildungs-Abteilung 700, später Sturmgeschützschule Burg (Kampfgruppe Burg), Einsatz im Raum Magdeburg–Berlin
08.05.1945–
01.08.1945   amerikanische Kriegsgefangenschaft

Orden und Ehrenzeichen:
01.09.1942   Eisernes Kreuz II. Klasse
13.09.1942   Eisernes Kreuz I. Klasse
23.09.1942   Verwundetenabzeichen Schwarz
24.12.1942   Sturmabzeichen allgemein

Beförderungen:
01.04.1935   Gefreiter
01.10.1936   Obergefreiter
01.10.1937   Unteroffizier
01.04.1940   Wachtmeister
01.09.1942   Oberwachtmeister
01.02.1943   Leutnant mit Rangdienstalter vom 1. 2. 1943 –9–

Die Besatzung des Geschützes Primozic nach der Verleihung des Deutschen Kreuzes in Gold. Von links nach rechts: Unteroffizier (Ladekanonier-Funker) Heinz Götte, Primozic, Unteroffizier (Fahrer) Sepp Braun, Wachtmeister (Richtschütze) Ernst Schimunek (1983 verstorben).

Sturmgeschütz an der Nordostfront auf Minen gelaufen.

Generaloberst Hans-Georg Reinhardt
(* 01. 03. 1887/† 23. 11. 1963 — 73. Träger des Eichenlaubs),
Oberbefehlshaber der 3. Panzer-Armee (Heeresgruppe Mitte).

von links nach rechts:
Georg Rietscher (210. Träger des Eichenlaubs), Primozic, Georg Gransee (Ritterkreuz am 19. 09. 1943).

SS-Unterscharführer (Unteroffizier)
FELIX PRZEDWOJEWSKI

* 7.12.1920   Meyenburg / Kreis Angermünde bei Schwedt an der Oder / Bezirk Frankfurt an der Oder

Ritterkreuz (2427) am 16. 12. 1943 als SS-Unterscharführer (Unteroffizier) Geschütz-Führer / 2. Batterie / SS-Sturmgeschütz-Abteilung 3 / nach 45 Panzerabschüssen / 3. SS-Panzer-Division „Totenkopf" / 1. Panzer-Armee / Heeresgruppe Süd

Im November 1943 mußte die 3. SS-Panzer-Division einen 40 km breiten Abschnitt halten, obwohl nur noch 60 Prozent der Mannschaftsstärke vorhanden waren. Die Sturmgeschütz-Abteilung verfügte nur noch über 6 Geschütze in 2 Zügen. SS-Unterscharführer Przedwojewski stand mit 3 Sturmgeschützen hinter dem SS-Panzer-Grenadier-Regiment 5 eingreifbereit, als 3 km weiter links beim SS-Panzer-Grenadier-Regiment 6 50 T 34, gefolgt von Schützenverbänden, durchbrachen. Aus eigenem Entschluß und befehlswidrig nicht auf den besonderen Befehl der Division wartend, griff Felix Przedwojewski an und vernichtete mehrere Panzer. Nach Verschuß der letzten Munition entzog er sich geschickt dem feindlichen Feuer, bootete aus, um die herangebrachte Munition zu verstauen und griff wieder an. Die 3 Sturmgeschütze schossen insgesamt 34 Panzer, Przedwojewski selbst 13, ab. Wenige Tage später wurden weitere 10 Panzer vernichtet. Wiederum hatte der SS-Unterscharführer aus eigenem Entschluß den Kampf gegen weit überlegene Feindpanzer aufgenommen.

Wehrmacht — Waffen-SS:
01.04.1941   Eintritt in die Waffen-SS
05.08.1942   SS-„Totenkopf"-Division an der Ostfront
22.02.1944   an der Ostfront verwundet
03.04.1944   Armee-Lazarett 609
08.06.1944   3. SS-Panzer-Division „Totenkopf"

Orden und Ehrenzeichen:
06.08.1943   Eisernes Kreuz II. Klasse
14.11.1943   Eisernes Kreuz I. Klasse

Beförderungen:
09.06.1942   SS-Unterscharführer (Unteroffizier)

Leutnant der Reserve
ALFRED REGENITER

* 13. 1. 1922   Radevormwald im Oberbergischen Kreis / Nordrhein-Westfalen

Ritterkreuz (4946) am 5. 4. 1945 als Leutnant der Reserve Geschütz-Führer / Wagen 331 / Führer 3. Batterie / Sturmgeschütz-Brigade 276 / nach 17 Panzerabschüssen / 251. Infanterie-Division / XXVII. Armee-Korps / 2. Armee / Heeresgruppe Nord

Am 1. 2. 1945 wehrte die Batterie Regeniter westlich Dretz/Westpreußen feindliche Panzer ab. Ein Gegenangriff auf Belino und Katsau folgte am 3. 2. gemeinsam mit Teilen des Grenadier-Regiments 448 (Major Schulze-Hagen) und ca. 70 Fallschirmjägern von der Fallschirm-Flak-Abteilung 2 handstreichartig gegen dort liegende sowjetische Sturmgeschütze, Panzer und Pak. Belino wurde erobert. Dann rollte die gesamte Batterie im Breitkeil gegen Katsau. Bei keinem einzigen Ausfall wurden in Belino 5 Panzer (3 Sturmgeschütze T 85, 1 T 34, 1 Josef-Stalin 122), 2 Pak 4,7 cm abgeschossen, 1 Hauptmann und 6 Soldaten gefangengenommen.
Die Besetzung von Katsau wurde durch den irrtümlichen Angriff eigener Stukas nur kurz verzögert. Am Bahnhof von Lassewitz folgten 48 Stunden später zwei weitere Panzerabschüsse im Nahkampf. Für die hervorragende Führung seiner Batterie in diesen Einsätzen und die eigenen Panzerabschüsse — darunter auch 4 Josef-Stalin 122, die erst auf 400 Meter bekämpft werden konnten — wurde Regeniter mit dem Ritterkreuz ausgezeichnet —, allerdings erfuhr er dies erst im Jahre 1974!

Wehrmacht:
16.03.1940   freiwilliger Eintritt in die 4. Batterie/Artillerie-Ersatz-Abteilung 206 Braunsberg in Ostpreußen
05.05.1940   Versetzung zum Stab der IV. Abteilung/Artillerie-Regiment 255, Frankreichfeldzug
01.08.1940   10. Batterie/Artillerie-Regiment 255, Küstenschutz am Kanal
01.10.1940   Kommandierung zum Offiziers-Bewerber-Lehrgang
01.11.1940   11. Batterie/Artillerie-Regiment 255, Ostfeldzug
08.01.1942   Ablehnung als Offiziers-Bewerber
12.01.1942   Reserve-Lazarett XIa Wien
02.04.1942   Ausbilder in der 4. Batterie/Artillerie-Ersatz-Abteilung 40 Bautzen
11.09.1942   Abstellung auf den Truppenübungsplatz Königsbrück zur Legion „Freies Indien"

02.10.1942	Vorgeschobener Beobachter in der 12. Batterie/Artillerie-Regiment 255, Wjasma-Ostfront
05.03.1943	freiwillige Meldung zur Sturmartillerie, Kriegsoffiziers-Bewerber-Lehrgang in der Sturmgeschütz-Ersatz- und Ausbildungs-Abteilung 400
01.10.1943	14. Fahnenjunker-Lehrgang an der Artillerieschule II Groß-Born
01.01.1944	Sturmgeschützschule Burg
03.05.1944	Versetzung zur 3. Batterie/Sturmgeschütz-Brigade 276 Deutsch-Eylau
01.08.1944	Fronteinsatz an der Ostfront
10.02.1945	Verwundung bei Stenzlau am Rande der Tucheler-Heide, bis August 1945 im Reserve-Lazarett Kronach in Oberfranken, dort aus amerikanischer Kriegsgefangenschaft entlassen

Orden und Ehrenzeichen:

18.08.1944	Eisernes Kreuz II. Klasse
22.10.1944	Eisernes Kreuz I. Klasse

Beförderungen:

01.01.1941	Gefreiter
01.03.1941	Unteroffizier
15.11.1943	Fahnenjunker-Wachtmeister der Reserve
15.12.1943	Oberfähnrich der Reserve
19.02.1944	Leutnant der Reserve —380— mit Wirkung vom 31. 3. 1944 und Rangdienstalter vom 1. 12. 1943 —810—

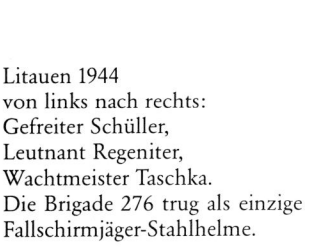

Litauen 1944
von links nach rechts:
Gefreiter Schüller,
Leutnant Regeniter,
Wachtmeister Taschka.
Die Brigade 276 trug als einzige Fallschirmjäger-Stahlhelme.

Beerdigung des am 21. 8. 1944 an der Brücke von Branerhusen gefallenen Kommandeurs der Sturmgeschütz-Brigade 276, Major Braun, in Ebenrode.
1 = Leutnant Albrecht
2 = Hauptmann Stück
3 = Hauptmann Sewera, Kommandeur
4 = Oberleutnant Lemke
5 = Hauptmann Schaubs

SS-Sturmbannführer der Reserve (Major)
KARL RETTLINGER

* 8.2.1913   Gunzenhausen / Kreis Weißenburg-Gunzenhausen / Mittelfranken / Bayern

Ritterkreuz (2480) am 20. 12. 1943 als SS-Hauptsturmführer der Reserve (Hauptmann) Geschütz-Führer / Chef 3. Batterie / SS-Sturmgeschütz-Abteilung 1 Leibstandarte SS „Adolf Hitler" / 1. SS-Panzer-Division Leibstandarte SS „Adolf Hitler" / XXXXVIII. Armee-Korps / 4. Panzer-Armee / Heeresgruppe Süd

SS-Hauptsturmführer Rettlinger hatte mit seiner Batterie schon 65 Panzer, 136 Pak und in großer Zahl MG, Granatwerfer und Panzerbüchsen vernichtet, als er am 8. 12. 1943 im Raum Shitomir das Vorgehen des II. und III./ SS-Panzer-Grenadier-Regiment 1 der Leibstandarte unterstützte. Am Bachabschnitt nordwestlich Gluchow hatte der Gegner einen Pakriegel mit zahlreich eingebauten Panzern errichtet. Rettlinger umfuhr die stark ausgebaute Stellung und erkannte in dem vor ihm liegenden Ort 30 Feindpanzer. Statt aufzuklären, griff er aus eigenem Entschluß an, schoß mit seiner Batterie zunächst 6 sowjetische Panzer ab und besetzte den Ort. Jetzt war es möglich, die Rollbahn Shitomir–Kiew zu sperren. Dieses war für die erfolgreiche Fortführung der Operationen in diesem Raum von entscheidender Bedeutung.

Wehrmacht — Waffen-SS:
01.05.1934   Eintritt in die Leibstandarte SS „Adolf Hitler" Berlin
01.05.1941   Geschütz-Führer in der Sturmgeschütz-Batterie Leibstandarte SS „Adolf Hitler"
08.02.1943   Chef der 3. Batterie/Sturmgeschütz-Abteilung 1 Leibstandarte SS „Adolf Hitler"
15.12.1943   Lazarett
21.08.1944   Kommandeur der SS-Sturmgeschütz-Abteilung 1 Leibstandarte SS „Adolf Hitler"

Teilnahme am Feldzug im Westen, Südosten und in Rußland

Orden und Ehrenzeichen:
12.07.1941   Eisernes Kreuz II. Klasse
29.03.1943   Eisernes Kreuz I. Klasse
15.04.1943   Deutsches Kreuz in Gold

Beförderungen:
20.04.1939   SS-Untersturmführer der Reserve (Leutnant)
09.11.1940   SS-Obersturmführer der Reserve (Oberleutnant)
30.01.1943   SS-Hauptsturmführer der Reserve (Hauptmann)
09.11.1944   SS-Sturmbannführer der Reserve (Major)

SS-Hauptsturmführer (Hauptmann)
WILFRIED RICHTER

* 9. 5. 1915 Pforzheim / Baden-Württemberg
† 18. 4. 1981 Engehausen / Gemeinde Essel / Niedersachsen

Ritterkreuz (965) am 21. 4. 1942 als SS-Obersturmführer (Oberleutnant) Geschütz-Führer / Führer SS-Sturmgeschütz-Batterie „Totenkopf" / SS-Division „Totenkopf" / II. Armee-Korps / 16. Armee / Heeresgruppe Nord

Mitte April 1942 übernahm Wilfried Richter den Stützpunkt Kalitkino am Westufer der Robja in der Nordwestecke des Kessels von Demjansk. Am 5. 4. 1942 erfolgte bei Hellwerden ein sowjetischer Angriff ohne Artillerievorbereitung mit 16 Panzern und aufgesessener Infanterie. Nachdem die beiden Pakgeschütze der 14./SS-T-IR 3 ausgefallen waren, konnte sich der Feind mit 10 Panzern im Nordteil von Kalitkino festsetzen. Die Panzer belagerten die Bunker, bis SS-Sturmmann Schulz einen durch Tellerminen und dann 4 weitere vernichtete. Der Vorgeschobene Beobachter der 6./Artillerie-Regiment der SS-Division „Totenkopf" erhielt von Richter den Befehl, das eigene Artilleriefeuer auf den Stützpunkt zu legen. Ein weiterer Panzer wurde vernichtet, der Gegner niedergehalten. Dann ging der SS-Obersturmführer mit seinen Männern zum Gegenangriff über und warf bis zum Spätnachmittag den Feind in Nahkämpfen aus Kalitkino hinaus.

Wehrmacht — Waffen-SS:
01. 10. 1937 SS-Regiment „Deutschland", dann SS-Junkerschule Tölz
10. 10. 1939 SS-„Totenkopf"-Division
10. 08. 1940 SS-Sturmgeschütz-Batterie „Totenkopf"
05. 05. 1942 Führerreserve des OKH (RSH)/SS-Artillerie-Ersatz-Regiment
06. 06. 1942 Zugführer in der schweren Kompanie des SS-Panzer-Regiments 3 „Totenkopf"
01. 05. 1944 stellvertretender Lehrgruppen-Kommandeur an der SS-Kriegsschule Tölz
01. 03. 1945 Bataillons-Kommandeur und stellvertretender Regimentsführer in der 38. SS-Grenadier-Division „Junker-Schule" (= 38. SS-Panzer-Grenadier-Division „Nibelungen")

Teilnahme an den Feldzügen im Westen und Osten

Orden und Ehrenzeichen:
19.09.1941 Eisernes Kreuz II. Klasse
22.10.1941 Eisernes Kreuz I. Klasse

Beförderungen:
20.04.1939 SS-Untersturmführer (Leutnant)
30.01.1942 SS-Obersturmführer (Oberleutnant)
25.04.1942 SS-Hauptsturmführer (Hauptmann)

Mensch und Material werden im harten russischen Winter aufs äußerste gefordert —
Sturmgeschütze mit den Grenadieren im Einsatz.

SS-Sturmbannführer der Reserve (Major)
DR. WOLFGANG ROEHDER

* 17. 8. 1911   Elberfeld — Wuppertal / Nordrhein-Westfalen
✠ 16. 5. 1945   in Prag verschollen

Ritterkreuz (2351) am 1. 12. 1943 als SS-Obersturmführer der Reserve (Oberleutnant) Geschütz-Führer / Chef 3. Batterie / SS-Sturmgeschütz-Abteilung 2 „Das Reich" / 2. SS-Panzer-Division „Das Reich" / 4. Panzer-Armee / Heeresgruppe Süd

Am 18. 9. 1943 erging die Weisung der H. Gr. Süd zum Absetzen hinter den Dnjepr. Die Division „Das Reich" mußte den Brückenkopf Poltawa räumen. Am 21. 9., 18.00 Uhr, sollte die bei Poltawa über die Worskla führende Brücke gesprengt werden. Jenseits des Flusses befand sich außer dem Sprengkommando nur noch ein Zug der 3. Batterie/SS-Sturmgeschütz-Abteilung 2 „Das Reich". Der Gegner folgte unmittelbar dem sich in Richtung Brücke absetzenden Zug, um diese wichtige Brücke unbeschädigt in die Hand zu bekommen. Dr. Roehder, der mit einigen Männern als letzter seinen Sturmgeschützen folgte, mußte mit der Pistole die nachdrängenden sowjetischen Soldaten abwehren. Dann verteidigte er die Brücke mit zwei Männern und wartete auf das Sprengkommando. Ein Kradmelder erreichte die inzwischen weitergefahrene Batterie nicht mehr.
2 Geschütze der 2./SS-Flak-Abteilung 2 „Das Reich" brachten schließlich das feindliche Infanteriefeuer auf die Brücke zum Schweigen. Nach 15 Minuten kam auch das Sprengkommando des Pionier-Bataillons, und hinter dem letzten deutschen Soldaten flog die Brücke in die Luft, gerade als der Feind sie erreichte. Der ungestörte Ablauf der weiteren Absetzbewegungen war gesichert, die Hauptmarschstraße des Gegners vorerst blockiert.

Wehrmacht — Waffen-SS:
1938	Eintritt in die SS-Verfügungstruppe
05.02.1943	Chef der 2. Batterie/SS-Sturmgeschütz-Abteilung „Das Reich"
01.06.1944	Führer SS-Sturmgeschütz-Abteilung „Das Reich"
06.07.1944	an der Invasionsfront verwundet
02.08.1944	Führer SS-Sturmgeschütz-Abteilung „Das Reich"
11.09.1944	schwerstverwundet — keine aktive Frontverwendung mehr — bei Kriegsende in einer SS-Dienststelle zu Prag VII

Teilnahme am Feldzug im Osten und an der Invasionsfront

Orden und Ehrenzeichen:
08.03.1943   Eisernes Kreuz II. Klasse
09.07.1943   Eisernes Kreuz I. Klasse
17.08.1944   Deutsches Kreuz in Gold

Beförderungen:
20.04.1939   SS-Untersturmführer der Reserve (Leutnant)
09.11.1941   SS-Obersturmführer der Reserve (Oberleutnant)
30.01.1944   SS-Hauptsturmführer der Reserve (Hauptmann)
09.11.1944   SS-Sturmbannführer der Reserve (Major)

Sowjetischer KW I.

Sturmgeschütz der Abteilung „Das Reich".

233

Oberwachtmeister

JOSEF ROHRBACHER

* 24. 5. 1920   Viernheim / Kreis Bergstraße / Hessen
† 25. 2. 1982   Viernheim / Kreis Bergstraße / Hessen

Ritterkreuz (3029) am 4. 5. 1944 als Oberwachtmeister Geschütz-Führer / Führer 2. Zug / 3. Batterie / Sturmgeschütz-Brigade 245 / nach 56 Panzerabschüssen / 299. Infanterie-Division / VI. Armee-Korps / 3. Panzer-Armee / Heeresgruppe Mitte

Bis zum März 1944 vernichtete Oberwachtmeister Rohrbacher als Richtunteroffizier, Geschütz- und Zugführer 56 Panzer. In den Kämpfen um Orel, südwestlich Wjasma und vor allem in den Winterschlachten um Witebsk hatte er sich hervorragend bewährt. Ende März 1944 hatte der Feind südostwärts Witebsk mit einem Massenaufgebot von Menschen und schweren Waffen einen Einbruch in die deutsche HKL erzielt und eine beherrschende Höhe in seinen Besitz gebracht. Sturmgeschütze wurden für den Gegenangriff herangezogen. Das Sturmgeschütz Rohrbacher hatte den Auftrag, aus nordwestlicher Richtung den Angriff durch flankierendes Feuer zu unterstützen. Als die Infanterie nicht vorwärtskam, brach Rohrbacher aus eigenem Entschluß mit seinem Geschütz hervor, suchte sich in dem Sumpfgelände einigermaßen festen Boden aus, vermied die im Gelände verstreuten Minen und eroberte im feindlichen Feuerhagel die Höhe, dabei Bunker um Bunker zerschießend und den Feind mit M.Pi. und Handgranaten in Deckung zwingend. Die Grenadiere wurden mitgerissen und stürmten mit „Hurra" die Höhe. 5 Pak, 20 schwere MG, 7 Panzerbüchsen, 50 M.Pi. und zahlreiche andere Waffen wurden erbeutet. Mehrere Versuche des Gegners, die Höhe zurückzugewinnen, scheiterten. Die 299. ID beantragte für den Oberwachtmeister das Ritterkreuz.

Wehrmacht:
14. 11. 1938   Eintritt Artillerie-Regiment 71 Heilbronn, Laufbahn des Berufsunteroffiziers
10. 07. 1941   VI. Abteilung des Artillerie-Lehr-Regiments (mot.) 2 Jüterbog, Umschulung auf Sturmgeschütze
18. 09. 1941   Sturmgeschütz-Abteilung 202
28. 04. 1943   Sturmgeschütz-Abteilung 245
08. 09. 1944   Sturmgeschütz-Brigade 249

Teilnahme am Feldzug im Osten

Orden und Ehrenzeichen:
07.05.1941   Eisernes Kreuz II. Klasse
16.12.1942   Eisernes Kreuz I. Klasse

Beförderungen:
11.03.1941   Wachtmeister
01.06.1943   Oberwachtmeister

Witebsk 1944 nach der Verleihung des Ritterkreuzes.
Von links nach rechts: Oberleutnant Alfred Kohm, Rohrbacher und Leutnant Heinz Kicherer.

Hauptmann der Reserve

KONRAD SAUER

* 29. 1. 1915   Roth / Kreis Marburg an der Lahn / Hessen

Ritterkreuz (1209) am 26. 9. 1942 als Wachtmeister der Reserve Geschütz-Führer / Wagen „E" / 1. Zug „Graf" / 3. Batterie / Sturmgeschütz-Abteilung 209 / nach 39 Panzerabschüssen / 256. Infanterie-Division / VI. Armee-Korps / 9. Armee / Heeresgruppe Mitte

603. Eichenlaub (387) am 30. 9. 1944 als Leutnant der Reserve Geschütz-Führer / Führer 1. Batterie / Sturmgeschütz-Brigade 393 / nach 65 Panzerabschüssen / 87. Infanterie-Division / II. Armee-Korps / 18. Armee / Heeresgruppe Nord

Die 3. Batterie der Sturmgeschütz-Abteilung 209 war im Raum Rshew der Sturmgeschütz-Abteilung 189 unterstellt worden. Die Batterie trug dazu bei, daß die Abteilung 189 im Kampf um Rshew bei der Infanterie einen hervorragenden Ruf genoß. Konrad Sauer erlebte in zahlreichen Duellen, Sturmgeschütz gegen Panzer, die von der Politik im Kriege dem Soldaten zugewiesene Aufgabe, der eigenen Sache zum Erfolg zu verhelfen, im Bewußtsein, entweder selbst zu sterben oder den anderen sterben zu lassen. Er wurde in diese Aufgabe durch den Krieg hineingestellt und vergaß nie, daß seine Erfolge auch vom Soldatenglück begleitet waren.
Die 3. Batterie war mit dem II./IR 481 (256. ID) in den Tagen von Bejkowo (August 1942) maßgeblich an der Abwehr russischer Panzerangriffe beteiligt. Der Batterieführer und spätere Ritterkreuzträger Geppert erhielt am 30. 8. 1942 ein Anerkennungsschreiben des Kommandeurs II./481, Hauptmann Guckenberger, nachdem dieser das Ritterkreuz erhalten hatte.
Leutnant Sauer setzte seine Erfolge bei der Sturmgeschütz-Brigade 393 fort. Er war in den Räumen Dünaburg und Dorpat eingesetzt. Im Abschnitt der 87. ID unterstützte seine Batterie das Pionier-Bataillon 187 bei einem Nachtangriff, der zur Einnahme des Gutes und der Straßengabel Kaerevere führte. Die Division wurde am 2. 9. 1944 im Wehrmachtbericht genannt.
Am 17. 9. begann der sowjetische Angriff aus dem Brückenkopf Dorpat und ostwärts der Stadt. Es gelang schließlich mit Hilfe der Sturmgeschütze, den Angriff zu stoppen und eine sich bereits anbahnende Katastrophe zu verhindern. Leutnant Sauer schoß allein mit seinem Sturmgeschütz in zwei Tagen 14 Panzer ab. In einer Meldung des II. AK. über die Rückzugskämpfe hieß es: „Das Absetzen aus der Dorpater Stellung erfolgte unter

stärkstem Druck weit überlegenen Gegners, der mit insgesamt 12 Schützendivisionen und 2—3 Panzerverbänden kurz vor dem geplanten Beginn der Absetzbewegungen angriff. Trotz der durch diesen Angriff erzielten Zerschlagung der 207. Sicherungs-Division und trotz der schweren Einbußen, die die 87. ID bereits am 1. Angriffstag erlitt, gelang es doch, einen Durchbruch des Gegners durch die sich absetzende Front zu verhindern und die Verbände kampffähig zurückzubringen."

Wehrmacht:
18.04.1936–
28.09.1936   Reichsarbeitsdienst Bingen am Rhein
01.10.1936–
30.09.1938   Ableistung des Wehrdienstes in der I. Abteilung/Artillerie-Regiment 36 Mainz
23.08.1939   Einberufung zum Artillerie-Regiment 206, Nachrichtentruppführer,
             Polenfeldzug, dann Ruhe in Sachsen
18.04.1940   Reserve-Offiziers-Bewerber-Lehrgang (Artillerie) Köslin in Pommern
18.07.1940   Unteroffizier zur besonderen Verwendung im Stab des Artillerie-Regiments 206
05.12.1940   Nachrichtenzugführer im Stab des Artillerie-Regiments 304
25.05.1941   Hauptwachtmeister Diensttuender im Artillerie-Regiment 304, Ostfeldzug
02.10.1941   Artillerie-Ersatz-Abteilung 304 Dresden
02.11.1941   freiwillige Meldung zur Sturmartillerie. Umschulung in der neuaufgestellten Sturmgeschütz-Abteilung 190, ab Januar 1942 Fronteinsatz an der Ostfront als Geschütz- und Zugführer, zuerst in der 3. Batterie vor Rshew, ab Oktober 1942 bei der 1. Batterie vor Roslawl-Donez, ab Dezember 1942 bis April 1943 in der Auffangfront für Stalingrad in der Ukraine
29.09.1942   Überreichung des Ritterkreuzes während eines Bahntransportes mit Aufenthalt auf dem Bahnhof Sytschewka durch den Batteriechef Oberleutnant Frank
20.05.1943   Lehr-Offizier der Sturmartillerie bei der OKH-Lehrtruppe für Waffenvorführung
20.10.1943   Zugführer im Infanterie-Lehr-Bataillon (Sturmgeschütz) an der Infanterieschule Döberitz
01.06.1944   Zug- und Batterie-Führer (1. Batterie) in der neuaufgestellten Sturmgeschütz-Brigade 393, Einsatz im Baltikum bis vor Dorpat
07.09.1944   Führer 1. Batterie/Sturmgeschütz-Brigade 393
25.10.1944   Ernennung zum Chef der 1. Batterie/Sturmgeschütz-Abteilung 393
18.01.1945   Hörsaalleiter — Taktischer Lehrstab — an der Sturmgeschützschule Burg
12.04.1945   Kompaniechef in der „Kampfgruppe Burg"
13.04.1945   bei Rögätz an der Elbe verwundet
18.09.1945   aus dem Lazarett Bad-Gastein entlassen
20.09.1944   im Wehrmachtbericht genannt: „. . . Leutnant Sauer in einer Sturmgeschütz-Brigade schoß mit seinem Sturmgeschütz in zwei Tagen 14 Panzer ab . . ."

Bundeswehr:
10.06.1956–
01.07.1968   Truppen-Offizier und Verwendungen in Stabsstellungen

Orden und Ehrenzeichen:
10.05.1942   Eisernes Kreuz II. Klasse
31.07.1942   Eisernes Kreuz I. Klasse
12.06.1942   Sturmabzeichen allgemein
06.08.1942   Verwundetenabzeichen Schwarz
16.04.1943   Verwundetenabzeichen Silber
05.09.1942   Nennung im Ehrenblatt des Heeres

Beförderungen:
15.01.1940   Unteroffizier der Reserve mit Wirkung vom 1.12.1939
01.12.1940   Wachtmeister der Reserve
26.09.1942   Leutnant der Reserve mit Wirkung vom 1.9.1942 und Rangdienstalter vom 1.1.1941 –204–
25.10.1944   Oberleutnant der Reserve mit Wirkung vom 1.9.1944 und Rangdienstalter vom 1.1.1943 –176a–
01.03.1945   Hauptmann der Reserve

10.06.1956   Hauptmann mit Urkunde vom 16.10.1956
16.10.1956   Ernennung zum Berufssoldaten
20.12.1958   Major mit Urkunde vom 10.10.1958
01.05.1965   Oberstleutnant mit Urkunde vom 19.7.1965

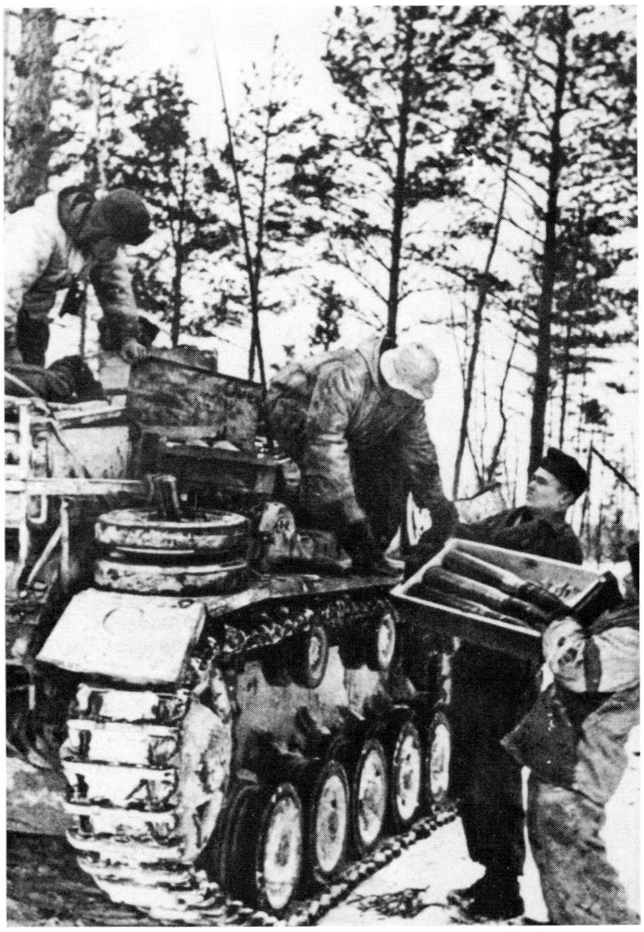

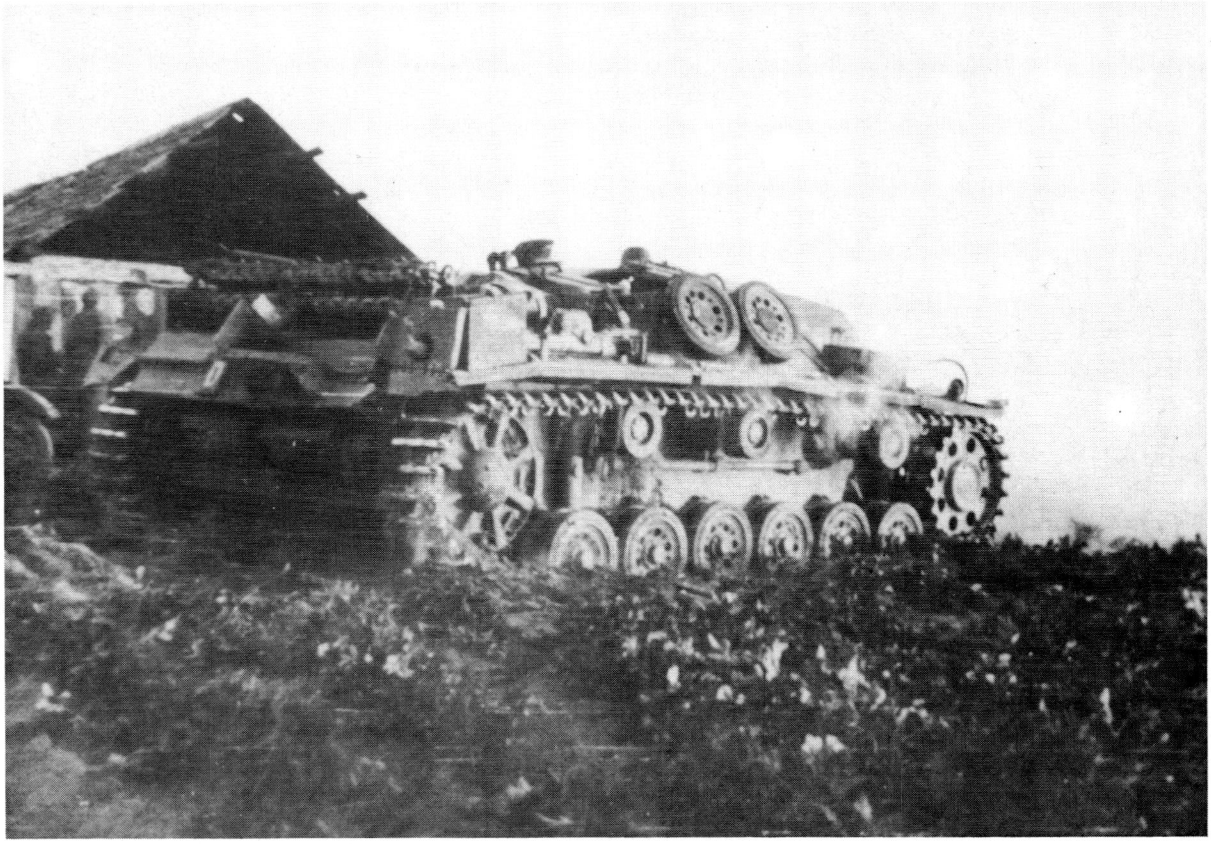

General der Kavallerie Georg Lindemann
(* 08. 03. 1884/† 25. 09. 1963 — 275. Träger des Eichenlaubs),
Oberbefehlshaber der 18. Armee (16. 01. 1942 — 29. 03. 1944).

General der Infanterie Friedrich Wilhelm Müller
(* 29. 08. 1897/† 20. 05. 1947 — 86. Träger des Eichenlaubs),
Kommandierender General mehrerer Korps an der Ostfront.

Generaloberst Heinrich Gottfried von Vietinghoff gen. Scheel
(* 06. 12. 1887/† 23. 02. 1952 — 456. Träger des Eichenlaubs),
Kommandierender General des XXXXVI. Panzer-Korps und in
Vertretung Führer der 9. Armee (Sept./Dez. 1942).

Oberwachtmeister

HEINZ SCHARF

* 22.4.1920   Lichtenstein / Bezirk Dresden / Sachsen

Ritterkreuz (3458) am 17. 8. 1944 als Wachtmeister Geschütz-Führer / 3. Batterie / Sturmgeschütz-Brigade 202 / nach 40 Panzerabschüssen / I. Armee-Korps / 16. Armee / Heeresgruppe Nord

Anfang August 1944 standen die 215. und 290. ID nördlich Birsen. Zur Bereinigung einer Einbruchsstelle wurde die 3. Batterie am Morgen des 8. 8. mit den anderen Geschützen der Brigade dort eingesetzt bis auf zwei (Oberwachtmeister Schulz, Wachtmeister Scharf). Bald war die Ruhezeit für diese beiden Geschütze zu Ende. Heinz Scharf schoß in 5 Minuten 8 Feindpanzer ab, obwohl die Lenkbremsen blockierten und Richt-Unteroffizier Wulf verwundet wurde. Damit hatte Scharf 40 Panzerabschüsse erzielt. Das Geschütz ging dann nach Ablieferung des Verwundeten und Übernahme von Munition und Sprit mit Ladekanonier Othmar als neuem Richtschützen erneut nach vorn. Wachtmeister Scharf war Ladekanonier und Geschütz-Führer zugleich. Bei einem Feuerüberfall der sowjetischen Artillerie wurde Scharf schwer verwundet. Wachtmeister Krämer (Fahrer des Geschützes Scharf) und Richtschütze Othmar fuhren ihn im sechsten Gang im dichten feindlichen Artilleriefeuer ins Lazarett. Wachtmeister Scharf hatte der Infanterie in hervorragender Weise geholfen. Die 290. ID schlug ihn zur Verleihung des Ritterkreuzes vor.

Wehrmacht:

21.10.1939   Artillerie-Regiment 10 Regensburg
09.09.1941   Sturmgeschütz-Abteilung 202
09.08.1944   im Wehrmachtbericht genannt: „Wachtmeister Scharf in einer Sturmgeschütz-Brigade und Unteroffizier Janko in einer Heeres-Küstenartillerie-Abteilung haben sich im Kampf mit sowjetischen Panzern durch besondere Tapferkeit ausgezeichnet."

Orden und Ehrenzeichen:

13.06.1942   Eisernes Kreuz II. Klasse
16.02.1943   Eisernes Kreuz I. Klasse
28.05.1944   Deutsches Kreuz in Gold

Beförderungen:
11.07.1942   Wachtmeister
11.09.1944   Oberwachtmeister

Geschütze der Brigade 202.

241

Hauptmann
FRIEDRICH „FRITZ" SCHERER
* 26. 8. 1910   Mannheim / Baden-Württemberg

Ritterkreuz (2431) am 14. 12. 1943 als Hauptmann Geschütz-Führer / Chef 2. Batterie / Sturmgeschütz-Abteilung 236 / 16. Panzer-Grenadier-Division / XXXX. Panzer-Korps / 1. Panzer-Armee / Heeresgruppe Süd

In den Abwehrschlachten des beginnenden Winters 1943 kämpfte die Sturmgeschütz-Abteilung 236 im Dnjepr-Bogen (Kriwoi Rog, Guljai Pole, Nikolajewskaja, Nasorowka, Busuluk). Am 3. 11. 1943 gehörte sie zur Gruppe Buschenhagen (ostwärts Kowalewo), wurde aber bereits am 5. 11. wieder der 16. Panzer-Grenadier-Division zugeführt, die ihrerseits seit dem 11. 12. 1943 dem XXX. AK. unterstellt war. Die Sturmgeschütz-Abteilung 236 sollte dann am 21. 12. im Raum Lebedinskij im Gegenstoß die alte HKL wiederherstellen.
In den schweren Abwehrkämpfen dieser Zeit zeichnete sich Hauptmann Scherer immer wieder aus. Schon im Brückenkopf Saporoshje waren die Sturmgeschütze ein Rückhalt für die Grenadiere der 16. Panzer-Grenadier-Division. Die Anerkennung der Division bestand darin, daß sie Hauptmann Scherer zur Verleihung des Ritterkreuzes vorschlug.

Wehrmacht:
13. 04. 1931   Eintritt in die II. Abteilung/Artillerie-Regiment 5 Ulm an der Donau
01. 08. 1935   III. Abteilung/Artillerie-Regiment 35 Karlsruhe
01. 09. 1936   Kriegsschule München
01. 11. 1937   II. Abteilung/Artillerie-Regiment 35 Rastatt
09. 07. 1941   Zugführer in der Sturmgeschütz-Abteilung 185
20. 11. 1942   Sturmgeschütz-Ersatz- und Ausbildungs-Abteilung 300 Neisse
17. 03. 1943   Chef der 2. Batterie/Sturmgeschütz-Brigade 236 Jüterbog, dann Ostfronteinsatz
18. 03. 1945   Führerreserve des OKH unter gleichzeitiger Kommandierung zum Abteilungs-Führer-Lehrgang für Artillerie

Teilnahme am Feldzug in Frankreich und Rußland

Orden und Ehrenzeichen:
06.12.1941   Eisernes Kreuz II. Klasse
30.04.1942   Eisernes Kreuz I. Klasse
13.11.1942   Deutsches Kreuz in Gold

Beförderungen:
01.10.1937   Leutnant mit Rangdienstalter vom 1. 10. 1937 —238—
01.02.1942   Oberleutnant mit Rangdienstalter vom 1. 2. 1942 —115—
30.04.1943   Hauptmann —2910— mit Wirkung vom 1. 2. 1943 und Rangdienstalter vom 1. 1. 1943 —338 b 1—

Sturmgeschütze in der Bereitstellung.

Des öfteren im gemeinsamen Einsatz mit den Sturmgeschützen (hier bei der Abteilung 184): Skoda 38 (t).

Hauptmann
KURT MAXIMILIAN GEORG SCHLIESSMANN

* 6.8.1920   Friedrichshafen / Bodensee-Kreis / Baden-Württemberg

Ritterkreuz (4362) am 18. 1. 1945 als Hauptmann Geschütz-Führer / Chef 1. Batterie / Sturmgeschütz-Brigade 286 / nach zirka 29 Panzerabschüssen / Divisions-Kampfgruppe Schultz / XXIX. Armee-Korps / 8. Armee / Heeresgruppe Süd

Während der Abwehrkämpfe im Raum Miskolc war die 1. Batterie am 16. 11. 1944 angesetzt, den in den westlich Miskolc gelegenen Ort Diosgyör eingedrungenen Feind zu werfen und die Stadt zu säubern. Mit einer aufgesessenen Jägerkompanie gelang dieses Unternehmen. Oberleutnant Schließmann hatte sich bereits vorher mit seiner Batterie bei den erbitterten Kämpfen in den Brückenköpfen an der Theiß südlich Tokaj bewährt. Als im Kampfraum von Miskolc ein Jägerbataillon und eine schwere Batterie eingeschlossen wurden, faßte Schließmann selbständig den kühnen Entschluß, diese mit 4 Sturmgeschützen und aufgesessener Infanterie gegen 600 Mann und 9 Panzer herauszuhauen. Er nahm noch 2 Fla-Geschütze und die Pferde für die eingeschlossene Haubitz-Batterie mit und fuhr bei Dunkelheit mit vollem Licht und schärfstem Tempo in das Dorf hinein. Die Überraschung gelang. Während Hauptmann Schließmann die feindliche Dorfbesatzung bekämpfte, entsandte er 2 Sturmgeschütze zu dem eingeschlossenen Bataillon und die Pferde zur Batterie. Mit dem Geschütz Schließmann an der Spitze ging es dann wieder mit vollem Licht und größter Geschwindigkeit zurück. Schließmann erkundete die feindlichen Widerstandsnester durch Abschießen von Leuchtpatronen und vernichtete dann an der Spitze einer Infanteriegruppe eines nach dem anderen. Die Kampfgruppe erreichte ohne Verluste und mit nur wenigen Leichtverwundeten die eigenen Linien. Zugleich war verhindert worden, daß der Gegner seinen tiefen Einbruch zum Durchbruch nach Norden ausnutzen konnte. Für sein tapferes und entscheidendes Handeln wurde Kurt Schließmann das Ritterkreuz verliehen.

Wehrmacht:
14.11.1938   als Kanonier in die 1. Batterie/Beobachtungs-Abteilung 5 Ulm
01.04.1940   1. Batterie/Beobachter-Ersatz-Abteilung 5 Prag
20.05.1940   4. Offiziers-Anwärter-Lehrgang/Lehrstab B an der Artillerieschule II
10.08.1940   Zugführer in der 1. Batterie/Beobachtungs-Ersatz-Abteilung 5

17.02.1941	freiwillige Meldung zur Sturmartillerie/VI. Abteilung/Artillerie-Lehr-Regiment (mot.) 2
05.04.1941	Zugführer in der 1. Batterie/Sturmgeschütz-Abteilung 226
01.08.1942	Adjutant der Sturmgeschütz-Abteilung 226
01.03.1943	Chef der 3. Batterie/Sturmgeschütz-Abteilung 226
10.08.1943	Chef der 3. Batterie/Sturmgeschütz-Ersatz- und Ausbildungs-Abteilung 600 Neisse
29.08.1944	Chef der 1. Batterie/Sturmgeschütz-Brigade 286
06.02.1945	Versetzung in die Führerreserve des OKH unter gleichzeitiger Kommandierung zum Lehrgang für Brigade-Führer der Sturmartillerie an der Sturmgeschützschule Burg/Taktischer Lehrstab
06.03.1945	Kommandierung zum 27. Lehrgang für Bataillons- und Abteilungs-Führer an der Heeresschule unter Eichenlaubträger Ernst Nobis
23.03.1945	Kommandierung mit Wirkung vom 1.4.1945 zum Höheren Artilleriekommandeur 315 (16. Armee)

Teilnahme am Feldzug in Frankreich und im Osten

Orden und Ehrenzeichen:

29.06.1941	Eisernes Kreuz II. Klasse
09.08.1941	Eisernes Kreuz I. Klasse
06.04.1943	Deutsches Kreuz in Gold
25.08.1941	Verwundetenabzeichen Schwarz
06.08.1941	Sturmabzeichen allgemein
06.10.1942	Medaille Winterschlacht im Osten

Beförderungen:

01.10.1939	Gefreiter
01.04.1940	Unteroffizier
01.08.1940	Wachtmeister
09.08.1940	Ernennung zum Reserve-Offiziers-Bewerber
01.10.1940	Leutnant der Reserve mit Rangdienstalter vom 1.10.1940
25.09.1942	Oberleutnant der Reserve —2430— mit Wirkung vom 1.10.1942 und Rangdienstalter vom 1.10.1942
01.03.1943	Oberleutnant mit Wirkung vom 30.4.1943 im Heer angestellt und Rangdienstalter vom 1.10.1942 —138—
09.11.1944	Hauptmann —202— mit Wirkung vom 1.11.1944 und Rangdienstalter vom 1.11.1944 —101—

Oberwachtmeister

HERMANN LUDWIG SCHMIDT

* 3.12.1915   Darmstadt / Hessen

Ritterkreuz (3786) am 4. 10. 1944 als Oberwachtmeister Geschütz-Führer / Führer 1. Zug / 2. Batterie / Sturmgeschütz-Brigade 209 / 292. Infanterie-Division / XXIII. Armee-Korps / 2. Armee / Heeresgruppe Mitte

Anfang September 1944 kämpfte die 2. Batterie am Narew. Oberwachtmeister Schmidt war auch dabei, als die Batterie vom 7. bis 9. 9. einen Einbruch bei der 541. ID abriegelte. Glasewo wurde Stützpunkt der 2. Batterie. Als am 11. 10. 1944 sowjetische Truppen den Narew überschritten, war die Batterie Rückhalt der schwer ringenden Infanterie. Zugführer Schmidt hatte entscheidenden Anteil an der Abwehr eines russischen Angriffs und der anschließenden Rückgewinnung der alten HKL im September 1944 im Abschnitt der 292. ID, so daß diese Division ihn zur Verleihung des Ritterkreuzes vorschlug.

Wehrmacht:
04.04.1934   Eintritt in die 1. Batterie/Artillerie-Regiment 5
1942/1944   Sturmgeschütz-Abteilung (Brigade) 209

Orden und Ehrenzeichen:
24.03.1942   Eisernes Kreuz II. Klasse
05.09.1943   Eisernes Kreuz I. Klasse

Beförderungen:
15.08.1940   Wachtmeister
01.09.1942   Oberwachtmeister

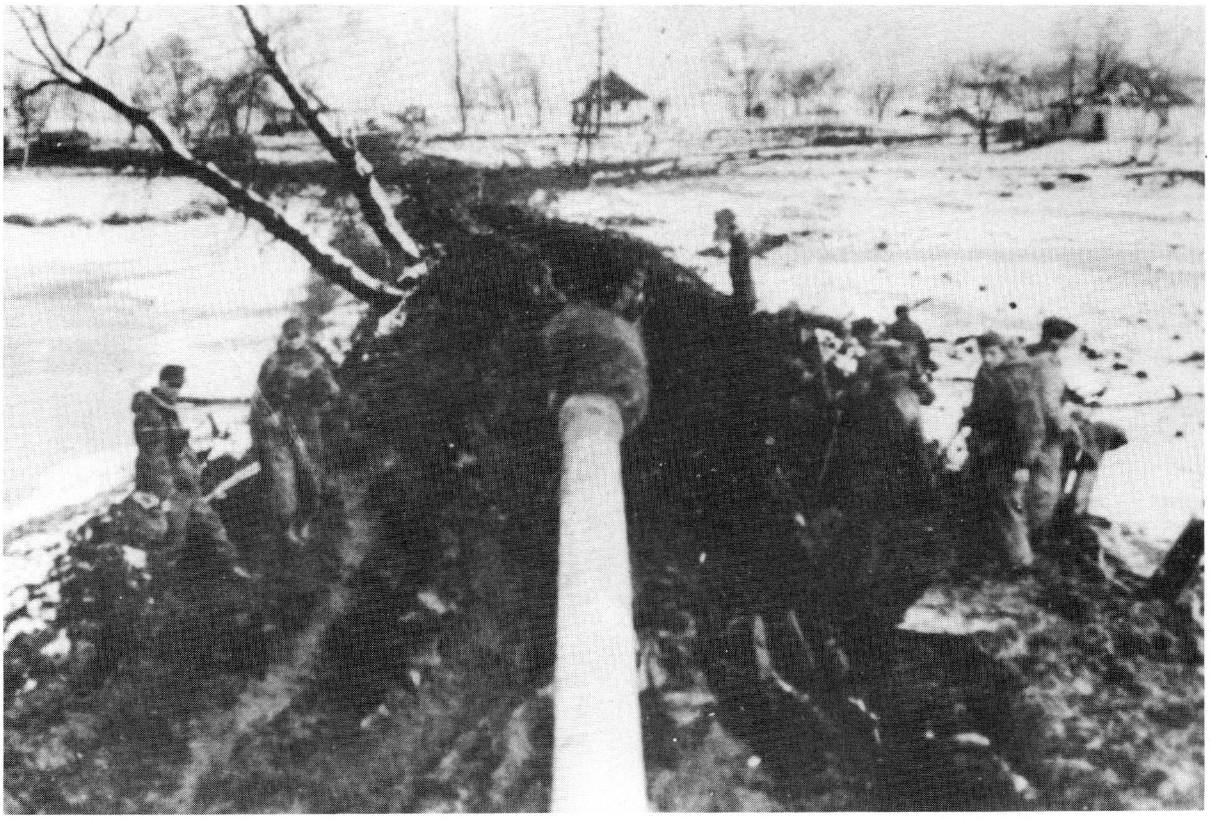

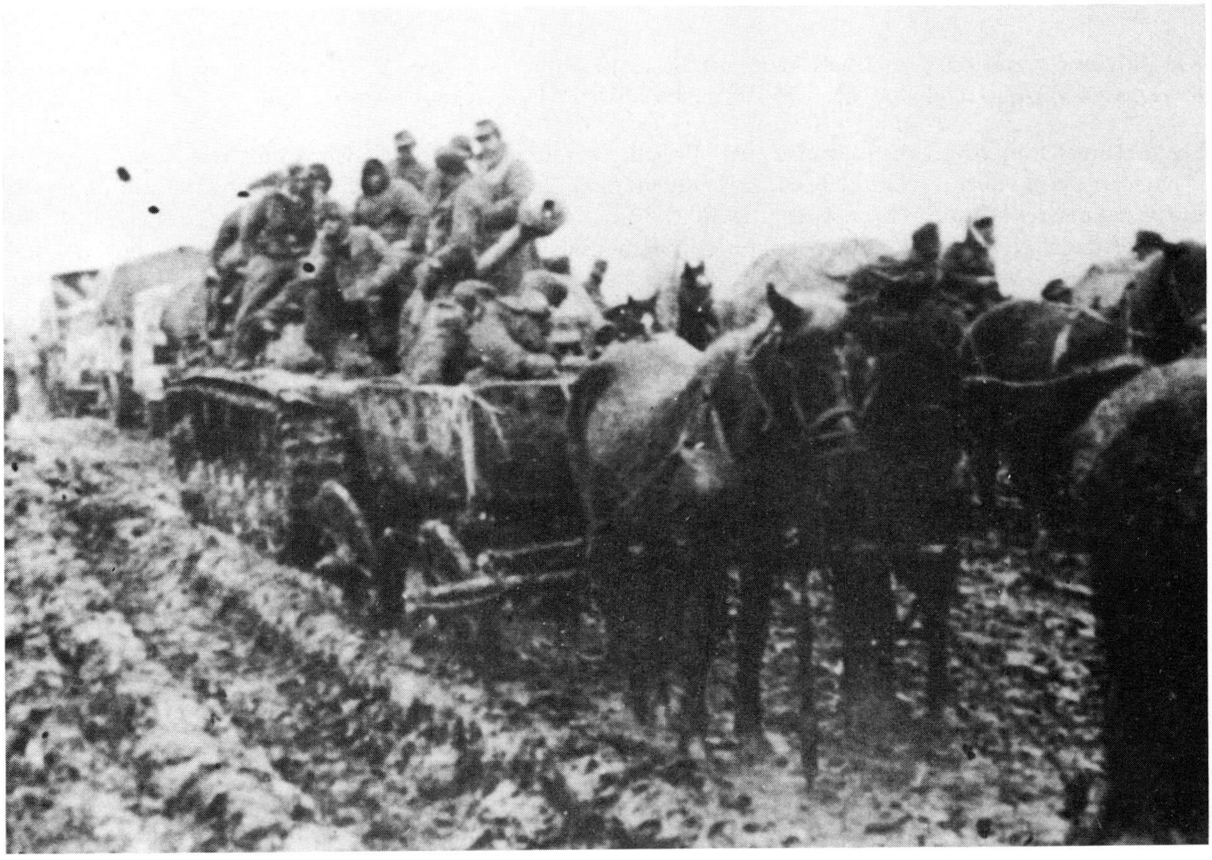

Leutnant
JOHANN „HANS" SCHMITT genannt „Panzerschmitt"

* 26.4.1915   Frankfurt am Main / Hessen

Ritterkreuz ( ) am 30. 4. 1945 als Leutnant Geschütz-Führer / Wagen 210 / Führer 3. Zug / 3. Batterie / Sturmgeschütz-Abteilung 261 / nach 75 Panzerabschüssen / Heeresgruppe Mitte / Süd

Die Sturmgeschütz-Abteilung (seit 14. 2. 1944 Brigade) war gegen Kriegsende dem Korps von Bünau zugeteilt. Davor war sie in Ungarn (Nagy) eingesetzt. Leutnant Schmitt erreichte die hohe Panzerabschußzahl in seinen Einsätzen bei der Sturmgeschütz-Abteilung 210 (1941 Lidia, Deminow, Welikije Luki, vor Moskau, 1942 Nowo Dugino, dann Noworossisk und Nikopol, Stanislau und Ostrowitsche bzw. Großer Weichselbogen unter Kommandeuren wie die Majore Sichelschmidt und Nebel) und bei der Sturmgeschütz-Abteilung 261 (Einsatz am Plattensee bei Ketelly, Kaposchvar, Naggicanicar, Naciybaoin, Rückzug entlang der Mur in Richtung Graz, letzter Einsatz im Raum St. Pölten zur Verteidigung Wiens).

Wehrmacht:

19.10.1936	Einberufung zur 3. Batterie/Artillerie-Regiment 34 in der 34. Infanterie-Division
12.10.1937	1. Batterie/Artillerie-Regiment 34 Trier
03.09.1939	Teilnahme an den Vorfeldkämpfen zwischen Rhein und Mosel
10.05.1940	Teilnahme am Angriff gegen Luxemburg, Stellungskämpfe an der Maginotlinie, dann ab 26. 5. 1940 im Heimatgebiet
11.08.1940	leichte Artillerie-Ersatz-Abteilung 34
10.10.1940	Versetzung zur VI. Abteilung/Artillerie-Lehr-Regiment (mot.) 2 Jüterbog, Umschulung auf Sturmgeschütze
24.11.1940	Versetzung in die 17. Batterie/Artillerie-Lehr-Regiment (mot.) 2 Jüterbog
07.03.1941	Gruppen-, dann Zugführer in der Sturmgeschütz-Abteilung 210, Ostfeldzug
28.03.1944	16. Fahnenjunker-Lehrgang/Lehrstab A/Inspektion VI an der Artillerieschule II Groß-Born
10.08.1944	Sturmgeschütz-Ersatz- und Ausbildungs-Abteilung 200
20.11.1944	Führer des 3. Zuges in der 3. Batterie/Sturmgeschütz-Abteilung 261 und zeitweise stellvertretender Batterie-Führer und kurz vor Kriegsende Chef der Stabs-Batterie

30.04.1945 im Raum Melk–St. Pölten (Österreich) Überreichung des Ritterkreuzes durch den General der Infanterie und Kommandierenden General des XI. Armee-Korps von Bünau. Eintragung ins Soldbuch durch den Brigade-Kommandeur Hauptmann Kanopka
09.05.1945–
11.11.1945 amerikanische Kriegsgefangenschaft

Orden und Ehrenzeichen:
11.08.1941 Eisernes Kreuz II. Klasse
11.10.1942 Eisernes Kreuz I. Klasse
26.11.1943 Deutsches Kreuz in Gold
10.08.1942 Medaille Winterschlacht im Osten
09.09.1941 Verwundetenabzeichen Schwarz
25.07.1943 Verwundetenabzeichen Silber
28.09.1943 Verwundetenabzeichen Gold

Beförderungen:
01.10.1937 Gefreiter
01.10.1938 Unteroffizier
01.05.1941 Wachtmeister
01.03.1943 Oberwachtmeister
01.12.1943 Ernennung zum Offiziers-Bewerber
01.02.1944 Fahnenjunker
01.08.1944 Oberfähnrich
01.10.1944 Leutnant –6203– mit Wirkung vom 1.8.1944 und Rangdienstalter vom 1.8.1944 –92–

Besatzung des Geschützes „Panzerschmitt". Von links nach rechts: Timmel, Schmitt, Lünzmann und Schmidt.

Schmitt mit seinem 1. Geschütz – noch ohne Besatzung.

Oberleutnant der Reserve
DR. ING. WERNER SCHOLZ

* 9.11.1913   Wien-Mödling / Österreich

Ritterkreuz (4647) am 5. 3. 1945 als Leutnant der Reserve Geschütz-Führer / Führer 3. Zug / 2. Batterie / Sturmgeschütz-Brigade 279 / 24. Panzer-Division / Fallschirm-Panzer-Korps „Hermann Göring" / Heeresgruppe Nord

Die Kampfgruppe Einem der 24. Panzer-Division wurde am 9. 2. 1945 auf Befehl der 4. Armee an die Ostfront des Heiligenbeiler Kessels geworfen, um den in die Stadt Zinten eingedrungenen Gegner zurückzuwerfen. Eine Aufspaltung des Kessels aus dieser Richtung sollte verhindert werden. Am 10. 2. begannen die Kämpfe um die Orte Nonnenhausen und Maraunen ostwärts Zinten. Bei diesen Kämpfen um Zinten zeichnete sich Leutnant Scholz besonders aus. Es gelang in schweren, sehr verlustreichen Kämpfen, den sowjetischen Vorstoß aufzuhalten, es gelang aber nicht, die Panzerkaserne ostwärts Zinten, um die als Schlüsselpunkt für den Ort die Hauptkämpfe gingen, wiederzugewinnen.

Wehrmacht:
20.08.1939   Einberufung Artillerie-Ersatz-Abteilung 102 Wiener-Neustadt
18.11.1939   (Panzer-)Artillerie-Regiment 74 in der 2. (Wiener) Panzer-Division
08.11.1941   Sturmgeschütz-Abteilung 209
09.11.1943   Sturmgeschütz-Brigade 279

Teilnahme am Feldzug in Frankreich und Rußland

Orden und Ehrenzeichen:
29.06.1941   Eisernes Kreuz II. Klasse
10.05.1942   Eisernes Kreuz I. Klasse
26.12.1943   Deutsches Kreuz in Gold

Beförderungen:
31.12.1941 Leutnant der Reserve —3540— mit Wirkung vom 1. 12. 1941 und Rangdienstalter vom 1. 12. 1941 —410—
15.12.1944 Oberleutnant der Reserve —5580— mit Wirkung vom 1. 12. 1944 und Rangdienstalter vom 1. 12. 1944 —ohne—

Dr. Ing. Scholz in seinem Geschütz.

Gezeichnet von den harten Einsätzen — rechts mit Brille Obergefreiter Holzapfel.

Oberwachtmeister

RICHARD SCHRAMM

* 8.7.1913 Langburkersdorf bei Neustadt / Bezirk Dresden / Sachsen
✠ vermißt

Ritterkreuz (1385) am 23. 12. 1942 als Oberwachtmeister Geschütz-Führer / Wagen „Alligator" / 2. Zug / 1. Batterie / Sturmgeschütz-Abteilung 202 / nach 30 Panzerabschüssen / 5. Panzer-Division / 9. Armee / Heeresgruppe Mitte

Im Wehrmachtbericht vom 12. 12. 1942 wurde die Sturmgeschütz-Abteilung 202 ohne Nennung der Nummer genannt. Am 11. und 12. 12. war im Abschnitt der 78. Infanterie-Division eine kritische Lage entstanden. Dabei zeichnete sich nicht nur Wachtmeister Amling von der 3. Batterie aus, nur wenige Tage später wurde auch Oberwachtmeister Schramm mit dem Ritterkreuz ausgezeichnet, weil er bisher 30 Feindpanzer abschoß. Davon hatte er in diesen schweren Abwehrkämpfen bei Rshew an einem Kampftage allein 12 Sowjetpanzer vernichtet und zur erfolgreichen Abwehr eines schweren feindlichen Durchbruchsversuches beigetragen.

Wehrmacht:
28.03.1933 7. Batterie/Artillerie-Regiment 4 Dresden, Laufbahn des Berufs-Unteroffiziers
15.08.1940 Artillerie-Lehr-Regiment Jüterbog
19.09.1941 Sturmgeschütz-Abteilung 202, Ostfront-Einsatz
24.12.1942 Überreichung des Ritterkreuzes in Sytschewka an der Ostfront
15.03.1943 verwundet, Lazarett, Sturmgeschütz-Ersatz- und Ausbildungs-Abteilung 500
17.06.1944 Sturmgeschütz-Brigade 202.
   Im Laufe der 2. Kurlandschlacht verläßt im Gefecht Schramm aus unerklärlichen Gründen sein Geschütz und wird schwerstverwundet. Weiteres Schicksal unbekannt. Nach Kameraden-Aussagen vermißt

Orden und Ehrenzeichen:
30.11.1941 Eisernes Kreuz II. Klasse
17.07.1942 Eisernes Kreuz I. Klasse

Beförderungen:
01.08.1938   Wachtmeister
01.10.1940   Oberwachtmeister

Schramm mit Besatzung und Geschütz „Alligator".

Geschütz Schramm im Dezember 1942 auf dem Marsch von Wjasma nach Sytschewka.
Von links nach rechts: Schramm, Rohrbacher, Wurtzler und Schulz.

Hauptmann
HELMUT SCHWALB

* 17.10.1915   Wassertrüdingen / Mittelfranken / Bayern

Ritterkreuz (3492) am 23. 8. 1944 als Hauptmann Geschütz-Führer / Chef 1. Batterie / Sturmgeschütz-Brigade 190 / 337. Infanterie-Division / Höherer-Artillerie-Kommandeur 308 / 4. Armee / Heeresgruppe Mitte

Im Sommer 1944 brach die H. Gr. Mitte zusammen. Die Sturmgeschütz-Brigade 190 erhielt einen selbständigen Kampfauftrag. Die Batterien der Brigade kämpften an allen Schwerpunkten und vernichteten zahlreiche Feindpanzer. Am 24. und 25. 6. 1944 wurden ostwärts des Dnjepr 25 sowjetische Panzer abgeschossen. Mit seiner 1. Batterie war Hauptmann Schwalb maßgeblich an diesem Erfolg beteiligt. Weitere Gründe zur Verleihung des Ritterkreuzes waren die Einnahme einer Ortschaft im Gegenstoß und der Gesamtabschuß von über 40 Feindpanzern und zahlreicher Pak-Geschütze.

Die Sturmgeschütz-Brigade 190 stützte die eigene Infanterie bei ihren schweren Rückzugsgefechten. Im Juli 1944 schlug sich die 1. Batterie an der Straße Ostrow—Brok mit überlegenem Feind. Bevor die eigenen Divisionen den Narew erreichten, standen starke sowjetische Panzerverbände an der Brücke von Ostenburg und an der Kriegsbrücke bei Karniewek. Gegen den russischen Karniewek-Brückenkopf trat am 5. 8. die 35. ID mit unterstellter Sturmgeschütz-Brigade 190 an. Die Sturmgeschütze verhinderten eine Ausweitung des Brückenkopfes.

Wehrmacht:
05.11.1937   Artillerie-Regiment 103
28.08.1942   Sturmgeschütz-Ersatz- und Ausbildungs-Abteilung 200 bzw. 500
01.03.1943   Sturmgeschütz-Abteilung 190 Treuenbrietzen, Ostfront-Einsatz
15.12.1943   Chef der 1. Batterie/Sturmgeschütz-Abteilung 190
15.10.1944   Führerreserve des OKH/Sturmgeschützschule Burg

Teilnahme am Feldzug in Frankreich, im Südosten und in Rußland

Orden und Ehrenzeichen:
14.04.1941   Eisernes Kreuz II. Klasse
21.09.1943   Eisernes Kreuz I. Klasse
20.01.1944   Deutsches Kreuz in Gold

Beförderungen:
01.09.1940 Leutnant der Reserve
28.03.1942 Oberleutnant der Reserve —8711— mit Wirkung vom 1. 4. 1942 und Rangdienstalter vom 1. 4. 1942 —3505—
01.11.1943 Oberleutnant ins aktive Offizierskorps des Heeres überführt
08.09.1944 Hauptmann —2610— mit Wirkung vom 1. 9. 1944 und Rangdienstalter vom 1. 3. 1944 —109—

Der Geschütz-Führer — hier Wachtmeister Friedel Heine.

Die Verladung ist beendet.

Wachtmeister der Reserve

JOSEF SCHWARZENBACHER

* 17. 3. 1919   Eisenhütten / Kärnten / Österreich
✠ 16. 8. 1944   bei Birsen an der Nordostfront (Lettland)

Ritterkreuz (3505) am 27. 8. 1944 als Unteroffizier der Reserve Geschütz-Führer / 3. Zug / 1. Batterie / Sturmgeschütz-Brigade 912 / nach zirka 25 Panzerabschüssen / 290. Infanterie-Division / I. Armee-Korps / 16. Armee / Heeresgruppe Nord

Am 18. 8. 1944 hieß es ergänzend zum Wehrmachtbericht, daß die Sturmgeschütz-Brigade 912 — Hauptmann Karstens — an der Vernichtung von 108 Feindpanzern innerhalb von 3 Tagen hervorragenden Anteil hatte. Einsatzraum war das Gebiet nördlich Birsen. Besonders erfolgreich war hierbei die 1. Batterie, deren Chef Hauptmann Engelmann das Ritterkreuz erhielt. Bei einem sowjetischen Angriff von 15 Panzern nordwestlich Birsen griff Unteroffizier Schwarzenbacher mit seinem Sturmgeschütz aus immer neuen Stellungen an und vernichtete 11 von ihnen. Als Richt-Unteroffizier des Batterie-Führer-Geschützes war Schwarzenbacher bisher an 43 Panzerabschüssen maßgeblich beteiligt. Als Geschütz-Führer hatte er damit in den letzten vier Wochen 22 Panzer vernichtet. Er hatte durch den Abschuß der 11 Panzer, auf sich allein gestellt, einen Feindeinbruch vereitelt. Am 16. 8., also wenige Tage später, fiel er im Kampf mit Feindpanzern, nachdem er wieder eine Anzahl von ihnen abgeschossen hatte.

Wehrmacht:
04.02.1940   Eintritt in die Wehrmacht (Ersatztruppenteil Spittal an der Drau)
09.04.1943   Sturmgeschütz-Abteilung 912
16.08.1944   bei einem längeren Feuerkampf mit sowjetischen T 70 bei Birsen (Lettland) gefallen

Orden und Ehrenzeichen:
08.08.1943   Eisernes Kreuz II. Klasse
22.01.1944   Eisernes Kreuz I. Klasse
10.08.1943   Medaille Winterschlacht im Osten
02.08.1942   Verwundetenabzeichen Schwarz
29.09.1943   Sturmabzeichen Silber

Beförderungen:
08.09.1941   Gefreiter der Reserve
17.07.1943   Unteroffizier der Reserve
01.09.1944   Wachtmeister der Reserve

Erbeuteter sowjetischer T 70 (Spähpanzer) mit Balkenkreuz für „eigene" Zwecke.

Schwarzenbacher (links) im Kreise seiner Kameraden im Winter 1943/44 an der Ostfront.

Oberwachtmeister der Reserve
JULIUS SERCK

* 1.4.1917   Avendorf / Insel Fehmarn / Kreis Ostholstein / Schleswig-Holstein

Ritterkreuz (4836) am 23. 3. 1945 als Oberwachtmeister der Reserve Geschütz-Führer / Führer 3. Zug / 3. Batterie / Sturmgeschütz-Brigade 300 (F) / nach 32 Panzerabschüssen / 20. Panzer-Division / XXXXVIII. Panzer-Korps / 17. Armee / Heeresgruppe Mitte

Das oberschlesische Industriegebiet lag Ende Januar 1945 ungeschützt vor dem Zugriff sowjetischer Angriffsverbände. Die 20. Panzer-Division wurde beschleunigt im Eisenbahntransport herangebracht und in Sossnowitz ostwärts Kattowitz entladen. Oberwachtmeister Serck wurde mit 6 Sturmgeschützen der Division zugeteilt. Zusammen mit der gepanzerten Gruppe der Division unter Major Malzahn galt es, eine wichtige Straßenkreuzung zu halten, um die Absetzbewegungen der anderen Truppenteile zu sichern. Bei zweitägigen Abwehrkämpfen konnten 8 Feindpanzer vernichtet und den Sowjets schwerste Verluste zugefügt werden. Die eigene Kampfgruppe wurde jedoch eingeschlossen. Dieser Ring um Preiswitz wurde mit dem Geschütz Serck an der Spitze nach sechsstündigem Kampf und unter schwersten sowjetischen Verlusten am Morgen des 28. 1. 1945 in Richtung Nikolai gesprengt. Die Kampfgruppe Malzahn selbst hatte keine nennenswerten Ausfälle. Serck wurde für diesen Einsatz mit dem Ritterkreuz ausgezeichnet.

Wehrmacht:
04.04.1937–
20.09.1937   Reichsarbeitsdienst
02.10.1937   Eintritt 1. Batterie/Artillerie-Regiment 30 Rendsburg
01.10.1938   3. Batterie/Artillerie-Regiment 30, Polen- und Frankreichfeldzug
10.02.1941   Artillerie-Ersatz-Abteilung 158 Rendsburg
10.08.1941   Meldung zur Sturmartillerie und Umschulung im „Adolf-Hitler-Lager" Jüterbog
10.02.1942   Sturmgeschütz-Abteilung 209, Krim-Ostfront
15.08.1943   Verlegung nach Tours in Frankreich
25.12.1943   Sturmgeschütz-Brigade 300 (F), Ostfront
01.04.1945   Urlaub, Lazarett auf der Insel Fehmarn

08.06.1945 auf dem eigenen Bauernhof interniert
24.07.1945 in Eutin entlassen

Orden und Ehrenzeichen:
01.08.1942 Eisernes Kreuz II. Klasse
01.05.1943 Eisernes Kreuz I. Klasse
19.06.1942 Medaille Winterschlacht im Osten
11.08.1942 Sturmabzeichen allgemein
07.11.1943 Verwundetenabzeichen Schwarz

Beförderungen:
01.10.1938 Gefreiter
15.10.1939 Unteroffizier
22.10.1942 Wachtmeister
06.08.1944 Oberwachtmeister

Geschütz Serck. Von links nach rechts: Burger, Serck, Sing und Obst.

Rohrkrepierer-Geschütz Serck. Von links nach rechts: Sing, Serck, Obst und Burger.

Major
HERBERT SICHELSCHMIDT

* 4.7.1909   Leithe bei Krey / Kreis Essen / Nordrhein-Westfalen
✠ 17.7.1944 bei Sokal an der Ostfront

Ritterkreuz (3050) am 4. 5. 1944 als Major Kommandeur Sturmgeschütz-Brigade 210 / 18. Artillerie-Division / 1. Panzer-Armee / Heeresgruppe Nordukraine

Herbert Sichelschmidt hatte sich bereits als Chef der 2. Batterie bewährt und mußte die Brigade in einer schwierigen Rückzugsphase übernehmen. Dann folgte der Abwehrkampf bei Nikopol und erneute Bewährung. Nach weiterem Absetzen griff die Brigade im Raum Stanislau mit dem Kommandeur an der Spitze einen sowjetischen Panzerkeil an und vernichtete eine große Anzahl T 34 und andere Feindpanzer. Die angreifende russische Infanterie wurde mit Sprenggranaten zurückgeschlagen. Für diese schneidige Tat erhielt Herbert Sichelschmidt das Ritterkreuz. Am 28. 6. 1944 übernahm er die Sturmgeschütz-Brigade 322 im Bereich der 4. Panzer-Armee bei Kowel. Diese wurde dann bei der 291. ID zur Abwendung eines Durchbruchs eingesetzt (Horochow, Rückzug nach Sokal), wobei Major Sichelschmidt den Tod fand.

Wehrmacht:
10.05.1929   Eintritt 1. preußische Fahr-Abteilung Königsberg
08.10.1936   Artillerie-Lehr-Regiment Jüterbog
02.07.1937   Beobachtungs-Abteilung 2 Prenzlau
01.09.1939   Beobachtungs-Abteilung 12, Westwall, Westfeldzug, Heimatfront
18.04.1941   Sturmgeschütz-Abteilung 210, Ostfront
05.06.1942   Chef der 2. Batterie/Sturmgeschütz-Abteilung 210
08.07.1943   Kommandeur Sturmgeschütz-Brigade 210
28.06.1944   Kommandeur Sturmgeschütz-Brigade 322
17.07.1944   bei Sokal (Ostfront) durch den Schuß eines feindlichen Panzers schwerstverwundet und kurz darauf auf dem Hauptverbandsplatz verstorben. Die Brigade 322 meldete am 27. 7. 1944 (17.32 Uhr) den Tod ihres Kommandeurs an das OKH/PA
Beigesetzt auf dem Heldenfriedhof von Lubaczow, 35 km nordostwärts Jaroslau

Orden und Ehrenzeichen:
18.06.1940   Eisernes Kreuz II. Klasse
21.08.1941   Eisernes Kreuz I. Klasse
27.11.1943   Deutsches Kreuz in Gold

Beförderungen:
01.02.1940   Leutnant mit Rangdienstalter vom 1. 10. 1938 —485—
01.02.1940   Oberleutnant mit Rangdienstalter vom 1. 10. 1938
01.02.1942   Hauptmann mit Rangdienstalter vom 1. 2. 1942 —83 c—
01.08.1943   Major mit Rangdienstalter vom 1. 8. 1943 —66 c—

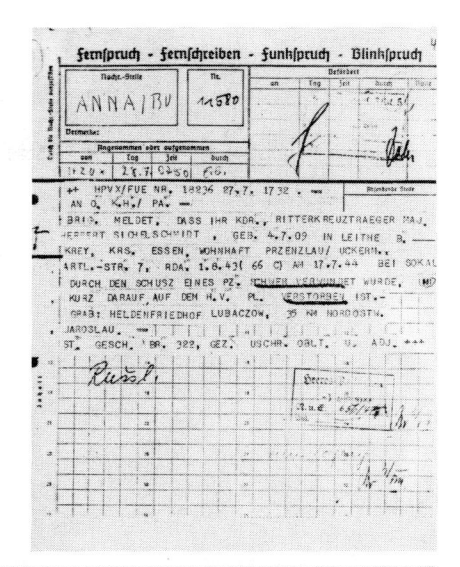

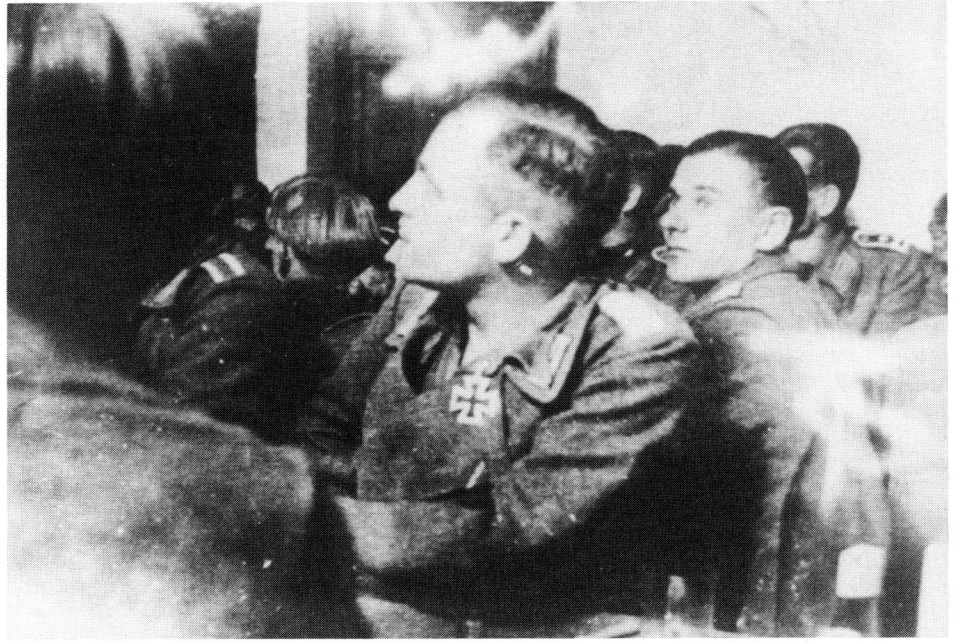

Sichelschmidt —
und seine Besatzung.

Oberleutnant der Reserve
BERNHARD SOWADA

* 13. 8.1920 Schönkirch / Kreis Oppeln / Schlesien
✞ 25.12.1944 bei Kopolnasnyek in Ungarn

Ritterkreuz (2214) am 12. 10. 1943 als Leutnant der Reserve Geschütz-Führer / Führer 2. Zug / 1. Batterie / Sturmgeschütz-Abteilung 237 / nach 21 Panzerabschüssen / IX. Armee-Korps / 4. Armee / Heeresgruppe Mitte

Die 4. Armee stand ab Mitte September 1943 im schwersten Abwehrkampf um Smolensk. Das IX. AK. wurde am 15. 9. westlich Jelnja angegriffen und mußte sich absetzen. Die hier eingesetzte Sturmgeschütz-Abteilung 237 schoß zahlreiche Panzer ab. Am 24. 9. brachen starke Feindverbände zwischen IX. und XXXIX. Korps durch. Smolensk wurde von den Sowjets besetzt. In diesen schweren Kämpfen bewährte sich Leutnant Sowada ebenso wie seine Abteilungskameraden Arnold, Liethmann und Spranz.

Wehrmacht:
03.12.1940   Eintritt Artillerie-Regiment 18
05.04.1941   Lehrgänge/Artillerieschule I Berlin
08.10.1941   5. Batterie des Artillerie-Regiments 18
07.11.1942   Reserve-Offiziers-Bewerber-Lehrgang
28.06.1943   in die neuaufgestellte Sturmgeschütz-Abteilung 237 Posen
02.07.1944   die Reste der zerschlagenen Sturmgeschütz-Brigade 237 werden bei Magdeburg zur Neuaufstellung zusammengezogen, dann in Sturmpanzer-Abteilung 219 umbenannt und im Oktober 1944 zum Einsatz an die ungarische Front verlegt
25.12.1944   laut Meldung PA/Gr. z. b. V./E vom 10. 1. 1945 — Sturmpanzer-Abteilung 219 — bei Kopolnasnyek in Ungarn gefallen

Teilnahme am Feldzug im Südosten und Osten

Orden und Ehrenzeichen:
13.10.1942   Eisernes Kreuz II. Klasse
04.09.1943   Eisernes Kreuz I. Klasse

Beförderungen:
07.04.1943 Leutnant der Reserve —639— mit Wirkung vom 1. 4. 1943 und Rangdienstalter vom 1. 4. 1943 —ohne—
04.02.1945 Oberleutnant der Reserve —1640— mit Wirkung vom 1. 12. 1944 und Rangdienstalter vom 1. 12. 1944 —ohne—

Übernahme von Munition und Betriebsstoff.

Major
JOHANN „HANS" SPIELMANN

* 29.12.1916   Laufenburg / Kreis Säckingen / Baden-Württemberg

Ritterkreuz (940) am 27. 3. 1942 als Leutnant Geschütz-Führer / Wagen „A" / Führer 1. Zug / 1. Batterie / Sturmgeschütz-Abteilung 197 / nach 35 Panzerabschüssen / 11. Armee / Heeresgruppe Süd

804. Eichenlaub (535) am 28. 3. 1945 als Major Geschütz-Führer / Kommandeur Sturmgeschütz-Brigade 202 / nach 48 Panzerabschüssen / 227. Infanterie-Division / VI. SS-Freiwilligen Armee-Korps / 16. Armee / Heeresgruppe Nord

Am 27. 2. 1942 begannen die sowjetischen Truppen mit ihrer Offensive zur Rückeroberung der Krim an der Parpatschfront und an der Landenge bei Kertsch. Die 1. und 2. Batterie der Sturmgeschütz-Abteilung 197 wurden zunächst bei der 46. ID, später bei der 170. ID und dann beim IR 213 eingesetzt.
Am 13. 3. griffen 53 sowjetische Panzer mit Infanterie an. Der Zug Spielmann wurde beschleunigt hinter den linken Flügel des IR 213 (Gruppe Hitzfeld) beordert. Dann brachte Leutnant Spielmann mit 6 Sturmgeschützen den Feindangriff zum Stehen. 2 Geschütze fielen durch Minen mit Kettenschaden aus. Nach einem Bericht des Kriegsberichters Otto-Werner Frank wurden in den beiden ersten Stunden des ungleichen Ringens durch Spielmann 13, durch Oberwachtmeister Schrödel 8 Panzer in Brand geschossen. Insgesamt wurden von den 4 Geschützen 44 Panzer vernichtet. In der Tagesmeldung der H. Gr. Süd vom 14. 3. 1942 hieß es: „Ein Zug der Sturmgeschütz-Abteilung 197 — unter Führung des Leutnant Spielmann — schoß am 13. und 14. 3. zusammen 14 Feindpanzer ab. Er hatte bei der schwachen infanteristischen Besetzung ein ganz besonderes Verdienst bei der Abwehr der Angriffe." — Diese Meldung führte dann zur Nennung im Wehrmachtbericht. An den Erfolgen seines Zuges war Spielmann am 15. 3. mit 7 Panzerabschüssen, am 16. 3. mit 11 beteiligt. Am 19. 3. meldete das IR 213 weitere 9 Panzerabschüsse durch Leutnant Spielmann und seine Männer.
In der Geschichte des IR 213 heißt es: „Daß es dem Sturmgeschützzug von Leutnant Spielmann gelang, im Abschnitt des Regiments insgesamt 49 Panzerwagen außer Gefecht zu setzen, 35 allein in 4 Tagen, darunter mehrere schwerste Panzer, erfüllte damals auch alle Infanteristen mit ganz besonderer Freude. Das Regiment hatte diesen so tapferen und stets einsatzfreudigen Sturmgeschützführer zum Ritterkreuz eingegeben, und er hat es auch bekommen."

Am 8. 5. 1942 übernahm Spielmann die 1. Batterie im Einsatzraum der 50. ID. Beim Angriff auf Sewastopol ebenfalls im Abschnitt der 50. ID eingesetzt, zeichnete sich Oberleutnant Spielmann mit seiner Batterie abermals aus. Die erneute Nennung im Wehrmachtbericht (13. 6.) bezog sich darauf, daß die Batterie Spielmann den Angriff auf eine stark ausgebaute, mit Minen gesicherte und zäh verteidigte Höhe unterstützte, auf der sich zahlreiche Bunker und in Felsen eingehauene Stellungen befanden. Obwohl der Oberleutnant hierbei zum siebenten Mal im Ostfeldzug verwundet wurde, blieb er mit seinem Sturmgeschütz an der Spitze seiner Batterie, bis der Gegner vernichtet war.

Nach zwölfmonatigem Lazarettaufenthalt zum Kommandeur der Sturmgeschütz-Brigade 202 ernannt, führte Spielmann diese Brigade von Erfolg zu Erfolg. Einsatzräume waren der Raum Tukkum — Oktober 1944 — Frauenburg — Weihnachten 1944 —. Gegen Ende des Jahres 1944 erzielte die Brigade ihren 1000. Panzerabschuß seit ihrer Aufstellung im Frühjahr 1941. Am 29. 12. 1944 wurde Hauptmann Spielmann zum dritten Mal im Wehrmachtbericht genannt, und zwar im Lagebericht „Fortdauer der Schlachten im Westen, in Ungarn und in Kurland". Dort hieß es: „. . . Alle drei Abwehrschlachten in Kurland haben somit den Feind schon 1235 Panzer gekostet. Zahlreiche Panzer entfallen auf das Konto der von Ritterkreuzträger Hauptmann Spielmann geführten Sturmgeschütz-Brigade, die am 27. 12. 1944 ihren 1000. feindlichen Panzer zur Strecke brachte. 273 davon vernichtete sie während der letzten fünf Monate im Norden der Ostfront."

In der 3. Kurlandschlacht hatte die Brigade 202 wiederum an den Brennpunkten der Kämpfe südlich Frauenburg und nördlich Doblen gestanden. Neben zahlreichen Infanteriezielen vernichteten die Sturmgeschütze der Brigade dort allein in drei Tagen 44 Panzer und 10 Pak. Damit hatte sich die Gesamtzahl der Abschüsse der Brigadigade auf 1017 Panzer erhöht. In den letzten Monaten des Kampfes in Kurland fuhr wie immer Hauptmann Spielmann jeden Angriff an der Spitze seiner Sturmgeschütze mit. Er erhielt das Eichenlaub zum Ritterkreuz des Eisernen Kreuzes nach seiner Beförderung zum Major, weil die Brigade in der 3. Kurlandschlacht einen Durchbruch verhinderte.

Der Kommandierende General des XXXXII. Armee-Korps, General der Infanterie Mattenklott, übergibt Spielmann das Ritterkreuz.

General der Infanterie Franz Mattenklott, Ritterkreuz (684) am 23. 11. 1941 als Generalleutnant und Kommandeur der 72. Infanterie-Division/XXX. Armee-Korps/11. Armee/Heeresgruppe Süd.

Wehrmacht:
01.10.1936 Reichsarbeitsdienst Biberach/Riss
05.11.1937 Eintritt in die 2. Batterie/Artillerie-Regiment 5 Donaueschingen
01.04.1938 Kommandierung zu Reserve-Offiziers-Anwärter-Lehrgängen in Donaueschingen und Pilsen
13.10.1939 1. Batterie/leichte Artillerie-Ersatz-Abteilung 5
22.11.1939 2. Batterie/Artillerie-Regiment 5
01.02.1940 Batterie-Offizier in der Batterie Ilgmann Donaueschingen
16.03.1940 Batterie-Offizier in der I./Artillerie-Regiment 401
01.05.1940 Batterie-Offizier in der 1. Batterie/Artillerie-Regiment 206
16.11.1940 Kommandierung zur Führerreserve des OKH unter gleichzeitiger Kommandierung zur VI. Abteilung/Artillerie-Lehr-Regiment (mot.) 2 Jüterbog, Umschulung auf Sturmgeschütze
25.11.1940 Zugführer (später Batterie-Führer) in der Sturmgeschütz-Abteilung 197
08.05.1942 Chef der 1. Batterie/Sturmgeschütz-Abteilung 197
01.04.1943 Chef 1. Kompanie/Panzer-Jäger-Abteilung 653
05.07.1943 vor Orel an der Ostfront schwerstverwundet, zwölfmonatiger Lazarettaufenthalt
17.11.1943 zugeteilt der Sturmgeschütz-Ersatz- und Ausbildungs-Abteilung 200
08.08.1944 versetzt in die Sturmgeschütz-Ersatz- und Ausbildungs-Abteilung 200
04.09.1944 Führer der Sturmgeschütz-Brigade 202
09.01.1945 mit Wirkung vom 1. 1. 1945 Kommandeur Sturmgeschütz-Brigade 202

Teilnahme am Frankreich-, Jugoslawien- und Rußlandfeldzug bis Kurland

15.03.1942 genannt im Wehrmachtbericht: „Bei den Kämpfen auf der Halbinsel Kertsch hat ein Zug einer Sturmgeschützabteilung unter Führung von Leutnant Spielmann am 13. und 14. März 14 feindliche Panzer abgeschossen."
13.06.1942 genannt im Wehrmachtbericht: „Bei den Kämpfen vor Sewastopol haben sich der Ritterkreuzträger Oberleutnant Spielmann, Batteriechef in einer Sturmgeschützabteilung, und der Oberleutnant Frank . . . durch besondere Tapferkeit ausgezeichnet."
10.05.1945–
08.06.1946 alliierte Kriegsgefangenschaft

Orden und Ehrenzeichen:
13.07.1941 Eisernes Kreuz II. Klasse
26.09.1941 Eisernes Kreuz I. Klasse
05.08.1941 Sturmabzeichen allgemein
12.09.1942 Medaille Winterschlacht im Osten
11.11.1942 Krimschild
11.09.1941 Verwundetenabzeichen Silber
31.10.1941 Verwundetenabzeichen Gold
28.03.1942 Anerkennungsurkunde des Führers
13.06.1942 Anerkennungsurkunde des Führers

Beförderungen:
01.10.1938 Gefreiter und Reserve-Offiziers-Anwärter
01.06.1939 Unteroffizier
01.10.1939 Wachtmeister
01.02.1940 Leutnant der Reserve
01.07.1941 Oberleutnant der Reserve
01.02.1942 Leutnant –1570– mit Wirkung vom 1. 2. 1942 im Heer angestellt und Rangdienstalter vom 1. 1. 1940
14.03.1942 Oberleutnant –1570– mit Wirkung vom 1. 2. 1942 und Rangdienstalter vom 1. 3. 1942 –472–
25.05.1942 Oberleutnant –3998– neues Rangdienstalter erhalten vom 1. 7. 1941 –25 a–
15.02.1943 Hauptmann mit Wirkung vom 1. 1. 1943 und Rangdienstalter vom 1. 1. 1943 –303–
14.02.1945 Major mit Wirkung vom 1. 3. 1945

Leutnant Spielmann nach der Verleihung des Ritterkreuzes in seinem Geschütz.

Sommer 1945: Spielmann (Mitte) auf dem Bauernhof von Höper (links).

Hauptmann
BODO HEINRICH FERDINAND OTTO SPRANZ

* 1.1.1920   Nordhausen im Harz / Bezirk Eft / Thüringen

Ritterkreuz (2182) am 3. 10. 1943 als Oberleutnant Geschütz-Führer / Wagen 111 / Chef 1. Batterie / Sturmgeschütz-Abteilung 237 / nach 76 Panzerabschüssen / 330. Infanterie-Division / IX. Armee-Korps / 4. Armee / Heeresgruppe Mitte

308. Eichenlaub (167) am 3. 10. 1943 als Oberleutnant Geschütz-Führer / Wagen 111 / Chef 1. Batterie / Sturmgeschütz-Abteilung 237 / nach 76 Panzerabschüssen / 330. Infanterie-Division / IX. Armee-Korps / 4. Armee / Heeresgruppe Mitte

Die Sturmgeschütz-Brigade 237 wurde erst am 1. 7. 1943 aufgestellt. Sie nannte sich bis zum 14. 2. 1944 noch Abteilung. Bodo Spranz bewies rasch seine Fähigkeit als Batteriechef. Bis zum 3. 9. 1943 schoß er selbst während seiner Zugehörigkeit zu den Abteilungen 184, 185 und 237 50 Feindpanzer ab. In sechs harten Kampftagen hatte seine Batterie Ende August und Anfang September 1943 allein 61 Kampfwagen vernichtet. Die Batterie war damals im Abschnitt der 330. ID eingesetzt, die Oberleutnant Spranz zum Ritterkreuz eingab. Dann setzten die schweren Kämpfe um Smolensk ein. Die 4. Armee stand hier seit Mitte September 1943 im schwersten Abwehrkampf. Das IX. AK. wurde am 15. 9. westlich Jelnja angegriffen und mußte sich absetzen. Die Sturmgeschütz-Abteilung 237 schoß zahlreiche Panzer ab. Die Verleihung des Ritterkreuzes an die Abteilungskameraden Arnold, Liethmann und Sowada war die Folge. Mitte September wurde vor allem durch die Batterie Spranz ein heftiger Panzerangriff der Sowjets zerschlagen. 27 feindliche Kampfwagen blieben hierbei zerschossen liegen. Bis zum 17. 9. 1943 erhöhte Bodo Spranz die Zahl seiner Abschüsse auf 76. Am gleichen Tage wurde er zum neunten Male verwundet. Diese besonderen Erfolge veranlaßten die 330. ID zur Eingabe zum Eichenlaub, so daß der seltene Fall eintrat, daß am 3. 10. 1943 gleichzeitig das Ritterkreuz und das Eichenlaub zum Ritterkreuz verliehen wurden.

Zu den 76 Abschüssen wäre noch hinzuzufügen, daß davon 4 Panzer im Nahkampf vernichtet wurden (Niederkämpfen von Panzern durch Einzelkämpfer).

Wehrmacht:
05.04.1938—
25.10.1938 Reichsarbeitsdienst
01.11.1938 als Fahnenjunker in die 8. Batterie/Artillerie-Regiment 12 Rostock, Polenfeldzug
25.10.1939—
26.01.1940 Lehrgang für Offiziers-Anwärter an der Waffenschule der Artillerie Jüterbog
27.01.1940 Zugführer in der I. Abteilung/Artillerie-Regiment 209, Frankreichfeldzug
21.07.1940 in die VI. Abteilung/Artillerie-Lehr-Regiment (mot.) 2 Jüterbog, Umschulung auf Sturmgeschütze
10.08.1940 Erkundungs-Offizier/Stabs-Batterie/Sturmgeschütz-Abteilung 185, Ostfront
16.12.1940—
21.12.1940 Gasschutz-Lehrgang an der Korpsgasschutzschule Elbing
30.09.1941 Batterie-Offizier in der Sturmgeschütz-Ersatz- und Ausbildungs-Abteilung 200 Schweinfurt
15.01.1942 Zug- und Batterie-Führer (jeweils 2. Batterie) in der Sturmgeschütz-Abteilung 185, Ostfront
17.08.1942 Chef der 2. Batterie in der Sturmgeschütz-Abteilung 185
04.12.1942 an der Ostfront verwundet, Lazarett
14.01.1943 Chef der 1. Batterie in der Sturmgeschütz-Ersatz- und Ausbildungs-Abteilung 200
02.06.1943 Chef der 1. Batterie/Sturmgeschütz-Abteilung 237, Ostfront
14.04.1944 Hörsaalleiter/Taktischer Lehrstab/Sturmgeschützschule Burg
10.12.1944 in die Führerreserve des OKH unter gleichzeitiger Kommandierung zum OKH — Adjutantur Chef Generalstab des Heeres, im März 1945 kurze Kommandierung zur Generalstabs-Ausbildung nach Italien, dann zur 12. Armee (Wenck)
08.05.1945—
08.10.1945 alliierte Kriegsgefangenschaft

Orden und Ehrenzeichen:
23.06.1940 Eisernes Kreuz II. Klasse
02.07.1941 Eisernes Kreuz I. Klasse
06.05.1942 Deutsches Kreuz in Gold
06.02.1941 Sturmabzeichen allgemein
27.07.1942 Medaille Winterschlacht im Osten
04.09.1941 Verwundetenabzeichen Schwarz
02.09.1942 Verwundetenabzeichen Silber
08.12.1942 Verwundetenabzeichen Gold
27.08.1942 Sonderabzeichen (Ärmelstreifen) für Niederkämpfen von Panzerkampfwagen durch Einzelkämpfer (4 Streifen)

Beförderungen:
01.04.1939 Gefreiter
01.08.1939 Unteroffizier
26.01.1940 Wachtmeister
20.04.1940 Leutnant —2290— mit Wirkung vom 1. 4. 1940 und Rangdienstalter vom 1. 4. 1940 —1566—
16.03.1942 Oberleutnant —1710— mit Wirkung vom 1. 4. 1942 und Rangdienstalter vom 1. 4. 1942 —1599—
08.10.1943 Hauptmann —6410— mit Wirkung vom 1. 8. 1943 und Rangdienstalter vom 1. 8. 1943 —205—

Spranz mit dem (späteren 859. Eichenlaubträger) Ritterkreuzträger Leutnant von Bostell

Geschütz Spranz
v. l. n. r.:
Schulte, Spranz, Albrecht.

Geschütz Spranz
Oktober 1943
v. l. n. r.:
Erich Winkler
(Richtkanonier),
Spranz,
Willy Schroffler
(Ladekanonier),
Albin Berg (Fahrer).

Überreichung des Ritterkreuzes durch General Heinrici sowie Mitteilung der Verleihung des Eichenlaubs zum Ritterkreuz.

Im Namen des Führers und Obersten Befehlshabers der Wehrmacht

verleihe ich

dem

Leutnant Bodo S p r a n z

Stab Sturmgesch.Abt. 185

das

Eiserne Kreuz 1. Klasse.

.........K.H.Qu......,den..2. Juli......19.41.

Der Kommandierende General

General der Infanterie.

(Dienstgrad und Dienststellung)

Vorläufiges Besitzeugnis

Im Namen des Führers und Obersten Befehlshabers der Wehrmacht

verleihe ich

dem

Leutnant S p r a n z

2./Sturmgesch.Abt.185

das

Deutsche Kreuz in Gold

HQu Offh, den 6.Mai   1942

Oberkommando des Heeres

Generalfeldmarschall

VORLÄUFIGES BESITZZEUGNIS

DER FÜHRER
HAT DEM

Oberleutnant S p r a n z ,
Chef 1./Sturmgesch.Abt.237

DAS RITTERKREUZ
DES EISERNEN KREUZES

AM 3.10.1943   VERLIEHEN

HQu OKH, DEN   4.Oktober 1943.

OBERKOMMANDO DES HEERES
I.A.

Generalleutnant

VORLÄUFIGES BESITZZEUGNIS

DER FÜHRER
HAT DEM

Oberleutnant S p r a n z ,
Chef 1./Sturmgesch.Abt.237

DAS EICHENLAUB
ZUM RITTERKREUZ DES EISERNEN KREUZES

AM 3.10.1943   VERLIEHEN

HQu OKH, DEN   8.Oktober 1943.

OBERKOMMANDO DES HEERES
I.A.

Generalleutnant

Wachtmeister der Reserve
GOTTWALD STIER

* 17.3.1919   Zoghaus / Kreis Greiz / Vogtland

Ritterkreuz (1976) am 13. 8. 1943 als Unteroffizier der Reserve Geschütz-Führer / 1. Batterie / Sturmgeschütz-Abteilung 667 / nach 30 Panzerabschüssen / 268. Infanterie-Division / XII. Armee-Korps / 4. Armee / Heeresgruppe Mitte

Die Sturmgeschütz-Abteilung 667 war eine der erfolgreichsten Panzervernichter. Am 29. 10. 1943 wurde der 1000. Panzerabschuß gezählt. An diesen Erfolgen waren der Eichenlaubträger Primozic und die Ritterkreuzträger Zettler, Oberloskamp, Wagner, Trägner und Stier maßgeblich beteiligt. Bei den schweren Abwehrkämpfen im Abschnitt der 268. ID war neben Wachtmeister Trägner der Unteroffizier Stier so erfolgreich, daß diese Division beide Sturmartilleristen zur Ritterkreuzverleihung vorschlug.
Als der Wehrmachtbericht vom 11. 11. 1943 den 1000. Abschuß meldete, war die Zahl der abgeschossenen Feindpanzer bereits auf 1120 gestiegen. Der Einsatzraum lag westlich Smolensk.

Wehrmacht:
14. 03. 1940   Eintritt in die Wehrmacht
02. 01. 1942   Sturmgeschütz-Batterie 667
17. 01. 1944   Lehrgang an der Artillerieschule II Jüterbog

Orden und Ehrenzeichen:
15. 08. 1942   Eisernes Kreuz II. Klasse
30. 08. 1942   Eisernes Kreuz I. Klasse

Beförderungen:
17. 07. 1941   Gefreiter der Reserve
01. 08. 1942   Unteroffizier der Reserve
17. 09. 1943   Wachtmeister der Reserve

Ausbildung an der Sturmgeschützschule Burg.

Hauptmann
HANS CHRISTIAN STOCK

* 21. 11. 1919 Liebstadt über Pirna / Bezirk Dresden
✠ 12. 1. 1945 in Ungarn

Ritterkreuz (2029) am 22. 8. 1943 als Leutnant Geschütz-Führer / Führer 1. Zug / 2. Batterie / Sturmgeschütz-Abteilung 270 / 112. Infanterie-Division / 4. Panzer-Armee / Heeresgruppe Süd

628. Eichenlaub (405) am 23. 10. 1944 als Hauptmann Führer 2. Kompanie / Panzer-Jäger-Abteilung 152 / 1. Ski-Jäger-Division / LVI. Panzer-Korps / 1. Panzer-Armee / Heeresgruppe A

Leutnant Stock zeigte im Einsatzraum der 112. ID überragende Leistungen. Die Division war im Raum Orel beim XXIII. AK. der 2. Panzer-Armee eingesetzt. Sie beantragte für Hans Christian Stock das Ritterkreuz und wurde zur 4. Panzer-Armee im Raum Bjelgorod verlegt, während die Sturmgeschütz-Abteilung 270 beim Rückzug aus Orel im Laufe des August bis in den Raum Rosslawl zurückgedrängt wurde.
Ab 1. 1. 1944 gehörte die Abteilung zur 1. Ski-Jäger-Brigade (Oberst von Schlebrügge). Diese Neuaufstellung wurde im Frühjahr 1944 im Gebiet der Pripjet-Sümpfe beim XXIII. AK. der 2. Armee eingesetzt.
Am 2. 6. 1944 wurde die Ski-Jäger-Brigade zur 1. Ski-Jäger-Division erweitert und dabei die Sturmgeschütz-Brigade 270 in die Panzer-Jäger-Abteilung umgestaltet.
Oberleutnant Stock bewährte sich immer wieder — jetzt als Kompanie-Führer —, die 1. Ski-Jäger-Division hatte am Ozenna- und Duklapaß schwerste Bewährungsproben zu bestehen. Die Sturmgeschütze waren der große Rückhalt. Hans Christian Stock erhielt das Eichenlaub.
Am 20. 10. 1944 wurde er Hauptmann. Durch einen Zufallstreffer auf das Heck seines Sturmgeschützes fiel er am 12. 1. 1945 bei Makranz, südlich von Kaschau in der Südslowakei bzw. in Csecs, und wurde — da die Verlegung in den oberschlesischen Raum bereits im Gange war — von seinen Kameraden auf einer Zugmaschine mitgenommen. Hauptmann Stock wurde dann auf einem Heldenfriedhof in Ratibor durch den Divisionspfarrer Karl Grabowski zur letzten Ruhe geleitet.

Wehrmacht:
18.12.1938 Eintritt in die 6. Batterie/Artillerie-Regiment 60, im Polenfeldzug als Richtkanonier
15.09.1939 in der Versprengten-Abteilung in Oppeln als Genesender
28.09.1939 in der 1. Batterie/schwere Artillerie-Ersatz-Abteilung 50 als Ausbilder
01.11.1939 Geschütz-Führer in der 6. Batterie/Artillerie-Regiment 60
15.03.1940 freiwillige Meldung zur Sturmartillerie, in die 10. Batterie/Artillerie-Lehr-Regiment (mot.) 2 Jüterbog
01.05.1940 Ausbilder in der 18. Batterie/Artillerie-Lehr-Regiment
13.07.1940 Ausbilder in der 19. Batterie
28.07.1940 Ausbilder in der 17. Batterie
11.08.1940 in die 1. Batterie/Sturmgeschütz-Abteilung 184 als Richt-Unteroffizier und Geschütz- sowie Zugführer
20.09.1941 Zugführer und stellvertretender Chef der 2. Batterie/Sturmgeschütz-Abteilung 184
03.03.1942 Ordonnanz-Offizier in der Sturmgeschütz-Abteilung 184
26.04.1942 Zugführer und stellvertretender Chef der 2. Batterie/Sturmgeschütz-Abteilung 184
21.08.1942 Ausbilder in der Sturmgeschütz-Ersatz- und Ausbildungs-Abteilung 200 Schweinfurt
12.11.1942 Zugführer in der Sturmgeschütz-Abteilung 904
03.01.1943 Zugführer in der 2. Batterie/Sturmgeschütz-Abteilung 270
01.01.1944 Chef der 2. Batterie/Sturmgeschütz-Abteilung 270
18.03.1944 die Sturmgeschütz-Abteilung 270 wird in die 1. Ski-Jäger-Brigade (später zur Division erweitert) eingegliedert und in Panzer-Jäger-Abteilung 152 umbenannt
20.11.1944 Kommandeur Panzer-Jäger-Abteilung 152 — Ernennung wird nicht wirksam gemäß Verfügung HPA Ag P1/3. Abteilung (b) vom 1. 12. 1944
01.12.1944 Führerreserve des OKH/Panzer-Jäger-Abteilung 24 / Kommandiert zur Panzer-Jäger-Schule Neuhammer Lager Stranz über Truppenübungsplatz Neuhammer
12.01.1945 gefallen in Csecs (Ungarn) laut FS der Heeresgruppe A vom 18. 1. 1945

Teilnahme an den Feldzügen in Polen, auf dem Balkan und in Rußland

Orden und Ehrenzeichen:
22.09.1939 Eisernes Kreuz II. Klasse
13.02.1942 Eisernes Kreuz I. Klasse
16.07.1940 Verwundetenabzeichen Schwarz
21.07.1942 Verwundetenabzeichen Silber
01.08.1944 Verwundetenabzeichen Gold
11.08.1941 Sturmabzeichen allgemein
21.07.1942 Medaille Winterschlacht im Osten

Beförderungen:
01.10.1939 Gefreiter der Reserve
01.08.1940 Unteroffizier der Reserve
01.01.1941 Ernennung zum Reserve-Offiziers-Bewerber
30.09.1941 Leutnant der Reserve —2880— mit Wirkung vom 1. 9. 1941 und Rangdienstalter vom 1. 9. 1941 —205—
30.04.1943 Leutnant im Heer angestellt mit Wirkung vom 1. 3. 1943 und Rangdienstalter vom 1. 9. 1941 —30—
30.08.1943 Oberleutnant —7710— mit Wirkung vom 1. 10. 1943 und Rangdienstalter vom 1. 2. 1943 —1690a—
20.10.1944 Hauptmann —1602— mit Wirkung vom 1. 8. 1944 und Rangdienstalter vom 1. 8. 1944 —151—

Übung an der Atlantikküste für Unternehmen „Seelöwe".

Die Abteilung 184 über den Semmering auf dem Wege in Richtung Jugoslawien.

Die Abteilung 184 im Jugoslawienfeldzug.

General der Artillerie Erich Brandenberger
(* 15. 07. 1892/† 21. 06. 1955 — 324. Träger des Eichenlaubs), Kommandierender General des XVII. Armee-Korps (1. Panzer-Armee/Heeresgruppe Süd).

Generaloberst Johannes Frießner
(* 22. 03. 1892/† 26. 06. 1971 — 445. Träger des Eichenlaubs), Oberbefehlshaber Heeresgruppe Nord 4. 7. 1944 — 23. 7. 1944, Oberbefehlshaber Heeresgruppe Südukraine
25. 7. 1944 — 23. 9. 1944,
Oberbefehlshaber Heeresgruppe Süd
23. 9. 1944 — 23. 12. 1944.

Hauptmann

HANS HERMANN STURM

* 12. 6. 1917 Hagen / Westfalen

Ritterkreuz (3144) am 9. 6. 1944 als Oberleutnant Geschütz-Führer / Chef 3. Batterie / Sturmgeschütz-Brigade „Großdeutschland" / IV. Armee-Korps / 4. rumänische Armee / Heeresgruppe Süd

Der sowjetische Durchbruch im März 1944 zwang zum Einsatz der Division „Großdeutschland" im Raum Jassy. Am 5. 4. 1944 gehörten 6 Sturmgeschütze unter Oberleutnant Sturm zur Kampfgruppe Heynitz, die zum Gegenangriff auf Parliti Sat und die Höhe 154 antrat. Zunächst mußte nach zweistündigem schweren Feuerkampf gegen geschickt versteckte Sowjetpanzer der erste Versuch aufgegeben werden. Der Batteriechef bootete aus und suchte günstigere Stellungen für seine Geschütze. Dann hatte der Angriff Erfolg, indem der Oberleutnant mit 5 Geschützen den Ort umfuhr und im Westteil die Sowjets aus den Häusern herausschoß. Seine Batterie vernichtete 9 T 34. Der Gegner räumte überhastet Parliti Sat. Die Panzergrenadiere wurden mitgerissen, und der Erfolg zwang den Sowjets an dieser Stelle eine Atempause auf.

Wehrmacht:
04. 11. 1937 als Reserve-Offiziers-Anwärter in die Panzer-Abwehr-Abteilung 6 Herford
12. 10. 1938–
21. 08. 1939 Kriegsschule Dresden
01. 09. 1939 Zugführer in der 1. Kompanie/Panzer-Abwehr-Abteilung 6
25. 06. 1940 Adjutant/Panzer-Jäger-Abteilung 6
17. 03. 1942 persönlicher Ordonnanz-Offizier des Oberbefehlshabers der 4. Armee Generaloberst Heinrici (Ostfront)
04. 04. 1943 Chef der 3. Batterie/Sturmgeschütz-Abteilung „Großdeutschland"
18. 04. 1944 an der Ostfront verwundet, Verlegung in das Reserve-Lazarett XXI E Wien, dann Reserve-Lazarett Landshut/Bayern, dann Reserve-Lazarett Tutzing (Teillazarett Feldafing – Hotel Kaiserin Elisabeth)
18. 07. 1944 Überreichung des Ritterkreuzes im Teillazarett Feldafing
22. 03. 1945 zur Offiziers-Anwärterschule „Großdeutschland" in Rendsburg, dann mit der „Gruppe Poeschmann" im Kampfeinsatz bei Oldenburg, dort erneut verwundet, kurze britische Kriegsgefangenschaft

Teilnahme am Feldzug im Westen und an der Ostfront

Orden und Ehrenzeichen:
09.07.1940 Eisernes Kreuz II. Klasse
21.11.1941 Eisernes Kreuz I. Klasse
07.08.1942 Medaille Winterschlacht im Osten
02.10.1943 Sturmabzeichen allgemein
20.04.1943 Kriegsverdienstkreuz II. Klasse mit Schwertern
10.10.1943 Verwundetenabzeichen Schwarz
28.06.1944 Verwundetenabzeichen Silber
18.12.1944 Verwundetenabzeichen Gold

Beförderungen:
01.04.1938 Fahnenjunker
01.09.1938 Fahnenjunker-Unteroffizier
01.04.1939 Fähnrich
01.08.1939 Oberfähnrich
31.08.1939 Leutnant mit Wirkung vom 1. 9. 1939
und Rangdienstalter vom 1. 9. 1939 —402—
10.10.1941 Oberleutnant mit Wirkung vom 1. 10. 1941
und Rangdienstalter vom 1. 10. 1941 —324—
21.06.1944 Hauptmann mit Wirkung vom 1. 6. 1944
und Rangdienstalter vom 1. 6. 1944 —76—

VORLÄUFIGES BESITZZEUGNIS

DER FÜHRER
HAT DEM
Oberleutnant Hans S t u r m
Sturmgesch. Brig. Großdeutschland
DAS RITTERKREUZ
DES EISERNEN KREUZES
AM 9.6.1944 VERLIEHEN

HQu OKH, DEN 15. 6. 1944

OBERKOMMANDO DES HEERES
I.A.

GENERALLEUTNANT

Die Männer des Geschützes Sturm. Von links nach rechts: Oberleutnant Sturm, Unteroffizier Walter Morlock, Unteroffizier Heinz Faber und Gefreiter Hans Müller.

Hauptmann
FRIEDRICH „FRITZ" WILHELM LUDWIG TADJE

* 23.11.1914 Feggendorf / Gemeinde Lauenau / Kreis Schaumburg-Hannover / Niedersachsen
† 26. 1.1981 Bad Münder am Deister / Kreis Hameln-Pyrmont / Niedersachsen

Ritterkreuz (1257) am 21. 10. 1942 als Leutnant Geschütz-Führer / Führer 2. Batterie / Sturmgeschütz-Abteilung 190 / nach 39 Panzerabschüssen / VII. Armee-Korps / 2. Armee / Heeresgruppe B

Die Sturmgeschütz-Abteilung 190 war im September 1942 im Brückenkopf Woronesh eingesetzt. Am 22. 9. traten die Sturmgeschütze mit der Gruppe Meidow (IR 532) zum Angriff an. Dieser ging nur langsam vorwärts und blieb kurz vor der Ziegelei liegen. Leutnant Tadje fuhr 150 m vor die eigene Linie und schoß 2 Panzer ab, die das Vorwärtskommen der Infanterie verhinderten. Hierbei erhielt das Geschütz mehrere Volltreffer von rechts rückwärts aus Gegend Kasino. Tadje überlebte schwer verwundet als einziger nach seinem 39. Panzerabschuß. Das Ritterkreuz wurde ihm im Lazarett überreicht.

Wehrmacht:
01.04.1933 Eintritt in die 2. Batterie/Artillerie-Regiment 6
01.10.1934 8. Batterie/Artillerie-Regiment Münster
15.10.1935 9. Batterie/Artillerie-Regiment 16
06.10.1936 2. Batterie/Artillerie-Regiment 65
01.10.1937 6. Batterie/Artillerie-Regiment 9 Siegen
27.08.1939 3. Batterie/leichte Artillerie-Ersatz-Abteilung 9
22.02.1940 2. Batterie/leichte Artillerie-Ersatz-Abteilung 152
05.03.1940 2. Batterie/Artillerie-Regiment 554
01.04.1940 3. Batterie/leichte Artillerie-Ersatz-Abteilung 178
17.06.1940 3. Batterie/Artillerie-Regiment 278
09.07.1940 2. Batterie/leichte Artillerie-Ersatz-Abteilung 178
13.08.1940 Lehrgang Umschulung für Sturmgeschütze bei der VI. Abteilung/Artillerie-Lehr-Regiment (mot.) 2
01.10.1940 2. Batterie/Sturmgeschütz-Abteilung 190

01.09.1941 Zugführer in der 2. Batterie/Sturmgeschütz-Abteilung 190
30.05.1942 Führer 1. Batterie/Sturmgeschütz-Abteilung 190
17.09.1942 Führer 2. Batterie/Sturmgeschütz-Abteilung 190
22.09.1942 an der Ostfront schwerstverwundet
23.09.1942 zugeteilt der Sturmgeschütz-Ersatz- und Ausbildungs-Abteilung 200
18.11.1942 Überreichung des Ritterkreuzes im Reserve-Lazarett III Nürnberg
28.03.1943 III. Abteilung/Artillerie-Lehr-Regiment (mot.) 2 Jüterbog
15.08.1943 Führer des Sturmgeschützzuges an der Infanterieschule Döberitz
31.08.1943 Batterie-Chef in der Sturmgeschütz-Lehr-Abteilung Burg, keine aktive Verwendung mehr

Teilnahme am Feldzug im Südosten (1941) und an der Ostfront bis zur schweren Verwundung am 22. 9. 1942

Orden und Ehrenzeichen:
30.04.1941 Eisernes Kreuz II. Klasse
18.08.1941 Eisernes Kreuz I. Klasse
05.07.1942 Deutsches Kreuz in Gold
10.08.1942 Medaille Winterschlacht im Osten
12.09.1941 Sturmabzeichen allgemein
20.06.1941 Verwundetenabzeichen Schwarz
23.11.1942 Verwundetenabzeichen Silber

Beförderungen:
01.10.1934 Gefreiter
01.10.1935 Unteroffizier
01.11.1938 Wachtmeister
01.06.1940 Oberwachtmeister
01.10.1941 Ernennung zum Offiziersanwärter
22.04.1942 Leutnant –2830– mit Wirkung vom 1. 2. 1942 und Rangdienstalter vom 1. 10. 1939 –531c–
16.10.1942 Oberleutnant –7150– mit Wirkung vom 1. 11. 1942 und Rangdienstalter vom 1. 4. 1942 –2705c–
30.11.1942 Oberleutnant neues Rangdienstalter vom 1. 1. 1941 –4a–
15.02.1944 Hauptmann –1000– mit Wirkung vom 1. 3. 1944 und Rangdienstalter vom 1. 3. 1944 –4a–

Leutnant

HEINRICH KARL TIMPE

* 23. 12. 1923   Karnap / Kreis Essen / Ruhr-Kreis / Nordrhein-Westfalen

Ritterkreuz (   ) am 7. 5. 1945 als Leutnant Geschütz-Führer / Chef 1. Batterie / Sturmgeschütz-Brigade 300 (F) / nach 59 Panzerabschüssen / 17. Armee / Heeresgruppe Mitte / Verleihung durch Funkspruch der Heeresgruppe Mitte über den Kampfkommandeur der 20. Panzer-Division durch den Chef der Stabs-Batterie, Leutnant Cornehl, in der Nähe des Stiftes Tepel bei Marienbad / Eintragung ins Soldbuch

Im September 1944 fanden heftige Kämpfe am Dukla-Paß in der Slowakei statt. Die 97. Jäger-Division geriet in eine Umklammerung durch überlegene sowjetische Kräfte. In einem spontan eingeleiteten Nachtangriff bei Borov befreite Leutnant Timpe die Division aus der Einschließung. Der Divisionskommandeur, Generalleutnant Rabe von Pappenheim, reichte Timpe zum Ritterkreuz ein.
Am 12. 1. 1945 schoß die Brigade im nördlichen Abschnitt der 304. ID 78 Panzer ab.
Am 19. 1. 1945 – nach dem Rückug mit Ausbruch aus 5 Kesseln (Busco, Pinschon, Miechow, Wollbrom, Ilkenau) – griff die Brigade mit 23 neuen, nicht einsatzfähig gemachten Sturmgeschützen im Raum Kattowitz–Myslowitz (30 km ostwärts Beuthen) mit Leutnant Timpe an der Spitze an. Das Geschütz Timpe wurde abgeschossen, der Leutnant selbst verwundet. Der Batteriechef stieg in ein anderes Geschütz um, leitete weiterhin die Bekämpfung des Pakriegels und wurde noch zweimal verwundet. Die 97. Jäger-Division schlug erneut vor, diesem Sturmartilleristen das Ritterkreuz zu verleihen.
Die Sturmgeschütz-Brigade 300 (F) kämpfte dann im März 1945 im Abschnitt der 208. ID und führte dann in enger Zusammenarbeit mit Teilen des Grenadier-Regiment 337 – Oberstleutnant Albinus – den Angriff zur nördlichen Umgehung Striegaus.
Vom 20. bis 27. 4. 1945 war die Brigade der 20. Panzer-Division zugeteilt und wirkte bei der Befreiung Bautzens mit. Hier bewährte sich der Batteriechef Timpe erneut, so daß die dritte Einreichung zur Verleihung des Ritterkreuzes erfolgte, die dann Erfolg hatte.

Wehrmacht:
01.08.1941 Eintritt als Offiziers-Bewerber im Fähnrichs-Lehrgang der leichten Artillerie-Ersatz-Abteilung (mot.) 29 Erfurt
15.03.1942 Fronteinsatz bis zur Verwundung am 18. 9. 1942 in der 8. Batterie/Artillerie-Regiment (mot.) 29 in der 29. Infanterie-Division (mot.) im Mittel- und Südabschnitt der Ostfront bis Stalingrad
01.01.1943–
01.04.1943 Offiziers-Anwärter-Lehrgang
02.04.1943 Wechsel zur Sturmartillerie
01.08.1943 Zugführer in der 3. Batterie/Sturmgeschütz-Brigade 667, Mittelabschnitt an der Ostfront, Verwundung, Lazarett
01.08.1944 3. Batterie/Sturmgeschütz-Brigade 300 (F) an der Ostfront
18.09.1944 Führer der 3. Batterie
01.04.1945 Ernennung zum Chef der 1. Batterie/Sturmgeschütz-Brigade 300 (F)
Kriegseinsatz bei der Brigade 300 (F): Südwestpolen, Baranow-Brückenkopf, Dukla-Paß, wieder Baranow-Brückenkopf, Schlesien, Sachsen, Sudeten

dreimal zum Ritterkreuz eingereicht
09.05.1945–
27.07.1945 amerikanische Kriegsgefangenschaft

Bundeswehr:
21.08.1956 Eintritt in die Bundeswehr unter gleichzeitiger Beförderung zum Oberleutnant, Hörsaalleiter in der Fähnrichsinspektion und S 3 Lehrgruppe an der Panzertruppenschule Munster
16.05.1958 L-Kompanie-Chef, S 3 und S 4 im Panzer-Bataillon 183 Boostedt bei Neumünster
01.12.1959 Hilfsdezernent/Ausbildung für Panzertruppen im Truppenamt Köln
01.12.1964 Kommandeur Panzer-Bataillon 184 Neumünster
16.12.1968 Dezernent für Organisation und Ausbildung für Panzertruppen im Heeresamt Köln
01.04.1972 Lehrgruppenkommandeur an der Heeresoffizierschule II Hamburg bzw. Hannover
01.04.1975 stellvertretender Kommandeur der Panzer-Brigade 33 in Lingen und Celle
01.10.1979 stellvertretender Präsident, dienstältester Offizier und Abteilungsleiter im Bundessprachenamt
01.10.1983 Versetzung in den Ruhestand

Orden und Ehrenzeichen:
28.11.1942 Eisernes Kreuz II. Klasse
12.11.1943 Eisernes Kreuz I. Klasse
28.02.1945 Deutsches Kreuz in Gold

24.08.1982 Verdienstorden der Bundesrepublik Deutschland am Bande

Beförderungen:
01.03.1942 Gefreiter
01.11.1942 Fahnenjunker-Unteroffizier
01.02.1943 Fahnenjunker-Wachtmeister
20.04.1943 Leutnant mit Wirkung vom 1. 4. 1943 und Rangdienstalter vom 1. 12. 1942

21.08.1956 Oberleutnant
22.03.1957 Hauptmann
06.09.1961 Major
25.07.1966 Oberstleutnant
28.03.1972 Oberst

Major
GOTTFRIED TORNAU
* 20. 12. 1919 Hamburg

Ritterkreuz (4664) am 5. 3. 1945 als Hauptmann Geschütz-Führer / Wagen 13 / Führer Sturmartillerie-Brigade / Führer-Grenadier-Division / nach zirka 40 Panzerabschüssen / Korpsgruppe Munzel / Heeresgruppe Mitte

Die Führer-Grenadier-Division kämpfte im Februar 1945 in Pommern. In der Nacht zum 17. 2. wurde Nantikow genommen und auch Buchholz besetzt. In der Nacht zum 18. 2. kam es zu einem nächtlichen Panzerangriff der Sowjets von Osten gegen Neu-Nantikow. Aus eigenem Entschluß setzte Hauptmann Tornau seine Sturmartillerie-Brigade FGD dagegen ein und zerschlug diesen feindlichen Angriff. Nicht die bis dahin abgeschossenen Feindpanzer, sondern dieses Ereignis war ausschlaggebend für die Verleihung des Ritterkreuzes. Die Korpsgruppe Munzel der 11. Armee (H.Gr. Weichsel) hatte einen örtlichen Erfolg errungen.

Wehrmacht:

04. 04. 1938–
31. 10. 1938 Reichsarbeitsdienst Schenkendorf Kreis Labiau in Ostpreußen
11. 11. 1938 Eintritt als Fahnenjunker in die 6. Batterie/Artillerie-Regiment 56 Hamburg
26. 08. 1939 4. Batterie/Artillerie-Regiment (mot.) 20 in der 20. Infanterie-Division (mot.), Polenfeldzug als Kradmelder, Frankreichfeldzug als Vorgeschobener Beobachter
10. 08. 1940 Meldung zur Sturmartillerie, Ausbildung in der neuaufgestellten Sturmgeschütz-Abteilung 184 Dorf Zinna, Jugoslawienfeldzug, dann bei Beginn des Ostfeldzuges in der Stabs-Batterie und Erkundungs-Offizier
08. 08. 1941 Führer des 2. Zuges in der 3. Batterie/Sturmgeschütz-Abteilung 184
05. 06. 1942 Führer der 3. Batterie/Sturmgeschütz-Abteilung 184 (Ritterkreuzträger Oberleutnant Hellmich erkrankt)
20. 06. 1942 Ernennung zum Chef der 3. Batterie
01. 04. 1943 Lehroffizier an der Sturmgeschützschule Burg
20. 12. 1943 Chef der 2. Batterie/Sturmgeschütz-Brigade 322, Neuaufstellung in Tours (Frankreich), ab März 1944 Einsatz an der Ostfront

18.07.1944 Führer Sturmgeschütz-Brigade 322
22.08.1944 Kommandeurs-Lehrgang an der Sturmgeschützschule Burg
17.12.1944 Führer der Sturmartillerie-Brigade/Führer-Grenadier-Division in Pommern und Schlesien
20.04.1945 Ernennung zum Kommandeur der Sturmartillerie-Brigade/Führer-Grenadier-Division
08.05.1945 amerikanische Kriegsgefangenschaft, an die Sowjets ausgeliefert
05.10.1955 aus sowjetischer Kriegsgefangenschaft entlassen

Bundeswehr:
01.11.1956 als Major Eintritt in die Bundeswehr, Annahme-Organisation Hamburg bzw. Kiel
16.07.1957 stellvertretender Kommandeur des Panzer-Bataillon 2 Hemer
01.04.1958 Kommandeur Panzer-Bataillon 310/303 Borken/Münsingen
01.08.1960 Stabs-Offizier an der Panzertruppenschule Munster
01.05.1965 stellvertretender Kommandeur der Panzer-Brigade 18 Neumünster
01.10.1967 an der Führungsakademie der Bundeswehr – Studiengruppe Heer – Hamburg
01.04.1970 Kommandeur Panzer-Regiment 100 Hemer
01.10.1973 Kommandeur Heimatschutzkommando 13 Eutin
31.03.1979 Versetzung in den Ruhestand

Orden und Ehrenzeichen:
10.07.1940 Eisernes Kreuz II. Klasse
09.09.1941 Eisernes Kreuz I. Klasse
28.05.1943 Deutsches Kreuz in Gold
25.07.1942 Medaille Winterschlacht im Osten
11.08.1941 Sturmabzeichen allgemein
01.12.1943 Sturmabzeichen Silber
03.09.1941 Verwundetenabzeichen Schwarz
09.04.1942 Verwundetenabzeichen Silber
28.10.1942 Verwundetenabzeichen Gold

22.05.1973 Bundesverdienstkreuz I. Klasse
01.10.1979 Großes Verdienstkreuz des Verdienstordens der Bundesrepublik Deutschland

Beförderungen:
20.12.1939 Fahnenjunker-Wachtmeister
10.04.1940 Leutnant mit Wirkung vom 1. 4 1940 und Rangdienstalter vom 1. 4. 1940 –1541–
20.04.1942 Oberleutnant mit Wirkung vom 1. 4. 1942 und Rangdienstalter vom 1. 4. 1942 –1570–
28.03.1943 Hauptmann mit Wirkung vom 1. 4. 1943 und Rangdienstalter vom 1. 3. 1943 –163 c 3–
01.04.1945 Major

01.11.1956 Major
23.05.1961 Oberstleutnant
25.06.1970 Oberst
01.04.1974 Oberst B 3

Der Kommandeur der Abteilung 184 Oberst Fischer mit Leutnant Tornau (links).

Beim Doppelkopf 1 = Oberst Fischer, 2 = Stabsarzt Koch, 3 = Oberleutnant Hohenhausen, 4 = Leutnant Tornau.

Oberwachtmeister

JOSEF TRÄGNER

* 10. 2. 1915   Schelesen / Kreis Saaz / Sudetenland

Ritterkreuz (1861) am 23. 8. 1943 als Wachtmeister Geschütz-Führer / 1. Batterie / Sturmgeschütz-Abteilung 667 / nach 30 Panzerabschüssen / 268. Infanterie-Division / XII. Armee-Korps / 4. Armee / Heeresgruppe Mitte

Als am 29. 10. 1943 die Sturmgeschütz-Abteilung 667 den 1000. Panzerabschuß meldete, konnte sie mit Recht als eine der erfolgreichsten Abteilungen angesehen werden. In ihren Reihen gab es den Eichenlaubträger Primozic und die Ritterkreuzträger Zettler, Oberloskamp, Wagner, Stier und eben diesen Wachtmeister Trägner. Bei den schweren Abwehrkämpfen im Abschnitt der 268. ID war neben dem Unteroffizier Stier Josef Trägner so erfolgreich, daß diese Division beide zur Ritterkreuzverleihung vorschlug.
Der Einsatzraum lag westlich Smolensk.

Wehrmacht:
11. 01. 1939   Eintritt in die II. Abteilung/Artillerie-Regiment 35 Rastatt
10. 05. 1941   Artillerieschule II Jüterbog
17. 07. 1942   Sturmgeschütz-Abteilung 667 an der Ostfront
15. 08. 1943   an der Ostfront schwerstverwundet – keine aktive Frontverwendung

Orden und Ehrenzeichen:
24. 07. 1941   Eisernes Kreuz II. Klasse
15. 03. 1942   Eisernes Kreuz I. Klasse

Beförderungen:
30. 08. 1943   Oberwachtmeister

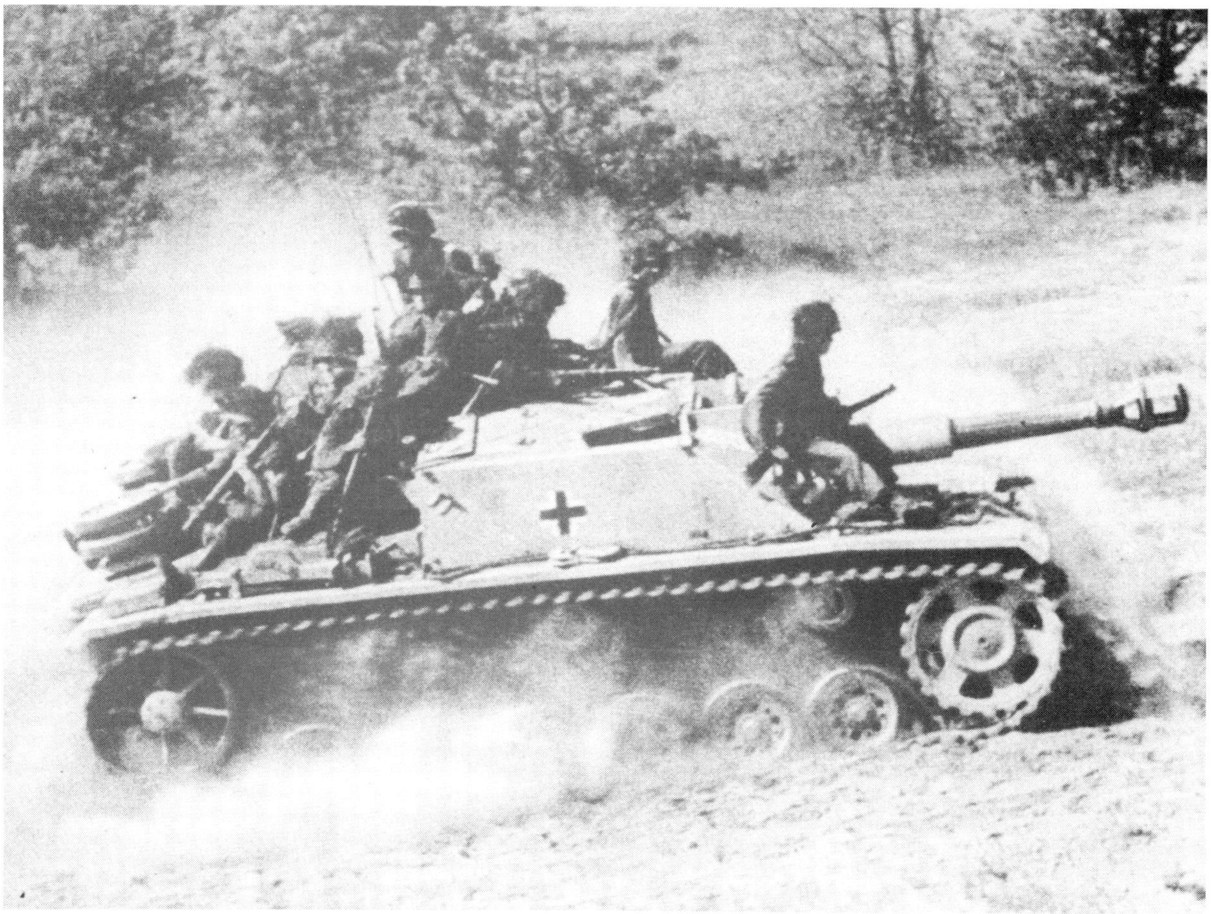

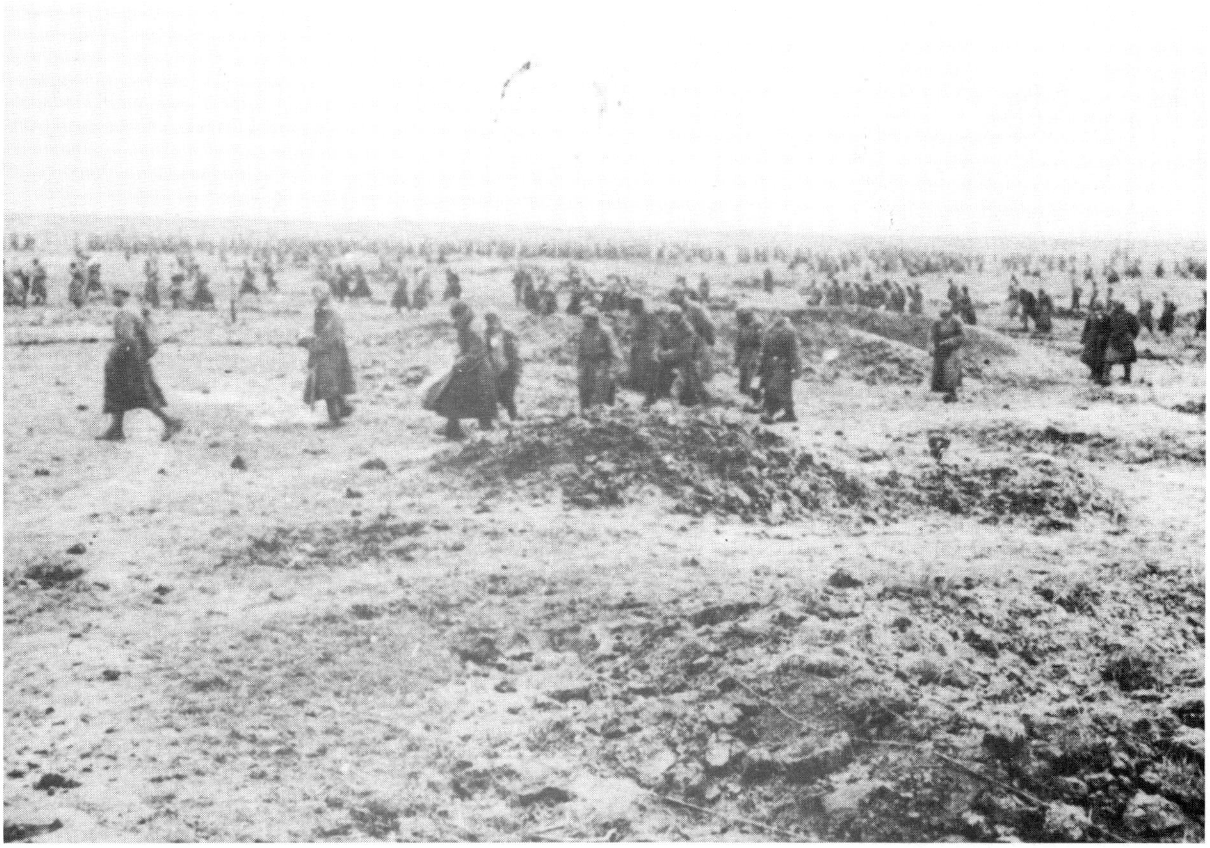

Hauptmann

ROLF VON SANTA TRUXA genannt Truxa

* 6.6.1921 Berlin-Schöneberg
† 3.2.1983 Merzig an der Saar / Saarland

Ritterkreuz (2446) am 17. 12. 1943 als Oberleutnant Geschütz-Führer / Führer 2. Batterie / Sturmgeschütz-Brigade 190 / nach 25 Panzerabschüssen / 129. Infanterie-Division / IX. Armee-Korps / 3. Panzer-Armee / Heeresgruppe Mitte

Am 8. 11. 1943 begann der Angriff des IX. AK. aus der Lobok-Enge. Dabei hatte die 2. Batterie einen besonderen Erfolg zu verzeichnen, indem es ihr gelang, aus eigenem Entschluß des Batterieführers eine beherrschende Höhe zu nehmen. Die gegnerische Verteidigung wurde dadurch sehr geschwächt und das Ziel der 252. ID erreicht, nämlich ein Raumgewinn von 6 km Tiefe und das Erreichen der alten H.Gr.-Grenze zwischen den H.Gr. Nord und Mitte. Leider konnte dann der Angriff des IX. AK. am 9. 11. zur Schließung der verhängnisvollen Lücke zwischen den beiden Heeresgruppen nicht fortgesetzt werden wegen der Lageentwicklung bei der 16. Armee im Raum nordwestlich Newel.

Wehrmacht:
21.08.1939 Einberufung zur 2. Kompanie/Nachschub-Bataillon 1000
01.05.1940 1. Batterie/Artillerie-Regiment 6 in der 6. Infanterie-Division, Frankreichfeldzug und Besatzungstruppe
01.12.1940 Artillerieschule II Jüterbog / Lehrstab A
01.02.1941 8. Batterie/Artillerie-Regiment 6, Ostfeldzug (Panzergruppe 3, 9. Armee)
01.02.1943 über die Sturmgeschütz-Ersatz- und Ausbildungs-Abteilung 200 Schweinfurt in die Sturmgeschütz-Abteilung 190 an die Ostfront
03.02.1944 schwerstverwundet an der Ostfront, Lazarettaufenthalte bis Kriegsende
01.03.1944 zur Verfügung des Oberbefehlshabers des Heeres
18.04.1945 im Reserve-Lazarett Tegernsee, dort aus amerikanischer Kriegsgefangenschaft entlassen

Teilnahme am Feldzug in Frankreich, dann Ostfeldzug bis zur schweren Verwundung

Orden und Ehrenzeichen:
26.08.1941 Eisernes Kreuz II. Klasse
18.07.1943 Eisernes Kreuz I. Klasse
29.10.1943 Deutsches Kreuz in Gold (Nr. 6111-43)
25.08.1943 Nennung im Ehrenblatt des Heeres

Beförderungen:
01.05.1940 Gefreiter
01.06.1940 Unteroffizier
01.12.1940 Fahnenjunker-Wachtmeister
20.04.1941 Leutnant mit Wirkung vom 1. 2. 1941 und Rangdienstalter vom 1. 2. 1941 –1494–
12.03.1943 Oberleutnant mit Wirkung vom 1. 2. 1943 und Rangdienstalter vom 1. 2. 1943 –1555–
20.12.1943 Oberleutnant –7210– neues Rangdienstalter vom 1. 4. 1942 –1552 c–
01.03.1944 Hauptmann –2160– mit Wirkung vom 1. 3 1944 und Rangdienstalter vom 1. 3. 1944 –85–

Hauptmann der Reserve

HANS-JOACHIM WAGNER

* 28. 12. 1913   Neubrandenburg / Bezirk Neubrandenburg / Mecklenburg

Ritterkreuz (4403) am 25. 1. 1945 als Hauptmann der Reserve Geschütz-Führer / Chef Stabs-Batterie / Sturmgeschütz-Brigade 286 / nach 9 Panzerabschüssen / 46. Infanterie-Division / IV. Panzer-Korps / 8. Armee / Heeresgruppe Süd

Die Sturmgeschütz-Brigade 286 war im November im Raum Altsohl und Neusohl, bei Loschons und Eipel im Einsatz. Hauptmann Wagner wurde als bisheriger Chef der Stabs-Batterie mit der Führung einer Kampf-Batterie beauftragt und im Abschnitt des IV. Panzer-Korps nördlich Budapest der 4. SS-Polizei-Panzer-Grenadier-Division (mit unterstellten Kampfgruppen der 18. SS-Panzer-Grenadier-Division) zugeteilt. Die Sturmgeschütze bezogen am Rande einer Stadt Sicherungsstellung. Im Laufe der Nacht drang der Russe mit einem starken Panzerverband und Infanterie in den Ort ein. Hauptmann Wagner gelang es, mit seinen Sturmgeschützen im erbitterten Kampf zwischen den Häuserreihen die Masse der Feindpanzer zu vernichten und den Rest zum Rückzug zu zwingen. Durch diesen entschlossenen Einsatz wurde eine Zangenbewegung nördlich um Budapest herum vereitelt und die Stellung mehrere Tage gehalten. Dieses gelang ohne irgendwelche Unterstützung. Nach dem Gefecht konnte Hauptmann Wagner den SS-Stab in den Gefechtsstand und die Bedienung einer SS-8,8-cm-Flak-Batterie zu den zurückgelassenen Geschützen zurückführen. Hans-Joachim Wagner wurde sowohl von der SS-Division als auch von seiner Sturmgeschütz-Brigade zur Verleihung des Ritterkreuzes vorgeschlagen[14].

Wehrmacht:

28. 10. 1935–
30. 09. 1936   Wehrdienst in der 4. Batterie/Artillerie-Regiment 12 Güstrow
17. 04. 1939–
28. 05. 1939   Kampfschullehrgang in der I. Abteilung/Artillerie-Regiment 48 Güstrow
26. 08. 1939   schweres Artillerie-Regiment (mot.) 606, Polen, Holland, Belgien, Frankreich, Jugoslawien und Rußland

01.11.1941	in Paris in die neuaufgestellte 23. Panzer-Division, Ordonnanz-Offizier und Regiments-Adjutant des Panzer-Artillerie-Regiments (mot.) 128
01.05.1943	Sturmgeschützschule Burg
16.06.1943	zur Sturmgeschütz-Ersatz- und Ausbildungs-Abteilung 200 in Schweinfurt, Aufstellung der Sturmgeschütz-Brigade 261
01.08.1943	Chef der 1. Batterie/Sturmgeschütz-Brigade 261
01.09.1944	Chef der Stabs-Batterie/Sturmgeschütz-Brigade 286
	Kriegseinsätze 1941/45: Einmarsch von Ostpreußen nach Rußland, Mittel- und Nordabschnitt, Charkow, Kaukasus, Entsatzversuch Stalingrad – Gruppe Hoth, Rückzug Ukraine, Rumänien, Ungarn, Slowakei, Kriegsschluß 13. 5. 1945
15.05.1945– 18.07.1945	amerikanische Kriegsgefangenschaft

Orden und Ehrenzeichen:

22.06.1941	Eisernes Kreuz II. Klasse
01.06.1942	Eisernes Kreuz I. Klasse
01.09.1942	Sturmabzeichen allgemein
28.08.1941	Verwundetenabzeichen Schwarz
11.09.1942	Verwundetenabzeichen Silber
11.01.1944	Verwundetenabzeichen Gold

Beförderungen:

30.09.1936	Gefreiter der Reserve
27.09.1937	Unteroffizier der Reserve
29.07.1938	Wachtmeister der Reserve
17.11.1939	Leutnant der Reserve –7470– mit Wirkung vom 1. 11. 1939 und Rangdienstalter vom 1. 11. 1939 –98–
14.02.1942	Oberleutnant der Reserve –370– mit Wirkung vom 1. 2. 1942 und Rangdienstalter vom 1. 2. 1942 –2352–
29.02.1944	Hauptmann der Reserve –550– mit Wirkung vom 1. 2. 1944 und Rangdienstalter vom 1. 2. 1944 –ohne–

[14]) Diesem Bericht muß hinzugefügt werden, daß am 16. 12. 1944 die 4./SS-Flak-Abteilung 4 im Abwehrkampf bei Zagyvapalva mit ihren Geschützen und infanteristisch eingesetzten Kanonieren ein russisches Kavallerie-Regiment vernichten und den nachfolgenden Feind auf seine Ausgangsstellung zurückwerfen konnte. Die 1./SS-Flak-Abteilung 18 schoß am Fuße des Matra-Gebirges bei Belahalma und Szurdoh-Püspöki ebenfalls im Dezember 1944 24 Panzer ab, am 21. 12. wurden von dieser Batterie in Szeszeny noch einmal 22 Panzer vernichtet.

Hauptmann
KLAUS HERBERT WAGNER

* 30.11.1917   Schmalkalden / Bezirk Suhl / Suhl / Thüringen
† 19.11.1966   Köln am Rhein / Nordrhein-Westfalen

Ritterkreuz (1155) am 4. 9. 1942 als Oberleutnant Geschütz-Führer / Führer 3. Batterie / Sturmgeschütz-Abteilung 667 / nach 22 Panzerabschüssen / 161. Infanterie-Division / XXVII. Armee-Korps / 9. Armee / Heeresgruppe Mitte

Beim Einsatz der Abteilung 667 im Raum Rshew–Sulzow kam es zu zahlreichen Duellen mit russischen Panzern. Hierbei zeichnete sich der Oberleutnant Klaus Wagner wiederholt aus. Am 29. und 30. 8. 1942 schoß er 18 Feindpanzer ab. Als sein Geschütz nach dem 13. Abschuß ausfiel, übernahm Wagner sofort ein anderes und schoß weitere 5 Kampfwagen ab. Seine Batterie vernichtete in diesen Tagen 83 Feindpanzer.

Wehrmacht:
04.07.1937–
24.10.1937   Reichsarbeitsdienst bei 3/232 Dreißigacker bei Meiningen
01.10.1937   als Fahnenjunker Eintritt Artillerie-Regiment 5
14.11.1938–
15.08.1939   Kriegsschule Potsdam
01.09.1939   Batterie-Offizier im Artillerie-Regiment 5, Polenfeldzug
16.04.1940   Fähnrich-Offizier im Artillerie-Ersatz-Regiment 25
12.11.1940   Führerreserve des OKH unter gleichzeitiger Versetzung zur VI. Abteilung/Artillerie-Lehr-Regiment (mot.) 2 Jüterbog, Umschulung auf Sturmgeschütze
07.12.1940   Batterie-Offizier in der Sturmgeschütz-Abteilung 197, kurzer Jugoslawieneinsatz
14.08.1941   Verwundung an der Ostfront, Lazarett
02.12.1941   Sturmgeschütz-Ersatz- und Ausbildungs-Abteilung 200
02.07.1942   Führer 3. Batterie/Sturmgeschütz-Abteilung 667, Ostfront
01.08.1942   Chef der 3. Batterie

04.09.1942	Verwundung an der Ostfront, Lazarett
22.11.1942	Ausbildungs-Offizier in der Sturmgeschütz-Ersatz- und Ausbildungs-Abteilung 200 Schweinfurt
02.02.1943	Chef der 3. Batterie/Sturmgeschütz-Brigade 667, Ostfront
22.10.1943	an der Ostfront verwundet, Feld-Lazarett 23 (mot.) Orscha
23.11.1943	Batterie-Chef in der Sturmgeschütz-Ersatz- und Ausbildungs-Abteilung 200
21.08.1944	Kommandierung an die Sturmgeschützschule Burg
01.09.1944	Chef der Sturmgeschütz-Lehr-Batterie an der Sturmgeschützschule Burg
25.09.1944	Führer Sturmgeschütz-Lehr-Abteilung an der Sturmgeschützschule Burg
09.11.1944	Kommandeur Sturmgeschütz-Lehr-Brigade II an der Sturmgeschützschule Burg, bei Kriegsende Einsatz unter Oberstleutnant Eichenlaubträger Müller

Orden und Ehrenzeichen:

13.07.1941	Eisernes Kreuz II. Klasse
11.08.1942	Eisernes Kreuz I. Klasse
05.08.1942	Sturmabzeichen allgemein
10.09.1941	Verwundetenabzeichen Schwarz
06.09.1942	Verwundetenabzeichen Silber
24.11.1943	Verwundetenabzeichen Gold

Beförderungen:

01.05.1938	Gefreiter
01.08.1938	Fahnenjunker-Unteroffizier
01.03.1939	Fähnrich
01.08.1939	Oberfähnrich
01.08.1939	Leutnant –4370– ohne Rangdienstalter mit Vorbehalt
31.12.1939	Leutnant mit Rangdienstalter erhalten vom 1. 9. 1939 –1548–
09.11.1941	Oberleutnant –5700– mit Wirkung vom 1. 12. 1941 und mit Rangdienstalter vom 1. 12. 1941 –104–
30.10.1942	Oberleutnant neues Rangdienstalter vom 1. 10. 1940 –334 a–
10.10.1943	Hauptmann –7100– mit Wirkung vom 1. 11. 1943 und mit Rangdienstalter vom 1. 11. 1943 –30–

Oberwachtmeister

PAUL WEGENER

* 7. 9. 1920   Berlin

Ritterkreuz (2232) am 18. 10. 1943 als Wachtmeister Geschütz-Führer / 1. Batterie / Sturmgeschütz-Abteilung 237 / IX. Armee-Korps / 4. Armee / Heeresgruppe Mitte

Die Sturmgeschütz-Abteilung 237 wurde erst am 1. 7. 1943 aufgestellt. Wachtmeister Wegener gehörte zur 1. Batterie des Eichenlaubträgers Oberleutnant Spranz. In sechs harten Kampftagen hatte seine Batterie Ende August und Anfang September 1943 allein 61 Panzer vernichtet. Dann setzten die schweren Kämpfe um Smolensk ein. Die 4. Armee stand hier seit Mitte September 1943 in schwersten Abwehrkämpfen. Das IX. AK. wurde am 15. 9. westlich Jelnja angegriffen und mußte sich absetzen. Am 24. 9. brachen starke Feindverbände zwischen IX. und XXXIX. Korps durch. In diesen schweren Abwehrkämpfen bewährte sich Wachtmeister Wegener ebenso wie seine Abteilungskameraden Arnold, Liethmann, Sowada und Spranz durch den Abschuß zahlreicher Feindpanzer.

Wehrmacht:
01. 10. 1939   schwere Artillerie-Ersatz-Abteilung 144
05. 03. 1940   VI. Abteilung/Artillerie-Lehr-Regiment (mot.) 2 Jüterbog
17. 09. 1940   Sturmgeschütz-Batterie 667 sowie verschiedene Waffen-Lehrgänge
09. 05. 1943   Sturmgeschütz-Abteilung 237

Orden und Ehrenzeichen:
23. 10. 1941   Eisernes Kreuz II. Klasse
17. 12. 1942   Eisernes Kreuz I. Klasse
02. 06. 1942   Sturmabzeichen allgemein

Beförderungen:
09. 03. 1942   Wachtmeister
25. 11. 1943   Oberwachtmeister

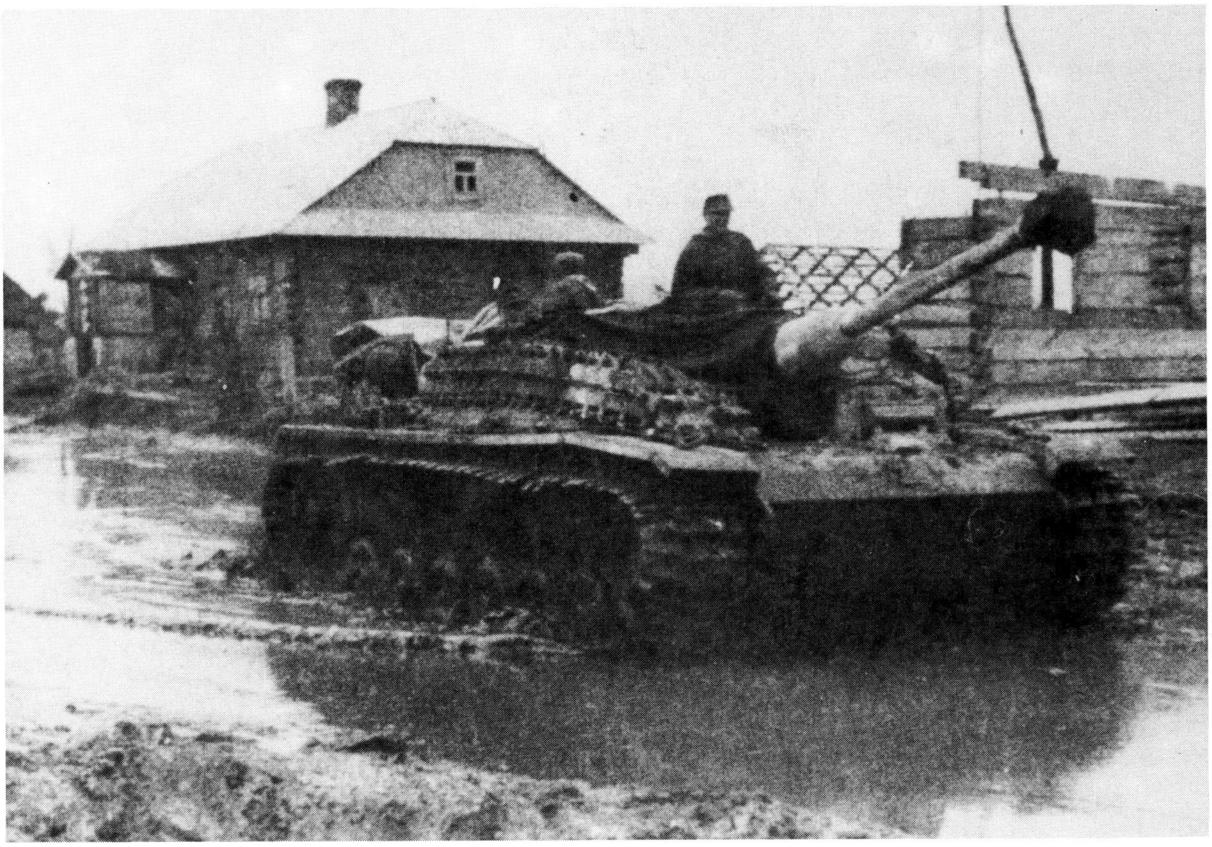

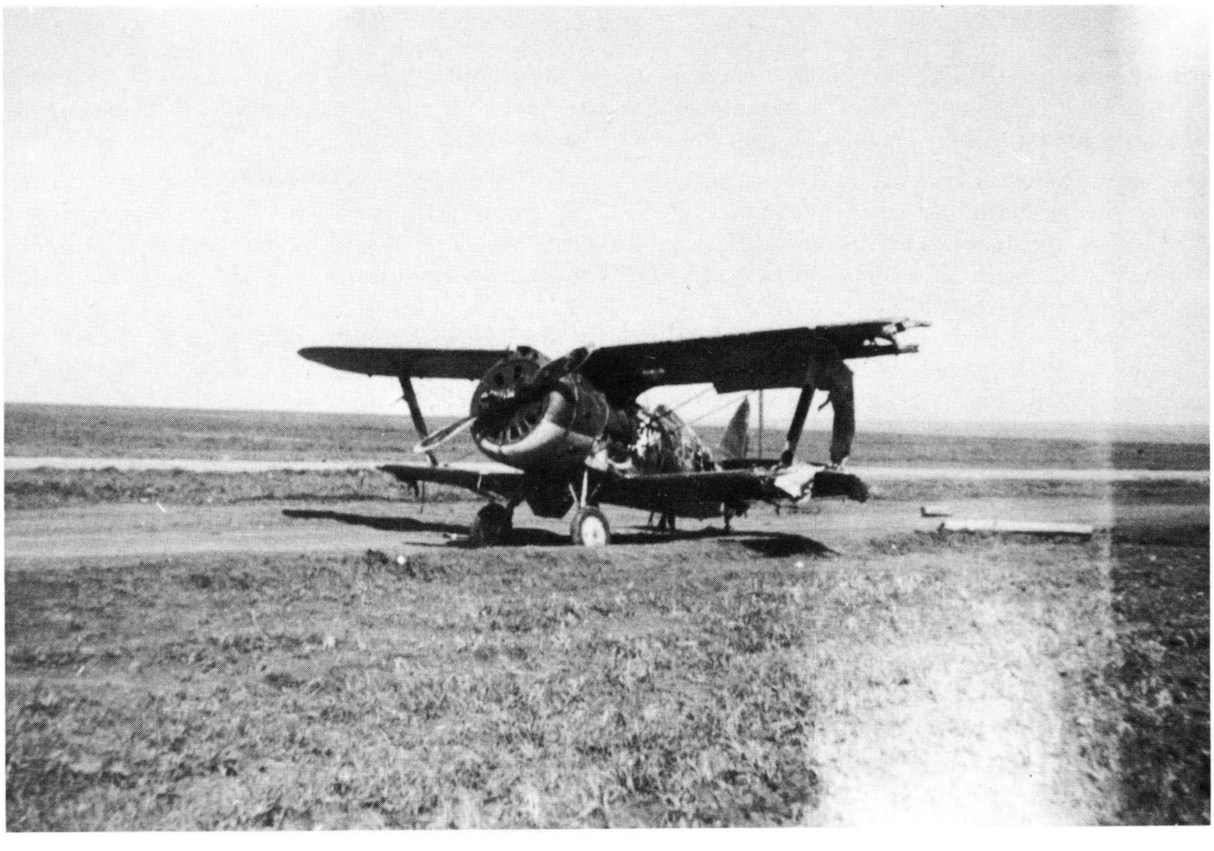

Leutnant
WILHELM WEGNER

* 21.10.1914   Seefeld in der Mark / Kreis Niederbarnim / Bezirk Potsdam /
(heute: Kreis Bernau / Regierungsbezirk Frankfurt-Oder)

Ritterkreuz (1839) am 13. 6. 1943 als Oberwachtmeister Geschütz-Führer / Führer 1. Zug / 1. Batterie / Sturmgeschütz-Abteilung „Großdeutschland" / Infanterie-Division (mot.) „Großdeutschland" / Armee-Abteilung Kempf — Auffrischungsstab Charkow / Heeresgruppe Süd

Bei Scherustow und Iskrowka trug Oberwachtmeister Wegner durch rücksichtslosen persönlichen Einsatz, nach Ausfall des Chefgeschützes, entscheidend zur Einnahme beider Orte bei und schoß drei 12,2-cm-Geschütze, eine 7,62-cm-Pak und zwei 4,7-cm-Flak ab. Bei Alexandrowka hatte Wegner wesentlichen Anteil am glücklichen Ausgang des völlig ungleichen Kampfes. Dabei vernichtete bzw. erbeutete er vier Panzer, zwei 12,2-cm-, acht 7,62-cm- und sechs 4,7-cm-Geschütze.

In der Frühjahrsschlacht um Charkow entwickelte sich westlich Bjelgorod die dreitägige Panzerschlacht von Borissowka (14. bis 16. 3. 1943). Die 1. Batterie der Sturmgeschütz-Abteilung „Großdeutschland" stieß bei Stanowoje auf Feindpanzer. Sie wurde von Norden her zum Angriff auf den Ort angesetzt. Das Geschütz des Chefs der 1. Batterie stand im schweren Kampf, als sich Wegner entschloß, trotz gegnerischer Panzerübermacht, dem Feind in die Flanke zu stoßen. Das Geschütz Wegner schoß 6 Panzer ab und bahnte der 3. Schwadron der Aufklärungs-Abteilung GD den Weg in den Ort. Der Gegner brachte immer neue Panzerkräfte ins Gefecht. Wegner hielt mit seiner Besatzung stand, mußte einmal zum Munitionieren zurück und hielt dann den Ort gegen 40 sowjetische Panzerkampfwagen, bis er am Abend von einer „Tiger"-Kompanie abgelöst wurde.

Wehrmacht:
01.10.1934   als Freiwilliger in die V. Abteilung/Artillerie-Regiment Schwerin in Perleberg, später in II. Abteilung/Artillerie-Regiment 48 umbenannt
01.05.1939   Aufklärungsfliegerschule Brandenburg, Ausbildung als Heeresfliegerbeobachter
28.09.1939   Ersatz-Abteilung/Artillerie-Regiment 48 Güstrow
08.10.1939   Versetzung zum Artillerie-Lehr-Regiment Jüterbog, Lehrgang für Sturmgeschütze, dann zur neuaufgestellten Sturmgeschütz-Batterie 640, im Westfeldzug zugeteilt dem Infanterie-Regiment (mot.) „Großdeutschland"

08.10.1944 Fahnenjunker-Lehrgang an der Kriegsschule München
30.11.1944 Versetzung zur 3. Batterie/Sturmgeschütz-Brigade „Großdeutschland"
31.01.1945 an der Ostfront verwundet, verschiedene Lazarette
17.07.1945 aus britischer Kriegsgefangenschaft entlassen

Teilnahme am Feldzug im Westen (1940) und von 1941 bis 1945 im Osten

Orden und Ehrenzeichen:
03.07.1940 Eisernes Kreuz II. Klasse
25.07.1941 Eisernes Kreuz I. Klasse
07.04.1942 Deutsches Kreuz in Gold
26.08.1941 Verwundetenabzeichen Schwarz
24.10.1942 Verwundetenabzeichen Silber
27.03.1945 Verwundetenabzeichen Gold
04.07.1940 Sturmabzeichen allgemein
27.12.1944 Sturmabzeichen Silber
07.09.1942 Medaille Winterschlacht im Osten

Beförderungen:
01.10.1935 Gefreiter
01.10.1936 Unteroffizier
01.05.1940 Wachtmeister
30.11.1941 Oberwachtmeister
01.08.1944 Ernennung zum Offiziers-Bewerber
01.09.1944 Fahnenjunker
01.11.1944 Leutnant

Sturmgeschütz in Stellung – hier Oberleutnant Diddo Diddens.

SS-Hauptsturmführer der Reserve (Hauptmann)
EMIL WIESEMANN

* 11. 9.1914 Berlin-Friedrichsfelde
✠ 14.11.1943 bei Solowjewka – Ostfront

Ritterkreuz (2476) am 20. 12. 1943 als SS-Hauptsturmführer der Reserve (Hauptmann) Geschütz-Führer / Chef 2. Batterie / SS-Sturmgeschütz-Abteilung 1 / 1. SS-Panzer-Division Leibstandarte SS „Adolf Hitler" / XXXXVIII. Panzer-Korps / 4. Panzer-Armee / Heeresgruppe Süd

Die deutsche Führung versuchte im November 1943, den großen sowjetischen Brückenkopf westlich Kiew zu zerschlagen. Im Schwerpunkt des XXXXVIII. Panzer-Korps griffen die 1. Panzer-Division und die 1. SS-Panzer-Division LAH an. Bei der Einnahme von Solowjewka wurden mindestens 7 T 34 abgeschossen. Die Abschußzahl erhöhte sich später auf 19 T 34. Emil Wiesemann hatte an diesem Erfolg persönlich hohen Anteil. In diesen Angriffskämpfen ostwärts Shitomir fiel dieser vorbildliche Frontoffizier und wurde posthum mit dem Ritterkreuz ausgezeichnet.

Wehrmacht – Waffen-SS:
20.05.1934 Eintritt in die Leibstandarte SS „Adolf Hitler"
15.01.1941 Führer des 2. Zuges in der 4. Kompanie (= Sturmgeschütz-Batterie)/V. (s) Bataillon in der Leibstandarte SS „Adolf Hitler"
20.06.1941 Chef der Sturmgeschütz-Batterie Leibstandarte SS „Adolf Hitler"
10.01.1943 Führer der 2. Batterie/Sturmgeschütz-Abteilung 1 Leibstandarte SS „Adolf Hitler"
20.06.1943 Chef der 2. Batterie/Sturmgeschütz-Abteilung 1 Leibstandarte SS „Adolf Hitler"
14.11.1943 bei der Einnahme von Solowjewka westlich Kiew (XXXXVIII. Panzer-Korps) gefallen

Teilnahme am Feldzug im Westen und Osten

Orden und Ehrenzeichen:
19.05.1941 Eisernes Kreuz II. Klasse
12.07.1941 Eisernes Kreuz I. Klasse
29.03.1943 Deutsches Kreuz in Gold

Beförderungen:
20.04.1938   SS-Untersturmführer der Reserve (Leutnant)
09.11.1940   SS-Obersturmführer der Reserve (Oberleutnant)
09.11.1942   SS-Hauptsturmführer der Reserve (Hauptmann)

Leutnant

ALBERT WITTE

* 5. 12. 1916   Münster / Westfalen

Ritterkreuz (4728) am 11. 3. 1945 als Oberwachtmeister Geschütz-Führer / Führer 3. Zug / 1. Batterie / Heeres-Sturmgeschütz-Brigade 394 / nach 56 Panzerabschüssen / XXXIX. Panzer-Korps / 11. Armee / Heeresgruppe Weichsel / 17. Armee / Heeresgruppe Mitte [15])

In der Sommerschlacht im Raum Rshew wurde die Sturmgeschütz-Abteilung 667 der im Ossuga-Wasusa-Dreieck eingesetzten 5. Panzer-Division zugeführt. Die 3. Batterie stand seit dem 7. 8. 1942 in harten Abwehrkämpfen. Am 15. 8. brach der Russe bei Gredjakino durch. Im Gegenangriff wurde die Lücke geschlossen. An diesem Tage vernichtete das Geschütz Witte 13 Feindpanzer. Am 9. 9. griff der Feind mit zehnfacher Panzerübermacht an. Es gelang ihm, die HKL bei dem Ort Belugerowo und in Gegend der Höhe 200 einzudrücken und sich mit Teilen bis Tscherkassowo vorzuschieben. Oberwachtmeister Witte schoß an diesem Tage 13 Panzer ab. Dann erhielt sein Geschütz 5 Volltreffer eines K.W. I und brannte aus, die Besatzung erlitt Verbrennungen 3. und 4. Grades. Der Abteilungskommandeur Hauptmann Vagedes reichte Witte zum Ritterkreuz ein. Dieser Vorschlag ging verloren. Nach seiner Genesung folgten die Einsätze bei der Sturmgeschütz-Brigade 394 in der Normandie (Caen–Vire), bei Aachen (September 1944), Geilenkirchen und im Hürtgenwald. Die Brigade war bei der Ardennenoffensive dabei. Anfang Februar kämpfte sie im Hagenauer Forst, im selben Monat stand sie bei Krefeld am Rhein. Nach der Ritterkreuzverleihung im Raum Wesel ging es zum Osten. Der Rest der Brigade – die ganze Kampfstaffel 394 geriet bis auf die wegen der Ritterkreuzverleihung abwesende Besatzung Witte bei der alliierten Luftlandung in Gefangenschaft – wurde am 20. 4. südwestlich Berlin infanteristisch eingesetzt.

Wehrmacht:

15. 10. 1938	2. Batterie/Artillerie-Regiment 2 Stettin-Wendorf
01. 10. 1940	freiwillige Meldung zur Sturmartillerie, erster Fronteinsatz in der 3. Batterie/Sturmgeschütz-Abteilung 667 vor Rshew an der Ostfront am 15. 7. 1942
09. 09. 1942	Verwundung vor Rshew
18. 01. 1943	zurück zur 3. Batterie/Sturmgeschütz-Abteilung 667
05. 06. 1944	Zugführer in der neuaufgestellten Sturmgeschütz-Brigade 394

01.05.1945 aus dem Großkampfraum von Berlin sich zur Elbe durchgeschlagen, keine Kriegsgefangenschaft

Teilnahme an den Feldzügen in Polen, Frankreich, Rußland, an der Invasionsfront, im Reichsgebiet und im Großraum Berlin

Orden und Ehrenzeichen:
05.06.1940 Eisernes Kreuz II. Klasse
03.09.1942 Eisernes Kreuz I. Klasse
15.12.1944 Verwundetenabzeichen Gold

Beförderungen:
01.05.1940 Unteroffizier
01.08.1942 Wachtmeister
01.04.1944 Oberwachtmeister
01.04.1945 Leutnant

[15]) Die Eintragung auf der Karteikarte: 17. Armee/H. Gr. Mitte muß wohl durch den damaligen Sachbearbeiter in Unkenntnis des weiteren Weges der Reste der Sturmgeschütz-Brigade 394 erfolgt sein. Im Raum Wesel war die 1. Fallschirm-Armee Führungsorgan, und die Brigade 394 gehörte bis zur Gefangennahme der Kampfstaffel zu dieser Armee. Das XXXIX. Panzer-Korps befand sich im Januar bei der 5. Panzer-Armee in den Ardennen. Das Korps kam im Februar zur 11. Armee (Hinterpommern), wurde dann aber im März 1945 in den Bereich der 17. Armee (Schlesien) verlegt. Der Sachbearbeiter ist damals also davon ausgegangen, daß dort, wo das Generalkommando eingesetzt war, auch die Sturmgeschütz-Brigade sein müßte.

Geschütz Witte — nach dem 42. Panzerabschuß.

Major
RUDOLF ZETTLER

* 19. 5. 1916   München / Bayern
✝ 27. 6. 1944   ostwärts Minsk an der Ostfront

Ritterkreuz (2234) am 18. 10. 1943 als Hauptmann Kommandeur Sturmgeschütz-Abteilung 667 / XII. Armee-Korps / 9. Armee / Heeresgruppe Mitte

Die Sturmgeschütz-Abteilung 667 hatte unter der Führung des Hauptmanns Zettler nach 9 Monaten 400 Panzer abgeschossen. Rudolf Zettler hatte sich bereits als Chef der 2. Batterie vom 29. 8. bis 9. 9. 1942 beim IR 371 ausgezeichnet (Abschußziffern 29. 8. und 30. 8. 27 und 16 Panzer, dazu weitere 16 in den nächsten Tagen).
Als Kommandeur der Sturmgeschütz-Abteilung 667 war Zettler an den Abwehrerfolgen des XII. AK. beteiligt. Nach starkem Trommelfeuer waren die Sowjets am 7. 8. 1943 bei der Division Gr. (268. ID Greiner) auf 7 km Breite in die HKL eingebrochen. Am 8. 8. bedrohte ein Einbruch beim rechten Nachbarn (260.) ID) die Division in der Flanke. Eine beherrschende Höhe war bereits im Besitz des Gegners, die Vormarschstraße nach Sslusna drohte abgeschnitten zu werden. Zettler erkannte die Gefahr, forderte beim Divisionskommandeur Teile des GrR 87 an, ließ die Grenadiere auf seinen Geschützen aufsitzen und stieß in die Flanke des eingedrungenen Gegners. Die Höhe wurde zurückerobert, die Flankenbedrohung beseitigt und die eigene Artillerie vor feindlicher Umklammerung bewahrt. 29 Feindpanzer wurden abgeschossen. In der Nacht vom 12./13. 8. setzte sich die Division Greiner ab und bezog im Morgengrauen die ausgebaute Barbarossastellung. Auf Vorschlag Zettlers wurden seine 11 Geschütze im Niemandsland auf den Höhen vor den Dörfern Log, Gorbatschi und Beresowo postiert und vernichteten zusammen mit der Divisionsartillerie 3 über die Bahnlinie gegen die neue HKL vorgehende sowjetische Regimenter. Am 15. 8. sprach der OB der 4. Armee seine Anerkennung aus — 95 Panzer in 4 Tagen vernichtet und damit der 710. Abschuß der Abteilung erreicht —, erzielt im Raum Spass-Demensk, wo im Bereich der 267. ID Teile der Sturmgeschütz-Abteilung 667 mit dem I./GrR 87 eine Einbruchstelle abgeriegelt hatten (10. 8.). Vom 27. 8. bis 3. 9. 1943 war die Abteilung bei der 20. Panzer-Grenadier-Division eingesetzt und trug dort dazu bei, daß ein russischer Durchbruch verhindert wurde.
Mit Fernschreiben Nr. 5206 vom 16. 11. 1943, 11.25 Uhr, traf der Glückwunsch des Kommandierenden Generals VI. AK. (Jordan) zum 1000. Panzerabschuß der Abteilung und zur Nennung im Wehrmachtbericht bei Major Zettler ein.

Wehrmacht:
29.10.1935 Eintritt in die Beobachtungs-Abteilung 7 München
06.10.1936 Versetzung Artillerie-Regiment 27
04.01.1937—
17.09.1937 Kriegsschule Potsdam
12.10.1937 Artillerie-Regiment 7
03.01.1939 Nachrichten-Offizier in der III. Abteilung/Artillerie-Regiment 7 Freising
01.09.1939 Chef des Panzer-Zugs 3; dieser überschreitet als einer der ersten deutschen Einheiten die polnische Grenze mit Angriffsrichtung auf die Stadt Konitz
01.12.1940 Batteriechef in der I. Abteilung/Artillerie-Regiment 7
01.04.1941 Kommandierung zur VI. Abteilung/Artillerie-Lehr-Regiment (mot.) 2 Jüterbog, Umschulung auf Sturmgeschütze
01.07.1941 Hörsaalleiter in der III. Abteilung/Artillerie-Lehr-Regiment (mot.) 2
01.07.1942 Chef der 2. Batterie/Sturmgeschütz-Abteilung 667
15.12.1942 Führer der Sturmgeschütz-Abteilung 667
01.02.1943—
15.03.1943 Beurlaubung
01.04.1943 Kommandeur Sturmgeschütz-Abteilung (Brigade) 667
14.11.1943 Nennung im Wehrmachtbericht: „Die seit August 1942 im Osten eingesetzte Sturmgeschütz-Abteilung 667 unter Führung von Hauptmann Zettler hat im Raum westlich Smolensk den 1000. Panzer abgeschossen."
27.06.1944 ostwärts Minsk gefallen laut FS der 4. Armee vom 15.9.1944

Teilnahme am Feldzug in Polen, Frankreich und ab 1.7.1942 im Osten

Orden und Ehrenzeichen:
20.10.1939 Eisernes Kreuz II. Klasse
10.05.1940 Eisernes Kreuz I. Klasse
14.02.1943 Deutsches Kreuz in Gold
24.12.1942 Sturmabzeichen allgemein
23.09.1942 Verwundetenabzeichen Schwarz

Beförderungen:
01.10.1936 Fahnenjunker
01.10.1936 Fahnenjunker-Gefreiter
01.12.1936 Fahnenjunker-Unteroffizier
17.06.1937 Fähnrich mit Wirkung vom 1.6.1937
13.09.1937 Oberfähnrich mit Wirkung vom 1.9.1937
10.01.1938 Leutnant —10— mit Wirkung vom 1.1.1938 und Rangdienstalter vom 1.1.1938 —88—
20.04.1940 Oberleutnant mit Wirkung vom 1.4.1940 und Rangdienstalter vom 1.4.1940 —81—
15.05.1942 Hauptmann mit Wirkung vom 1.6.1942 und Rangdienstalter vom 1.6.1942 —63—
08.12.1943 Major —7710— mit Wirkung vom 1.11.1943 und Rangdienstalter vom 1.11.1943 —20—

Hauptmann
GÜNTER JOHANNES ZIEGER

* 9.9.1919 Altgabel / Gemeinde Ottendorf / Kreis Sprottau / Preußen
† 18.8.1970 Arnstein / Kreis Main-Spessart / Unterfranken / Bayern

Ritterkreuz (2630) am 8. 2. 1944 als Oberleutnant Geschütz-Führer / Chef 2. Batterie / Sturmgeschütz-Abteilung 600 / 112. Infanterie-Division / LIII. Armee-Korps / 8. Armee / Heeresgruppe Mitte [16])

Die Sturmgeschütz-Abteilung 600 war in der Nacht zum 15. 8. 1943 durch das brennende Karatschew bis zum 17. 8. in die Auffangstellung bei Lipowka, südostwärts Brjansk, zurückmarschiert.
Am 6. 9. folgte der Marsch zur 383. ID im Wald bei Puswinka und die Deckung des Rückzuges im Raum Rewny bis 11. 9. Nach Überschreitung der Desna folgten die Rückzugsgefechte im Raum zwischen Brjansk und Gomel. Hier bewährte sich Oberleutnant Zieger besonders und wurde erstmals zur Verleihung des Ritterkreuzes vorgeschlagen.
Am 11. 11. 1943 erfolgte die Verlegung nach Witebsk und der Einsatz im Raum Sirotino (15. 11.) im Bereich der 3. Panzer-Armee. Am 1. 12. rollte die 2. Batterie über Witebsk-Orscha-Mogilew bis Resta zum Einsatz im Brückenkopf Tschaussy.

Wehrmacht:
03.11.1937 Eintritt als Fahnenjunker in die 4. Batterie/Artillerie-Regiment 18 Liegnitz
15.11.1938–
14.08.1939 Kriegsschule Dresden
15.08.1939 Batterie-Offizier in der 3. Batterie/Artillerie-Regiment 18 Bunzlau in der 18. Infanterie-Division
10.05.1940 Ordonnanz-Offizier 1 beim Stab des Artillerie-Regiments (mot.) 18 in der 18. Infanterie-Division (mot.)
08.09.1941 Abteilungs-Adjutant im Artillerie-Regiment (mot.) 18
26.04.1943 Lehrgang für Sturmgeschütze in der VI. Abteilung/Artillerie-Lehr-Regiment (mot.) 2
26.05.1943 Sturmgeschütz-Ersatz- und Ausbildungs-Abteilung 200
23.06.1943 Chef der 2. Batterie/Sturmgeschütz-Abteilung 600
13.09.1943 zum 1. Male zum Ritterkreuz eingereicht

20.10.1944 Führerreserve des OKH/Wehrkreis XXI
15.12.1944 Führerreserve des OKH/Wehrkreis VIII
18.01.1945 Kommandeur Panzer-Jäger-Abteilung 152 (= ehemalige Sturmgeschütz-Abteilung 270) in der 1. Ski-Jäger-Division in Schlesien

Teilnahme am Feldzug in Polen, Frankreich, Rußland bis Ende im Reich

Orden und Ehrenzeichen:
06.06.1940 Eisernes Kreuz II. Klasse
17.12.1941 Eisernes Kreuz I. Klasse
25.07.1943 Sturmabzeichen allgemein
25.07.1942 Medaille Winterschlacht im Osten
21.08.1943 Verwundetenabzeichen Bronze
14.01.1944 Verwundetenabzeichen Silber

Beförderungen:
01.05.1938 Gefreiter
01.08.1938 Unteroffizier
01.04.1939 Fähnrich mit Wirkung vom 1. 3. 1939
01.08.1939 Oberfähnrich
01.08.1939 Leutnant —4370— mit Wirkung vom 1. 8. 1939 und Rangdienstalter vom 1. 9. 1939 —607—
15.09.1941 Oberleutnant —4710— mit Wirkung vom 1. 10. 1941 und Rangdienstalter vom 1. 10. 1941 —492—
20.03.1944 Hauptmann —910— mit Wirkung vom 1. 3. 1944 und Rangdienstalter vom 1. 1. 1944 —57—

[16]) Zieger: Die Karteikarte enthält bezüglich der genannten Einheiten einige Ungereimtheiten. Die 112. ID gehörte im Januar 1944 zum XXXXII. AK der 8. Armee (H.Gr. Süd). Der Ritterkreuzvorschlag ging am 11. 1. 1944 beim Heeres-Personal-Amt ein. Das LIII. AK. stand im September 1943 zur Verfügung der H.Gr. Mitte und war ab Oktober 1943 im Raum Witebsk der 3. Panzer-Armee unterstellt. Nach einem Bericht über die Sturmgeschütz-Brigade 600 in Heft 72/Dezember 1979 „Der Sturmartillerist" von Hubert Rohe muß Zieger am 4. 11. 1943 verwundet und Leutnant Wüst Führer der 2. Batterie geworden sein. Oberleutnant Giehler soll dann die Batterie um den 1. 12. 1943 übernommen haben.

Stabswachtmeister
ERICH ZILLMANN

* 10.1.1912   Kuschten / Kreis Meseritz / Grenzmark Posen / Westpreußen

Ritterkreuz (3343) am 8. 8. 1944 als Stabswachtmeister Geschütz-Führer / Führer 1. Zug / 3. Batterie / Sturmgeschütz-Brigade 245 / nach 48 Panzerabschüssen / IX. Armee-Korps / 3. Panzer-Armee / Heeresgruppe Mitte

Im Sommer 1944 standen die Truppen des IX. AK. nordostwärts Wilna in schwerem Abwehrkampf. Ehe die geplante Absetzbewegung auf das Höhengelände westlich Swieciany durchgeführt werden konnte, stießen die Sowjets von Süden in die tiefe deutsche Flanke. Dagegen wurde der Sturmgeschützzug Zillmann angesetzt, dabei ein Pionierzug. Aus einem Pakriegel wurden 3 schwere Pak herausgeschossen. Nun versuchte der Feind, ihn von Osten zu umgehen, wurde aber seinerseits von dem Zug Sturmgeschütze in der Flanke gefaßt und geworfen. Zwei russische Kompanien wurden aufgerieben. Stabswachtmeister Zillmann blieb auch am nächsten Tag in seiner flankensichernden Riegelstellung, als sich die eigenen Truppen planmäßig bei Swieciany nach Westen absetzten, weil er mit Panzerangriffen rechnete. Gegen Mittag rollten 7 T 34 in schneller Fahrt auf der Straße gegen Swieciany vor. 3 wurden in wenigen Minuten abgeschossen. Der Umgehungsversuch der Sowjets unter Nachziehung schwerer Pak mißlang, 2 Pak wurden schon beim Instellunggehen von den Sturmgeschützen vernichtet. Die Verwirrung bei den Russen ausnutzend, stieß Zillmann mit seinem Zug ohne infanteristische Begleitung aus eigenem Entschluß mitten in die Rotarmisten hinein. Ein weiterer T 34 wurde vernichtet und der Gegner zum raschen Rückzug gezwungen. Unter dem Schutz der Sturmgeschütze gingen inzwischen die eigenen Kräfte aus Swieciany ungestört auf die neue Stellung zurück.

Wehrmacht:
01.05.1931   Reichswehr, Artillerieschule Jüterbog — Abteilung B
01.10.1935   Beobachtungs-Abteilung 16 Bielefeld, später in Dortmund
01.10.1937   Beobachtungs-Abteilung 34 Neustadt — Weinstraße
01.10.1938   Beobachtungs-Abteilung 34 Koblenz, Westwalleinsatz, Frankreichfeldzug
01.12.1940   Beobachtungs-Abteilung 36, Westfront
01.03.1941   Beobachtungs-Ersatz-Abteilung 5 Ulm
08.07.1941   freiwillige Meldung zur Sturmartillerie, Ausbildung in Forst-Zinna bei Jüterbog

08.09.1941	zur neuaufgestellten Sturmgeschütz-Abteilung 202, Einsatz an der Ostfront bei Wjasma, Briansk, Orel, Vorstoß bis Tula, dann Rückzug bis Bogorodizk, Verwundung und Lazarett in Zyrardoz bei Warschau
18.03.1943	freiwillige Meldung zur neuaufgestellten Sturmgeschütz-Brigade 245 im Raum Niemegk-Belzig, Einsatz ab 5. 7. 1943 im Orel-Bogen in Richtung Charkow, dann Rückzug bis Witebsk, Winterschlacht und Rückzug über Litauen nach Ostpreußen in den Raum Gumbinnen, Auflösung der Brigade
28.07.1944	Sturmgeschützschule Burg
28.09.1944	freiwillige Meldung zur Sturmgeschütz-Brigade 244 an der Westfront, Einsatz in Holland, in der Eifel, in Eupen und über Remagen ins Siebengebirge bei Bonn, dort zum 7. Male verwundet
07.03.1945	in ein Reservelazarett – keine Kriegsgefangenschaft

Orden und Ehrenzeichen:

30.11.1941	Eisernes Kreuz II. Klasse
20.08.1942	Eisernes Kreuz I. Klasse
23.02.1944	Deutsches Kreuz in Gold
01.08.1942	Medaille Winterschlacht im Osten
05.12.1941	Sturmabzeichen allgemein
01.01.1945	Sturmabzeichen Silber
16.03.1945	Sturmabzeichen Gold
14.07.1942	Verwundetenabzeichen Schwarz
23.08.1943	Verwundetenabzeichen Silber
07.07.1944	Verwundetenabzeichen Gold

Beförderungen:

01.10.1935	Gefreiter
01.10.1935	Unteroffizier nach eigenen Angaben Zillmanns
01.04.1937	Wachtmeister
01.12.1938	Oberwachtmeister
01.06.1943	Stabswachtmeister

links:
Zillmann und seine Besatzung.
Von links nach rechts: Richtunteroffizier Hochrieser, Zillmann, Fahrer Schümer, Ladekanonier/Funker Steffens.

rechts unten:
Zillmann (rechts unten mit eingebundener linker Hand) vor seinem Sturmgeschütz.
Die Namen der anderen Personen leider nicht bekannt – Fremdersatzbesatzung.

links unten:
Zillmann vor seinem Sturmgeschütz.
Das Geschütz hatte kurz vorher einen Paktreffer erhalten.

Hauptmann der Reserve

KURT HEINRICH ZITZEN

* 25.3.1916   Lobberich / Kreis Kempen-Krefeld / Rheinpreußen /
(heute: Nettetal – Ortsteil Lobberich – Nordrhein-Westfalen)

Ritterkreuz (1932) am 4. 8. 1943 als Oberleutnant der Reserve Geschütz-Führer / Chef 2. Batterie / Sturmgeschütz-Abteilung 177 / nach 22 Panzerabschüssen / 86. Infanterie-Division / XXXXI. Panzer-Korps / 9. Armee / Heeresgruppe Mitte

Am 10. 7. 1943 war die 2. Batterie einem Grenadier-Bataillon der 86. ID zugeteilt, Einsatzraum beim Bahnhof Ponyri. Am Spätnachmittag wurde die Bereitstellung eines Feind-Bataillons erkannt. Die 5 Sturmgeschütze rollten vor und zerschlugen die Bereitstellung. Es hatten sich aber auch 30 Panzer hinter dem sowjetischen Bataillon bereitgestellt, die bei hereinbrechender Dunkelheit angriffen. Zitzen ließ sie bis auf 200 Meter herankommen. Bei dem viertelstündigen Feuerkampf, bei dem sich der Gegner oft bis auf 30 Meter näherte, wurden 15 schwere und ein überschwerer Panzer in Brand geschossen, vier weitere waren bewegungsunfähig. Oberleutnant Zitzen selbst vernichtete 6 Sowjet-Panzer.

Wehrmacht:

01.04.1937   Reichsarbeitsdienst im Hunsrück
01.10.1937   Eintritt in die Beobachtungs-Abteilung 17 Ansbach in Unterfranken (Bayern), Österreich-, Sudeten- und Tschechoslowakei-Einsatz, Westwall, Stellungsbau in Oberschlesien, Polenfeldzug
01.12.1939   Artillerieschule II Jüterbog/Reserve-Offiziers-Anwärter-Lehrgang
01.08.1940   Beobachtungs-Abteilung 7 München, Ausbildungs-Offizier
20.06.1941   freiwillige Meldung zur Sturmartillerie, in die Sturmgeschütz-Abteilung 177 Jüterbog, Ostfeldzug
24.12.1943   verwundet, bei der Truppe verblieben, dann doch Lazarett
02.06.1944   zur Sturmgeschütz-Ersatz- und Ausbildungs-Abteilung 400 Aalborg (Dänemark), dann Kommandierung zur DAL (Deutsche Ausbildungs-Leitung) nach Bukarest in die Abteilung DAK (Deutsches Ausbildungs-Kommando) 404/Panzertruppe
03.09.1944–
27.09.1953   sowjetische Kriegsgefangenschaft

Orden und Ehrenzeichen:
21.10.1941   Eisernes Kreuz II. Klasse
19.01.1942   Eisernes Kreuz I. Klasse

Beförderungen:
11.07.1940   Leutnant der Reserve —1800— mit Wirkung vom 1. 7. 1940 und Rangdienstalter vom 1. 7. 1940 —996—
29.06.1942   Oberleutnant der Reserve —1680— mit Wirkung vom 1. 7. 1942 und Rangdienstalter vom 1. 7. 1942 —1505—
31.12.1943   Hauptmann der Reserve —2680— mit Wirkung vom 1. 12. 1943 und Rangdienstalter vom 1. 11. 1943 —1905—

General Schlemmer, Träger des Eichenlaubs zum Ritterkreuz und Kommandeur der 134. Infanterie-Division, auf dem Geschütz Zitzen mit aufgesessener Infanterie gegen den Feind.

Gefechtspause — Geschütz Zitzen.

KOMMANDEUR-STELLENBESETZUNG DER STURMARTILLERIE-ABTEILUNGEN/BRIGADEN

(Ergänzung der bisherigen Veröffentlichungen
aus Unterlagen des Bundesarchivs/Militärarchivs durch Christian Zweng)

Sturmartillerie-Lehr-Brigade 111 (erst Lehr-Abteilung, dann Lehr-Brigade II, schließlich Lehr-Brigade 111)
    25. September 1944–Kriegsende   Hauptmann Wagner, Klaus

Sturmgeschütz-Abteilung/Brigade 177
9. August 1941–Februar 1942		Hauptmann von Fahrenheim
Frühjahr 1942–12. November 1942		Major Käppler, Erich
November 1942–Januar 1943		Major Bochum, Gerhard
März 1943–20. Februar 1944		Major Käppler, Erich (anfangs als Brigade 913)
Februar 1944–9. August 1944		Hauptmann Hilgers, Leonhardt

(9. August 1944 Umgliederung in Panzerjäger-Abteilung 69)

Sturmgeschütz-Abteilung/Brigade 184
10. August 1940–Mai 1941		Major Steinkopf
Mai 1941–8. August 1942		Oberstleutnant Fischer, Will-Eugen (unterbrochen)
Oktober/Dezember 1941	Führer	Hauptmann Peitz, Gerhard
August 1942–April 1944		Major Schmidt, Ernst
September 1944–Februar 1945		Hauptmann Liethmann, Günter
Februar/März 1945		Hauptmann Dratwa, Hans
7. April 1945–Kriegsende		Hauptmann Cornelius, Frank

Sturmgeschütz-Abteilung/Brigade 185
10. August 1940–August 1942		Major Lieckfeld
17. August 1942–31. Mai 1943		Hauptmann Krafft, Horst
Frühjahr 1943–Sommer 1943		Major Griffel
Sommer 1943	Führer	nacheinander: Batterie-Chefs Geerling, Twietmeyer und Wickelmaier
Spätsommer 1943/Oktober 1943–Spätherbst 1944		Major Glossner, Fritz
Spätherbst/Dezember 1944–Kriegsende		Hauptmann Twietmeyer, Ernst-August

Sturmgeschütz-Abteilung/Brigade 189
10. Juli 1941–26. Februar 1943		Hauptmann Heß, Ernst
in dieser Zeit in 1942	als Führer	Hauptmann von Malachowski, Wilhelm
Februar 1943–Juli 1943		Hauptmann Dusche, Walter
Juli 1943–Februar 1944		Hauptmann Domeyer, Friedrich
Februar 1944–Juni 1944		Hauptmann Kerstein, Wilhelm

(wurde Juni 1944 umbenannt in Panzer-Jagd-Abteilung Nord)

Sturmgeschütz-Abteilung/Brigade 190
1. Oktober 1940–4. September 1941		Oberstleutnant Haupt, Hans-Achim
4. September 1941–Ende September 1941		Oberleutnant Naether, Reinhard
seit 29. September 1941–Oktober 1941		Major Vogt, Hans
Oktober 1941–Dezember 1941		Hauptmann Möhring, Kurt
Ende Dezember 1941–22. Januar 1943		Major Peitz, Gerhard
Juni 1942	Führer	Hauptmann Caesar
Dezember 1942–Januar 1943	in Vertretung	Oberleutnant Roth
Ende März 1943–September 1943		Hauptmann Wersig, Heinz
September 1943	Führer	Hauptmann Bender, Dieter
6. Oktober 1943–Kriegsende		Major Kröhne, Wilhelm

Sturmgeschütz-Abteilung/Brigade 191
1. Oktober 1940–2. Dezember 1941		Major Hoffmann-Schoenborn, Günther
2. Dezember 1941–15. Juni 1942		Hauptmann Haarberg
15. Juni 1942–29. Juni 1942		Hauptmann Führ

29. Juni 1942–30. Juli 1942	Oberleutnant Vaerst, Georg
30. Juli 1942–Anfang Januar 1943	Hauptmann Kapp, Wolfgang
Anfang Januar 1943	Oberleutnant Heinzle, Hubert
Mitte Januar 1943–21. März 1943	Hauptmann Kapp, Wolfgang
28. März 1943–15. Juni 1944	Hauptmann Müller, Alfred
15. Juni 1944–12. November 1944	Hauptmann Kollböck, Heinrich
12. November 1944–20. November 1944	Hauptmann Krech
20. November 1944–Kriegsende	Hauptmann Berg, Karl-Erich

Sturmgeschütz-Abteilung 192

25. November 1940–9. April 1942 — Major Hammon, Erich
(wurde dann Sturmgeschütz-Abteilung „Großdeutschland")

Sturmgeschütz-Abteilung 197

25. November 1940–9. September 1941	Major Christ, Hellmut
9. September 1941–Oktober 1941	Hauptmann von Barisani, Kurt
1. November 1941–Dezember 1941	Hauptmann Steinwachs, Heinz
Dezember 1941	Major Christ, Hellmut
Januar 1942–1. April 1943	Major Steinwachs, Heinz
Sommer 1942 3 Wochen	Hauptmann von Barisani

(wurde 1. April 1943 schwere Panzerjäger-Abteilung 653 Major Steinwachs, dann 1. August 1943 Hauptmann Baumungk)

Sturmgeschütz-Abteilung/Brigade 200 (Feld)

Sommer 1943–November 1944	Major Becker
27. November 1944–Februar 1945	Hauptmann Wickelmaier, Anton

(wurde Februar 1945 Panzerjäger-Abteilung [Panther] 673)

Sturmgeschütz-Ersatz-Abteilung 200

1. März 1941–Januar 1942		Major Käppler, Erich
bis Januar 1942	Führer	Hauptmann Brinke, Ulrich
Februar 1942–		Oberstleutnant Christ, Hellmut
12. April 1944–18. Januar 1945		Major Gruber, Rupert

Sturmgeschütz-Abteilung/Brigade 201

10. März 1941–25. Dezember 1942	Major Huffmann, Heinz
März 1944–Januar 1945	Major Langel, Dietrich

Sturmgeschütz-Abteilung/Brigade 202

10. September 1941–30. Dezember 1941		Major Dr. Marder, Hans
Januar 1942–November 1942		Oberstleutnant Evers, Karl
31. Dezember 1941–10. Februar 1942	Führer	Hauptmann Buhr, Martin
18. März 1943–24. Oktober 1943		Major Buhr, Martin
8. September 1943 (nur 1 Tag)	Führer	Hauptmann Kutscher, Wilhelm
März 1944–September 1944		Hauptmann Essigke, Gerhard
4. September 1944–Kriegsende		Major Spielmann, Johann
Januar 1945	Führer	Hauptmann Zollenkopf, Martin

Sturmgeschütz-Abteilung/Brigade 203

9. Januar 1942–15. März 1942		Hauptmann Behnke, Gerhard
Sommer 1942		Major Ködel
14. August 1942–28. Januar 1943		Hauptmann Behnke, Gerhard
28. Januar 1943–23. Februar 1943		Major Ködel
23. Februar 1943–15. März 1943	Führer	Oberleutnant Feurstein
15. März 1943–24. März 1943		Hauptmann Behnke, Gerhard
24. März 1943	Führer	Oberleutnant Feurstein
1. Oktober 1943–		Hauptmann Handrick, Hans (zuletzt Major)

Sturmartillerie-Abteilung 204

10. Februar 1941–1. März 1941 — Major Käppler, Erich
(wird dann Sturmgeschütz-Ersatz-Abteilung 200)

Sturmgeschütz-Abteilung/Brigade 209

September 1941–September 1942 — Hauptmann Launhardt, Wilhelm

24. September 1942–25. Oktober 1943		Major Gruber, Rupert
25. Oktober 1943–6. Februar 1944		Hauptmann Frank, Ernst
Februar 1944–April 1944		Major Launhardt, Wilhelm
15. April 1944–Kriegsende		Major Schulte, Erich

Sturmgeschütz-Abteilung/Brigade 210

10. März 1941–Juli 1943		Hauptmann Schlawe (zuletzt Major)
8. Juli 1943–27. Juni 1944		Major Sichelschmidt, Herbert
18. Juli 1944–30. Januar 1945		Hauptmann Nebel, Peter
Januar 1945–		Major Langel, Dietrich
1. April 1945–		Hauptmann Bock, Helmut
April 1945	Führer	Oberleutnant Althoff, dann Oberleutnant Randzio

Sturmgeschütz-Abteilung/Brigade 226

10. April 1941–		Hauptmann Pritzbuer (zuletzt Oberstleutnant)
21. März 1942–18. Juni 1942		Hauptmann Bergmann
dann		Major Brauneisen
dann erneut–2. Januar 1943		Hauptmann Bergmann
2. Januar 1943–4. Januar 1943	Führer	Oberleutnant Schleburg
4. Januar 1943–18. Januar 1943	stellvertretend	Hauptmann Dr. Bausch, Albert
18. Januar 1943		Major Keysler, Herbert
März 1944–	in Vertretung	Oberleutnant Schmidt
1. Juli 1944–		Major Michael, Brian

Sturmgeschütz-Abteilung/Brigade 228

30. November 1942–9. März 1943		Hauptmann von Malachowski, Wilhelm
April 1944–Oktober 1944		Major Moraw, Friedrich
Mai 1944–Oktober 1944	Führer	Hauptmann Knüppel, Rudolf
1. Juli 1944–		Hauptmann Teschke, Kurt

Sturmgeschütz-Abteilung/Brigade 232

11. November 1942–20. Januar 1943		Hauptmann Geissler, Gottfried
Mai 1944–		Hauptmann Franke, Paul
Mai 1944–		Hauptmann Kley, Erich
1. Februar 1945–		Hauptmann Plath, Siegfried
Februar 1945–		Major Hinze, Alfred

Sturmgeschütz-Abteilung/Brigade 236

1. Mai 1943–August 1944		Major Brede, Rolf
Februar 1944	vorübergehend	Major Scherer, Fritz
8. November 1944–		Major Kranz, Rudolf
5. März 1945		Hauptmann Scibik, Georg

Sturmgeschütz-Abteilung/Brigade 237

1. Juli 1943–		Hauptmann Hofrichter, Paul
August 1943–August 1944		Major Schaupensteiner, Paul-Friedrich

(wurde September 1944 Sturmpanzer-Abteilung 218 und 219)

Sturmgeschütz-Abteilung/Brigade/Heeres-Sturmartillerie-Brigade 239

1. Juli 1943–Juli 1943		Hauptmann Reppenhagen
August 1943–11. September 1943		Hauptmann Pohl
Januar–10. Januar 1944	Führer	Oberleutnant Engelke
1. März 1944–Oktober 1944/April 1945		Hauptmann Bundesmann, Günther
Februar und April 1945–Kriegsende		Hauptmann Bauszus, Hans-Dietrich

Sturmgeschütz-Abteilung/Brigade 242

13. November 1942–		Hauptmann Besserer
März 1944–		Hauptmann Benz, Ernst
März 1944–	in Vertretung	Hauptmann Kutscher, Wilhelm
April 1944		Hauptmann Bussjäger, Max
23. März 1945–Kriegsende		Major Franke, Paul

Sturmgeschütz-Abteilung/Brigade/Heeres-Sturmartillerie-Brigade 243

10. Mai 1941–14. Januar 1943		Oberstleutnant Hesselbarth

Frühjahr 1943–August 1944   Hauptmann Mayer, Georg
Juli–September 1943 und
März–Mai 1944   Führer   Hauptmann Keishold, Siegfried
12. Januar 1945–   Hauptmann Rübig, Heinz

Sturmgeschütz-Abteilung/Brigade 244
     8. Juni 1941–31. Januar 1943   Oberstleutnant Dr. Gloger, Paul
     Februar/24. März 1943–13. Februar 1944   Oberstleutnant Großkreutz, Friedrich
     Dezember 1943–Juli 1944   Führer   Hauptmann Rade, Hans-Dietrich
     8. August 1944–Kriegsende   Hauptmann Jaschke, Fritz (zuletzt Major)

Sturmgeschütz-Abteilung/Brigade 245
     13. Juni 1941–Januar 1943   Major Zielesch, Hans
     April 1943–Juni 1943   Major Rohde, Hans-Otto
     Juni 1943–August 1944   Hauptmann Knüpling, Ludwig

Sturmgeschütz-Abteilung/Brigade/Heeres-Sturmartillerie-Brigade 249
     10. Januar 1942–   Major Schäff, Kurt
     August 1943/22. November 1943–
     Oktober 1944/1. Januar 1945   Major Kranz, Rudolf
     Oktober 1944–Januar 1945   Hauptmann Lechens, Wilhelm
     10. Januar 1945/10. März 1945–Kriegsende   Hauptmann Jaschke, Herbert

Sturmgeschütz-Abteilung/Brigade 259
     Juni 1943–Januar 1945   Major Tolckmitt, Ottheinrich
     Januar 1945–Kriegsende   Major Dr. Bumm, Karl-Ernst

Sturmgeschütz-Abteilung/Brigade/Heeres-Sturmartillerie-Brigade 261
     1. Juli 1943–August 1944   Major Kokott, Günther
     August 1944–   Hauptmann Kanopka, Fritz

Sturmgeschütz-Abteilung/Brigade 270
     Ende 1942   Hauptmann Dr. Bumm, Karl-Ernst
     3. Januar 1943–Januar 1944   Major Bergholz, Karl
     20. Januar 1944–4. März 1944   Oberleutnant Hellmich, Günther
     März 1944–   Hauptmann Kruse, Johann
                                                             Hauptmann Freiherr von Buddenbrock, Wilhelm
                                                             Hauptmann Dreyer, Günther
     (wurde 9. August 1944 in Panzerjäger-Abteilung 152 umbenannt)

Sturmgeschütz-Abteilung/Brigade 276
     21. Juni 1943–Spätsommer 1943   Hauptmann Rünger
     Spätsommer–Herbst 1943   Hauptmann Schulte
     Herbst 1943–21. August 1944   Major Braun, Norbert
     August 1944–Anfang 1945   Hauptmann Sewera, Axel
     Anfang 1945–Kriegsende   Hauptmann Stück, Werner Friedrich

Sturmgeschütz-Abteilung/Brigade/Heeres-Sturmartillerie-Brigade 277
     27. Juni 1943–25. Oktober 1943   Hauptmann Flachs, Bernhard
     April 1944–   Hauptmann Ernst, Wolfgang
     1944   Hauptmann Raeke
     20. Januar 1945–   Major Stier, Johannes

Sturmgeschütz-Abteilung/Brigade 278
     12. August 1943–September 1944   Hauptmann Stier, Johannes
     Januar 1944–   Führer   Hauptmann Wilpricht, Roman
     April 1944   Führer   Hauptmann Scheufler, Karl
     9. Oktober 1944–   Hauptmann Schüssler, Karlheinz
     14. Januar 1945   Major Hinze, Alfred

Sturmgeschütz-Abteilung/Brigade 279
     15. August 1943–18. Oktober 1944   Major Hoppe, Gerhard
     18. Oktober–19. Oktober 1944   Hauptmann Heise, Hans-Joachim
     Oktober 1944   Führer   Oberleutnant Stahlhacke, Gerhard
     November–Dezember 1944   Hauptmann Schmidt, Ernst

20. Okt./19. Nov. 1944–20. Februar 1945   Hauptmann Angelmaier, Heinz
11. Januar 1945–Kriegsende   Hauptmann Heise, Hans-Joachim

Sturmgeschütz-Abteilung/Brigade 280

17. Januar/April 1944–Januar 1945   Major Kühme, Kurt
Oktober 1944–   Hauptmann Sebald, Fritz
10. Februar 1945–   Hauptmann Lechens, Wilhelm

Sturmgeschütz-Abteilung/Brigade 281

1. Oktober 1943–November 1943   Hauptmann Jonny
November 1943–   Hauptmann Schröder
Dezember 1943–Herbst 1944   Hauptmann Fenkert, Josef
August 1944–   Hauptmann Hanneck, Egon

Sturmgeschütz-Abteilung/Brigade 286

24. August 1943–Oktober 1943   Hauptmann Körner
22. Oktober 1943–29. August 1944   Major Dr. Bausch, Albert
29. August 1944–   Hauptmann Dahms, Paul
4. September 1944–   Hauptmann Dahlke, Felix
November 1944–   Hauptmann Wagner, Hans-Joachim
bis Kriegsende   Hauptmann Dahms, Paul

Sturmgeschütz-Abteilung/Brigade/Heeres-Sturmartillerie-Brigade 300 (F)

18. Oktober 1943–   Major Martin, Herbert
19. Februar 1945–10. März 1945   Major Gruber, Rupert,
5. März/28. März 1945–27. April 1945   Hauptmann Baurmann, Heinz
27. April 1945–   Hauptmann Negele, Kurt
bis Kriegsende   Major Martin, Herbert

Sturmgeschütz-Ersatz-Abteilung (ab 1. April 1943 Sturmgeschütz-Ersatz- und Ausbildungs-Abteilung) 300 (E)

1. Dezember 1941–   Hauptmann Dr. Bumm, Karl-Ernst
    Major Krug
18. Januar 1945–19. Februar 1945   Major Gruber, Rupert

Sturmgeschütz-Abteilung/Brigade 301

14. Oktober 1943–1. Mai 1944   Major Sekirka, Jan
Mai 1944   Führer   Oberleutnant Simon
18. Mai 1944–März 1945   Major Siebert, Werner

Sturmgeschütz-Abteilung/Brigade/Heeres-Sturmartillerie-Brigade 303

24. Oktober 1943–Juli 1944   Hauptmann Cardeneo, Hans-Wilhelm
Juli 1944–   Hauptmann Scherer, Fritz
September 1944   Hauptmann Morgener, Karl
September 1944–   Major Kokott, Günther
15. April 1945–   Hauptmann Listhuber, Friedrich Hans

Sturmgeschütz-Abteilung/Brigade 311

9. November 1943–Juli 1944   Hauptmann von Schönau, Karl-Ludwig
26. Juli 1944–15. September 1944   Hauptmann Magold, Johann
19./25. September 1944–   Hauptmann Tenner, Wolfgang

Sturmgeschütz-Abteilung/Brigade 322

Ende 1943–Ende Juni 1944 u. am 17. Juli 1944   Hauptmann Zielke, Achim
28. Juni–17. Juli 1944   Major Sichelschmidt, Herbert
18. Juli–21. August 1944   Hauptmann Tornau, Gottfried
20. Juli/31. Juli 1944–30. September 1944/
30. November 1944   Major Behnke, Gerhard
1. Oktober 1944–31. Januar 1945   Hauptmann Baurmann, Heinz

Sturmgeschütz-Abteilung/Brigade 325

15. April 1943–Mai 1944   Hauptmann Vogler, Oskar
Mai 1944–Oktober 1944   Hauptmann Schönhammer, Kurt
15. Oktober 1944–   Hauptmann Wilpricht, Roman

Sturmgeschütz-Abteilung/Brigade 341
    Mai 1943–August 1944   Hauptmann Dr. Bumm, Karl-Ernst
    August 1944–20. Dezember 1944   Hauptmann Dreyer, Günther
    September 1944–8. Dezember 1944   Major Barklay
    20. Dezember 1944–22. Januar 1945   Hauptmann Ertel, Reinhold
    27. Januar 1945–Kriegsende   Hauptmann Montag, Alfred

Sturmgeschütz-Brigade/Heeres-Sturmartillerie-Brigade 393
    April 1944–Juli 1944   Hauptmann Pelikan, Paul Heinz
    Juli 1944–September 1944   Hauptmann Hoffmann
    1. Oktober 1944–Kriegsende   Major Barths, Karl Ludwig

Sturmgeschütz-Abteilung/Brigade 394
    April 1944–Oktober 1944   Hauptmann Frhr. von Jena, Carl Friedrich
    nur April 1944   Führer   Oberleutnant Werther
    August 1944   Führer   Hauptmann Tadje
    August 1944–24. März 1945   Hauptmann Schmock, Gert
    25. März 1945–   Führer   Leutnant Koch
    bis 15. April 1945   Führer   Oberleutnant Wäldin
    15. April 1945–Kriegsende   Hauptmann Ries, Josef

Sturmgeschütz-Brigade 395
    1. Juni 1944–20. Juli 1944   Major Behnke, Gerhard

Sturmgeschütz-Brigade 396
    Mai 1944–   Hauptmann Girkens, Josef
    Juni 1944–Juli 1944   Hauptmann Schmock, Gert

Sturmgeschütz-Brigade 397
    16. Mai 1944–18. Juli 1944   Hauptmann Nebel, Peter

Sturmgeschütz-Ersatz-Abteilung 400
    1. Dezember 1942–1. Februar 1944   Major Bergmann
    1. Februar 1944–August 1944   Hauptmann Schlesinger, Wilhelm
    August 1944–   Major Keishold, Siegfried

Sturmgeschütz-Ausbildungs-Abteilung 400
    1. Februar 1944–August 1944   Major Bergmann

Sturmgeschütz-Abteilung 428
    10. Februar–1. April 1942   Führer   Hauptmann Buhr, Martin

Sturmgeschütz-Ersatz- und Ausbildungs-Abteilung 500
    25. Oktober 1943–9. Dezember 1944   Major Buhr, Martin
    Dezember 1944–   Major Glossner, Fritz

Sturmgeschütz-Abteilung/Brigade/Heeres-Sturmartillerie-Brigade 600
    2. März 1942–   Major Krokisius
    Oktober 1942–März 1943   Führer   Oberleutnant Jaschke, Herbert
    11. März 1942–   Oberstleutnant von Below
         Hauptmann Neumann
    15. Mai 1943–Januar 1944   Hauptmann von Harder, Ernst-August
    15. März 1944–   Hauptmann Buchwieser, Ludwig
    8. Februar 1945–Kriegsende   Hauptmann Dratwa, Hans

Sturmgeschütz-Ersatz- und Ausbildungs-Abteilung 600
    1. September 1943–31. Mai 1944   Major Behnke, Gerhard
         Major Franke

Sturmgeschütz-Abteilung/Brigade/Sturmartillerie-Brigade 667
    24. Juni 1942–12. Dezember 1942   Hauptmann Vagedes
    15. Dezember 1942–22. Januar 1943   Hauptmann Zettler, Rudolf
    22. Januar 1943–2. März 1943   Hauptmann Lützow, Joachim
    1. April 1943–27. Juni 1944   Hauptmann Zettler, Rudolf

Juli 1943–November 1943		Hauptmann Wölfle, Max
März 1944–Mai 1944		Hauptmann Lange, Bruno
März 1944–August 1944		Major Ullmann, Rudolf
15. August 1944–Kriegsende		Major Knüppling, Ludwig

Sturmgeschütz-Ersatz-Abteilung 700

Januar 1945–Kriegsende		Hauptmann Wende

Sturmgeschütz-Abteilung/Brigade 902

Mai 1944–September 1944		Hauptmann von Lessen, Friedrich
September 1944–		Major Hauser, Georg
20. Dezember 1944–		Hauptmann Dreyer, Günther

Sturmgeschütz-Abteilung/Brigade 904

Herbst 1942–Anfang 1943		Hauptmann Wiegels, Hans-Hennig
Anfang 1943–	Stellvertreter	Hauptmann Sekirka, Jan
bis 7. Juli 1943		Major Wiegels, Hans-Hennig
7. Juli 1943–August 1944		Major Türke, Kurt
September 1944–Januar 1945		Hauptmann Kuhn, Leonard
16. Januar 1945–		Hauptmann Rieger, Franz
18. März 1945–Kriegsende	Führer	Oberleutnant Brettschneider, Konrad

Sturmgeschütz-Abteilung/Brigade/Heeres-Sturmartillerie-Brigade 905

1. Februar/März 1944–		Major Braun, Jobst-Veit
15. März 1945–		Major Else, Hans Werner

Sturmgeschütz-Abteilung/Brigade 907

Dezember 1943–Mai 1944		Hauptmann Herd
1. April/Mai 1944–Kriegsende		Major Schröder, Erich

Sturmgeschütz-Abteilung/Brigade 909

15. Januar 1943–		Major Rossi
bis 25. Dezember 1943		Major Rosmann van Goethem, Maximilian
12. Januar 1944–Juni 1944		Hauptmann Pohl, Dieter
Juni 1944–August 1944		Major Bergholz, Karl
1. September 1944–		Hauptmann Müller, Hans-Peter
Dezember 1944–		Hauptmann Montag

Sturmgeschütz-Abteilung/Brigade/Heeres-Sturmartillerie-Brigade 911

Februar 1943–6. Juli 1943		Oberstleutnant Wilhelm
6. Juli–8. Juli 1943		Oberleutnant Schulte-Strathaus, Hermann
8. Juli–20. Juli 1943		Oberleutnant Bessel
20. Juli–6. August 1943		Hauptmann Voss
7. August–17. August 1943		Oberleutnant Günzel
18. August 1943–21. August 1943		Hauptmann Baythier
1. September 1943–5. März 1944		Hauptmann Hoffmann, Erich
5. März/Mai 1944–27. August 1944		Oberleutnant Schulte-Strathaus, Hermann
Oktober 1944–		Major Tornau, Gottfried

Sturmgeschütz-Abteilung/Brigade/Heeres-Sturmartillerie-Brigade 912

1. März 1943–Dezember 1943		Major Kruck
Oktober 1943	Führer	Hauptmann Morgener, Karl
Dezember 1943–Juli 1944		Major Carstens, Johannes
Juli 1944		Hauptmann Hoffmann
Juli 1944–1. September 1944		Hauptmann Morgener, Karl
1. September 1944–17. Dezember 1944		Major Carstens, Johannes
17. Dezember 1944–Kriegsende		Major Brandner, Josef

Sturmgeschütz-Abteilung/Brigade 914

März 1944–August 1944		Major Domeyer, Friedrich
4. August 1944–März 1945		Major Dr. Rabe, Fritz-Lorenz

Sturmgeschütz-(Lehr-)Brigade 920 (Lehr-Brigade I)

1. Juli 1944–24. März 1945		Major Kapp, Wolfgang
1. April 1945–		Major Tolckmitt, Ottheinrich

Sturmgeschütz-Abteilung 1114
    Mai 1944   m.d.Führung b. Oberleutnant Stahl, Friedrich

Sturmgeschütz-Abteilung 1170
    1. April 1945
    lt. Stellenbesetzung der Artillerie April 1945   Hauptmann Frank, Ernst
    März 1945–Kriegsende   Hauptmann Böhmen

Sturmgeschütz-Abteilung 1195
    Juni 1944–   Hauptmann Loch

Sturmgeschütz-Abteilung 1349
    Juni 1944–September 1944   Oberstleutnant Bringmeyer, Karl
                                                        (vermutlich Oberleutnant)

Sturmartillerie-Lehr-Brigade (Lehr-Brigade III)
1. Februar 1945–18. April 1945   Hauptmann Vaerst, Georg
    (wird Sturmartillerie-Brigade „Schill")

Sturmgeschütz-Abteilung „Großdeutschland"
    1. April 1942–27. Mai 1942   Major Schepers
    27. Mai–1. Dezember 1942   Hauptmann Adam, Helmut
    nur 1. Dezember 1942   Hauptmann Lemme
    1. Dez. 1942–8. Jan. 1944/5. Februar 1944   Major Frantz, Peter
    16. Januar 1944–25. Juli 1944   Hauptmann Magold, Johann
    5. Februar 1944–   Führer   Oberleutnant Steffani
    Juni 1944   Führer   Oberleutnant Diddens, Diddo
    August 1944   Major Freiherr von Buddenbrock
    19. September 1944–Kriegsende   Hauptmann Metzger, Eugen

Sturmgeschütz-Brigade/Führer-Grenadier-Division
    17. Dezember 1944–Kriegsende   Major Tornau, Gottfried
    (siehe oben Brigade 911)

Sturmgeschütz-Brigade „Schill"
    18. April 1945–Kriegsende   Major Nebel, Peter

Fallschirm-Sturmgeschütz-Brigade 11 (XI)
    Ende März 1944–   Hauptmann Schäber (zuletzt Major)
    Oktober 1944–   Oberleutnant Hollunder

Fallschirm-Sturmgeschütz-Brigade 12 (XII)
    Ende März 1944–Kriegsende   Hauptmann Gersteuer (zuletzt Major)

Anmerkung:
Unter Verwendung bisher erschienener Stellenbesetzungen wird hier der Versuch unternommen, eine möglichst vollständige Stellenbesetzung zu veröffentlichen.
Die Anfangsdaten stellen entweder den Tag der Ernennung oder den Tag des Dienstantrittes des Kommandeurs oder Führers dar. Ernennungen haben wiederholt nicht zum Dienstantritt geführt. Es ist nicht immer belegbar, wer dann die Einheit führte (dienstältester Batteriechef u. ä.). Kaum zu erfassen sind auch diejenigen Soldaten, die nach Ausfall des Kommandeurs oder weiterer Offiziere kurzfristig die Einheit führten. Aus den Daten gehen auch Überschneidungen in der Befehlsführung hervor. Der Kommandeur hat z. B. noch formell das Kommando innegehabt, war durch Verwundung ausgeschieden, und ein anderer Offizier führt die Abteilung/Brigade.
Selbständige Batterien wurden nicht aufgeführt. Ebenso fehlt die Kommandeurstellenbesetzung der Waffen-SS, die aus Zeitgründen nicht mehr fertiggestellt werden konnte.
Diese Stellenbesetzung ist noch mit einigen nicht als gesichert geltenden Daten versehen, so daß um eine Mitarbeit gebeten wird.
Zuschrifen dazu erbeten an Günter Wegmann, Seminarstraße 1a, 4500 Osnabrück, und an Franz Thomas, Simon-Höller-Straße 5, 8440 Straubing 1.